Die Gesetzgebung der österreichischen Monarchie
im Spiegelbild der Normen und der staatsrechtlichen Literatur

Europäische Hochschulschriften
Publications Universitaires Européennes
European University Studies

Reihe II
Rechtswissenschaft

Série II Series II
Droit
Law

Bd./Vol. 4792

PETER LANG
Frankfurt am Main · Berlin · Bern · Bruxelles · New York · Oxford · Wien

Martin Paar

Die Gesetzgebung der österreichischen Monarchie im Spiegelbild der Normen und der staatsrechtlichen Literatur

PETER LANG
Internationaler Verlag der Wissenschaften

Bibliografische Information der Deutschen Nationalbibliothek
Die Deutsche Nationalbibliothek verzeichnet diese Publikation in der Deutschen Nationalbibliografie; detaillierte bibliografische Daten sind im Internet über <http://www.d-nb.de> abrufbar.

Gedruckt mit der Unterstützung
des Bundesministeriums für Wissenschaft und Forschung
in Wien und des Vereins der Freunde
der Rechtswissenschaftlichen Fakultät
der Universität Wien.

ISSN 0531-7312
ISBN 978-3-631-58467-5

www.peterlang.de

Ich lauf des öfteren Gefahr,
zu vergessen wie schön das Leben bisher war.
Mit dir von Anfang an verflochten bis ans Ende meiner Zeit.
Wir lieben das Leben und sind dafür bereit.

Das hat die Welt noch nicht gesehen.
Trotzdem ist Liebe wunderschön,
ist unsichtbar und trotzdem da.
Freude und Leid das Ganze, ja,
man nimmt das Leben sonst nicht wahr.

Das hat die Welt noch nicht gesehen / Söhne Mannheims

Martin Paar

Die Gesetzgebung der österreichischen Monarchie im Spiegelbild der Normen und der staatsrechtlichen Literatur

PETER LANG
Internationaler Verlag der Wissenschaften

Bibliografische Information der Deutschen Nationalbibliothek
Die Deutsche Nationalbibliothek verzeichnet diese Publikation in der Deutschen Nationalbibliografie; detaillierte bibliografische Daten sind im Internet über <http://www.d-nb.de> abrufbar.

Gedruckt mit der Unterstützung
des Bundesministeriums für Wissenschaft und Forschung
in Wien und des Vereins der Freunde
der Rechtswissenschaftlichen Fakultät
der Universität Wien.

ISSN 0531-7312
ISBN 978-3-631-58467-5

www.peterlang.de

Für meine Frau Margot und meinen Sohn Sebastian in tiefer Liebe.

Ich lauf des öfteren Gefahr,
zu vergessen wie schön das Leben bisher war.
Mit dir von Anfang an verflochten bis ans Ende meiner Zeit.
Wir lieben das Leben und sind dafür bereit.

Das hat die Welt noch nicht gesehen.
Trotzdem ist Liebe wunderschön,
ist unsichtbar und trotzdem da.
Freude und Leid das Ganze, ja,
man nimmt das Leben sonst nicht wahr.

Das hat die Welt noch nicht gesehen / Söhne Mannheims

Europäische Hochschulschriften

Publications Universitaires Européennes
European University Studies

Reihe II
Rechtswissenschaft

Série II Series II
Droit
Law

Bd./Vol. 4792

PETER LANG
Frankfurt am Main · Berlin · Bern · Bruxelles · New York · Oxford · Wien

Die Gesetzgebung der österreichischen Monarchie
im Spiegelbild der Normen und der staatsrechtlichen Literatur

Vorwort und Danksagung

Die vorliegende Arbeit basiert auf meiner im Sommer 2007 an der juridischen Fakultät der Universität Wien eingereichten Dissertation. Neben einer Überarbeitung dieser in Aufbau und Inhalt wurden auch die seit dem Abschluss des Manuskriptes erschiene Sekundärliteratur sowie die neuaufgelegten Kommentare und Gesetzesausgaben eingearbeitet. Die vorgenommenen Änderungen haben mich auch dazu bewogen, den bisherigen Titel der Disseration "Wesen und Wirkung der Gesetzgebung im konstitutionellen Regierungssystem. Am Beispiel der cisleithanischen Verfassung 1867." auf "Die Gesetzgebung der österreichischen Monarchie im Spiegelbild der Normen und der staatsrechtlichen Literatur." abzuändern.

Zu Dank für die Durchsicht der Arbeit und für die Verbesserungsvorschläge bin ich Prokuraturanwalt Dr. Christian Knecht, für die vielen Streitgespräche Univ.Prof. DDr. Günther Winkler, für die Hilfe bei der Layout-Erstellung Prokuraturanwalt Hofrat Dr. Paul Liebeg und für die Förderung in jeder Hinsicht Univ.Prof. Dr. Christian Neschwara verpflichtet.

Wem ich darüber hinaus für die stete Unterstützung und Liebe am meisten zu danken habe, sagt die Widmung.

Tribuswinkel, Juli 2008 Martin Paar

Inhaltsverzeichnis

Abkürzungsverzeichnis

§	Paragraph
aaO	am angeführten Ort
Abs.	Absatz
AH	Abgeordnetenhaus
AÖR	Archiv für öffentliches Recht (Archiv des öffentlichen Rechts)
Art.	Artikel
Bd.	Band
B-VG	Bundes-Verfassungsgesetz
bzw.	beziehungsweise
f	folgende
ff	fortfolgende
FN	Fußnote
Gesbeschluss	Gesetzesbeschluss
GOG	Geschäftsordnungsgesetz
GO	Geschäftsordnung
HH	Herrenhaus
Hrsg.	Herausgeber
iS	im Sinne
iSd	im Sinne des
iVm	in Verbindung mit
JBl.	Juristische Blätter
JGS	Justizgesetzsammlung
LGBl	Landesgesetzblatt
leg. cit.	legis citatae
mwN	mit weiteren Nachweisen
Nr.	Nummer
ÖJZ	Österreichische Juristen Zeitung
ÖZfV	Österreichische Zeitschrift für Verwaltung
ÖZÖR	Österreichische Zeitschrift für öffentliches Recht
PGS	Politische Gesetzsammlung
RGBl	Reichsgesetzblatt
RR	Reichsrat
Rz	Randziffer
S.	Seite
StGG	Staatsgrundgesetz
TB	Teilband
Vdg	Verordnung
Vdgen	Verordnungen
Vdgsgewalt	Verordnungsgewalt

VfBest	Verfassungsbestimmung
VfGH	Verfassungsgerichtshof
VwGH	Verwaltungsgerichtshof
vgl.	vergleiche
ua	unter anderem
zB	zum Beispiel
ZfV	Zeitschrift für Verwaltung

Quellen- und Literaturverzeichnis

A. Quellen

Bernatzik Edmund, Die österreichischen Verfassungsgesetze mit Erläuterungen², Wien, 1911.

Brettner-Messler Horst, Die Protokolle des österreichischen Ministerrates 1848 – 1867, VI. Abteilung. Das Ministerium Belcredi. Band 2, 8. April 1866 – 6. Februar 1867, Wien, 1973.

Budwinski's Sammlungen der Erkenntnisse des k.k. Verwaltungsgerichtshofes, Nr. 321, 838, 1316, 2146, 4987.

Die neue Gesetzgebung Österreichs, erläutert aus den Reichsverhandlungen, Wien, 1868.

Haider Barbara, Die Protokolle des Verfassungsausschusses des Reichsrates vom Jahre 1867, Wien, 1997.

Ofner Julius, Der Ur-Entwurf und die Berathungsprotokolle des Österreichischen Allgemeinen bürgerlichen Gesetzesbuches, Wien, 1889.

RGBl, Allgemeines Reichs-Gesetz und Regierungsblatt (ab 1853: Reichsgesetzblatt) für das Kaisertum Österreich (ab 1870: für die im Reichsrathe vertretenen Königreiche und Länder, Wien, 1848 – 1918).

Sammlung der Erkenntnisse des durch das Gesetz vom 25. Jänner 1919, StGBl. Nr. 48 geschaffenen österreichischen Verfassungsgerichtshofes, 1. Heft . Jahr 1919 bis 4. Heft – Jahr 1924.

Sammlung der nach gepflogener mündlicher Verhandlung geschöpften Erkenntnisse des k.k Reichsgerichtes, Nr. 1288.

Spaun Johann, Das Reichsgericht. Die auf dasselbe sich beziehende Gesetze und Verordnungen samt Gesetzesmaterialien sowie Übersicht der einschlägigen Judikatur und Literatur, Wien, 1904.

StPAH, Stenographische Protokolle des Abgeordnetenhauses, Wien, 1861 bis 1918.

StPHH, Stenographische Protokolle des Herrenhauses, Wien, 1861 – 1918.

B. Literatur

Adamovich Ludwig sen., Die Prüfung der Gesetze und Verordnungen durch den österreichischen Verfassungsgerichtshof, Leipzig und Wien, 1923.

Anschütz Gerhard, Die gegenwärtigen Theorien über den Begriff der gesetzgebenden Gewalt und den Umfang des königlichen Verordnungsrechts nach preußischem Staatsrecht[2], Tübingen und Leipzig, 1901.

Antoniolli/Koja, Allgemeines Verwaltungsrecht[3], Wien, 1996.

Baltl Hermann, Österreichische Rechtsgeschichte, Graz, 1972

Bernatzik Edmund, Rechtsprechung und materielle Rechtskraft. Wien, 1886.
-; Republik und Monarchie, Freiburg, 1892.
-; Die österreichischen Verfassungsgesetze[2], Wien, 1911.
-; Eine Lücke im Ausgleich, in: Neue Freie Presse vom 29. Oktober 1907, S. 1.

Böckenförde Ernst-Wolfgang, Gesetz und gesetzgebende Gewalt, Berlin, 1958.

Brauneder Wilhelm, Österreichische Verfassungsgeschichte[10], Wien, 2005.
-; Verfassungsentwicklung 1848-1918, in: 75 Jahre Bundesverfassung. Festschrift aus Anlass des 75. Jahrestages der Beschlussfassung über das Bundes-Verfassungsgesetz, Wien, 1995.
-; Das Regierungssystem bis 1918, in: Österreichs Parlamentarismus. Werden und System, (Hrsg.) Schambeck, Berlin, 1986. S 169ff.
-; Die Funktionen des Reichsrats, in: Österreichs Parlamentarismus. Werden und System. (Hrsg.) Schambeck, Berlin, 1986, S 121ff.
-; Die Verfassungsentwicklung in Österreich 1848 bis 1918, in: *Rumpler/Urbanitsch*, Die Habsburgermonarchie 1848 – 1918, Band VII, Verfassung und Parlamentarismus, 1 TB, Wien 2000, S. 69ff.
-; Was ist die Verfassung?, in: Demokratie und sozialer Rechtsstaat in Europa. Festschrift für Theo Öhlinger, Wien, 2004.

Burckhard Max E., System des Oesterreichischen Privatrechtes, Erster Theil. Das Recht. Zugleich eine Einleitung in ein System des Oesterreichischen Rechtes, Wien, 1883.
-; Das Erlöschen der Notverordnungen, in: Neue Freie Presse 1907, S. 2ff.

Davy Ulrike, Zur Bedeutung des bundesstaatlichen Rücksichtnahmegebotes für Normenkonflikte, ÖJZ 1968, S. 225ff.

Ermacora Felix, Das Derogationsproblem im Lichte der Wiener Schule, AÖR 1961, S. 314ff.
-; Österreichische Verfassungslehre. Wien – Stuttgart, 1970.

Esser Hermann, Das Recht der Notverordnung, Gerichtshalle 1908, S. 237ff.

Frisch Hans von, Die Stellung der Kronländer im Gefüge der österreichischen Verfassung, ÖZÖR 1916, Sonderheft: Länderautonomie, S. 30ff.

Fröhlich Georg/Merk Adolf/Kelsen Hans, Die Verfassungsgesetze der Republik Österreich, Fünfter Teil, Die Bundesverfassung vom 1. Oktober 1920 mit Anhängen: I. Die derzeit geltenden Bundesverfassungsgesetze samt Nebengesetze, II. Materialien zur Bundesverfassung, Wien-Leipzig, 1922 (=Neudruck 2003, Die Bundesverfassung vom 1. Oktober 1920 mit einem Vorwort von *Robert Walter*).

Funk Bernd-Christian, Die Berichtigung von Verlautbarungsfehlern in Gesetzblättern, in: Grundfragen und aktuelle Probleme des öffentlichen Rechts. Festschrift für Heinz Peter Rill zum 60. Geburtstag, Wien, 1995.

F.K., Prüfung der Giltigkeit der Gesetze und Verordnungen nach österreichischem Staatsrechte, JBl. 1873, S 49ff.

Geller Leo, Gesetz und Verordnung, Österreichisches Centralblatt für die juristische Praxis, 1894, S. 1017.

Gottlich Kurt, Zur gerichtlichen Prüfung der Kundmachung von Bundesgesetzen, JBl. 1962, 27ff.

Grabmayr Karl, Verfassungsfragen, in: Neue Freie Presse vom 22. September 1907, 2f, vom 29. September 1908, S. 2f, vom 13. Oktober 1907, S. 4f und vom 29. Oktober 1907, S. 1ff.

Greve Friedrich, Die Ministerverantwortlichkeit im konstitutionellen Staat, Berlin, 1977.

Gumplowicz Ludwig, Das Österreichische Staatsrecht. Ein Lehr- und Handbuch[3], Wien, 1907.

Haas Hannes, F. Der Salzburger Landtag, in: *Rumpler/Urbanitsch*, Die Habsburgermonarchie 1848 – 1918, Bd. VII, Verfassung und Parlamentarismus, 2 TB, Wien, 2000, S. 1769ff.

Haenel Albert, Studien zum deutschen Staatsrecht, Bd. II, Das Gesetz im formellen und materiellen Sinn, Leipzig, 1888.

Haller Herbert, Die Prüfung von Gesetzen, Wien-New York, 1979.

-; Hans Kelsen – Schöpfer der verfassungsgerichtlichen Gesetzesprüfung? Reihe Rechtswissenschaft Nr. 4, Lehrkanzel für öffentliches Recht II, Wirtschaftsuniversität Wien, 1977.

Hasiba Gernot D., Das Kriegswirtschaftliche Ermächtigungsgesetz (KWEG) von 1917, in: Aus Österreichs Rechtsleben in Geschichte und Gegenwart. Festschrift für Ernst C. Hellbling zum 80. Geburtstag, S. 544, Berlin, 1981.

-; Das Notverordnungsrecht in Österreich (1848-1917), Wien, 1985.

Hattenberger Doris, Zur Grenzziehung zwischen Verordnung und Nicht-Verordnung. Zugleich ein Beitrag zur Lehre von der absoluten Nichtigkeit von Verwaltungshandeln, ZfV 2001, S. 1215ff.

Hauke Franz, Verfassungsgeschichte seit 1848, in: Österreichisches Staatswörterbuch. Handbuch des gesamten österreichischen öffentlichen Rechts.[2] (Hrsg. Mischer/Ulbrich), 4. Bd., S. 722ff. Wien, 1909.

-; Monarchenrecht, in: Österreichisches Staatswörterbuch. Handbuch des gesamten österreichischen öffentlichen Rechts.[2] (Hrsg. Mischer/Ulbrich), 3. Bd., S. 654ff, Wien, 1909.

-; Rechtsschutz im öffentlichen Rechte, in: Österreichisches Staatswörterbuch. Handbuch des gesamten österreichischen öffentlichen Rechts.[2] (Hrsg. Mischer/Ulbrich), 4. Bd., S, 17ff, Wien, 1909.

-; Staatsverträge, in: Österreichisches Staatswörterbuch. Handbuch des gesamten österreichischen öffentlichen Rechts.[2], (Hrsg. Mischer/Ulbrich), 4 Bd., S. 442ff, Wien, 1909.

Hellbling Ernst C., Österreichische Verfassungs- und Verwaltungsgeschichte. Ein Lehrbuch für Studierende, Wien- New York, 1974.

Hellmuth Thomas, F. Der Salzburger Landtag, in: *Rumpler/Urbanitsch*, Die Habsburgermonarchie 1848 – 1918, Band VII, Verfassung und Parlamentarismus, 2 TB, Wien 2000, S. 1769ff.

Hengstschläger Johann, Verwaltungsverfahrensrecht[3], Wien, 2005.

Herrnritt Rudolf von, Die Stellung der Kronländer im Gefüge der österreichischen Verfassung, ÖZÖR 1916, Sonderheft: Länderautonomie, S. 37ff.

Hugelmann Karl, Die österreichischen Landtage, ÖZfV 1875, S. 57ff.

Hye Hans Peter, XIII. Die Länder im Gefüge der Habsburgermonarchie, in: *Rumpler/Urbanitsch*, Die Habsburgermonarchie 1848 – 1918, Band VII, Verfassung und Parlamentarismus, 2 TB, S. 2427, Wien, 2000.

Jahnel Dietmar, Die Mitwirkung des Bundespräsidenten an der Bundesgesetzgebung, JBl. 1987, S. 633ff.

Jaques Heinrich, Die Wahlprüfung in den modernen Staaten und ein Wahlprüfungsgerichtshof für Österreich, Wien, 1885.

Jesch Dietrich, Gesetz und Verwaltung, Tübingen, 1961.

Juraschek Franz, Beiträge zur Darstellung des Rechtes der Landtage und ihrer Mitglieder, ÖZfV 1879, S. 100ff.

Kafka Bruno, Notverordnungsrecht und Staatsverträge, in: Juristische Vierteljahresschrift 1905, S. 44ff.

Kaniak Gustav, Das vollkommene Gesetz, Wien, 1974.
-; Die Monarchie in der Republik, ÖJZ 1970, 309ff.

Kelsen Hans, Hauptprobleme der Staatsrechtslehre entwickelt aus der Lehre vom Rechtssatz, Tübingen 1911.
-; Zur Lehre vom Gesetz im formellen und materiellen Sinn, mit besonderer Berücksichtigung der österreichischen Verfassung, JBl. 1913, S. 229ff.
-; Spiegel, Gesetz und Recht. Vorträge und Aufsätze zur Rechtsquellentheorie, Österreich. Heft 1 der Prager Staatswissenschaftlichen Untersuchungen, München und Leipzig 1913. Zeitschrift für öffentliches Recht, 1. Bd., 1914, S. 766ff.
-; Reichsgesetz und Landesgesetz nach österreichischer Verfassung, Archiv des öffentlichen Rechts, 32. Band, 1914, S. 202 f.
-; Österreichisches Staatsrecht. Ein Grundriss entwicklungsgeschichtlich dargestellt. 2. unveränderter Neudruck der Ausgabe, Tübingen 1923, 1981.

-; Wesen und Entwicklung der Staatsgerichtsbarkeit, Verhandlungen der Deutschen Staatsrechtslehrer, 1929, Heft 5, S. 30ff.

-; Wer soll Hüter der Verfassung sein, Die Justiz, 6. Band, 1931, S. 5ff.

-; Reine Rechtslehre. Einleitung in die rechtswissenschaftliche Problematik, Leipzig – Wien, 1934.

-; Reine Rechtslehre. Mit einem Anhang: Das Problem der Gerechtigkeit, Wien, 1960.

Klaushofer Reinhard, Gehörig kundgemacht? Die Prüfungsbefugnis der Gerichte, der Unabhängigen Verwaltungssenate und des Unabhängigen Bundesasylsenates bei der Kundmachung von Gesetzen, Verordnungen und Staatsverträgen, ÖJZ 2000, S. 161ff.

Koja Friedrich, Mitwirkung und Mitverantwortung eines Bundesministers bei Vollzugsakten des Bundespräsidenten, JBl. 1964, S. 440ff.

Kolmer Gustav, Parlament und Verfassung in Österreich. Band 1 (1848-1869), Neuausgabe Graz, 1972.

Korinek Karl, Ministerverantwortlichkeit, Wien, 1986.

-; Art. 47 B-VG, in: Kommentar zum B-VG, Bd. 2, 1. Halbband Art. 1 – 59b, 7. Lfg. (2005), Wien.

Korwin-Dzbanski Stanislaus, Zu § 14 Staatsgrundgesetz, JBl. 1907, S. 529ff.

Krainz Josef/Ehrenzweig Armin, System des österreichischen allgemeinen Privatrechts[5], Erster Band, Wien 1913.

Kulisch Max, Beiträge zum österreichischen Parlamentsrecht, Leipzig 1900.

-; Die rechtliche Stellung der beiden Häuser des österreichischen Reichsrates zur Geschäftsordnung. Eine historisch-dogmatische Studie, Tübingen, 1908.

Laband Paul, Zur Lehre vom Budgetrecht, Archiv für öffentliches Recht 1886, S. 172f

-; Jellinek, Ein Verfassungsgerichtshof für Österreich, Rezension, Archiv für öffentliches Recht 1886, S. 226.

Lamp Karl, Die Stellung der Kronländer im Gefüge der österreichischen Verfassung, ÖZÖR 1916, Sonderheft: Länderautonomie, S. 51ff.

Lehne Friedrich, Rechtsschutz im öffentlichen Recht: Staatsgerichtshof, Reichsgericht, Verwaltungsgerichtshof, in: Die Habsburger Monarchie 1848 – 1918, Band II, Verwaltung und Rechtswesen, Wien 1975.

Lemayer Karl, Rechtsschutz im öffentlichen Recht, in: Österreichisches Staatswörterbuch. Handbuch des gesamten österreichischen öffentlichen Rechts.[2] [Hrsg. Mischer/Ulbrich], 4. Bd., Wien, 1909.

Liebenow Wilhelm, Die Promulgation, Berlin, 1901.

Linng Emil, Die staatsrechtliche Stellung der im Reichsrathe vertretenen Königreiche und Länder der österreichisch-ungarischen Monarchie. Ein Beitrag zur Lehre von der Autonomie und Selbstverwaltung, Separatdruck aus der Juristischen Vierteljahresschrift, 24. Bd. (8.Bd.), II. Heft.

Loebenstein Edwin, Das Gesetz. Seine Bedeutung und seine Auslegung, in: Schambeck, (Hrsg.), Österreichs Parlamentarismus. Werden und System, Berlin, 1986.

Lukas Josef, Die rechtliche Stellung des Parlaments in der Gesetzgebung Österreichs und der constitutionellen Monarchie des Deutschen Reiches, Graz, 1901.
-; Über die Gesetzes-Publikation in Österreich und dem Deutschen Reich, Graz, 1903.

Lustkandl Wenzel, Gesetz, in: Österreichisches Staatswörterbuch. Handbuch des gesamten österreichischen öffentlichen Rechts.[2] [Hrsg. Mischer/Ulbrich], 2. Bd., S. 392ff, Wien 1906.

Jesch Dietrich, Gesetz und Verwaltung, Tübingen, 1961.

Mallmann Walter, Die Sanktion im Gesetzgebungsverfahren, Emsdetten, 1938.

Margutti Albert, Kaiser Franz Joseph, Wien-Leipzig, 1924.

Mayer Heinz, Neue Wege der Kompetenzinterpretation?, ÖJZ 1986, S. 513f.
-; Das österreichische Bundes-Verfassungsrecht. B-VG, F-VG, Grundrechte, Verfassungsgerichtsbarkeit und Verwaltungsgerichtsbarkeit[4], Kurzkommentar, Wien, 2007.

Mayerhofer Ernst, Handbuch für den politischen Verwaltungsdienst in den im Reichsrathe vertretenen Königreichen und Ländern mit besonderer Berücksichtigung der diesen Ländern gemeinsamen Gesetzen und Verordnungen, Wien, 1875.

Melichar Erwin, Geschichte und Funktion der Gegenzeichnung, insbesondere in der österreichischen Verfassungsentwicklung, in: Festschrift Hans Lentze. Zum 60. Geburtstag dargebracht von Fachgenossen und Freunden, Innsbruck – München, 1969.

Menger Anton, System des österreichischen Civilprozessrechts in rechtsvergleichender Darstellung, 1 Bd., Wien, 1876.

Menzel Ad., Die Fortdauer der Notverordnungen, Allgemeine österreichische Gerichtszeitung 1907, S. 385ff.

Merkl Adolf, Das kaiserliche Patent vom 26. Juli 1913, und das richterliche Überprüfungsrecht, ZÖR 2 (1915-1916), S. 295.
-; Das Recht im Lichte seiner Anwendung, Sonderdruck 1917 (=Das Recht im Spiegel seiner Auslegung, DriZ 1917, S. 162ff, 394ff, 443ff).
-; Die Verordnungsgewalt im Kriege, JBl. 1915, S. 375ff, 509ff; JBl. 1916, S. 397ff.
-; Theoretisches zur Praxis der §-14-Verordnung, JBl. 1916, S. 157ff.
-; Zum Interpretationsproblem, Grünhutsche Zeitschrift für das Privatrecht und öffentliches Recht der Gegenwart, 1916, S. 535ff.
-; Länderautonomie, Österreichische Zeitschrift für Verwaltung, 1917, S. 69 und S. 73.
-; Die Unveränderlichkeit von Gesetzen – ein normlogisches Prinzip, JBl. 1917, S. 97ff, 109ff.
-; Das doppelte Rechtsanlitz, JBl. 1918, S. 425ff, 444ff, 463ff (=Sonderdruck 1918).
-; Die Rechtseinheit des österreichischen Staates. Eine staatsrechtliche Untersuchung auf Grund der Lehre von der lex posterior, Archiv für öffentliches Recht 39 (1918), S. 56.
-; Das Recht im Lichte seiner Anwendung, Deutsche Richterzeitung, 37. Band, 1918, S. 56ff.
-; Die Verfassung der Republik Deutschösterreich, Wien – Leipzig, 1919.
-; Hans Kelsen's System einer reinen Rechtstheorie, Archiv des öffentlichen Rechts, Band 41 (1921), S. 171ff.
-; Gesetzesrecht und Richterrecht, Wissenschaftliche Vierteljahresschrift der Prager Jurist. Zeitschrift, 1922, S. 337ff.
-; Die gerichtliche Prüfung von Gesetzen und Verordnungen, Zentralblatt für die juristische Praxis, 1922, S. 1ff

-; Das Kriterium von Republik und Monarchie, Zeitschrift für Verwaltung, 56. Jahrgang (1923), S. 63ff.
-; Die Lehre von der Rechtskraft entwickelt aus dem Rechtsbegriff, 1923.
-; Allgemeines Verwaltungsrecht, 1927.
-; Das rechtliche Ergebnis des Verfassungskampfes, JBl. 1930, S. 1ff.
-; Prolegomena einer Theorie des rechtlichen Stufenbau des Rechtes, in: Gesellschaft, Staat und Recht, Festschrift Hans Kelsen zum 50. Geburtstag, 1931, S. 252ff.

Morscher, Absolute Nichtigkeit von Staatsakten, in: Festschrift Winkler, *H.Haller/C.Kopetzki/R.Novak/S.L.Paulson/B.Raschauer/G.Ress/E.Wieder in* [Hrsg.], S. 645f.

Muzak Gerhard, Nochmals: Gewohnheitsrecht als Rechtsquelle des B-VG, ÖJZ 1998, S. 539ff.

Neisser Carl und Otto, Die Geschäftsordnung des Abgeordnetenhaus des Reichsrates. Ihre Geschichte und ihre praktische Handhabung von 1861 bis 1909, Bd. I und II, Wien und Leipzig, 1909.

Neschwara Christian, Parlament und Verfassungsgerichtsbarkeit in der österreichischen Monarchie, in: Parliaments, Estates and Representation 25, November 2005, S. 168ff.

Noll Alfred J., Georg Jellinek's Forderung nach einem Verfassungsgerichtshof für Österreich, in: Georg Jellinek. Beiträge zu Leben und Werk. Hrsg. Stanley l. Paulson und Martin Schulte, Tübingen, 2000.

Novak Richard, Die Fehlerhaftigkeit von Gesetzen und Verordnungen, Wien – New York, 1967.

Nowakowski Friedrich, Zum Problemkreis der Geltungsbereiche, Zeitschrift für öffentliches Recht, Bd. VI, Wien,1955.

Öhlinger Theo, Verfassungsrecht[6], Wien, 2005.
-; Der völkerrechtliche Vertrag im staatlichen Recht. Eine theoretische, dogmatische und vergleichende Untersuchung am Beispiel Österreichs. Wien – New York, 1973.
-; Der Stufenbau der Rechtsordnung. Rechtstheoretische und ideologische Aspekte, Wien, 1975.

Olechowski Thomas, Die Lassersche Wahlrechtsreform. Der Kampf um die Einführung der Volkswahl des cisleithanischen Abgeordnetenhauses 1871 – 1873, in: Parliaments, Estates and Representation 22, 2002, S. 147ff.
-; Ministerverantwortlichkeit, in: JAP 2001/2002, S. 136ff.
-; Die Einführung der Verwaltungsgerichtsbarkeit in Österreich, Wien 1999.
-; Rechtsgeschichte. Einführung in die historischen Grundlagen des modernen Rechts, Wien, 2006.

Pàllinger Zoltàn Tibor, Die Stellung des Fürsten von Liechtenstein im internationalen Vergleich. Überarbeitete Fassung eines Vortrages im Rahmen der Veranstaltungsreihe der Gruppe „Frauen in guter Verfassung" vom 19. Februar 2003, Liechtenstein-Institut, Beitrag Nr. 14/2003.

Pfaff Leopold/Hofmann Franz, Commentar zum österreichischen allgemeinen bürgerlichen Gesetzbuche. Erster Band. Erste Abtheilung. Wien, 1877.

Pich Anton, Das Notverordnungsrecht, Wien, 1933.

Pitamic Leonidas, Die parlamentarische Mitwirkung bei Staatsverträgen in Österreich, Leipzig – Wien, 1915.

Prazak Georg, Beiträge zum Budgetrecht und zur Lehre von den formellen Gesetzen, Archiv für öffentliches Recht, 2. Bd., S. 441ff.

Schambeck Herbert, Die Ministerverantwortlichkeit, Karlsruhe, 1971.

Scheu Gustav, Über das richterliche Prüfungsrecht in Ansehung der § 14 – Verordnung, JBl. 1915, S. 579ff.

Schick, Art. 42 B-VG, in: Kommentar zum B-VG, Band II, 1. Halbband: Art. 1-59b, 7. Lfg. (2005), Wien.

Schima Johann, Der Derogationsbegriff und seine Bedeutung für die verfassungsgerichtliche Normenkontrolle, ÖJZ 1961, S. 561ff.

Schmitz Georg, II. Organe und Arbeitsweise, Strukturen und Leistungen der Landesvertretungen, in: *Rumpler/Urbanitsch*, Die Habsburgermonarchie 1848 – 1918, Band VII, Verfassung und Parlamentarismus, 2 TB, Wien 2000, S. 1352ff.

Seidler Gustav, Budget und Budgetrecht im Staatshaushalte der constitutionellen Monarchie mit besonderer Rücksichtnahme auf das österreichische und deutsche Verfassungsrecht, Wien, 1885.

-; Minister, in: Österreichisches Staatswörterbuch. Handbuch des gesamten österreichischen öffentlichen Rechts.[2] [Hrsg. Mischer/Ulbrich], 3. Bd., S. 609ff, Wien, 1907.

-; Zur Lehre vom Gewohnheitsrecht, in: Forschungen aus Staat und Recht 118, Gustav Seidler, Theorie und Methode im Staatsrecht. New York – Wien, 1997.

Sontag K.R., Die Redaktionsversehen des Gesetzgebers, insbesondere aus strafrechtlichen Gebiet, 1874.

Spanner Hans, Die richterliche Prüfung von Gesetzen und Verordnungen, Wien, 1951.

Spiegel Ludwig, Die kaiserlichen Verordnungen mit provisorischer Gesetzeskraft, Prag – Wien – Leipzig, 1893.

-; Gesetz und Recht. Vorträge und Aufsätze zur Rechtsquellentheorie, Österreich. Heft 1 der Prager Staatswissenschaftlichen Untersuchungen, München und Leipzig 1913. Zeitschrift für öffentliches Recht, 1. Bd., 1914, S. 766ff.

-; Länder, in: Österreichisches Staatswörterbuch. Handbuch des gesamten österreichischen öffentlichen Rechts.[2] [Hrsg. Mischer/Ulbrich], 3. Bd., S. 331ff., Wien, 1907.

-; Notverordnungen, in: Österreichisches Staatswörterbuch. Handbuch des gesamten österreichischen öffentlichen Rechts.[2] [Hrsg. Mischer/Ulbrich], 3. Bd., S. 714ff., Wien, 1907.

Starzynski St. V., Beitrag zur Lehre von Gesetz und Verordnung, Österreichische Zeitschrift für Verwaltung, S. 221.

Stourzh Gerald, Die Gleichberechtigung der Nationalität in der Verfassung und Verwaltung Österreichs, Wien, 1985.

-; Wege zur Grundrechtsdemokratie: Studien zur Begriffs- und Institutionengeschichte des liberalen Verfassungsstaates. Wien – Köln - Böhlau, 1989.

-; Verfassung und Verfassungswirklichkeit Altösterreichs in den Schriften Georg Jellineks, in: Georg Jellinek. Beiträge zu Leben und Werk. (Hrsg.) Stanley l. Paulson und Martin Schulte, Tübingen, 2000.

Tezner Friedrich, Über die gehörige Kundmachung von Gesetzen nach österreichischem Verfassungsrecht, JBl. 1887, S. 37ff
-; Die österreichische Nothverordnung und die nach gleichen Grundsätzen zu behandelnden Angelegenheiten, JBl. 1897, S. 361ff.
-; Buchbesprechung, Spiegel, Die kaiserliche Verordnung mit provisorischer Gesetzeskraft, in: Juristische Vierteljahresschrift 1894, S. 172ff.
-; Der Kaiser, Wien, 1909.
-; Die Volksvertretung, Wien, 1912.
-; Konventionalregeln und Systemzwang, in: Zeitschrift für das Privat- und Öffentliche Recht, Bd. 42, 1916, S. 585f

Thaler Michael, Mehrdeutigkeit und juristische Auslegung, Wien, 1982.

Thienel Rudolf, Derogation, in: Untersuchungen zur Reinen Rechtslehre II. Ergebnisse eines Wiener Rechtstheoretischen Seminars 1988, Wien, 1988.
-; Art. 49 B-VG und die Bestimmung des zeitlichen Geltungsbereiches von Bundesgesetzen, ÖJZ 1990, S. 161ff.
-; Was ist ein außer Kraft getretenes Gesetz, JBl. 1994, S. 26ff.
-; Sanierung von Kundmachungsmängeln von Bundesgesetzen, ÖJZ 2001, S. 861ff.
-; Art. 48 und 49 B-VG, in: Kommentar zum B-VG, Bd. 2, 1. Halbband Art. 1 – 59b, 7. Lfg. (2005), Wien.

Rauchberg Heinrich, Die Stellung der Kronländer im Gefüge der österreichischen Verfassung, ÖZÖR 1916, Sonderheft: Länderautonomie, S. 129ff.
-; Die Rundfrage über die „Länderautonomie“, ÖZÖR 1917, S. 282ff.

Raschauer Bernhard, Art. 67 B-VG, in: Kommentar zum B-VG, Bd. 2, 1. Halbband Art. 1 – 59b, 1. Lfg. (1999), Wien.
-; Allgemeines Verwaltungsrecht, Wien, 1998.

Ringhofer Kurt, Prüfung und Anfechtung von Gesetzen und Verordnungen durch die Gerichte, in: Verfassung, Verwaltung und Gerichtsbarkeit. Vorträge, gehalten bei der Richterwoche 1977, S. 101ff.

Ulbrich Josef, Das österreichische Staatsrecht. Neubearbeitung auf der Grundlage der 3. Auflage (1904) im "Handbuch des öffentlichen Rechts", Tübingen, 1909.
-; Regierungs- und Vollzugsgewalt, in: Österreichisches Staatswörterbuch. Handbuch des gesamten österreichischen öffentlichen Rechts.^{2} [Hrsg. Mischer/Ulbrich], 4. Bd., Wien, S. 62f, 1909.

-; Reichsrat, in: Österreichisches Staatswörterbuch. Handbuch des gesamten österreichischen öffentlichen Rechts.[2] [Hrsg. Mischer/Ulbrich], 4. Bd., S. 63f., Wien, 1909.

-; Richterliche Gewalt, in: Österreichisches Staatswörterbuch. Handbuch des gesamten österreichischen öffentlichen Rechts.[2] [Hrsg. Mischer/Ulbrich], 4. Bd., Wien, S. 143f, 1909.

-; Oktoberdiplom, in: Österreichisches Staatswörterbuch. Handbuch des gesamten österreichischen öffentlichen Rechts.[2] [Hrsg. Mischer/Ulbrich], 3. Bd., S. 756f, Wien, 1907.

Verdroß Alfred, Zur Konstruktion des Völkerrechts, Zeitschrift für Völkerrecht 1914, S. 329ff.

-; Die Rechtskraft der kaiserlicher Verordnung vom 7. Juli 1915 Nr. 189 RGBl über die zeitweilige Einstellung der Geschworenengerichte, JBl. 1915, S. 426ff.

Voegelin Erich, Der autoritäre Staat, Wien, 1936.

Walter Friedrich, Die österreichische Zentralverwaltung. III. Abteilung. Von der Märzrevolution 1848 bis zur Dezemberverfassung 1867. 3. und 4. (Aktenstücke) Bd. Die Geschichte der Ministerien vom Durchbruch des Absolutismus bis zum Ausgleich mit Ungarn und zur Konstitutionalisierung der österreichischen Länder 1852 bis 1867, Wien, 1970 und 1971.

-; Österreichische Verfassungs- und Verwaltungsgeschichte von 1500 bis 1955. Aus dem Nachlass herausgegeben von Adam Wandruszka, Wien-Köln-Graz,1972.

Walter/Mayer/Kucsko-Stadlmayer, Grundriß des österreichischen Bundesverfassungsrecht[10], Wien, 2007.

Walter Robert, Hans Kelsen – Ein Leben im Dienste der Wissenschaft. Bericht über die Enthüllung der Büste Kelsens mit Ansprache des Herrn BM Dr. Heinz Fischer und Laudatio. Bibliographie der Werke Kelsens in systematischer und chronologischer Form, Wien, 1985.

-; Hans Kelsens Rechtslehre, Baden-Baden, 1999.

-; Zur Auslegung des Art. 89 (1) B-VG, JBl. 1960, S. 340ff.

-; Verfassung und Gerichtsbarkeit, Wien, 1960.

-; Aufbau der Rechtsordnung, Graz, 1964

-; ABGB und Verfassung, ÖJZ 1966, S. 1f.

Weinberger Ota, Normentheorie als Grundlage der Jurisprudenz und Ethik. Berlin, 1981

Welan/Winkler, Die Normenkontrolle und ihr Ausbau, in: ÖJZ 1967, S. 645ff.

Welan Manfred, Reform der Bundespräsidentschaft?, in: JRP 1998, S. 19ff.

Weyr Franz, Rahmengesetze. Studie aus dem österreichischen Verfassungsrechte. Leipzig – Wien, 1913.

Wiederin Ewald, Bundesrecht und Landesrecht. Forschungen aus Staat und Recht 111, Wien – New York, 1995.

Wieshaider Wolfgang, Gewohnheitsrecht als Rechtsquelle des österreichischen Bundesverfassungsrecht, ÖJZ 1997, S. 481ff

Winkler Günther, Überleitung und Rezeption des deutschen Elektrizitätsrechtes, JBl. 1956, S. 573ff.

-; Der Verfassungsrang von Staatsverträgen. Eine Untersuchung des geltenden österreichischen Verfassungsrechtes. Erstveröffentlichung: Österreichische Zeitschrift für öffentliches Recht 10 (1959/60), S. 514ff. Neudruck: Orientierungen im öffentlichen Recht. Ausgewählte Abhandlungen, Forschung aus Staat und Recht 46, Wien – New York, 1979

-; Der Bescheid. Ein Beitrag zur Lehre vom Verwaltungsakt, 1956.

-; Die absolute Nichtigkeit von Verwaltungsakten, 1960.

-; Das österreichische Konzept der Gewaltentrennung in Recht und Wirklichkeit. Erstveröffentlichung: Der Staat 6 (1967), S. 293ff. Neudruck: Orientierungen im öffentlichen Recht. Ausgewählte Abhandlungen, Forschung aus Staat und Recht 46, Wien – New York, 1979.

-; Zeit und Recht. Kritische Anmerkungen zur Zeitgebundenheit des Rechts und des Rechtsdenkens, Wien – New York, 1995

-; Die Rechtswissenschaft als empirische Sozialwissenschaft. Biographische und methodologische Anmerkungen zur Staatsrechtslehre, Wien - New York, 1999.

-; Verfassungsrecht in Liechtenstein, 2001

-; Die Verfassungsreform in Liechtenstein, 2003

-; Begnadigung und Gegenzeichnung, Wien - New York, 2005

-; Die Prüfung von Verordnungen und Gesetzen durch den Verfassungsgerichtshof von Amts wegen, Wien – New York, 2006

Winter Fritz, Das österreichische Parlament. Die Gewählten und ihre Wähler, Wien, 1902.

Wolf Heinrich Amadeus, Verfassungswandel und ungeschriebenes Verfassungsrecht im Werke Georg Jellineks, in: Georg Jellinek. Beiträge zu Leben und Werk. Hrsg. Stanley l. Paulson und Martin Schulte, Tübingen, 2000.

Wyduckel Dieter, Georg Jellineks Beitrag zur Entwicklung der Verfassungsgerichtsbarkeit, in: Georg Jellinek. Beiträge zu Leben und Werk. Hrsg. Stanley l. Paulson und Martin Schulte, Tübingen, 2000.

I. Einleitung

Wenn man wie *Winkler* davon ausgeht, dass „*das Recht als eine in historischer Zeit existierende, auf ihre besondere Weise zeitgebundene effektive, sinn- und zweckhafte Ordnung für menschliches Zusammenleben in der Gemeinschaft eines bestimmtes Staates*" zu verstehen ist, dann verwundert es nicht, dass derselbe in seiner Untersuchung „*Zeit und Recht*" im Rahmen seiner Überlegungen über die Zeitlichkeit des Rechts ua festhält, dass der Kompetenztatbestand „*Universitäten*" im StGG über die Reichsvertretung im Jahr 1920 unverändert dem Bund zugewiesen worden sei, dass der Grundrechtskatalog des StGG über die allgemeinen Rechte der Staatsbürger im Jahr 1920 zur Gänze in die neue Verfassung aufgenommen worden sei und dass das Legalitätsprinzip, die Ministerverantwortlichkeit, die Regelungen der GO der gesetzgebenden Körperschaften, das Prinzip der Einstimmigkeit im Ministerrat in der neuen Verfassung unverändert materiell fortgesetzt worden seien[1]. Es verwundert daher auch nicht, dass beinahe jede rechtstheoretische Arbeit, wie zB die Untersuchung von *Wiederin* „*Bundesrecht und Landesrecht*", einen nicht unbeträchtlichen Teil ihrer Ausführungen einer alten Rechtslage, wie im hier zuvor erwähnten Beispiele die Rechtslage ab 1867, widmet[2]. Damit zeigt sich, dass eine rechtshistorische Arbeit tatsächlich nicht der Nostalgie, sondern der tieferen Einsicht[3] in das historisch gewachsene Recht dient, was auch Ziel der hier vorliegenden Arbeit ist. Im Idealfall sollte die heutige Rechtswissenschaft auf die hier vorliegende Untersuchung zurück greifen können, um die Ausführungen der zeitgenössischen Literatur über schon damals und noch heute strittige Themen nachlesen zu können und sich von der hier dargestellten Rechtsansicht zumindest inspirieren zu lassen.

Der heutige rechtshistorische Forschungsstand über das Wesen des Gesetzgebungsrechts im konstitutionellen Regierungssystem in Cisleithanien liegt nahezu brach. Es findet sich zwar über das außerordentliche Gesetzgebungsrecht des Monarchen eine umfassende Arbeit von *Hasiba*, über das ordentliche Gesetzgebungsrecht, welches zwischen Monarchen und Parlament geteilt ist, liegt keine Untersuchung vor. Über die verfassungsrechtliche Entwicklung wurde schon viel geschrieben, konkret bezogen auf das Wesen des österreichischen Gesetzgebungsrechts wurde noch keine Arbeit verfasst. Diese Lücke zu schließen ist neben der obgenannten Zielvorstellung weitere Aufgabe der Arbeit.

1 *Winkler*, Zeit und Recht, S. 242 und S. 258f.

2 *Wiederin*, Bundesrecht und Landesrecht, S. 57ff.

3 *Olechoswski*, Die Einführung der Verwaltungsgerichtsbarkeit in Österreich, S. 2

Die Arbeit selbst teilt sich in zwei Teile. Im ersten Teil soll ein kurzer verfassungsrechtlicher Überblick über die Entwicklungsgeschichte des Gesetzgebungsrechts gegeben werden, wobei der dort dargestellte gesetzgeberische Wille Grundlage für Auslegungsfragen im zweiten Teil ist. Der erste Teil stützt sich daher im Hinblick auf diese enge Zielsetzung ausschließlich auf die parlamentarischen Materialien wie zB die Stenographischen Protokolle des AH und HH, aber auch auf von Dritten veröffentlichen Protokolle des Ministerrats und der Ausschusse des AH. Ergänzt werden die Ausführungen von Kommentaren durch Zeitungen. Der zweite Teil der Arbeit stützt sich auf die zeitgenössische österreichische Literatur. Deutsche Literatur wurde nur exemplarisch herangezogen, mit Ausnahme des Allgemeinen Staatsrechts von *Laband*, welches nicht nur für die deutsche, sondern auch für die österreichische Staatsrechtswissenschaft Vorbildwirkung und sohin großen Einfluss hatte. Eine Arbeit über das österreichische Gesetzgebungsrecht ohne die Ausführungen von *Laband* mit einzubeziehen wäre mangelhaft. Die aus der zeitgenössischen Literatur gewonnenen Ergebnisse werden in Folge mit der modernen Verfassungsrechtslehre verglichen und einer rechtlichen Beurteilung unterzogen.

Die zeitgenössische österreichische Literatur selbst beschäftigte sich in der Regel mit einzelnen Problemen des Gesetzgebungsrechts. Eine eigene Arbeit über das gesamte österreichische Gesetzgebungsrecht lässt sich mit Ausnahme des Werkes *„Die Volksvertretung“* von *Tezner* nicht finden. Von den einzelnen Arbeiten stechen ua die Ausführungen von *Lukas* über das kaiserliche Sanktionsrecht und über das Publikationsrecht sowie der Aufsatz *“Reichsgesetz und Landesgesetz“* von *Kelsen*, die beide sich von der monarchisch politisch motivierten Staatsrechtswissenschaft abgrenzen und sich klar für ein gemeinsames Gesetzgebungsrecht des Monarchen und des Parlaments aussprechen, hervor. Wesentliche Impulse konnte *Weyr* mit seiner Untersuchung *„Rahmengesetze“* und *Merkl* mit seinem in verschiedenen Aufsätzen entwickelten Stufenbaumodell setzen. Es zeigt sich, dass gegen Ende der Monarchie die junge aufstrebende Juristengeneration - eben wie *Kelsen*, *Merkl*, *Weyr*, *Verdroß* - neue rechtstheoretische Ansätze setzte, nicht nur zuletzt weil *Kelsen* mit seinen Hauptproblemen eine moderne entpolitisierende Wissenschaft begründen wollte, die den Beginn der Entwicklung zur Reinen Rechtslehre hin darstellt.

II. Die Verfassungsentwicklung ab 1848 unter dem Blickwinkel des Gesetzgebungsrechts

A. Von der Verfassung 1848 bis zu den Sylvesterpatenten 1851

1. Die Verfassung 1848

Die Revolution im Jahr 1848 führte am 25. April 1848 zum Erlass einer Verfassungsurkunde für das Kaisertum Österreich[4]. Nach dieser ersten formellen Verfassung, welche die konstitutionelle Entwicklung in Österreich einleitete, stand dem Kaiser die Gesetzgebung gemeinsam mit dem Reichstag zu, welcher sich nach dem Zweikammersystem in einen Senat und in eine Kammer der Abgeordneten gliederte[5]. Gesetzesvorschläge konnten vom Monarchen als auch von den beiden Kammern des Reichstags eingebracht werden. Die beiden Kammern konnten aber auch unter Angabe von Gründen bei der Regierung die Vorlage eines Gesetzesentwurfes beantragen. Für einen Gesetzesbeschluss war im Senat die Anwesenheit von 30 Mitgliedern, in der Kammer der Abgeordneten die Anwesenheit von 60 Mitgliedern sowie in jeder Kammer die Zustimmung der absoluten Mehrheit der Anwesenden erforderlich. Eine Abänderung der Verfassung bedurfte der Zustimmung von zwei Dritteln der Anwesenden. Für das Zustandekommen eines Gesetzes war die Billigung beider Kammern sowie die Sanktion durch den Kaiser[6] notwendig. Eine Aufteilung zwischen Reichs- und Landesangelegenheiten sah die Verfassung 1848 nicht vor[7]. Ausdrücklich normiert worden ist, dass die Bewilligung zur Ergänzung des Heeres, die Bewilligung zur Erhebung von Steuern und Abgaben, der Abschluss von Staatsschulden, die Veräußerung von Staatseigentum, der Voranschlag der Staatseinnahmen und –ausgaben, des Gebarungsabschlusses sowie eine Änderung in der Einrichtung der Gerichtshöfe nur durch Gesetze erfolgen können. Die Verfassung 1848 bestimmte zudem, dass in den oben genannten Fällen die

4 PGS Nr. 49 (= *Bernatzik*, Die österreichischen Verfassungsgesetze mit Erläuterungen², Nr. 36, S. 102).

5 Mit der kaiserlichen Proklamation vom 16. Mai 1848 erfuhr die Verfassung 1848 insofern eine Änderung – um "*alle übrigen Anlässe zu Mißvergnügen und Aufregung zu beseitigen*" - als, dass der Reichstag nur aus einer Kammer bestand und das Wahlrecht in diese Kammer ein allgemeines war. Vgl. PGS Nr. 65 (= *Bernatzik*, Die österreichischen Verfassungsgesetze mit Erläuterungen², Nr. 37a, S. 111).

6 Wörtlich hieß es im § 15: „... *die Sanktion aller Gesetze steht ihm (Monarchen) allein zu.*“

7 Vgl. *Spiegel*, Länder, in: *Mischler/Ulbrich*, Österreichisches Staatswörterbuch. Handbuch des gesamten öffentlichen Rechts, 3 Bd., S 309. Vorgesehen war aber, dass in den einzelnen Ländern Provinzialstände zur Wahrnehmung der Provinzialinteressen und zur Besorgung der für diese Interessen sich ergebenden Erfordernisse zu bestehen haben (§ 54f).

Gesetzesvorschläge zuerst bei der Kammer der Abgeordneten einzubringen waren. Ein Notverordnungsrecht des Kaisers kannte die Verfassung 1848 nicht.

2. Der Kremsierer Entwurf

2.1. Der infolge einer weiteren Revolutionswelle im November 1848 nach Kremsier verlegte Reichstag[8], dessen Aufgabe nach der kaiserlichen Proklamation vom 16. Mai 1848 auch die Beratung der Verfassung war, konnte Anfang März 1849 seine Arbeiten zu dem so genannten Kremsierer Entwurf[9], welcher – entsprechend seinem Namen nur ein Entwurf blieb und nicht in Kraft trat - beenden. Der Kremsierer Entwurf unterschied erstmals zwischen einer Reichs- und Landesgesetzgebung, wobei die Gesetzgebung gemeinsam vom Kaiser mit dem Reichstag, der sich aus einer Volkskammer und einer Länderkammer zusammensetzte, bzw. mit dem Landtag auszuüben war. Die Landesangelegenheiten waren in der Reichsverfassung taxativ aufgezählt und erfassten das Landesfinanzwesen, politische Landesangelegenheiten sowie staatswirtschaftliche Angelegenheiten. In allen anderen Angelegenheiten war die Reichsgesetzgebung zuständig[10]. Das Land hatte in bestimmten Angelegenheiten wie zB Unterrichts- und Volkserziehungswesen[11] eine Ausführungskompetenz unter Beachtung der durch Reichsgesetz festgestellten Beschränkungen[12]. Zudem bestand die Möglichkeit, dass Reichsgesetze innere Angelegenheiten dem Land zur Regelung zuwiesen. Über Streitigkeiten zwischen den Ländern sowie über

---

8 Der Reichstag wurde am 22. Juli 1848 in Vertretung des Kaisers durch Erzherzog Johann feierlich eröffnet. Vgl. *Brauneder*, Verfassungsentwicklung in Österreich 1848 bis 1918, in: *Rumpler/Urbanitsch*, Die Habsburgermonarchie 1848 – 1918, Bd. VII, Verfassung und Parlamentarismus, 1. TB, S. 107.

9 *Bernatzik*, Die österreichischen Verfassungsgesetze mit Erläuterungen^2, Nr.39, S. 115. *Brauneder* spricht von Reichstagsentwürfen, da die Verfassungsarbeiten schon in Wien begonnen hatten und nicht nur in Kremsier durchgeführt worden sind. Vgl. *Brauneder*, Verfassungsentwicklung in Österreich 1848 bis 1918, in: *Rumpler/Urbanitsch*, Die Habsburgermonarchie 1848 – 1918, Bd. VII, Verfassung und Parlamentarismus, 1. TB, S. 107.

10 § 34 sah vor, dass im Zweifel über die Kompetenz der Reichs- und der Landesregierungsgewalten die Vermutung für die Zentralgewalt spreche. § 123ff enthielten Bestimmungen über Kreistage, in deren Wirkungskreis Gemeindeangelegenheiten, Kreisstraßen und sonstige Kreiskommunikationsmittel, Errichtung von Sparkassen und Leihanstalten sowie die Besorgung aller Angelegenheiten, welche nur die Kreisgemeinde oder Bezirke derselben treffen, gehören (§ 125).

11 Weiters die Kultus- und kirchlichen Angelegenheiten sowie die Landespolizei in allen im § 114 nicht angeführten Zweigen.

12 Dies erinnert an das Grundsatzgesetzgebungsrecht des Bundes und das Ausführungsgesetzgebungsrecht des Landes nach Art. 12 B-VG.

Kompetenzkonflikte zwischen der Zentral- und den Länderregierungsgewalten hatte das Oberste Reichsgericht zu entscheiden[13].

2.2. Das Recht einen Gesetzesvorschlag einzubringen, kam jedem an der Gesetzgebung Beteiligten zu. Für das Zustandekommen eines Gesetzes waren die Anwesenheit der Mehrzahl der Mitglieder, die absolute Stimmenanzahl und die Übereinstimmung beider Kammern erforderlich. Der Kaiser hatte die Gesetze zu sanktionieren und zu veröffentlichen. Für den Fall, dass ein Gesetzesbeschluss nicht vom Kaiser sanktioniert wurde, sah der Entwurf vor, dass ein neuerlicher Gesetzesantrag erst wieder in der folgenden Jahressession eingebracht werden konnte. Diesfalls konnte der Monarch abermals die Sanktion verweigern, wobei die Folge der neuerlichen Verweigerung die Auflösung des Reichstags war. Erst dann, wenn der neu zusammengetretene Reichstag abermals den gleichen Gesetzesvorschlag dem Monarchen vorlegte, durfte die kaiserliche Sanktion nicht verweigert werden. Ein absolutes „Verhinderungsrecht" stand dem Kaiser nur bei Gesetzesbeschlüssen zu, welche die Verfassung änderten und dadurch die Rechte des Kaisers beschränkten. Explizit hielt der Kremsierer Entwurf fest, dass der Kaiser nicht berechtigt war, Gesetze zu suspendieren oder einzelne Personen von der Befolgung zu befreien.

2.3. Die Verfassung selbst konnte grundsätzlich weder ganz noch teilweise aufgehoben werden. Nur im Fall des Krieges oder Aufruhrs konnten unter Zustimmung[14] der gesetzgebenden Körperschaft Bestimmungen der Verfassung teilweise suspendiert werden. Besondere Regelungen waren auch für die Abänderung der Verfassung vorgesehen. Wenn eine Bestimmung der Verfassung revidiert werden musste, war der Reichstag aufzulösen und ein neuer einzuberufen. Erst der neu einberufene Reichstag war befugt über die Änderung einen Gesetzesbeschluss zu fassen. Für den Beschluss waren die Anwesenheit von drei Viertel der Mitglieder und die Zustimmung von zwei Drittel der Abgeordneten erforderlich, wobei die Abstimmung nicht geheim war. Die Idee der erhöhten Bestandskraft war auch nach dem Kremsierer Entwurf nicht fallen gelassen, sondern erfuhr mit der unbedingten Auflösung des Reichstags eine wesentliche Ergänzung und sohin eine Änderung der Verfassung eine zusätzliche Erschwerung. Im Bereich der Finanzgesetzgebung sah der Entwurf vor, dass der Staatshaushaltsetat durch ein Gesetz, welches allein von der Volkskammer zu beschließen war, festgestellt werden musste. Die Befreiung, der Nachlass von

---

13 Vgl. hierzu die Ausführungen von *Haller*, Prüfung von Gesetzen, S. 22 mit weiteren Nachweisen, ob damit eine Normenkontrolle in Kompetenzfragen eingerichtet wurde oder nicht.

14 Konnte die Zustimmung nicht gleich eingeholt werden, musste diese nachträglich erteilt werden.

Steuern und Abgaben sowie die Aufnahme von Staatsanleihen und Übernahmen von Garantien zu Lasten des Staates durften nur auf Grund von Gesetzen erfolgen. Die Bestimmung, dass die Überschreitung eines Staatsvoranschlages nur über „motivierte“ vom Gesamtministerium gegengezeichnete Verordnungen zu erfolgen hatte und diese dem Reichstag beim nächsten Zusammentritt vorzulegen waren, bezeichnet *Hasiba* als erste Notverordnungsregelung[15].

2.4. Die Landtage erhielten die Aufgabe Landesverfassungen zu beschließen. Die Landesverfassungen waren daher Gegenstand der Landesgesetzgebung. Die Landesverfassungen bedurften aber der Bestätigung vom Reichstag, die nur dann verweigert werden durfte, wenn die Landesverfassung im Widerspruch zur Reichsverfassung stand[16]. Erwähnt sei noch, dass der Kremsierer Entwurf die Bildung eines Reichsrates, welcher die Beratung der Ministerien zur Aufgabe hatte, vorsah, der in späterer Folge Anknüpfungspunkt für die weitere Verfassungsentwicklung war.

3. Märzverfassung 1849

3.1. Bevor der Reichstag im März 1849 zur Beschlussfassung über den Kremsierer Entwurf zusammentreten konnte, erließ der Monarch am 4. März 1849 ein Manifest[17], mit welchem er erklärte, dass der Entwurf des Reichstags eine bloße "*Erörterung aus dem Gebiete der Theorie*" darstelle, die im Widerspruch zu den tatsächlichen Verhältnissen des Staates stehe. Aus diesem Grund

---

15 *Hasiba*, Das Notverordnungsrecht in Österreich (1848-1817), S. 27. Im Gegensatz dazu hält *Hasiba* im Rahmen seiner Schlussbemerkung auf Seite 165 fest, dass das erste ausführliche Notverordnungsrecht in der oktroyierten Märzverfassung zu finden sei. Ähnlich, aber konkreter führt *Spiegel* aus, dass es sich bei der Bestimmung des § 146 um eine Spezialnotverordnung handelt und eine umfassende Regelung des Notverordnungsrechtes erst die Märzverfassung 1849 enthält. *Spiegel*, Notverordnungen, in: *Mischler/Ulbrich*, Österreichisches Staatswörterbuch. Handbuch des gesamten öffentlichen Rechts^2, 3 Bd., S 716.

16 Richtig ist daher die Auffassung von *Hellbling*, dass der Rahmen der Landesverfassungen durch die Reichsverfassung abgedeckt war. Vgl. *Hellbling*, Österreichische Verfassungs- und Verwaltungsgeschichte^2, S. 350. Diese Bestimmung kam aber auch für den Fall einer Revision der Landesverfassung zur Anwendung. Nach *Spiegel* galt diese Bestimmung auch für eine nachträgliche Revision der Landesverfassung. Vgl. *Spiegel*, Länder, in: *Mischler/Ulbrich*, Österreichisches Staatswörterbuch. Handbuch des gesamten öffentlichen Rechts^2, 3 Bd., S. 400.

17 RGBl Nr. 149/1849 (= *Bernatzik*, Die österreichischen Verfassungsgesetze mit Erläuterungen^2, Nr. 40, S. 147).

und zur Erhaltung eines einheitlichen Österreichs[18] erließ der Monarch mit dem kaiserlichen Manifest eine Reichsverfassung für das Kaisertum Österreich[19].

3.2. Auch die Verfassung 1849 unterschied in der Gesetzgebung zwischen Landes- und Reichsangelegenheiten. Hinsichtlich der Kompetenzaufteilung normierte die Verfassung eine Generalklausel zugunsten des Reiches, die vorsah, dass alle Angelegenheiten, welche nicht durch die Verfassung oder durch ein Reichsgesetz als Landesangelegenheit erklärt wurden, der Reichsgesetzgebung zukamen. Als Reichsangelegenheit wurde ua das höhere Unterrichtswesen, das Heerwesen, die völkerrechtliche Vertretung, der Reichshaushalt, als Landesangelegenheiten ua die Landeskultur und Landesfinanzwesen erklärt. Die Verfassung 1849 sah in Anlehnung an den Kremsierer Entwurf erneut vor, dass zB in Schulangelegenheiten dem Land ein Gesetzgebungsrecht in Grenzen des zu erlassenden Reichsgesetzes[20] zustand. Die Gesetzgebung oblag dem Monarchen in Reichsangelegenheiten gemeinsam mit dem Reichstag, welcher neuerlich aus zwei Kammern bestand (Oberhaus und Unterhaus), und in Landesangelegenheiten gemeinsam mit dem Landtag, wobei der Monarch die Gesetze zu veröffentlichen und diesbezügliche Verordnung zu erlassen hatte[21]. Für die Beschlussfassung waren die Anwesenheit der Mehrheit der Mitglieder sowie die absolute Stimmenmehrheit erforderlich. Bei Stimmengleichheit galt der Antrag als verworfen. Gesetzesanträge konnten der Monarch sowie beide Kammern des Reichstags bzw. der Landtag einbringen. Für das Zustandekommen eines Gesetzes bedurfte es der Übereinstimmung des Kaiser und der beiden Kammern des Reichstags bzw. des Landtags. Die Verfassung sah zudem ein Notverordnungsrecht des Monarchen für den Fall vor, dass der Reichstag bzw. der Landtag nicht versammelt war und Gefahr im Verzug – zum Nachteil des Reiches oder eines Landes – bestand. Der Monarch war diesfalls berechtigt die notwendigen Verfügungen unter Verantwortung des Ministeriums zu treffen. Diese Verfügungen wiesen eine provisorische Gesetzeskraft auf und der Monarch hatte dem Reichstag bzw. dem Landtag die Gründe für die Verfügung darzulegen.

3.3. Aus der Bestimmung des § 120 leitet die heutige Lehre ab, dass, solange die von der Verfassung vorgesehenen Einrichtungen nicht vorhanden waren,

---

18 Vom Geltungsbereich der Verfassung 1849 waren nunmehr auch Lombardo-Venetien und Ungarn - entgegen der Verfassung 1848 und dem Kremsierer Entwurf - umfasst.

19 RGBl 150/1849 (= *Bernatzik*, Die österreichischen Verfassungsgesetze mit Erläuterungen[2], Nr. 40a, S. 150).

20 *Brauneder* spricht im diesem Zusammenhang von einer Rahmengesetzgebung durch das Reich. Vgl. *Brauneder*, Österreichische Verfassungsgeschichte[10], S. 124.

21 § 18 sieht weiters vor, dass jede Verfügung des Monarchen der Gegenzeichnung eines verantwortlichen Ministers bedarf.

dem Kaiser vorübergehend das alleinige Gesetzgebungsrecht zukam[22]. Die Abänderung der Reichsverfassung bedurfte der Anwesenheit von drei Viertel der Mitglieder und der Zustimmung von zwei Drittel der Mitglieder. Auch die Landesverfassungen genossen eine erhöhte Bestandsgarantie, da für eine Revision das gleiche Präsens- und Konsensquorum erforderlich war. Die Landesverfassungen mussten aber dem Reichstag vorgelegt werden. Ein oberstes Reichsgericht hatte als Schiedsgericht bei Streitfragen zwischen dem Reich und den Ländern oder zwischen den Ländern zu entscheiden, sofern die Angelegenheit nicht in den Bereich der gesetzgebenden Reichsgewalt gehörte.

3.4. Steuern und Abgaben für Reichs- und Landesangelegenheiten sowie der Staatsvoranschlag mussten durch Gesetz bestimmt werden. Überschreitungen des Voranschlags bedurften der nachträglichen Zustimmung durch den Reichstag. Der Reichsrat war entgegen dem Kremsierer Entwurf nicht mehr ein beratendes Organ der Ministerien allein, sondern des Monarchen und der Regierung in allen Angelegenheiten der vollziehenden Reichsgewalt[23].

4. Die Sylvesterpatente 1851

Die weitere verfassungsrechtliche Entwicklung knüpfte an den Reichsrat an, dessen Verwirklichung sich bis ins Jahr 1851 hinzog. Erst mit dem kaiserlichen Patent vom 13. April 1851[24] wurden nämliche ausführende Bestimmungen erlassen, die die Verfassung 1849 als Statut vorgesehen hatte. In diesem Patent wurde die bloß beratende Funktion des Reichsrates für den Monarchen und den Ministerrat normiert, wobei die Aufträge zur Erstattung von Gutachten von Kaiser oder von der Regierung über den Ministerrat erteilt werden konnten. Das Statut sah auch vor, dass in allen Angelegenheiten der Gesetzgebung der Reichsrat zu hören und die Anhörung auch in der Kundmachung der Gesetze zu erwähnen war. Ein eigenes Initiativrecht kam dem Reichsrat jedoch nicht zu. Alsbald erfuhr jedoch der Reichsrat eine weitere Veränderung in der Art, dass er nur noch beratendes Organ des Monarchen und nicht mehr der Regierung war[25]. Ferner wurden die Minister ausschließlich dem Monarchen für verantwortlich

---

22 Vgl. *Hoke*, Österreichische und Deutsche Rechtsgeschichte, S. 355; *Brauneder*, Österreichische Verfassungsgeschichte[10], S. 120. § 120 sieht vor: "*Insolange die durch diese Reichsverfassung bedingten organischen Gesetze nicht im verfassungsmäßigen Wege zu stande gekommen sind, werden die entsprechenden Verfügungen im Verordnungswege erlassen.*"

23 Der Reichsrat hatte entsprechende Gutachten für den Monarchen zu erstellen.

24 RGBl 92/1851 (= *Bernatzik*, Die österreichischen Verfassungsgesetze mit Erläuterungen[2], Nr. 44, S. 202).

25 Ah. Kabinettschreiben vom 20. August 1851, RGBl 196 (= *Bernatzik*, Die österreichischen Verfassungsgesetze mit Erläuterungen[2], Nr. 45, S. 206).

erklärt[26] und die ministerielle Gegenzeichnung auf die Kundmachung der Gesetze und kaiserlichen Verordnungen beschränkt, wobei diese Gegenzeichnung garantieren sollte, dass "*bestimmte Formen beobachtet und die kaiserlichen Beschlüsse genau und richtig aufgenommen*" worden sind. Ingesamt wurden fünf Allerhöchste Kabinettschreiben verfasst. Mit dem vierten und dem fünften Kabinettschreiben, die dem Ministerrat und dem Reichsrat den Auftrag erteilten, den Bestand der Verfassung zu überdenken und ein Gutachten zu erstellen, wurde die künftige Weg der Verfassungsentwicklung in Richtung Abkehr vom Konstitutionalismus angezeigt[27]. Mit den „*drei Sylvesterpatenten 1851*“[28] endete schlussendlich die konstitutionelle Periode und es trat an dessen Stelle der Neoabsolutismus. Die ersten zwei Patente hoben die Verfassung 1849 und das Grundrechtspatent auf, das kaiserliche Handschreiben an den Ministerpräsidenten enthielt als Beilage die Grundsätze für die organischen Einrichtungen in den Kronländern des österreichischen Kaiserstaates. Das Gesetzgebungsrecht oblag nun wieder alleine dem Monarchen, ohne dass Repräsentativkörperschaften an der Gesetzgebung beteiligt waren.

---

26 Ah. Kabinettschreiben vom 20. August 1851, RGBl 194 (= *Bernatzik*, Die österreichischen Verfassungsgesetze mit Erläuterungen^2, Nr. 46, S. 207).

27 *Brauneder*, Verfassungsentwicklung in Österreich 1848 bis 1918, in: *Rumpler/Urbanitsch*, Die Habsburgermonarchie 1848 – 1918, Bd. VII, Verfassung und Parlamentarismus, 1. TB, S. 136. Vgl. auch seine Ausführungen hinsichtlich der Anzahl der Kabinettschreiben in FN 295.

28 RGBl 2, 3 und 4/1851 (= *Bernatzik*, Die österreichischen Verfassungsgesetze mit Erläuterungen^2, Nr. 48, 49 und 50, S. 208f. Dort spricht *Bernatzik* von den drei kaiserlichen Patenten, die nach dessen Ausführungen gewöhnlich unter der Bezeichnung „*Sylvesterpatente*“ zusammengefasst werden. Wie die Ausführungen jedoch zeigen, handelt es sich bei Nr. 50 um kein kaiserliches Patent, sondern um ein ah Kabinettschreiben, sodass in Wahrheit nicht von den drei kaiserlichen Patenten gesprochen werden kann).

B. Vom Oktoberdiplom 1860 über die Reichsverfassung 1861 bis zum Sistierungspatent 1865

1. Das Oktoberdiplom 1860

1.1. Auf Grund des militärischen, wirtschaftlichen[29] und politischen Misserfolges des Neoabsolutismus war eine Reform des neuständischen Systems notwendig geworden. Das Manifest vom 15. Juli 1859[30] stellte daher auch eine zeitgemäße Verbesserung in der Gesetzgebung und der Verwaltung in Aussicht. Die nun einsetzende "*konstitutionelle*"[31] Entwicklung knüpfte an den aus der Märzverfassung 1849 bekannten Reichsrat. Mit dem kaiserlichen Patent vom 5. März 1860[32] wurde der Reichsrat durch außerordentliche, periodisch einzuberufende Reichsräte verstärkt[33]. Dieser verstärkte Reichsrat hatte bloß beratende Funktion in den taxativ aufgezählten Angelegenheiten wie bei der Feststellung des Staatsvoranschlages, der Prüfung der Staatsrechnungsabschlüsse und bei Entwürfen in wichtigen Angelegenheiten der allgemeinen Gesetzgebung als auch bei Prüfung der Vorlagen der Landesvertretungen. Der Monarch behielt sich die Möglichkeit vor, auch andere Gegenstände zur Beratung dem Reichsrat zuzuweisen. Explizit wurde vorgesehen, dass dem Reichsrat kein Gesetz- oder Verordnungsvorschlagsrecht zukam[34]. Mit dem a. h. Handschreiben vom 17. Juli 1860[35] erfuhr der verstärkte Reichsrat eine Aufwertung in dem Sinn, dass zur Einführung neuer Steuern und zur Erhöhung bestehender Steuern und Auflagen

---

29 *Hauke* hält diesbezüglich fest, dass sich innerhalb von 10 Jahren die Staatsschuld um mehr als 1.300 Millionen Gulden erhöht, das Staatsvermögen jedoch um 100 Millionen vermindert habe, bei einer gestiegenen Steuerbelastung. *Hauke*, Verfassungsgeschichte seit 1848, in: *Mischler/Ulbrich*, Österreichisches Staatswörterbuch. Handbuch des gesamten öffentlichen Rechts[2], 4 Bd., S. 726. Vgl. auch *Tezner*, Die Volksvertretung, S 94: „*Keine revolutionäre Volksbewegung brachte das absolutistische System zu Falle, es stürzte mit dem unglücklichen Ausgange ‚des schlecht vorbereiteten und von unzulänglichen Feldherrn geführten italienischen Krieges' im Jahre 1859 zusammen.*“

30 RGBl 133/1859.

31 Vgl. *Hoke*, der zu Recht von einer "*scheinbaren Rückkehr zum Konstitutionalismus*" spricht. *Hoke*, Österreichische und Deutsche Rechtsgeschichte, S. 366.

32 RGBl 56/1860 (= *Bernatzik*, Die österreichischen Verfassungsgesetze mit Erläuterungen[2], Nr.51, S. 217). Gleichzeitig wurde auch eine Geschäftsordnung für den verstärkten Reichsrat erlassen.

33 Außerordentliche Reichsräte waren Erzherzöge aus dem kaiserlichen Haus, kirchliche Würdenträger, in Zivil- oder Militärdienst oder auf andere Weise ausgezeichnete Männer und achtunddreißig Mitglieder der Landesvertretung. Diese sollten über einen Ternavorschlag der Landesvertretungen auf sechs Jahre ernannt werden.

34 Der verstärkte Reichsrat hatte aber die Möglichkeit, Lücken, Mängel oder Bedürfnisse in der Gesetzgebung mittels eines Gutachtens an den Monarchen heranzutragen.

35 RGBl 181/1860 (= *Bernatzik*, Die österreichischen Verfassungsgesetze mit Erläuterungen[2], Nr.54, S. 221).

sowie zur Aufnahme neuer Anleihen die Zustimmung des Reichsrates erforderlich war. Aufgrund eines vom verstärkten Reichsrat erstellten Majoritätsgutachtens erließ der Monarch am 20. Oktober 1860 ein kaiserliches Diplom zur Regelung der inneren staatsrechtlichen Verhältnisse der Monarchie, das Oktoberdiplom[36]. Als Verfassungsgrundlage nannte der Monarch die von Karl VI. erstellte Pragmatische Sanktion sowie die Unteilbarkeit und Unzertrennbarkeit der Königreiche und Länder der österreichischen Monarchie. In diesem „*beständigen und unwiderruflichen Staatsgrundgesetz*"[37] wurde zudem festgehalten, dass die Gesetzgebung vom Monarchen nur unter der Mitwirkung der Landtage bzw. des Reichsrates[38] ausgeübt wird, wobei das Oktoberdiplom zwischen Mitwirkung – in Form der Beratung[39] – und Zustimmung in bestimmten finanziellen Angelegenheiten unterschied. Jene Angelegenheiten, die sich auf Rechte, Pflichten und Interessen beziehen, die allen Königreichen und Ländern der Monarchie gemeinschaftlich waren, waren vom Monarchen unter Mitwirkung des Reichsrates[40] zu erledigen. Diese wurden namentlich genannt wie folgt: Gesetzgebung über das Münz-, Geld- und Kreditwesen, über die Zölle und Handelssachen, über die Grundsätze des Zettelbankwesens, über Grundsätze des Post-, Telegraphen- und Eisenbahnwesens und über die Art und Weise der Militärpflicht. Die Einführung neuer Steuern und Auflagen, Erhöhung bestehender Steuern und Gebührensätze, Aufnahme neuer Anleihen – entsprechend dem a. h. Handschreiben vom 17. Juli 1867 –, die Konvertierung bestehender Staatsschulden und die Veräußerung, Umwandlung oder Belastung des unbeweglichen Staatseigentums konnten nur unter Zustimmung des Reichsrates erfolgen. Weitere Mitwirkungsrechte wie die Prüfung und Feststellung der Voranschläge der Staatsauslagen für das künftige Jahr, die Prüfung der Staatsrechnungsabschlüsse und der Resultate der jährlichen Finanzgebarung waren vorgesehen. Jene Angelegenheiten, die nicht ausschließlich in die Kompetenz des RR fielen, jedoch eine regelmäßige Behandlung auf Reichsebene erfuhren, konnten weiterhin durch den Reichsgesetzgeber geregelt werden. Alle anderen –

---

36 RGBl 226/1860. Das Oktoberdiplom wird von der Lehre als eine Weiterentwicklung der Verfassungsgrundsätze 1852 angesehen. Vgl. *Brauneder*, Verfassungsentwicklung 1848-1919, in: 75 Jahre Bundesverfassung. Festschrift aus dem Anlass des 75. Jahrestages der Beschlussfassung über das Bundes-Verfassungsgesetz, S. 39, sowie Österreichische Verfassungsgeschichte[10], S. 137; *Hoke*, Österreichische und deutsche Rechtsgeschichte, S. 367.

37 RGBl 226/1860.

38 Zu beachten ist, dass der Reichsrat als eine einheitliche Kammer konzipiert war.

39 Vgl. *Hoke*, Österreichische und deutsche Rechtsgeschichte, S. 368.

40 Das Oktoberdiplom unterschied erstmals zwischen einen Reichsrat für sämtliche Königreiche und Länder sowie einen engeren Reichsrat für die nicht ungarischen Länder.

namentlich nicht genannten – Gegenstände fielen in die Kompetenz der Landtage.

1.2. Mit dem Oktoberdiplom wurden mehrere kaiserliche Handschreiben sowie in Ausführung des Oktoberdiploms Landesstatute für Steiermark[41], Kärnten[42], Salzburg[43] und Tirol[44] erlassen. Das a.h. Handschreiben vom 20. Oktober 1860 an den Ministerpräsident sah vor, dass die Zahl der von den Landtagen zu entsendenden Reichsräte auf 100 erhöht werden soll[45]. In Aussicht gestellt wurde auch die Erlassung eines organischen Reichsratsstatuts, welches die Veränderungen auf Grund der zahlreichen früher erlassenen Patenten den Reichsrat betreffend zusammenfassen sollte[46].

2. Das Februarpatent

2.1. Das Oktoberdiplom erfuhr von verschiedenen Seiten, wie von Ungarn, von Böhmen, den Liberalen und den „Konstitutionellen", welche die Wiederherstellung der Verfassung 1849 forderten, Kritik[47]. Wichtige Institutionen wie der Reichstag oder die Landtage traten nicht ins Leben. Als Folge wurde vier Monate nach Erlass des als unwiderruflich bezeichneten Oktoberdiploms am 26. Februar 1861 das Februarpatent[48] erlassen. Das Februarpatent selbst sah sich als Ausführung des Oktoberdiploms[49] und veröffentlichte als Beilage ua das Gesetz

---

41 RGBl 227/1860.

42 RGBl 232/1860.

43 RGBl 238/1860.

44 RGBl 254/1860.

45 Sohin wurde der Charakter eines Ausschusslandtages verstärkt. Wiener Zeitung, Sonntag, 21. Oktober 1860, Nr. 249 (= *Bernatzik*, Die österreichischen Verfassungsgesetze mit Erläuterungen[2], Nr.57, S. 228. *Bernatzik* datiert irrtümlich die Publikation in der Wiener Zeitung mit 20. Oktober 1860).

46 Ein weiteres kaiserliches Handschreiben stellte die verfassungsmäßigen Institutionen des Königreiches Ungarn wieder her. Vgl. Wiener Zeitung, Sonntag, 21. Oktober 1860, Nr. 249 (= *Bernatzik*, Die österreichischen Verfassungsgesetze mit Erläuterungen[2], Nr. 60, S. 230).

47 *Brauneder*, Verfassungsentwicklung 1848 – 1918, in: 75 Jahre Bundesverfassung. Festschrift aus Anlass des 75. Jahrestages der Beschlussfassung über das Bundes-Verfassungsgesetz, S. 40; *Hoke*, Österreichische und Deutsche Rechtsgeschichte, S. 370.

48 RGBl 20/1861 (= *Bernatzik*, Die österreichischen Verfassungsgesetze mit Erläuterungen[2], S. 255).

49 *Kelsen* bezeichnet das Februarpatent als Mantelgesetz, das radikal vom Oktoberdiplom abweiche und diesem gegenüber einen Verfassungsbruch darstelle. Vgl. *Kelsen*, Österreichisches Staatsrecht. Ein Grundriß entwicklungsgeschichtlich dargestellt, S. 14. *Tezner* spricht von einer Aufhebung des Oktoberdiploms durch die Februarverfassung, siehe *Tezner*, Volksvertretung, S 105. Vgl. aber auch *Hellbling*, Österreichische Verfassungs- und Verwaltungsgeschichte[2], 358. *Braunder* spricht davon, dass sich das Febru-

über die Reichsvertretung sowie 15 Landesordnungen, welche die Kraft eines Staatsgrundgesetzes erhielten. Als Verfassung des Reiches[50] wurde die pragmatische Sanktion, das Oktoberdiplom, die wieder neu ins Leben gerufenen Verfassungen von Ungarn, Kroatien und Siebenbürgen sowie das Grundgesetze über die Reichsvertretung und die Landesordnungen[51] bestimmt.

2.2. Die Bestimmungen hinsichtlich des Wirkungskreises des Reichsrats knüpften an Art. II des Oktoberdiploms an und umfassten abermals all jene Gegenstände, die allen Königreichen und Ländern gemeinschaftlich sind. Erfasst waren namentlich das Militärwesen, das Geldwesen, Zoll und Handelswesen, das Verkehrswesen sowie die Staatsfinanzen. Für den engeren Reichsrat[52] war die Zuständigkeit für jene Angelegenheiten vorgesehen, die nicht ausdrücklich durch Landesordnung dem Landtag zugeordnet worden waren. Die Landtage hatten jedoch die Möglichkeit, die gemeinsame Behandlung durch den engeren Reichsrat zu beantragen.

2.3. Über Kompetenzstreitigkeiten zwischen dem engeren Reichsrat und einem Landtag hatte der Kaiser auf Antrag des Reichsrats zu entscheiden. Das Recht Gesetzesvorschläge einzubringen, stand dem Monarchen sowie dem Reichsrat innerhalb dessen Wirkungskreises zu. Für ein Gesetz war die Übereinstimmung beider Häuser des Reichsrats - dieser war nun wieder in 2 Kammern, nämlich in das Herrenhaus und in das Abgeordnetenhaus, gegliedert – sowie die Sanktion des Kaisers erforderlich. Für die Gültigkeit eines Beschlusses war die absolute Stimmenmehrheit und für die Abänderung eines Grundgesetzes die Zustimmung von zwei Dritteln der Anwesenden notwendig. Wieder sah das Februarpatent – in Anlehnung an die Märzverfassung 1849 - die Möglichkeit vor, dass der Monarch dringende Maßnahmen treffen darf, wenn der Reichsrat nicht versammelt ist, wobei das Ministerium verpflichtet war, dem nächsten Reichsrat die Gründe der Verfügung darzulegen[53]. Die näheren Bestimmungen über den Geschäftsver-

---

arpatent nicht zu Unrecht als Ausführung des Oktoberdiploms sehe und nicht als radikale Abänderung des Oktoberdiploms. Vgl. *Brauneder*, Österreichische Verfassungsgeschichte[10], S. 142. Vgl. auch *Brauneder*, Die Verfassungsentwicklung in Österreich 1848 bis 1918, in: *Rumpler/Urbanitsch*, Die Habsburgermonarchie 1848 – 1918, Bd. VII Verfassung und Parlamentarismus. 1. TB, S. 152f.

50 Das Februarpatent spricht von "*diesen ganzen Inbegriff von Grundgesetzen als Verfassung Unseres Reiches*".

51 Vgl. *Ulbrich*, Februarpatent, in: *Mischler/Ulbrich*, Österreichisches Staatswörterbuch. Handbuch des gesamten öffentlichen Rechts[2], 2. Bd., S. 3.

52 Vgl. Art. III des Oktoberdiploms 1860.

53 Vgl. *Brauneder*, Österreichische Verfassungsgeschichte[10], S. 145. Er hält hierzu wie folgt fest: „*Wie in der vorangegangenen Periode besteht ab 1861 ein Notverordnungsrecht des Kaisers etwa im Sinne der Verfassung 1849.*“ Anderer Ansicht offenbar *Hasiba*: „*Auch die Ermächtigung für die Regierung zur Erlassung derartiger Maßregeln*

kehr beider Häuser des Reichsrats hatte eine eigene Geschäftsordnung zu regeln[54].

2.4. Die 15 Landesordnungen stimmten, mit Ausnahme von Triest[55], weitestgehend überein. Die Angelegenheiten für die Landesgesetzgebung wurden im § 18 namentlich aufgezählt[56]. Darunter fielen ua das Landeskulturwesen, das aus Landesmitteln bestrittene öffentliche Bauwesen und Wohlfahrtswesen, das Landesfinanzwesen sowie die nähere Regelung in Gemeinde-, Kirchen, Schulangelegenheiten als auch Verpflegung und Einquartierung des Heeres. Von Bedeutung ist, dass der Landtag nicht nur ein gesetzgebendes, sondern auch ein vollziehendes Organ war. Das Recht einen Gesetzesvorschlag zu erstatten, hatte die Reichsregierung und der Landtag selbst. Für jedes Landesgesetz waren die Zustimmung des Landtages und die Sanktion des Kaisers erforderlich. Anträge, die entweder vom Kaiser oder vom Landtag abgelehnt worden sind, konnten in derselben Session nicht noch einmal eingebracht werden. Zur Beschlussfassung eines Landesgesetzes waren die Anwesenheit von mehr als der Hälfte sowie die absolute Stimmenmehrheit der Anwesenden erforderlich. Bei Stimmengleichheit galt der Antrag als verworfen. Die Abänderung der Landesordnung selbst war nur bei Anwesenheit von mehr als drei Viertel der Mitglieder und bei Zustimmung von zwei Dritteln der Abgeordneten möglich. Zuletzt ist festzuhalten, dass ein Notverordnungsrecht auf Landesebene im Gegensatz zur Märzverfassung 1849 nicht vorgesehen war.

3. Vom Sistierungspatent 1865 bis zur Einberufung des Reichsrates

3.1. Mit dem kaiserlichen Manifest vom 20. September 1865 beklagte der Monarch, dass sich ein großer Teil des Reiches beharrlich von dem gemeinsamen legislativen Wirken fern hielte[57], dadurch die Entwicklung eines freien Verfas-

---

ist expressis verbis nirgends ausgedrückt und kann lediglich aus der Tatsache geschlossen werden, daß die Regelung des § 13 in seiner Gesamtheit Eingang in das Staatsgrundgesetz gefunden hat. Weiters mangelt es an Formvorschriften. Eine Mitwirkung der Krone wird nicht ausgesprochen.“ *Hasiba*, Das Notverordnungsrecht in Österreich (1848-1917), S. 34.

54 Vgl. die näheren Ausführungen *Bernatzik*, Die österreichischen Verfassungsgesetze mit Erläuterungen², über die GO beider Häuser in der Anmerkung 18, S. 264.

55 Das Statut aus dem Jahr 1850 wurde aufrechterhalten. RGBl 139/1850 (= *Bernatzik*, Die österreichischen Verfassungsgesetze mit Erläuterungen², S. 176.)

56 Für Triest mit den Gebieten Görz, Griska und Istrien wurden die Angelegenheiten im § 19 aufgezählt.

57 Tatsächlich weigerte sich der ungarische Landtag Abgeordnete in den Reichsrat zu entsenden, auch blieben die siebenbürgische (bis Herbst 1863), kroatische und italienische Abgeordneten dem Reichsrat fern. Vgl. *Brauneder*, Verfassungsentwicklung 1848-1918, in: 75 Jahre Bundesverfassung. Festschrift aus Anlass des 75. Jahrestages der

sungslebens gehemmt und das Recht aller Völker in seiner Grundlage bedroht sei[58]. In Aussicht wurde daher gestellt, dem ungarischen und kroatischen Parlament das Oktoberdiplom und das Februarpatent zur Annahme vorzulegen. Da es aber rechtlich unmöglich sei, „*eine und dieselbe Bestimmung in einem Teil des Reiches zum Gegenstand der Verhandlung zu machen, während sie gleichzeitig in den anderen Teilen als allgemein bindendes Reichsgesetz behandelt würde*", sistierte der Monarch mit dem kaiserlichen Patent vom 20. September 1865[59] die Wirksamkeit des Grundgesetzes über die Reichsvertretung vom 26. Februar 1861[60]. Im Gegenzug dazu versprach der Monarch die Verhandlungsergebnisse den Vertretern der anderen Königreiche vorzulegen. Während dessen hatte die Regierung ohne die Mitwirkung der Reichsvertretung unaufschiebbare Maßnahmen, insbesondere jene, die im finanziellen und volkswirtschaftlichen Interesse des Reiches standen, zu besorgen. Nach Einberufung des ungarischen und kroatischen Landtages wurden die oben angeführten Verhandlungen zunächst bis Sommer 1866 geführt und wegen des Krieges zwischen Preußen und Österreich unterbrochen und im Herbst 1866 mit Ungarn allein weitergeführt[61]. Das Ergebnis dieser Verhandlungen war die Wiederherstellung der ungarischen Verfassung 1848[62], wobei auf Grund der Pragmatischen Sanktion die Angelegenheiten Äußeres, Kriegswesen und die dafür notwendigen Finanzierungen als so genannte „*Pragmatische Angelegenheiten*" gemeinsam mit den im Reichsrat vertretenen Königreiche und Ländern und den Ländern der ungarischen Krone zu besorgen waren und bestimmte Gegenstände wie zB Zoll, Münzwesen und

---

Beschlussfassung über das Bundes-Verfassungsgesetz, S. 41, der von einem Rumpf-Reichsrat spricht; Gleiche Bezeichnung bei *Walter*, Österreichische Verfassungs- und Verwaltungsgeschichte von 1500 bis 1955, S. 208 und 209.

58 RGBl 88/1865 (= *Bernatzik*, Die österreichischen Verfassungsgesetze mit Erläuterungen^2, Nr. 106, S. 315).

59 RGBl 89/1865 (= *Bernatzik*, Die österreichischen Verfassungsgesetze mit Erläuterungen^2, Nr. 107, S. 317).

60 Vgl. *Hauke*, Verfassungsgeschichte seit 1848, in: *Mischler/Ulbrich*, Österreichisches Staatswörterbuch. Handbuch des gesamten öffentlichen Rechts^2, 4 Bd., S. 730, der das Septemberpatent nicht als positives Verfassungsgesetz bezeichnet, sondern es als Willenserklärung des Monarchen ansieht, wie das Problem der Verfassungsfrage zu lösen sei. *Hauke* erklärt darüber hinaus die Sistierung als einen schweren Eingriff in das Verfassungsrecht der im engeren Reichsrat vertretenen Königreiche und Länder.

61 Die Niederlage am 3. Juli 1866 in Königgrätz sowie das Ausscheiden aus dem Deutschen Bund beschleunigten die Gespräche mit den Ungarn. Vgl. *Brauneder*, Verfassungsentwicklung 1848-1918, in: 75 Jahre Bundesverfassung. Festschrift aus Anlass des 75. Jahrestages der Beschlussfassung über das Bundes-Verfassungsgesetz, S. 42.

62 In das Staatsgebiet von Ungarn fielen auch die 1849 verselbständigten Länder Siebenbürgen und Kroatien. Vgl. *Brauneder*, Die Verfassungsentwicklung in Österreich 1848 bis 1918, in: *Rumpler/Urbanitsch*, Die Habsburgermonarchie 1848 – 1918, Bd. VII Verfassung und Parlamentarismus. 1. TB, S. 170.

Wehrsystem als so genannte *„Dualistische Angelegenheiten“* von Zeit zu Zeit nach zu vereinbarenden Grundsätzen zu behandeln waren[63].

3.2. Im Ministerrat am 23. Dezember 1866 wurde einstweilen die weitere innenpolitische Vorgangsweise unter Bezugnahme auf den Ausgleich mit Ungarn besprochen. Staatsminister *Belcredi*[64] schlug vor, dass auf Grund der Verhandlungen mit Ungarn eine Versammlung *„der diesseitigen Länder“* einzuberufen sei, da, falls ein Ausgleich mit Ungarn zustande kommen würde, erstens die moralische Verantwortung nicht nur der Regierung, sondern sodann auch der Vertretung der Länder zu komme, und zweitens Ungarn die Möglichkeit des Widerstands erschwert werden würde[65]. Mit Ausnahme des Justizministers stimmten alle Sitzungsteilnehmer dem Vorschlag zu. Der Monarch verordnete daher mit dem kaiserlichen Patent vom 2. Jänner 1867[66] die Einberufung einer außerordentlichen Reichsratsversammlung, dessen alleiniger Gegenstand die Beratung der Verfassungsfrage war. Zu diesem Zweck wurde eine Neuwahl der Landtage ausgerufen[67]. Die Einberufung der außerordentlichen Reichsversammlung wurde von der Wiener Abendpost[68] als ein bedeutender Schritt zur Konstituierung Österreichs und zur Lösung der Verfassungsfrage angesehen. Sie hielt aber fest, dass nur der weitere Reichsrat zur Behandlung der Verfassungsfrage als das einzig zulässige Organ sei. Die Wiener Abendpost führte hierzu aus:

> „Aber auch abgesehen von diesem formellen Bedenken, wüßten wir nicht, was durch die Einberufung des Reichsrathes als engeren gewonnen wäre. In dem Momente, wo ihm die Vorlage über die Verfassungsfrage gemacht und er in die Behandlung desselben eintreten würde, müßte er sich entweder als weiterer Reichsrath constituiren, oder zu einer außerordentlichen Versammlung gestalten, die sich nicht mehr in den Grenzen des Februarstatutes bewegt. Ob das Vorgehen der Regierung nicht das formell gerechtfertigtere, das sachlich ehrlichere, das in seinen

---

63 Siebenbürgen und Kroatien-Slawonien wurden Ungarn wieder zugesprochen. Vgl. *Braunder*, Österreichische Verfassungsgeschichte[10], S. 181.

64 *Belcredi* war wenig optimistisch, dass tatsächlich der Ausgleich mit Ungarn zustande kommt. Vgl. Die Protokolle des Ministerrates 1848 bis 1867, VI. Abteilung, Das Ministerium Belcredi, Band 2, 1973, S. 369, *„Für den Fall, als ein Ausgleich mit Ungarn dennoch zustande kommen sollte, ...“*

65 Die Protokolle des Ministerrates 1848 bis 1867, VI. Abteilung, Das Ministerium Belcredi, Band 2, 1973, S. 369.

66 Das Patent basierte auf einen Entwurf von *Belcredi,* der in derselben Sitzung des Ministerrats dem Monarchen vorgelegt wurde.

67 RGBl 1/1867; *Bernatzik*, Die österreichischen Verfassungsgesetze mit Erläuterungen[2], Nr. 125, S. 367.

68 Wiener Abendpost. Beilage zur Wiener Zeitung, Donnerstag, 3. Jänner 1867, Nr. 2.

Grundzügen freiheitlichere ist, überlassen wir einer billigen und unbefangenen Beurtheilung.“ [69]

Die außerordentliche Reichsratsversammlung trat jedoch niemals zusammen. Außenminister *Beust* hielt in einem Memorandum vom 25. Jänner 1867 an den Monarchen schriftlich fest, dass der Ausgleich mit Ungarn eine ausgemachte Sache sei und die Regierung nicht mehr in der Lage sei, eine freie Zustimmung der anderen Reichshälfte einzuholen[70]. Im Ministerrat vom 1. Februar 1867 wiederholte er seine Ansicht und führte weiters aus, dass keine Beratungen über eine abgeschlossene Tatsache möglich sei bzw. keine Zustimmung zu einem Werk verlangt werden könne, an dem nichts mehr abgeändert werden könne, und dass der Ausgleich dem ordentlichen Reichsrat eben als abgeschlossene Tatsache vorgelegt werden solle, wobei zugleich die durch den Ausgleich notwendigen Verfassungsänderungen vorzunehmen wären. Staatsminister *Belcredi* widersprach, erinnerte an das Versprechen des Septemberpatentes aus dem Jahre 1865, dass das Ergebnis der Ausgleichsverhandlungen mit Ungarn den anderen Ländern übermittelt werden würde, und dass demzufolge das Ausgleichswerk dem Reichsrat nicht als ein Fait accompli vorgelegt werden könne. Darüber hinaus sei die Vorlage des Ausgleichswerkes als abgeschlossene Tatsache eine Oktroyierung für die größere Hälfte des Reiches, gegen welche er sich auszusprechen habe. Unterstützung erfuhr Staatsminister *Belcredi* bloß vom ungarischen Hofkanzler *Mailàth,* der meinte, dass zwar der von *Belcredi* vorgeschlagene Weg der korrektere, der von *Beust* vorgeschlagene wohl der opportunere sei. Die übrigen Sitzungsteilnehmer sprachen sich zu Gunsten *Beusts* aus.

Der Monarch entschied sich in der Folge für den von Außenminister *Beust*[71] skizzierten Weg und befahl mit allerhöchsten Entschließung vom 4. Februar

---

69 Siehe auch *Bernatzik*, Für diesen stand die ad hoc einzuberufende Reichsratsversammlung außerhalb der Verfassung. Vgl. *Bernatzik*, Die österreichischen Verfassungsgesetze mit Erläuterungen², S. 367; deutlich anderer Ansicht ist jedoch das *„Neue Fremdenblatt“*, welches meint, dass kein Eingriff in das bestehende Verfassungsrecht erfolgte, das Februarpatent räume nur dem weiteren Reichsrat das Recht ein, das Grundgesetz abzuändern und das Patent zur Einberufung eines außerordentlichen Reichsrat gebe diesen Körper die Befugnis, über die Vereinbarung des Februarpatents mit den 48er Gesetze zu beraten und Vorschläge zu erstatten, zitiert nach der Wiener Abendpost, Beilage zur Wiener Zeitung, Freitag, 4. Jänner 1867, Nr. 3.

70 Abgedruckt in: *Engel-Janosi*, Einleitung, in: Die Protokolle des Ministerrates 1848 bis 1867, VI. Abteilung, Das Ministerium Belcredi, Band 2, 1973, S. XXXV. *Beusts* Stellungnahme verwundert, da dieser einerseits in der Ministerratssitzung vom 23. Dezember 1866 dem Vorschlag *Belcredis* widersprochen hat, andererseits das Patent vom 2. Jänner 1867 auch von ihm unterzeichnet wurde.

71 Obzwar der Monarch in der Ministerratssitzung festhielt, dass der von *Belcredi* angeratene Weg der korrektere sei, der von *Beust* als der eher zum Ziel führendere sei, wusste

1867 den außerordentlichen Reichsrat in einen ordentlichen Reichsrat umzuwandeln, dem die durch die Einigung mit Ungarn notwendig gewordenen Gesetzesentwürfe vorgelegt werden sollten. Mit dem kaiserlichen Patent vom 20. April 1867[72] wurde der Reichsrat für den 20. Mai 1867 einberufen.

Belcredi scheinbar jetzt schon, dass seine Zeit abgelaufen war, da er am selben Tag sein Abschiedgesuch einreichte. Am 7. Februar 1867 wurde *Beust* zum neuen Ministerpräsidenten ernannt.

72 RGBl 67/1867.

C. Von der Verfassung 1867 bis zum Ende der Monarchie

1. Entstehung der Verfassung 1867

1.1. Eröffnung des Reichsrates und weitere Entwicklung

1.1.1 Mit der Thronrede vom 22. Mai 1867[73], durch welche der Reichsrat feierlich eröffnet wurde[74], hielt der Monarch ua fest, dass die Errichtung einer konstitutionellen Verfassung auf einer gesicherten Grundlage stets in seinem Bestreben gestanden sei und zu diesem Zweck rüstig Hand anzulegen sei, um das begonnene Werk zu vollenden. Gleichzeitig stellte er in Aussicht, dass in Vereinbarung mit dem Reichsrat die einzelnen Länder in dem Umfang mehr Autonomie erhalten werden, wie es ihren Wünschen entspreche, ohne jedoch den Bestand der Gesamtmonarchie zu gefährden. Hierfür würden daher die auf Grund des Ausgleiches mit Ungarn notwendigen Änderungen des Februarpatentes, ein Gesetz über die Ministerverantwortlichkeit und eine den konstitutionellen Anforderungen entsprechende Modifikation des § 13 dem AH vorgelegt werden[75]. Die Presse reagierte durchaus positiv auf die Thronrede. Interessant erscheint jedoch die Stellungnahme der „*Morgenpost*“, die meinte, dass der Mittelpunkt der Thronrede der Ausgleich mit Ungarn sei, der dem Reichsrat zur freien Annahme vorgelegt wurde. Der Reichsrat könne den Ausgleich annehmen oder auch ablehnen[76].

1.1.2. Die Adresse des AH[77] an den Monarchen entgegnete, dass die Wiederherstellung der Verfassung Ungarns eine Tatsache sei, wobei die Beziehung zu den ungarischen Ländern neu zu regeln sei und dass das Vertrauen der diesseitigen Ländern wiederhergestellt werden könne,

> „wenn die verfassungsmäßigen Rechte des Reichsrathes mit Bürgschaften gleichen Werthes umgeben werden, wie jene, deren sich die ungarische Verfassung erfreut“[78].

Es müsse auch in Cisleithanien gelten, dass ohne die Zustimmung der Volksvertretung kein Gesetz ins Leben treten könne. Weiters brachte die Adresse

---

73 StPAH, 1. Band, Beilage des Protokolls über die 2. Sitzung am 23. Mai 1867, S. 15f.

74 Die Eröffnungssitzung fand schon am 20. Mai 1867 statt.

75 Diese wurden vom Ministerpräsidenten *Beust* in der 9. Sitzung am 17. Juni 1867 im AH eingebracht.

76 Wiedergegeben in der Wiener Abendpost. Beilage zur Wiener Zeitung, Donnerstag, 23. Mai 1867, Nr. 119

77 StPAH, 1. Band, Beilage des Protokolls über die 8. Sitzung am 5. Juni 1867, S. 177f.

78 StPAH, 1. Band, Beilage des Protokolls über die 8. Sitzung am 5. Juni 1867, S. 178.

deutlich zum Ausdruck, dass eine bloß formelle Verfassungsgarantie nicht die Erwartungen der Bevölkerung befriedigen werde, sondern es einer umfassenden Reform der gesamten Gesetzgebung und der Verwaltung bedürfe. Zwar werde die Regierungsvorlage über die Ministerverantwortlichkeit begrüßt, aber erforderlich wäre ua aber auch, die politischen Rechte der Staatsbürger zu umschreiben, die Autonomie der Länder zu erweitern sowie die Finanzlage des Reiches zu stabilisieren. Österreich stehe an einem Wendepunkt, der für den Bestand der Monarchie entscheidend sei.

1.1.3. Die Adresse des HH an den Monarchen hielt die staatliche Zweiteilung durch den Ausgleich mit Ungarn für besorgniserregend. Dies deshalb, da andere europäische Staaten durch Gebietsvergrößerung ihre Machtstellung ausbauen würden. Da HH versicherte jedoch dem Monarchen, dass es aber *„im patriotischen und versöhnlichen Geist“* am Ausgleich mitwirken werde. Die eingebrachten Gesetzesvorlagen wie über die Ministerverantwortlichkeit und die Abänderungen des § 13 des Februarpatentes wurden begrüßt und es wurde in Aussicht gestellt, dass das HH auch die weiteren Gesetzesvorlagen, insbesondere jene, welche die Erweiterung der Länderautonomie betreffen, *„angemessen in Behandlung“* ziehen werde, wobei dem Monarchen die Loyalität und die Pflichttreue im Hinblick auf den von diesem angestrebten Erhalt des Friedens und der Eintracht versichert wurde.

1.1.4. Die beiden Adressen wurden von der Londoner Post als ein Zeichen einer friedlichen und versöhnlichen Mission des Reichsrates gesehen. Da die Ungarn nun befriedigt seien, könne der Reichsrat, als Vertreter der übrigen Länder, darauf bestehen, dass diesen die gleichen Rechte eingeräumt werden wie Ungarn[79].

1.1.5. In der 10. Sitzung des AH am 19. Juni 1867 wurde auf Grund eines Dringlichkeitsantrages des Abgeordneten *Winterstein* ein Ausschuss zur Vorberatung über die formelle Behandlung der von der Regierung eingebrachten Vorlagen[80] gewählt. In diesen Ausschuss wurden die Abgeordneten

---

79 Wieder gegeben in der Wiener Abendpost. Beilage zur Wiener Zeitung. Donnerstag, 6. Juni 1867, Nr. 130.

80 1. Das Gesetz, wodurch das Grundgesetz über die Reichsvertretung vom 26. Februar 1861 abgeändert wird, 2. Das Gesetz, wodurch der § 13 des Grundgesetzes über die Reichsvertretung vom 26. Februar 1861 abgeändert wird, 3. das Gesetz über die Verantwortlichkeit der Minister für die im Reichsrat vertretenen Königreiche und Länder und 4. das Gesetz über die Delegationen im Allgemeinen und insbesonders über die Delegation des Reichsrates. Vgl. StPAH, 9. Sitzung der 1. Session am 17. Juni 1867, S. 183. Von der Presse wurden die Regierungsvorlagen wohlwollend aufgenommen und als Sieg des konstitutionellen Rechts bezeichnet. Vgl. Wiener Abendpost. Beilage zur Wiener Zeitung. Dienstag, 18. Juni 1867, Nr. 139.

Ziemialkowski, *Herbst*, *Kaiserfeld*, *Pratobevera*, *Sturm*, *Leonardi*, *Demel*, *Winterstein* und *Waser* entsandt[81]. Der Vorberatungsausschuss stellte in der 11. Sitzung am 21. Juni 1867 den Antrag, dass das AH einen Verfassungsausschuss mit 36 Mitglieder wählt, der die vier vorgelegten Regierungsvorlagen zu beraten hat und dem alle weiteren Vorlagen und Anträge betreffend die Verfassung zuzuweisen sind. Der Antrag wurde vom AH angenommen[82]. Der Verfassungsausschuss wählte in der 4. Sitzung am 27. Juni 1867 ein Subkomitee, welches die Revision der Verfassung und die Regierungsvorlage über die Abänderung des Februarpatentes zu beraten hatte[83]. Das siebenköpfige Subkomitee bestand aus den Abgeordneten *Kaiserfeld*, *Ziemialkowski*, *Sturm*, *Froschauer*, *Brestel*, *Klier* und *Kuranda*[84]. In der 14. Sitzung des Verfassungsausschusses am 23. Juli 1867 wurden diesem die „*Grundzüge, nach denen das Subcomité des Verfassungsausschusses bei Revision der Verfassung vorzugehen hätte*"[85] vorgelegt[86]. Diese hielten fest, dass keine neue Verfassungsurkunde zu entwerfen sei, sondern das Grundgesetz über die Reichsvertretung abzuändern bzw. zu ergänzen sei sowie dass weitere Spezialgesetze als Grundgesetze, somit als Teile der Verfassung, zu

---

81 StPAH, 1. Band, 10. Sitzung der 1. Session am 19. Juni 1867, S. 216.

82 In den Verfassungsausschuss wurden gewählt: *Waser*, *Schindler*, *Plener*, *Pratobevera*, *Toman*, *Ziemialkowski*, *Lapenna*, *Kaiserfeld*, *Van der Straß*, *Demel*, *Eichhoff*, *Froschauer*, *Groß aus Reichenberg*, *Herbst*, *Rechbauer*, *Zyblikiewicz*, *Groß aus Wels*, *Banhans*, *Brestel*, *Gschnitzer*, *Korb-Weidenheim*, *Kremer*, *Prato*, *Sturm*, *Winterstein*, *Wolfrum*, *Czajkowski*, *Simonowicz*, *Potocki*, *Kuranda*, *Klier*, *Scrinzi*, Merlitsch, *Peter Groß*, *Zaillner*, *Guszalewicz* (StPAH, 11. Sitzung der 1. Session am 21. Juni 1867, S 229 und 230). Davon waren 5 Abgeordnete aus Niederösterreich, 2 aus Oberösterreich, 3 aus der Steiermark, 1 aus Salzburg, Kärnten, Krain, Tirol und Vorarlberg, 7 aus Böhmen, 4 aus Mähren, 1 aus Schlesien, 6 aus Galizien. Vgl. diesbezüglich: *Haider*, Die Protokolle des Verfassungsausschusses des Reichsrates vom Jahre 1867, S. 54.

83 Davor wurde in der 1. Sitzung des Verfassungsausschusses am 21. Juni 1867 ein aus drei Mitglieder (*Herbst*, *Kaiserfeld* und *Czajkowski*) bestehendes Subkomitee für das Deputationsgesetz und ein aus fünf Mitglieder (*Waser*, *Rechbauer*, *Lapenna*, *Ziemialkowski* und *van der Straß*) bestehendes Subkomitee für das Ministerverantwortlichkeitsgesetz gewählt. Betreffend den Antrag auf Abänderung des § 13 des Februarpatentes wurde ein Referent (*Waser*) bestellt.

84 In der 15. Sitzung des Verfassungsausschusses am 24. Juli 1867 wurden zwei weitere Abgeordnete (*Waser* und *Kremer-Auenrode*) in das Subcomité gewählt, da die Mitglieder *Brestel*, *Kaiserfeld* und *Ziemialkowski* vom Abgeordnetenhaus am 20. Juli 1867 in die Ausgleichsdeputation entsandt wurden.

85 Diese Grundzüge sind abgedruckt in: *Haider*, Die Protokolle des Verfassungsausschusses des Reichsrates vom Jahre 1867, Nr. 15a, S. 192.

86 Davor erfolgten die Beratungen über die Abänderung des § 13 des Grundgesetzes über die Reichsvertretung vom 26. Februar 1867, über den Gesetzesentwurf über die Entsendung einer Reichsdeputation zur Verhandlung mit dem ungarischen Reichstag und über das Gesetz betreffend Ministerverantwortlichkeit.

erlassen wären[87]. Als Spezialgesetze sollten das Grundgesetz über die allgemeinen Rechte der Staatsbürger, das Gesetz über die Rechte der Krone[88], das Gesetz über die richterliche Gewalt und das Grundgesetz über einen Reichsgerichtshof erlassen werden, wobei sich die Spezialgesetze, soweit dies tunlich sei, an *„die betreffenden Bestimmungen der Verfassung vom 4. März 1849"* zu halten haben. Das Subkomitee war auch der Auffassung, dass die Autonomie der Landtage zu erweitern und die Angelegenheiten des Wirkungskreises des Reichsrates taxativ aufzuzählen wären, sodass all jene Gegenstände, die nicht im Grundgesetz über der Reichsvertretung enthalten waren, in den Kompetenzbereich der Landtage fallen würden[89]. Da die Grundsätze des Subkomitees die äußere Form der Verfassung festlegten – nicht eine Verfassung, sondern mehrere Verfassungsgesetze waren vorgesehen –, waren sie für die weitere Entwicklung von nicht minderer Bedeutung.[90] In der Literatur wird auch darauf hingewiesen, dass die Aufteilung auf mehrere Staatsgrundgesetze den Eindruck erwecken sollte, dass mit dem noch vorzulegenden Entwurf die Verfassung bloß ergänzt und modifiziert werde[91]. Es muss aber angemerkt werden, dass viele Abgeordnete die Grenze für die anstehenden, notwendigen Reformen tatsächlich in der Reichsverfassung 1861 sahen und dies auch deutlich aussprachen[92]. Zuletzt ist mit den Grundsätzen eindeutig ausgesprochen worden, dass im Sinne der Erweiterung der Autonomie der Länder, der Wirkungskreis des Reichsrats in Sachen Gesetz-

---

87 *Kolmer* spricht davon, dass die Regierung eine Reihe wichtiger, verfassungsrechtlicher Forderung unberücksichtigt gelassen hat. *Kolmer*, Parlament und Verfassung, 1. Bd., S. 277.

88 In der 16. Sitzung des Verfassungsausschusses am 24. Juli 1867 wurde der Titel des Gesetzes auf *„Gesetz über die vollziehende Gewalt"* abgeändert. Vom Reichsrat wurde das Gesetz über die Rechte der Krone als *„Gesetz über die Ausübung der Regierungs- und Vollzugsgewalt"* angenommen.

89 Ausdrücklich sollten die Ländern die Gesetzgebungskompetenz in Angelegenheiten der Gemeinde, der Volksschule und der Mittelschule, soweit diese auf Landeskosten errichtet werden, erhalten.

90 Siehe so auch *Stourzh*, Die österreichische Dezemberverfassung 1867, in: Wege zur Grundrechtsdemokratie: Studien zur Begriffs- und Institutionengeschichte, S. 245.

91 Vgl. *Haider*, Die Protokolle des Verfassungsausschusses des Reichsrates vom Jahre 1867, 1997, S. 106; *Braunder*, Die Entstehung des Parlamentarismus 1861/1867 und seine Weiterentwicklung, in: *Schambeck* (Hrsg.), Österreichs Parlamentarismus. Werden und System, S. 105. Dieser auch in: Die Verfassungsentwicklung in Österreich 1848 bis 1918, in: *Rumpler/Urbanitsch*, Die Habsburgermonarchie 1848 – 1918, Bd. VII Verfassung und Parlamentarismus. 1. TB, S. 175f.

92 Siehe unten, aber auch beispielsweise das Neue Fremdenblatt: *„Nicht als Constituante, sondern mit genauer Berücksichtigung des Rechtsbodens der Februar-Verfassung galt es, ein neues Verfassungsgesetz zu schaffen,...* ", Neues Fremdenblatt. Morgenblatt, Dienstag, 15. Oktober 1867, Nr. 283. *Kelsen* bezeichnete das Februarpatent als Basis und Bestandteil der Verfassung 1867, *Kelsen*, Reichsgesetz und Landesgesetz nach österreichischer Verfassung, AÖR 1914, S. 225.

gebung abschließend geregelt werden sollte. Es entwickelte sich aber dennoch im Lauf der Zeit ein Streit darüber, ob die Aufzählung des § 11 des Staatsgrundgesetzes über die Reichsvertretung eine taxative oder eine demonstrative ist.

1.2. Novelle zum Grundgesetz über die Reichsvertretung

In den folgenden Ausführungen werden nun die Debatten zu den einzelnen Staatsgrundgesetzen im AH und HH sowie in den damit beschäftigen Ausschüssen näher dargestellt werden, sofern diese für die Darstellung des Gesetzgebungsrechts von Bedeutung sind. Jene Gesetze bzw. StGG, die für die Erläuterung der Entwicklung des Gesetzgebungsrechts kaum bzw. nicht von Bedeutung sind, werden in diese nicht aufgenommen. Der Hauptschwerpunkt liegt in den Ausführungen betreffend Debatten im Ministerrat und im AH über die Abänderung des Grundgesetzes über die Reichsvertretung, da hier die wesentlichen Vorgaben für die Beschlussfassung im Parlament gegeben wurden. Die Debatten im HH sowie die übrigen Beratungen über die anderen StGG, die das Gesetzgebungsrecht berührten, werden *weniger detailliert* wieder gegeben.

1.2.1. Die Debatten im Ministerrat

Im Ministerrat vom 16. April 1867 hielt Kultus- und Unterrichtsminister *Taaffe* fest, dass mit dem Gesetzesentwurf betreffend Abänderung des Grundgesetzes über die Reichsvertretung vom 26. Februar 1861 nur jene Abänderungen festgesetzt werden sollten, die infolge des Ausgleiches mit Ungarn unbedingt notwendig seien. Die Modifikationen seien daher so gering wie möglich zu halten. Dementsprechend sah die Regierungsvorlage[93] Neuerungen nur hinsichtlich der §§ 1, 3-6, 10, 11, 14 und 19 vor. Der den Wirkungskreis des Reichsrats regelnde § 10 wurde derart umgestaltet, dass in den Kompetenzbereich desselben jene Gegenstände fielen, die

> "allen im Reichsrate vertretenen Königreiche und Ländern gemeinschaftlich sind, insoweit sie nicht ausschließlich in den Wirkungskreis jener Vertretungskörper gehören, welche in Folge der Vereinbarung mit den Königreichen und Ländern der ungarischen Krone die diesen und den übrigen Ländern der Monarchie gemeinsamen Angelegenheiten zu behandeln haben".

93 Abgedruckt in: *Walter*, Die Österreichische Zentralverwaltung. III. Abteilung. Von der Märzrevolution 1848 bis zur Dezemberverfassung 1867. 4. Bd. Die Geschichte der Ministerien vom Durchbruch des Absolutismus bis zum Ausgleich mit Ungarn und zur Konstitutionalisierung der österreichischen Länder 1852 bis 1867, S. 204; Die neue Gesetzgebung, S. 111 ff.

Die namentliche Aufzählung der einzelnen Angelegenheiten wurde von der Februarverfassung 1861 wörtlich übernommen[94]. § 11 konnte nach Ansicht der Regierung im Hinblick auf den Ausgleich mit Ungarn kürzer gefasst werden. So war vorgesehen, dass dem Reichsrat auch all jene Gegenstände der Gesetzgebung zukamen, die nicht ausdrücklich den Ländern durch Landesordnung zugewiesen waren. Die Regierungsvorlage hatte jedoch die Möglichkeit beibehalten, dass der einzelne Landtag die gemeinsame Behandlung jener Angelegenheiten, deren Regelung dem Land selbst oblag, durch den Reichsrat beantragen konnte sowie dass der Monarch über Kompetenzkonflikte zwischen dem Reichsrat und einem einzelnen Landtag entscheidet. Die übrigen Abänderungen bezogen sich auf die Regelung der im Reichsrat vertretenen Länder (§ 1), Mitglieder im HH (§ 3 bis § 6), Wahl ins AH (§ 6), Beschlussfassung im Reichsrat (§ 14, inhaltlich fand hier keine Abänderung statt) und Teilnahme der Minister und Chefs der Zentralstellen an den Beratungen (§ 19).

1.2.2. Die Debatten im Verfassungsausschuss

1.2.2.1. Erst nach den Beratungen über das Grundgesetz über die richterliche Gewalt, über die Ausübung der Regierungs- und Vollzugsgewalt, über die Einsetzung eines Reichsgerichtes und über die allgemeinen Rechte der Staatsbürger behandelte der Verfassungsausschuss den Bericht des Subkomitees betreffend die Abänderung des Grundgesetzes über die Reichsvertretung. Mittlerweile waren mehr als 3 Monate vergangen und die Presse kritisierte, dass das Werk an der Verfassung langsam und lahm voran schreite. Noch immer könne man keine neue Verfassung, sondern bloß zahlreiche Entwürfe vorlegen[95]. Die Beratungen über die Abänderung des Grundgesetzes über die Reichsvertretung wurden allerdings rasch abgeschlossen. Sie begannen am 1. Oktober 1867 und endeten nach fast täglichen Sitzungen schon am 7. Oktober 1867.

---

94 Es zählten daher dazu: a. alle Angelegenheiten, welche sich auf die Art. und Weise, sowie auf die Ordnung der Militärpflicht beziehen, b. alle Angelegenheiten, welche die Regelung des Geld-, Kredits-, Münz- und Zettelbankwesens, die Zölle und Handelssachen, die Grundsätze des Post-, Eisenbahn- und Telegrafenwesens betreffen, c. alle Finanzangelegenheiten überhaupt, insbesondere die Voranschläge des Staatshaushaltes, die Prüfung der Staatsrechnungsabschlüsse und der Resultate der Finanzgebarung, die Aufnahme neuer Anleihen, die Konvertierung bestehender Staatsschulden, die Veräußerung, Umwandlung, Belastung des unbeweglichen Staatsvermögens, die Erhöhung bestehender und die Einführung neuer Steuern, Abgaben und Gefälle.

95 Vgl. *Haider*, Die Protokolle des Verfassungsausschusses des Reichsrates vom Jahre 1867, S. 129.

1.2.2.2. Die Debatten im Verfassungsausschuss gestalteten sich als schwierig[96]. Dies zeigt schon allein der Umstand, dass das Subkomitee keinen Berichterstatter auf Grund der unterschiedlichen Meinungsauffassungen bestimmen konnte und daher der Abgeordneter *Kaiserfeld* freiwillig die Berichterstattung übernahm[97]. Auch die im Verfassungsausschuss geführte Generaldebatte über den vorgelegten Entwurf[98] macht deutlich wie weit die Meinungen der Abgeordneten auseinander gingen und wie heftig die Debatten geführt worden sind. Abgeordneter *Zyblikiewicz* meinte, dass der Gesetzesentwurf die Entwicklung der nationalen Freiheit, insbesondere die Länderautonomie, beeinträchtigen werde und das Subkomitee sich daher mehr an die Regierungsvorlage halten hätte müssen[99]. Dem trat Abgeordneter *Brestel* heftig entgegen, in dem er die Ansicht vertrat, dass der Entwurf die Länderautonomie erweitere. Im Protokoll heißt es hierzu: "*Dr. Brestel verwahrt das Subcomité vor den Anschuldigungen des Dr. Zyblikiewicz.*"[100] Abgeordneter *Kuranda* führte aus, dass nur der Reichsrat geeignet sei, das Reich zu erhalten[101]. Hierzu tritt jedoch Abgeordneter *Groß* in Widerspruch: "*Groß aus Galizien verwahrt sich gegen den Vorwurf Kurandas, als wenn von Galizien zentrifugale Strebungen ausgingen.*"[102] Berichterstatter *Kaiserfeld* selbst vertrat die Ansicht, dass nur in einer starken Zentralgewalt und Zentralparlament der Schutz der Verfassung läge[103]. Nach dieser offensichtlich heftig geführten Debatte wurde die Generaldebatte für geschlossen erklärt und man ging nun in die Spezialdebatte[104] über.

---

96 Abgedruckt in *Haider*, Die Protokolle des Verfassungsausschusses des Reichsrates vom Jahre 1867, S. 219ff.

97 *Haider*, Die Protokolle des Verfassungsausschusses des Reichsrates vom Jahre 1867, Nr. 23, S. 219 und 220.

98 Abgedruckt bei *Haider* in den FN, Die Protokolle des Verfassungsausschusses des Reichsrates vom Jahre 1867, S. 221ff.

99 *Haider*, Die Protokolle des Verfassungsausschusses des Reichsrates vom Jahre 1867, Nr. 23, S. 220.

100 *Haider*, Die Protokolle des Verfassungsausschusses des Reichsrates vom Jahre 1867, Nr. 23, S. 220.

101 *Haider*, Die Protokolle des Verfassungsausschusses des Reichsrates vom Jahre 1867, Nr. 23, S. 220.

102 *Haider*, Die Protokolle des Verfassungsausschusses des Reichsrates vom Jahre 1867, Nr. 23, S. 220.

103 *Haider*, Die Protokolle des Verfassungsausschusses des Reichsrates vom Jahre 1867, Nr. 23, S. 220.

104 Im Rahmen der Spezialdebatte brachte Abgeordneter *Rechbauer* den Antrag ein, dass der Reichsrat sich aus einer Vertretung der Länder und des Volkes zusammensetzen sollte, daher aus dem Haus der Abgeordneten und aus dem Haus des Volkes, wodurch nun aber das Herrenhaus aufgehoben werden würde. Der Antrag wurde keiner Diskussion zugeführt. Berichterstatter *Kaiserfeld* sprach sich gegen diesen Antrag aus, da der Reichsrat nur eine Delegation der Länder sei.

1.2.2.3. Während die Erörterung der § 1 bis 10 mehr oder weniger ruhig geführt worden sind, diskutierten die Abgeordneten über die Kompetenzbestimmungen des Reichsrats "*lebhaft*" und "*unter großer Bewegung*". Schon allein darüber, ob den Beratungen § 10 der Regierungsvorlage oder § 11 des Entwurfes des Subkomitees zugrunde gelegt werden sollte, wurde hitzig debattiert, wobei man sich schließlich auf die Vorlage des Subkomitees einigte[105]. Der § 11 des Entwurfes sah vor, dass in den Wirkungskreis des Reichsrats alle Angelegenheiten fallen, die sich auf Rechte, Pflichten und Interessen beziehen, die allen im Reichsrat vertretenen Königreichen und Ländern gemeinschaftlich sind. Auf Antrag der Minister *Taaffe* und *Beust* wurde dem ersten Absatz des § 11 der Beisatz "*insoweit sie nicht in Folge der Vereinbarung mit den Ländern der ungarischen Krone zwischen diesen und den übrigen Ländern der Monarchie gemeinsam zu behandeln sein werden.*" zugefügt.[106] Die Aufzählung der einzelnen Angelegenheiten wurde zudem neu gefasst und es fielen daher folgende Aufgaben in die Kompetenz des Reichsrates[107]:

a. die Prüfung und Genehmigung der Handelsverträge und jener Staatsverträge, die das Reich oder Teile desselben belasten oder einzelne Bürger verpflichten oder eine Gebietsänderung der im Reichsrate vertretenen Königreiche und Länder zur Folge haben,[108]
b. alle Angelegenheiten, welche sich auf die Art und Weise sowie auf die Ordnung und Dauer der Militärpflicht beziehen und insbesondere die jährliche Bewilligung der Anzahl der auszuhebenden Mannschaft und die allgemeinen Bestimmungen in Bezug auf Vorspannleistung, Verpflegung und Einquartierung des Heeres[109],

---

105 *Haider*, Die Protokolle des Verfassungsausschusses des Reichsrates vom Jahre 1867, Nr. 23, S. 221.

106 *Haider*, Die Protokolle des Verfassungsausschusses des Reichsrates vom Jahre 1867, Nr. 25, S. 229.

107 Die Darstellung des Entwurfes bezieht hier die Änderungen mit ein, die sich im Rahmen der Debatten im Verfassungsausschuss ergaben. In den Fußnoten zu den einzelnen literae wird auf die Abänderungen hingewiesen. Es handelt sich hierbei jedoch nicht um die endgültige Fassung, die dem AH schlussendlich vorgelegt wurde. Näheres hierzu siehe unten.

108 Zu beachten ist § 1 lit. a des Gesetzes vom 21. Dezember 1867, RGBl 146 (= *Bernatzik*, Die österreichischen Verfassungsgesetze mit Erläuterungen², Nr. 138, S. 439), nach welchem die auswärtigen Angelegenheiten mit Einschluss der diplomatischen und kommerziellen Vertretung im Ausland gegenüber, sowie die in Betreff der internationalen Verträge notwendigen Verfügungen gemeinsam mit den im RR vertretenen Ländern und den Ländern der ungarischen Krone als gemeinsam erklärt werden, wobei die Genehmigung der internationalen Verträge den Vertretungskörpern RR und ungarischem Reichstag vorbehalten bleibt.

109 Die Wortfolge "*die allgemeinen Bestimmungen in Bezug auf Vorspannleistung, Verpflegung und Einquartierung des Heeres*" geht auf eine Anregung von Minister *Taaffe* zu-

c. die Feststellung der Voranschläge des Staatshaushaltes und insbesondere die jährliche Bewilligung der einzuhebenden Steuern, Abgaben und Gefälle; die Prüfung der Staatsrechnungsabschlüsse und Resultate der Finanzgebarung, die Erteilung des Absolutoriums; die Aufnahme neuer Anleihen, Konvertierung der bestehenden Staatsschulden, die Veräußerung, Umwandlung und Belastung des unbeweglichen Staatsvermögens, die Gesetzgebung über Monopole und Regalien[110] und überhaupt alle Finanzangelegenheiten, welche den im Reichsrate vertretenen Königreiche und Ländern gemeinsam sind,
d. die Regelung des Geld-, Münz- und Zettelbankwesens, der Zoll- und Handelsangelegenheiten sowie das Telegraphen-, Post-, Eisenbahn-, Schifffahrts- und sonstigen Reichskommunikations-wesens,
e. Kredit-, Bank-, Privilegien- und Gewerbegesetzgebung mit Ausschluss der Gesetzgebung über die Propinationsrechte, sowie die Gesetzgebung über Maß und Gewicht, über Banken, ferner über Marken- und Musterschutz[111],
f. die Gesetzgebung über Staatsbürger- und Heimatsrecht, über Passwesen und Fremdenpolizei, über Volkszählung, über Vereins- und Versammlungsrecht, über die Presse, über Schutz des Eigentums und die konfessionellen Verhältnisse.[112]

Bezüglich lit. g führte Berichterstatter *Kaiserfeld* aus, dass im Hinblick auf die Oberaufsicht des Staates über das gesamte Schulwesen dem Reichsrat auch die Kompetenz zur Feststellung von Grundsätzen für Volkschulen und Gymnasien,

---

rück. Auch hier ist wieder § 1 lit. b des Gesetzes vom 21. Dezember 1867, RGBl 146 (= *Bernatzik*, Die österreichischen Verfassungsgesetze mit Erläuterungen², Nr. 138, S. 439) zu beachten, nach welchem das Kriegswesen mit den Inbegriff der Kriegsmarine, jedoch mit Ausschluss der Rekrutenbewilligung und der Gesetzgebung über die Art und Weise der Erfüllung der Wehrpflicht, der Verfügungen hinsichtlich der Dislozierung und Verpflegung des Heeres, der Regelung der bürgerlichen Verhältnisse und der sich nicht auf den Militärdienst beziehenden Rechte und Pflichten der Mitglieder des Heeres, gemeinsam mit den im RR vertretenen Ländern und den Ländern der ungarischen Krone als gemeinsam erklärt werden.

110 Das Gesetzgebungsrecht über Monopole und Regalien wurde auf Grund einer nachträglichen Beratung des Subkomitees eingefügt.

111 Der Entwurf des Subkomitees sah ursprünglich nur ein Grundsatzgesetzgebungsrecht vor, wurde jedoch auf Antrag *Banhans* vom Verfassungsausschuss fallen gelassen. Wesentliche Ergänzungen erfolgten in der Ausschusssitzung vom 4.10.1867 auf Grund eines Antrages von *Banhans*, der in lit. e die Angelegenheiten "*Gewerbe*" und "*Markenschutzwesen*" hineinreklamierte sowie auf Grund der Sitzung vom 7.10.1867.

112 Der Entwurf des Subkomitees lautete: "*die Gesetzgebung in Sachen Heimat-, Vereins- und Versammlungsrechtes, der Presse und der konfessionellen Verhältnisse*".

und nicht nur bezüglich der Universitäten und der technischen Akademien, zu kommen sollte[113]. Die Wortmeldungen zu dieser Äußerung waren zahlreich und unterschiedlich. Während die einen darauf hinwiesen, dass im Hinblick auf die provinziellen und nationalen Besonderheiten der Länder das Gesetzgebungsrecht in Schulsachen den Landtagen zusteht, sprachen die anderen, in Unterstützung der Ansicht von *Kaiserfeld*, dem Unterrichtswesen eine *„provinziellen Eigenschaft“* ab. Zuletzt wurde auch das Argument vorgebracht, dass demjenigen, der die finanziellen Mittel bereitstelle, auch das Gesetzgebungsrecht zustehe. Der Antrag *Rechbauers*, lit. g wie folgt aufzunehmen

> *„die Feststellung grundsätzlicher Bestimmungen über das Unterrichtswesen in den Volksschulen und Gymnasien, dann die gesetzliche Regelung der Universitäten“*

wurde schlussendlich vom Ausschuss angenommen[114]. Interessant erscheint die Debatte insofern, als der Verfassungsausschuss die Ansicht vertrat, dass lit. g in seiner ursprünglichen Form *„die Regelung der Grundsätze des Unterrichtswesen bezüglich der Universitäten und technischen Akademien“* das Gesetzgebungsrecht im Bereich Volksschule und Gymnasien ausschließlich den Ländern zufiel, mangels ausdrücklicher Aufnahme in dem Kompetenztatbestand von lit. g.

Die weiteren Kompetenzbestimmungen lauteten wie folgt:

h. die Zivil- und Strafrechtsgesetzgebung, insofern sie nicht das Grundbuchswesen und solche Gegenstände betrifft, welche auf Grund der Landesordnungen und dieses Grundgesetzes in den Wirkungskreis der Landtage gehören, ferner die Gesetzgebung über Handels- und Wechselrecht, See-, Berg- und Lehenrecht,[115]
i. die Organisierung der Gerichts- und Verwaltungsbehörden[116],

---

113 Im Subkomitee stellte diese Ansicht die Minderheit dar und wurde daher das Grundsatzgesetzgebungsrecht betreffend Volksschule und Gymnasien in den Entwurf nicht aufgenommen. *Haider*, Die Protokolle des Verfassungsausschusses des Reichsrates vom Jahre 1867, Nr. 26, S. 233.

114 Auf Grund einer nachträglichen Sitzung des Subkomitees wurde lit. g. neu formuliert: "*die Regelung der Grundsätze des Unterrichtswesens bezüglich der Volksschulen und Gymnasium, dann die Gesetzgebung über Universitäten*". Der vom Subkomitee vorgeschlagene Passus "*unbeschadet des durch die a.h. Entschließung vom 25.6.1867 sanktionierten Unterrichtsgesetzes für Galizien*" wurde nicht aufgenommen.

115 Der Entwurf des Subkomitees lautete: "*die Zivil- und Strafgesetzgebung, insoferne sie nicht Gegenstände betrifft, welche auf Grund der Landesordnungen in den Wirkungsbereich der Landtage gehören*".

116 Die im Entwurf des Subkomitees enthaltene Bestimmung "*und die Feststellung ihrer Sprengel*" wurde auf Antrag von *Waser* fallen gelassen.

k. die zur Durchführung der Staatsgrundgesetze über die allgemeinen Rechte der Staatsbürger, über die richterliche, Regierungs- und Vollzugsgewalt, dann des Reichsgerichtes zu erlassenden und dort berufenen Gesetze[117].

Über Anregung von Minister *Taaffe* wurden zusätzlich folgende literae aufgenommen:

l. die Gesetzgebung über jene Gegenstände, welche sich auf Pflichten und Verhältnisse der einzelnen Länder untereinander beziehen,
m. die Medizinalgesetzgebung sowie die Gesetzgebung zum Schutz der Epidemien und Viehseuchen.

1.2.2.4. In der 29. Sitzung des Verfassungsausschusses wurde der Berichterstatter *Kaiserfeld* ermächtigt, auf Grund der zahlreichen Zusätze eine Redigierung des § 11 vorzunehmen[118]. Das eingeräumte Ermessen wurde von *Kaiserfeld* auch weit gehend in Anspruch genommen, da der dem AH vorgelegte Entwurf ab der lit. f vom Entwurf des Verfassungsausschusses, der sich nach den Debatten ergab, zwar nicht inhaltlich, jedoch förmlich abwich. § 11 gliederte sich daher ab lit. f wie folgt auf:

f. die Medizinalgesetzgebung, sowie die Gesetzgebung zum Schutz gegen Epidemien und Viehseuche,
g. die Gesetzgebung über Staatsbürger- und Heimatrecht, über Fremdenpolizei und Passwesen, sowie über Volkszählung,
h. über die konfessionellen Verhältnisse, über Vereins- und Versammlungsrecht, über die Presse und den Schutz des geistigen Eigentums,
i. die Feststellung der Grundsätze des Unterrichtswesens bezüglich der Volksschulen und Gymnasien, dann die Gesetzgebung über die Universitäten,
k. die Zivil- und Strafgesetzgebung, insoferne sie nicht die Einrichtung der Grundbücher und solche Gegenstände betrifft, welche auf Grund der Landesordnungen und dieses Grundgesetzes in den Wirkungskreis der Landtage gehören, ferner die Gesetzgebung über Handels- und Wechselrecht, See-, Berg- und Lehenrecht,
l. die Organisation der Gerichts- und Verwaltungsbehörden,

---

117 Die Litera j. fehlt in der Aufzählung. Die Wortfolge "*über die allgemeinen Rechte der Staatsbürger*" wurde auf Grund einer nachträglichen Sitzung des Subkomitees aufgenommen.

118 *Haider*, Die Protokolle des Verfassungsausschusses des Reichsrates vom Jahre 1867, Nr. 29, S. 244. Es heißt dort: „*Die Redigierung des § 11 wird wegen der vielen Zusätze dem Ermessen des Herrn Berichterstatter anheimgegeben.*“

m. die zur Durchführung der Staatsgrundgesetze über die allgemeinen Rechte der Staatsbürger, über das Reichsgericht, über die richterliche, Regierungs- und Vollzugsgewalt zu erlassenden und dort berufenen Gesetze,
n. die Gesetzgebung über jene Gegenstände, welche sich auf Pflichten und Verhältnisse der einzelnen Länder unter einander bezieht.

Eine weitläufige Debatte entspannte sich im Verfassungsausschuss über § 15, welcher die Präsens- und Konsensquoren für einen gültigen Beschluss des AH und HH bestimmt. Abgeordneter *Herbst* stellte den Antrag, dass für einen gültigen Beschluss des Reichsrats im AH die Anwesenheit der Mehrheit der Abgeordneten und in jedem Haus die absolute Stimmenmehrheit der Anwesenden notwendig ist[119]. Dieser Antrag wich insofern vom Entwurf des Subkomitees ab, als nach diesem für das HH kein Präsensquorum vorgesehen war. Abgeordneter *Banhans* vertrat hier die Ansicht, dass diese Bestimmung nur Gegenstand der Geschäftsordnung sein könne[120]. Abgeordneter *Simonowicz* stellte hinsichtlich des Präsensquorums auf absolute Zahlen ab[121]. Dessen Antrag, welcher auch vom Verfassungsausschuss angenommen wurde, sah für die Beschlussfähigkeit im AH die Anwesenheit von 100 Mitgliedern und im HH die Anwesenheit von 40 Mitgliedern vor. Von Interesse ist der in der gleichen Sitzung gestellte Antrag des Abgeordneten *Scrinzi*, nach dem Angelegenheiten, die nicht im § 11 erwähnt seien, aber ihrer Natur und den im Eingang des § 11 aufgestellten Merkmalen zum Wirkungskreis des Reichsrates gehören, im Wege der Reichsgesetzgebung den anderen Gegenständen des § 11 angereiht werden könnten, ohne die Begrenzung derselben aufzuheben[122]. Dieser Antrag wurde vom Verfassungsausschuss nicht aufgegriffen.

1.2.2.5. Im Übrigen wurde der Entwurf des Subkomitees durch den VA keiner großen Veränderung unterzogen. Eine Verwerfung desselben fand nicht statt. Von der Regierungsvorlage musste sich der Entwurf des Subkomitees bzw. des Verfassungsausschusses unterscheiden, da, wie oben schon festgehalten wurde, die Regierungsvorlage nur jene Paragraphen des Grundgesetzes über die Reichsvertretung enthielt, die auf Grund des Ausgleiches mit Ungarn modifiziert werden mussten. Der Entwurf des Subkomitees bzw. des Verfassungsausschus-

119 *Haider*, Die Protokolle des Verfassungsausschusses des Reichsrates vom Jahre 1867, Nr. 27, S. 238.

120 *Haider*, Die Protokolle des Verfassungsausschusses des Reichsrates vom Jahre 1867, Nr. 27, S. 238.

121 *Haider*, Die Protokolle des Verfassungsausschusses des Reichsrates vom Jahre 1867, Nr. 27, S. 239.

122 *Haider*, Die Protokolle des Verfassungsausschusses des Reichsrates vom Jahre 1867, Nr. 27, S. 237.

ses, welcher als „*Gesetz, wodurch das Grundgesetz über die Reichsvertretung vom 26. Februar 1861 abgeändert wird*“ bezeichnet wurde, wies hingegen eine abschließende Regelung auf (§ 1 bis § 23). Die wesentlichste Änderung stellte die Neuerung des Wirkungskreises (§ 11) des Reichsrates dar, mit welcher die Kompetenztatbestände genauer und umfangreicher als § 10 der Regierungsvorlage normiert worden sind, und dass entgegen der bisherigen Regelung durch § 11 des Grundgesetzes über die Reichsvertretung nunmehr alle Angelegenheit, die nicht im § 11 Abs. 2 genannt sind, in den Wirkungsbereich der Länder fielen. Das Neue Fremdenblatt hielt diesbezüglich fest, dass die Präzisierung der Kompetenzen des Reichsrates im Entwurf erkennen lasse, in welchen Bahnen sich die Landesautonomie zu halten hatte und konstatierte, dass der Zentralismus eine „*gänzlich abgethane Sache*“[123] sei. Der Entwurf des Verfassungsausschusses enthielt noch weitere folgende Regelungen:

Zur gemeinsamen Vertretung des Reiches wurde der Reichsrat bestimmt, der sich aus dem AH und dem HH zusammensetzte (§ 1). Mitglieder des HH waren großjährige Prinzen des kaiserlichen Hauses, großjährige Häupter inländischer Adelsgeschlechter mit ausgedehnten Grundbesitz und mit vom Kaiser verliehenen Reichsratswürde, Erzbischöfe und Bischöfe mit fürstlichen Rang, sowie sich um Staat, Kirche, Wissenschaft oder Kunst verdiente und ausgezeichnete Männer (§ 2 bis § 5). Mitglieder des AH wurden durch unmittelbare Wahl – für jedes Land bestand eine festgeschrieben Anzahl der zu Entsendeten – vom Landtag entsandt (§ 6 bis § 8). § 7 Abs. 3 bestimmte, dass Änderungen in der Feststellung der Gruppen, beziehungsweise Gebiete, Städte, Körperschaften und in der Verteilung der zu wählenden Abgeordneten unter die einzelnen Gruppen über Antrag der Landtage durch ein Reichsgesetz erfolgten. Der Präsident, der Vizepräsident und alle übrigen Funktionäre des AH wurden aus der Mitte des Hauses gewählt, der Präsident und Vizepräsident des HH wurden vom Kaiser ernannt (§ 9). Der Reichsrat war vom Kaiser alljährlich im Jänner einzuberufen (§ 10). Dem Wirkungskreis des Reichsrates kamen all jene Angelegenheiten zu, die sich auf Rechte, Pflichten und Interessen bezogen haben, die allen im Reichsrate vertretenen Königreichen und Ländern gemeinschaftlich waren (§ 11). Abs. 2 enthielt eine namentliche Aufzählung der Kompetenztatbestände. § 12 bestimmte, dass alle übrigen Gegenstände, die nicht ausdrücklich dem Reichsrat vorbehalten werden, in den Wirkungskreis der Landtage fielen und normierte wie § 11 Abs. 1 eine Generalklausel, hier aber zugunsten der Länder. Den Landtagen wurde aber die Möglichkeit eingeräumt, in ihren Kompetenzbereich fallende Gegenstände dem Reichsrat zur Behandlung abzutreten. Die Gesetzesvorschläge konnten sowohl von der Regierung als auch vom Reichsrat selbst eingebracht werden. Ein Gesetz kam durch den übereinstim-

---

123 Neues Fremdenblatt, Morgenblatt, Dienstag, 1. Oktober 1867, Nr. 269, S. 1.

menden Beschluss beider Häuser des Reichsrates und durch Sanktion des Kaisers zustande[124] (§ 13). War der Reichsrat nicht versammelt und bestand die dringende Notwendigkeit zu einer regelnden Anordnung, konnte der Monarch unter Gegenzeichnung aller Minister eine Verordnung unter ausdrücklicher Beziehung auf § 14 erlassen. Die Verordnung hatte provisorische Gesetzeskraft. Diese erlosch, wenn die Regierung die Verordnung nicht dem nächsten zusammentretenden Reichsrat vorlegte bzw. wenn die Verordnung keine Genehmigung durch den Reichsrat erhielt. Die Verordnung war binnen 4 Wochen, zuerst dem AH, dann dem HH, dem Reichsrat vorzulegen. Die Notverordnung durfte jedenfalls zu keiner Abänderung des Staatgrundgesetzes und keine Belastung des Staatsvermögens bewirken und nicht die Veräußerung von Staatsvermögen betreffen (§ 14). Für jeden Gesetzesbeschluss war im AH die Anwesenheit von 100, im HH 40 Mitgliedern und die absolute Stimmenmehrheit der Anwesenden erforderlich. Änderungen der Staatsgrundgesetze[125] bedurften der Stimmenmehrheit von zwei Dritteln der Abgeordneten (§ 15). Sitzungen des Reichsrates waren öffentlich. Die Öffentlichkeit konnte ausgeschlossen werden, wenn es vom Präsidenten oder von mindestens 10 Abgeordneten beschlossen wurde (§ 21). Der (wechselseitige) Geschäftsgang und Außenverkehr beider Häuser wurde durch eine entsprechende Geschäftsordnung geregelt (§ 23). Des weiteren enthielt der Entwurf ua Bestimmungen über die Immunität der Abgeordneten (§ 16), Persönlichkeit des Stimmrechtes (§ 17), Ende des Mandats (§ 18), Vertagung des Reichsrates (§ 19), Anwesenheit eines Ministers (§ 20) und das Interpellationsrecht (§ 21[126]).

1.2.3. Die Debatten im AH

1.2.3.1. In der 36. Sitzung am 14. Oktober wies der Abgeordnete *Kaiserfeld* als Berichterstatter des Verfassungsausschusses auf die wichtigste Änderung des vorgelegten Entwurfes hinsichtlich der Regierungsvorlage hin: Nämlich die taxative Aufzählung der Kompetenzen des Reichsrates, sodass alle nicht ausdrücklich dem Reichsrat vorbehaltenen Angelegenheiten in den Wirkungsbereich der Landtage fielen[127]. Diese Änderung wurde damit begründet, dass entsprechend der Thronrede des Monarchen sowie der Adresse des AH die Autonomie der Länder gesichert und erweitert werden sollte und die nunmehrige

---

124 Konnte in einem Finanzgesetz über einzelne Posten oder im Rekrutengesetz über die Anzahl der auszuhebenden Kontingente keine Übereinstimmung erzielt werden, galt die kleinere Zahl als bewilligt.

125 Das sind das Staatsgrundgesetz über die Reichsverfassung, über die allgemeinen Rechte der Staatsbürger, über die Einsetzung eines Reichsgerichtes, über die richterliche Gewalt und über die Regierungs- und der Vollzugsgewalt.

126 Ua wurde dort auch das Resolutionsrecht geregelt.

127 StPAH, 36. Sitzung der 1. Session am 14. Oktober 1867, S. 882f.

Regelung ein Übergreifen und einen daraus resultierenden Kompetenzkonflikt verhindert. Zur Frage eines möglichen Eingriffes in die bestehende Landesordnungen hielt der Bericht des VA fest, dass die Sicherung und Erweiterung der Autonomie durch eine Revision des Grundgesetzes in der Art erfolgen sollte, die einen Eingriff in die Landesordnungen ausschließe. Aus diesem Grunde habe man sich für eine taxative Aufzählung der Angelegenheiten des Reichsrates entschlossen[128]. Die in den Debatten des Verfassungsauschusses aufgekommene Idee, den Reichsrat in eine Länderkammer und in eine Volkskammer zu gliedern, wurde deshalb nicht aufgegriffen, da die Februarverfassung die Grenze jeglicher Veränderung darstelle und nur die Landtage selbst auf ihr Recht, das AH zu beschicken, verzichten können[129]. Dieses Recht dürfe daher von keiner anderen Versammlung genommen werden. In der nach der Berichterstattung folgenden Generaldebatte über den Entwurf des Verfassungsausschusses, die sich überwiegend mit der taxativen Aufzählung des § 11 beschäftigte[130], hegte Abgeordneter *Plener* Bedenken ob der Vollständigkeit der taxativen Aufzählung des § 11[131]. Weder dem theoretisch fundierten Staatsrechtslehrer noch dem praktischen Staatsmann könne es gelingen, in einer solchen Aufzählung keinen Gegenstand zu vergessen. So haben auch die Sitzungen des Verfassungsausschusses selbst gezeigt, dass der Entwurf Lücken aufwies, die durch Ergänzungen geschlossen werden müssten. Hätte die Sitzung noch länger angedauert, wären weitere Gegenstände, die bisher keine Berücksichtigung fanden, aufgefunden worden. Die taxative Aufzählung stehe aber in einem Zusammenhang mit der Erweiterung der Autonomie der Länder und stelle daher ein bedeutendes Zugeständnis jener dar, die zunächst die Einheit Österreichs im Auge hatten. Es wäre ihm aber zweckmäßiger erschienen, wenn die Erweiterung der Länderautonomie im Wege der Abänderung der Landesgesetzgebung erfolgt wäre. Damit wäre aber ein langwieriger Weg begangen worden und die Ent-

---

128 *Kaiserfeld* meinte: „*Bei der ganzen Änderung ging nämlich der Verfassungsauschuß von dem Grundsatz aus, daß der Reichsrath nur zu solchen Änderungen an der Verfassung befugt sei, wodurch nicht Rechte und Befugnisse beeinträchtigt werden, welche durch die Verfassung bereits verliehen sind.*", StPAH, 36. Sitzung der 1. Session am 14. Oktober 1867, S. 883. *Bernatzik* führte hierzu aus, dass der Bericht des VA, das Recht der Landtage, die Landesordnung abzuändern, nur diesen mit einer qualifizierten Mehrheit zustand, ausdrücklich anerkannte. Vlg *Bernatzik*, Die österreichischen Verfassungsgesetze mit Erläuterungen[2], S. 742.

129 Am Schluss der Generaldebatte hielt der Berichterstatter *Kaiserfeld* nochmals fest, dass das Mandat nicht überschritten werden darf, das aus der Februarverfassung 1861 abgeleitet war und dass man sich nicht über Rechte hinwegsetzen dürfe, die die Februarverfassung anderen verliehen hat. Vgl. StPAH, 36. Sitzung der 1. Session am 14. Oktober 1867, S. 899 und 900.

130 Die Frage einer damit einhergehenden Abänderung der Landesordnungen wurde stets am Rande aufgegriffen.

131 StPAH, 36. Sitzung der 1. Session am 14. Oktober 1867, S. 888f.

scheidung in der Sache wäre hinausgeschoben worden. Auch Abgeordneter *Klier* sprach sich gegen die taxative Aufzählung des § 11 aus und meinte, dass ewiglich die Befürchtung bestehen werde, es seien Gegenstände zum Nachteil des Reiches vergessen worden[132]. Zudem würde das Abgehen des Grundsatzes der Februarverfassung, dass alle Angelegenheiten, die nicht ausdrücklich durch die Landesordnungen den Landtagen zugewiesen sind, dem Reichsrat zugehören, eine Änderung der Landesordnungen darstellen und dadurch ein wichtiges Prinzip der Februarverfassung abgeändert werden. Dennoch würde man für den Entwurf des Verfassungsausschusses stimmen, um die wichtigen Existenzfragen des Reiches lösen zu können. Die Wortmeldung vom Abgeordneten *Mühlfeld* beleuchtete die Schwäche der Textierung des § 11, die nicht nur auf eine taxative, sondern auch auf eine demonstrative Aufzählung hinwies[133]. Die taxative Aufzählung in der Form des § 11 würde nämlich nicht der juristischen Methode entsprechen. Es sei nicht die Sprache der Taxation, wenn es vor der Aufzählung der einzelnen Angelegenheiten hieße, dass alle Angelegenheiten, welche sich auf Rechte, Pflichten und Interessen, die allen Ländern gemeinschaftlich sind, in die Kompetenz des Reichsrates fallen. Die Aufzählung sei bloß eine Folgerung des allgemeinen Grundsatzes. Würde man daher die Taxation ernst nehmen, musste man diesen vorangestellten Grundsatz weglassen. Nehme man die Taxation aber ernst, würden bestimmte Bereiche der Zivilgesetzgebung nicht mehr dem Reich, sondern den Ländern zukommen, da sie Gegenstände der Landeskultur wären wie zB die Bauernerbfolge oder die Lehre der Felddienstbarkeit. Abgeordneter *Mühlfeld* meinte zudem, dass in Anbetracht des § 12 der Blick ins ABGB dazu führen müsste, dass Angelegenheiten wie das Erbrecht oder Familienrecht nunmehr der Landesgesetzgebung zugewiesen seien, da sie nicht im § 11 genannt seien und nach § 12 in den Zuständigkeitsbereich der Landtage fallen. *Mühlfeld* beantragte daher, diese Bestimmungen einer neuerlichen Beratung zu unterziehen. Der Antrag fand jedoch keine ausreichende Mehrheit[134].

1.2.3.2. In der Spezialdebatte über den dritten Absatz des § 7 stellte der Abgeordnete *Groß* aus Galizien den Antrag, den Entwurf dahingehend abzuändern, dass die Änderung der Feststellung der Gruppen nicht über Antrag der Landtage durch ein Reichsgesetz, sondern durch ein Landesgesetz erfolgen sollte[135]. Dieser Antrag löste zahlreiche Wortmeldungen der Föderalisten und Zentralisten aus[136], die ihren Höhenpunkt in der Feststellung des Abgeordneten *Toman* aus Krain fanden, als dieser meinte, dass mit dem Entwurf eine Unterstellung der

132 StPAH, 36. Sitzung der 1. Session am 14. Oktober 1867, S. 892.
133 StPAH, 36. Sitzung der 1. Session am 14. Oktober 1867, S. 894f.
134 StPAH, 36. Sitzung der 1. Session am 14. Oktober 1867, S. 895 und 896.
135 StPAH, 36. Sitzung der 1. Session am 14. Oktober 1867, S. 912.
136 StPAH, 36. Sitzung der 1. Session am 14. Oktober 1867, S. 913ff.

Landtage unter den Reichsrat bzw. eine Überstellung des Reichsrats über die Landtage erfolge, welche aber nach dessen Ansicht nicht im Gesetz vorkommen dürfe[137]. Die Zentralisten vertraten den Standpunkt, dass den Ländern kein Recht genommen werde - Änderungen der Landesordnungen würden in den Wirkungskreis des Reichrats fallen -, sondern die Rechte des Reichsrats selbst eingeschränkt werden, indem dieser sein Antragsrecht auf die Landtage übertrage[138]. In dieser heftig geführten Debatte, in welcher auch die Drohung in den Raum gestellt wurde, falls der Änderungsantrag nicht angenommen werde, würde das Ausgleichswerk scheitern[139], blieb jedoch die Frage nach dem Verhältnis zwischen Reichsrat und Landtag offen.

1.2.3.3. In der Spezialdebatte über § 11 ist die Wortmeldung von Abgeordneten *Wolfrum* und die darauf folgende Replik des Berichterstatters *Kaiserfeld* von Interesse. *Wolfrum* stellte den Antrag, dass in lit. e die Angelegenheit "*Versicherungswesen*" explizit aufzunehmen sei[140]. Er wisse nicht, ob das Versicherungswesen unter einen der im § 11 aufgezählten Gegenstände subsumiert werden könne oder ob das Versicherungswesen in die Kompetenz der Landtage falle. Treffe seine zweite Annahme zu, würde es zu keiner einheitlichen Regelung kommen, dies zum Nachteil des Volkes und dessen Wohlstandes. Berichterstatter *Kaiserfeld* hält diesbezüglich fest, dass das Versicherungswesen jedenfalls nicht in den Wirkungskreis der Landtage falle, sondern in der Handels- und Zivilgesetzgebung inbegriffen sei[141]. Der Verfassungsausschuss habe daher das Versicherungswesen nicht ausdrücklich aufgenommen. Diese Stellungnahme zeigt daher, dass nach Ansicht des Gesetzgebers mitunter nicht die ausdrückliche Nennung der Angelegenheit im § 11 erforderlich war – wie dies oben vom Abgeordneten *Mühlfeld* dargestellt wurde -, um in den Wirkungsbereich des Reichsrats zu fallen, sondern die Subsumtion unter einen der genannten Gegenstände ausreichend war, um die Kompetenz des Reiches zu begründen.

1.2.3.4. Die Debatte über das Schulwesen zeigt abermals deutlich den Kampf zwischen den Zentralisten und Föderalisten. Der Abgeordnete *Sawczynski* stellte den Antrag, dass man die Feststellung der Grundsätze in den Volksschulen und Gymnasien dem Reichsrat entzieht und den Ländern überträgt[142]. Die Regelung

---

137 StPAH, 36. Sitzung der 1. Session am 14. Oktober 1867, S. 915.

138 Vgl. zB Abgeordneter *Herbst*, StPAH, 36. Sitzung der 1. Session am 14. Oktober 1867, S. 913.

139 Vgl. Abgeordneter *Kuranda*, StPAH, 36. Sitzung der 1. Session am 14. Oktober 1867, S. 916f.

140 StPAH, 37. Sitzung der 1. Session am 15. Oktober 1867, S. 940f.

141 StPAH, 37. Sitzung der 1. Session am 15. Oktober 1867, S. 942.

142 StPAH, 37. Sitzung der 1. Session am 15. Oktober 1867, S. 946f.

der Grundsätze der Universitäten wäre ein ausreichendes Korrektiv für das Reich, da die Länder selbst nicht verhindern wollen würden, dass ihre Jugend nicht an den Universitäten aufgenommen werden wird. Natürlich wurde diesem Antrag widersprochen und ua zur Begründung der Kompetenz des Reichsrats auch das Argument vorgebracht, wer zahlt, könne auch über die Schuleinrichtungen entscheiden . Dem Reichsrat solle daher sehr wohl das Recht der Regelung von Grundsätzen im Schulwesen zu kommen, die Länder haben dann das Recht, das Schulwesen nach den eigenen nationalen Bedürfnissen auszubauen. Eine Gefahr der Verkürzung der Rechte der Länder würde nicht bestehen[143]. Abgeordneter *Krzeczunowicz* brachte den Ausgleich mit Ungarn in die Diskussion, als er meinte, dass, wenn zwar auch nicht im Maß wie Ungarn, auch den Ländern in legislativer und administrativer Hinsicht Autonomie gegeben werden müsse[144]. Die Grenze sei die Gefährdung der Monarchie. Durch die gegenwärtige Regelung der Kompetenzen sei jedoch die Machtstellung des Reiches ausgebaut worden, deshalb sei auf die Erweiterung der Landesrechte zu bestehen und man dürfe diese den Ländern auch nicht absprechen. Weiters meint er:

> "Wie lange das nicht geschieht, so lange ist die gewünschte Verständigung unmöglich, so lange werden sich die divergirenden Interessen der Kronländer schroff gegenüber stehen, so lange wird auch das Verfassungswerk Österreich nicht als abgeschlossen betrachtet werden."[145]

2.3.5. Die Debatten über die übrigen Literae sind im Hinblick auf die Gesetzgebung weniger von Bedeutung. Aufschlussreich ist die Wortmeldung des Abgeordneten *Mühlfeld* zu lit. k. Auf Grund der Ausnahme betreffend der inneren Einrichtung der öffentlichen Bücher – hierfür wären die Landtage zuständig – würde die Reichsgesetzgebung die Frage der Erwerbung dinglicher Rechte nicht mehr in eigener Hand haben[146]. Würde ein Land beschließen, dass nur Hypothekenbücher zu bestehen haben, wie eben zum Teil das Land Tirol, so sei die Erwerbung dinglicher Rechte durch öffentliche Bücher nicht möglich. Entsprechende Zivilrechtsbestimmungen könnten dann tatsächlich nicht ausgeführt werden. Abgeordneter *Giovanelli* widerspricht, da auch in Tirol dingliche Rechte nur dann erworben werden können, wenn der zugrunde liegende Rechtsakt in den öffentlichen Büchern hinterlegt werde[147]. Einzig allein nenne man diese Bücher nicht Grundbücher, sondern Verfachbücher. Eben das Land Tirol

---

143 So die Abgeordneten *Tunner* und *Herrmann*. Vgl. StPAH, 37. Sitzung der 1. Session am 15. Oktober 1867, S. 949ff.

144 StPAH, 37. Sitzung der 1. Session am 15. Oktober 1867, S. 952f.

145 StPAH, 37. Sitzung der 1. Session am 15. Oktober 1867, S. 953.

146 StPAH, 38. Sitzung der 1. Session am 16. Oktober 1867, S. 963f.

147 StPAH, 38. Sitzung der 1. Session am 16. Oktober 1867, S. 964f.

zeige auf Grund der Vielzahl an kleinen Grundstücken die unbedingte Notwendigkeit, dass den Landtagen die Kompetenz "*Einrichtung der öffentlichen Büchern*" zukomme, da diese bessere Kenntnisse der besonderen Landesverhältnisse haben als der Reichsrat. Auf Antrag vom Abgeordneten *Banhans* geht schlussendlich die Aufnahme der lit. o zurück, welche vorsah, dass "*die Gesetzgebung, betreffend die Form der Behandlung der durch Vereinbarung mit den zur ungarischen Krone gehörigen Ländern als gemeinsam festgestellten Angelegenheiten*" dem Reichsrat zukomme soll[148].

1.2.4. Die Debatten im HH

1.2.4.1. Die im HH eingerichtete vereinigte juridisch-politische Kommission teilte die Auffassung des Verfassungsausschusses des AH, dass jene Änderungen durchzuführen sind, welche die konstitutionellen Rechte erweitern, und man sich nicht – wie die Regierungsvorlage - auf jene beschränken dürfe, die auf Grund des Ausgleiches mit Ungarn notwendig sind, da die meisten Bestimmungen des Entwurfes des AH notwendige Grundlage für ein "*gesundes, freiheitliches*" Verfassungsleben gewesen seien[149]. Die Kommission meinte auch, dass das AH durchaus die Februarverfassung als Grenze für die Fortentwicklung anerkannt und eingehalten hat. Jedoch wäre grundsätzlich bei den § 11 und 12 des Entwurfes zu widersprechen gewesen. Es haben aber auch hier gute Gründe dafür gesprochen, dem Entwurf beizutreten: Nämlich die ausdrückliche Erklärung der Regierung, sich der Formulierung des AH anzuschließen, die Möglichkeit die taxative Aufzählung des § 11 zu vervollständigen sowie die Thronrede des Monarchen vom 22. Mai 1867, mit welcher die Erweiterung der Autonomie der Länder in Aussicht gestellt wurde. Dennoch habe sich eine Minorität gegen den Vorschlag des AH ausgesprochen. Die Kommission wies auch darauf hin, dass anders als das Februarpatent der Entwurf des AH keine Regelung für Kompetenzkonflikte zwischen dem Reichsrat und den Landtagen enthalten habe. Da nun aber auch im Gesetz über das Reichsgericht diesbezüglich keine Vorsorge getroffen wurde, beantragte daher die Kommission, dass die entsprechende Regelung in der Regierungsvorlage[150] in den Entwurf des AH aufgenommen werde.

---

148 StPAH, 38. Sitzung der 1. Session am 16. Oktober 1867, S. 972f.

149 StPHH, 18. Sitzung der 4. Session am 29. November 1867, S. 290ff.

150 Die Regierungsvorlage normierte, dass bei Zweifel über die Gesetzgebungskompetenz des Reichsrates gegenüber dem einzelnen Landtag auf Antrag des Reichsrats der Monarch entschied.

1.2.4.2. Auch in der Spezialdebatte[151] des HH nahm die Diskussion um § 11 und 12 einen großen Raum ein. Abgeordneter *Schmerling* führte als Vertreter der Minorität der juridisch-politischen Kommission aus, dass keine Gründe dafür sprachen, vom Grundsatz der Februarverfassung (gemeinsame Angelegenheiten werden vom Reichsrat und nur diejenigen Angelegenheiten, die nicht gemeinsam sind, von den Landtagen geregelt) abzugehen[152]. Es haben zudem die Länder mit der Februarverfassung ausreichend Autonomie erhalten, eine Vermehrung dessen sei nicht angebracht. Abgeordneter *Lichtenfels* betrachtete den oben genannten Grundsatz der Februarverfassung betreffend Kompetenzverteilung als Band, das die Länder als Ganzes verbunden hatte[153]. Durch die Neuregelung würde die Verbindung der Länder gelockert werden. Zudem sei die Textierung unklar und unnatürlich. Mit dem Entwurf würde man schwer bestimmen können, was die Landtage tatsächlich an Kompetenzen gewonnen hätten. Auch würden neue Gegenstände der Gesetzgebung den Landtagen zukommen, wodurch die Kompetenz des Reichsrats vermindert werden würde. Die Vertreter der Zentralisten hielten den Entwurf des AH für einen notwendigen Kompromiss, der insbesonders im Hinblick auf die Zustimmung der Regierung für die Fortentwicklung des Verfassungsrechts anzunehmen war[154].

1.2.4.3. Gleich wie im AH zeigte sich auch im HH der Kampf zwischen den Zentralisten und Föderalisten in der Debatte um das Schulwesen. Während Abgeordneter *Czartoryski* nüchtern festhielt, dass die Feststellung der Grundsätze dem Unterrichtswesen bezüglich der Volksschulen, Gymnasien und Realschulen[155] einen Eingriff in die berechtigte Autonomie der Länder darstelle[156], spielte der Abgeordnete *Sanguszko* mit dem Feuer[157]. Er meinte, dass der Entwurf der juridisch-politischen Kommission den Entwurf des AH verschärft hätte. Dies deshalb, weil man im Hinblick auf den Ausgleich mit Ungarn die übrigen Länder stark zentralisieren wolle. Er führte weiters aus:

> "Wir dürfen nicht vergessen, dass wir am Vorabende der Reform der Armee stehen. Diese Reform wird Ihnen nicht erlauben, in jedem Bezirke eine Garnison zu haben, um

---

151 Zu einer Generaldebatte kam es nicht, weil sich niemand zu Wort meldete. StPHH, 18. Sitzung der 14. Session am 29. November 1867, S. 293.

152 StPHH, 18. Sitzung der 4. Session am 29. November 1867, S. 296.

153 StPHH, 18. Sitzung der 4. Session am 29. November 1867, S. 301.

154 Vgl. zB Abgeordneter *Wickenburg*, StPHH, 18. Sitzung der 4. Session am 29. November 1867, S. 305.

155 Der Entwurf des AH sah nur die Feststellung von Grundzügen betreffend Volkschule und Gymnasien vor.

156 StPHH, 19. Sitzung der 4. Session am 30. November 1867, S. 322f.

157 StPHH, 19. Sitzung der 4. Session am 30. November 1867, S. 326f.

denselben zu bewachen. Diese Reform wird Sie halb zwingen, den Ländern eine genügende Autonomie zu gewähren, damit sie zufrieden seien und damit man von ihnen nichts zu fürchten habe. Bei jener Politik aber, der wir im Sinne des Entwurfes der Kommission folgen sollen, hat man schon die Lombardei verloren, Venetien verloren, Ungarn wie verloren und drei Millionen Schulden gemacht. Ist das nicht genug? Wäre es nicht endlich an der Zeit, die Augen zu öffnen und die nackte Wahrheit zu sehen?"[158]

Die Zentralisten führten ins Treffen, dass die Einrichtung der Schulen nach gemeinsamen Grundsätzen mehr als alles andere zur Förderung der Einheit des Reiches beitrage[159]. Zudem würden unterschiedliche Ausbildungsysteme in den einzelnen Ländern dazu führen, dass ein berufliches Fortkommen in einem anderen Land, als man die schulische Ausbildung erhalten hat, erschwert, allenfalls sogar verhindert werden würde. Berichterstatter *Auersperg* wies zuletzt darauf hin, dass dem Reich nur die Kompetenz zur Feststellung von Grundsätzen und den Ländern die ausführende Gesetzgebung zu komme, sohin ausreichend auf die nationalen Besonderheiten Rücksicht genommen werden könne[160].

1.2.4.4. In der Debatte um lit. k des § 11 erscheint die Wortmeldung des Abgeordneten *Jablonowski* von Interesse. Er meinte, dass die Verweigerung der Sanktion durch den Kaiser der beste Schutz sei, wenn ein Landtag seine Kompetenzen überschritten habe und bezeichnete die Entscheidung des Monarchen als indirekten Schiedsspruch[161]. Da nun zudem das Gesetz zuerst durch die Hände der Regierung gehe, sei auch der Regierung die Möglichkeit gegeben, einen eventuell auftretenden Kompetenzkonflikt zu schlichten. Justizminister *Hye* führte im Zusammenhang mit der Kompetenz des Reichsrates bezüglich der Zivil- und Strafgesetzgebung aus, dass ein Landesgesetz, welches neue zivil- oder strafrechtliche Bestimmungen enthält, sich entweder an die bestehenden Reichsbestimmungen halten oder zur Regelung durch die Reichsgesetzgebung dem Reichsrat vorlegen könne[162], und gab damit mehr oder weniger eine Anleitung für die Länder, wie nach Ansicht der Regierung Kompetenzkonflikte umgangen werden können.

1.2.4.5. Ausführlich wird der Vorschlag der Kommission betreffend § 12, dass über Kompetenzkonflikte der Monarch auf Antrag des Reichsrats entscheidet, zwischen dem Abgeordneten *Jablonowski* und *Schmerling* diskutiert. Abgeord-

---

158 StPHH, 19. Sitzung der 4. Session am 30. November 1867, S. 327.
159 Vgl. zB Abgeordneten *Hartig*, StPHH, 19. Sitzung der 4. Session am 30. November 1867, S. 328.
160 StPHH, 19. Sitzung der 4. Session am 30. November 1867, S. 329f.
161 StPHH, 19. Sitzung der 4. Session am 30. November 1867, S. 334.
162 StPHH, 19. Sitzung der 4. Session am 30. November 1867, S. 335.

neter *Jablonowski* hielt diesen Absatz für überflüssig[163]. Einerseits wären die Kompetenzbestimmungen vollständig und daher über jeden Zweifel erhaben, andererseits würde das Ministerium das Gesetz entweder unter den Hinweis, dass eine Kompetenzüberschreitung bestehe, dem Reichsrat bzw. dem Landtag zurückleiten oder dem Monarchen zur Sanktion vorlegen. Zudem sollte man auch dem Landtag ein entsprechendes Antragsrecht einräumen, wenn man schon ein solches begründet. Darüber hinaus stellte ein solches Antragsrecht eine Beschränkung des Monarchen dar. Diesem sollte im Rahmen der Sanktion die alleinige Entscheidung zukommen, ohne an einen Antrag gebunden zu sein. Für den Abgeordneten *Schmerling* war die Regelung betreffend die Lösung von Kompetenzkonflikten absolut notwendig, da das StGG über die Reichsvertretung hinsichtlich der Kompetenzbestimmungen im Gegensatz zur Februarverfassung viel weniger präzise sei[164]. Erst wenn im Rahmen eines Kompetenzkonfliktes beide beteiligten Parteien gehört worden seien, habe der Monarch zu entscheiden. Hege die Regierung bei einem Landtagsbeschluss Zweifel über die Gesetzgebungskompetenz, habe diese eine Vorlage an den Reichsrat zu machen. Der Reichsrat könne nun zum Ergebnis kommen, dass keine Kompetenzüberschreitung vorliege und die Sanktion durch den Kaiser empfehlen. Finde aber der Reichsrat, dass keine Kompetenz des Landtages in gegenständlicher Angelegenheit bestehe, werde der Reichsrat ein entsprechendes Gutachten dem Monarchen vorlegen. Werde aber der beschriebene Weg von der Regierung nicht eingehalten, bestehe für das Parlament durch Interpellation und Antragstellung zur Kompetenzfrage das Recht gehört zu werden und ein Gutachten abzugeben. Eine Gleichstellung der Landtage mit dem Reichsrat sei mit dieser Auffassung aber nicht gemeint. Sehr wohl würde der Reichsrat über den Landtagen stehen, da dieser ja auch das Gesamtreich, jene nur die einzelnen Länder repräsentieren. Die weitergehenden Debatten sind für das Gesetzgebungsrecht von keiner Bedeutung.

1.2.4.6. Der Entwurf der juridisch-politischen Kommission wich bloß in einigen Punkten vom Entwurf des AH ab[165]. Wesentlich waren ua[166] die Änderungen hinsichtlich der Kompetenzbestimmungen und des Rechts des Monarchen, über Kompetenzkonflikte zu entscheiden. Bezüglich der Kompetenztatbestände sah der Entwurf vor, dass lit. f die Polizeigesetzgebung, insofern es sich um gemeinsame Vorschriften für alle im Reichsrat vertretene Länder handelt, und lit. g die

163 StPHH, 19. Sitzung der 4. Session am 30. November 1867, S. 343f.

164 StPHH, 19. Sitzung der 4. Session am 30. November 1867, S. 344 und S. 345.

165 Vgl. Die neue Gesetzgebung Österreichs, S. 277.

166 Weiter Änderung betrafen § 9, § 10 (Einberufung des Reichsrats in den Wintermonaten), § 18 (Wahl des Mitgliedes bei einer dauernden Verhinderung) und § 21 (Interpellationsrecht).

Gesetzgebung über das Staatsbürger- und Heimatrecht, sowie über die Volkszählung umfasste. Die Fremdenpolizei sowie das Passwesen waren nach diesem Entwurf der Polizeigesetzgebung zuzurechnen. Lit. k wurde kürzer gefasst, indem die Zivil- und Strafgesetzgebung, sowie die Gesetzgebung über Handels- und Wechselrecht, See-, Berg- und Lehensrecht angeführt wurden. Lit. l sah nur noch die Regelung von Grundsätzen bezüglich der Organisation der Gerichts- und Verwaltungsbehörden vor.

1.2.5. Die zweiten Debatten im AH und im HH

1.2.5.1. In der 31. Sitzung des Verfassungsausschusses wurde über die vom HH beschlossenen Änderungen diskutiert[167]. Die Änderungen in den § 9, 10 und 11 lit. e wurden vom Verfassungsausschuss angenommen. Die Änderungen zu lit. f, g und i wurden jedoch abgelehnt, wobei hinsichtlich lit. i der Abgeordnete *Kuranda* anstelle von Realschulen die technischen Hochschulen aufnehmen wollte. Zu lit. k wurden zahlreiche Änderungsvorschläge vorgelegt, jedoch nur der Vorschlag vom Abgeordneten *Sturm* angenommen. Diesfalls sollte lit. k die Strafjustiz- und Polizeistraf- sowie die Zivilrechtsgesetzgebung mit Ausschluss der Gesetzgebung über die innere Einrichtung der öffentlichen Bücher und über solche Gegenstände, welche auf Grund der Landesordnungen und dieses Grundgesetzes in den Wirkungskreis der Landetage gehören, beinhalten. Angenommen wurde auch die Änderung des HH, dass dem Reichsrat nur die Grundsatzgesetzgebung betreffend Organisation der Gerichts- und Verwaltungsbehörden sowie die Änderungen zu § 18[168] und § 21[169] zu komme. Nicht aufgenommen wurde der Gedanke, für Kompetenzkonflikte eine entsprechende Regelung vorzusehen.

---

167 *Haider*, Die Protokolle des Verfassungsausschusses des Reichsrates vom Jahre 1867, Nr. 32, S. 254f.

168 § 18 hatte daher zu lauten: "*Wenn ein Mitglied mit dem Tod abgeht, die persönliche Fähigkeit verliert, oder dauernd verhindert ist, Mitglied des Reichsrates zu sein, das Mandat als Reichsratsabgeordneter niederlegt, oder aufhört Mitglied des Landtages zu sein, so ist eine neue Wahl vorzunehmen.*“

169 § 21 hatte daher zu lauten: „*Jedes der beiden Häuser des Reichsrats ist berechtigt, die Minister zu interpellieren, in allem, was sein Wirkungskreis erfordert, die Verwaltungsakte der Regierung der Prüfung zu unterziehen, von derselben eingehende Petitionen Auskunft zu verlangen, Kommissionen zu ernennen, welchen von Seite der Ministerien die erforderliche Information zu geben ist, und seinen Ansichten in Form von Adressen oder Resolutionen Ausdruck zu geben.*“

1.2.5.2. Das AH selbst folgte sämtlichen Empfehlungen des Verfassungsausschusses[170]. Auch an die Empfehlung, keine Regelung für den Fall eventuell auftretender Kompetenzkonflikte vorzusehen, hält sich das AH. Berichterstatter *Kaiserfeld* führt hierzu aus, dass Zweifel über die Kompetenzen nur dann bestehen können, wenn die Textierung selbst zweifelhaft sei oder wenn eine gesetzgeberische Lücke auftrete[171]. Man könne den Monarchen zudem nicht an den Antrag des Reichsrates binden, um diesen über einen Kompetenzkonflikt entscheiden zu lassen. Wenn der Monarch nun aber nicht an den Antrag des Reichsrats gebunden sei, dann könne der Monarch über diese Frage alleine entscheidungsberechtigt sein. Dies würde aber wiederum gegen die konstitutionellen Grundsätze der Verfassung sprechen. Man wolle den Monarchen nicht in einen Verfassungskonflikt, der mit großer Leidenschaft geführt werde, hinein ziehen, da der jeweils Unterlegene höchst wahrscheinlich mit der Entscheidung und mit dem Entscheidenden unzufrieden sein werde. Der Textvorschlag des HH könne daher nicht angenommen werden. Interessant ist, dass von Seiten des AH diesbezüglich kein Lösungsvorschlag eingebracht wurde, da diese Kammer ein Recht des Monarchen, über Kompetenzkonflikte zu entscheiden, ablehnte. Dieses Recht wurde aber nicht aus juristischen Gründen, sondern aus Gründen der „Sittlichkeit" verneint. Dass aber allenfalls Zweifel über die Kompetenzen vom Reichsrat und den Landtagen bestehen könnten, stritt auch das AH nicht ab[172].

1.2.5.3. Gespannt konnte man nun auf die Debatten im HH am 13. Dezember 1867 blicken. Da einige Textvorschläge vom AH nicht angenommen wurden, stellte sich die Frage, wie das HH darauf reagieren würde, ob es den bestehenden Konflikt auf die Spitze trieb. Das HH jedoch gab sich zugunsten der neuen Verfassung „zahm". So hielt die juridisch-politische Kommission in ihrem Bericht fest, dass die bestehenden Differenzen nicht zum Gegenstand eines Konfliktes zwischen den beiden Häusern erhoben werden und empfahl die vorgelegten Gesetzesbestimmungen in der Fassung des AH anzunehmen[173]. Dies wurde auch damit begründet, dass diesmal während den Beratungen kein Mitglied der Regierung mehr anwesend war. Dieser Umstand würde zwar die Überzeugung der Mehrheit der Kommission nicht erschüttern, sollte aber dennoch zu bedenken geben. Nicht ohne mehrmals auf die eigene Selbstverleugnung hinzuweisen, wurde der Empfehlung der Kommission von Seiten des HH Folge ge-

170 StPAH, 59. Sitzung der 1. Session am 7.Dezember 1867, S. 1616ff.

171 StPAH, 59. Sitzung der 1. Session am 7.Dezember 1867, S. 1625.

172 *Stourzh* spricht von einem *„aus politischen Gründen zu einem die Dinge offen lassenden Verzicht auf eine klare Regelung"*, vgl. *Stourzh,* Die österreichische Dezemberverfassung 1867, in: Wege zur Grundrechtsdemokratie: Studien zur Begriffs- und Institutionengeschichte, S. 245.

173 StPHH, 22. Sitzung der 4. Session am 13. Dezember 1867, S. 387f.

leistet. Der vom HH vorgeschlagene Absatz zu § 12 (Regelung betreffend Kompetenzkonflikt) wurde ohne weitere Debatte fallen gelassen.

1.3. Vom Gesetz, welches die Abänderung des § 13 des Grundgesetzes über die Reichsvertretung vom 26. Februar 1861 betraf

1.3.1. Die Debatten im VA

1.3.1.1. In der zweiten Sitzung des VA am 24. Juni 1867 wurde über den Entwurf des Gesetzes, wodurch der § 13 des Grundgesetzes über die Reichsvertretung vom 26. Februar 1861 abgeändert wird, beraten[174]. Die Regierungsvorlage sah vor, dass das Ministerium in dringenden Fällen auch solche Maßnahmenregeln treffen durfte, bei welchen verfassungsgemäß der Reichsrat mitzuwirken hätte[175]. Die Maßnahmen waren aber dem nächsten Reichsrat zur Zustimmung vorzulegen. Bei Ablehnung durch den Reichsrat traten die Maßnahmen außer Kraft. Die Regierungsvorlage erschien jedoch dem VA nicht ausreichend, um die verfassungsmäßigen Rechte des Reichsrats zu sichern und um das Verordnungsrecht der Vollziehung unberührt zu lassen[176]. Dem Reichsrat stand nach Ansicht des Verfassungsauschusses jedenfalls das Recht zu, durch Zustimmung an der gesetzgebenden Gewalt mitzuwirken. Man könne daher nur dann formell von einem Gesetz sprechen, wenn die Zustimmung beider Häuser des Reichsrats und die Sanktion des Kaisers vorliegen. Im Gegensatz dazu könne man aber das Verordnungsrecht der vollziehenden Gewalt und die Notwendigkeit in dringenden Fällen, in denen die Zustimmung des Reichsrats nicht eingeholt werden könne, nicht bestreiten. Dieses Recht sei:

> "die Ausnahme des Grundsatzes, wonach in allen Zweigen der öffentlichen, sowie der Privatrechtsverhältnisse ohne Zustimmung beider Häuser des Reichsrathes kein Gesetz erlassen, abgeändert, aufgehoben oder authentisch interpretiert werden darf"[177].

1.3.1.2. In den Beratungen des VA selbst wurde ua der Antrag vom Abgeordneten *Groß* aus Wels gestellt, § 13 aufzuheben, doch fand dieser keine entsprechende Mehrheit[178]. Die Minorität brachte damit eindeutig zum Aus-

---

174 *Haider*, Die Protokolle des Verfassungsausschusses des Reichsrates vom Jahre 1867, Nr.3, S. 169.

175 Vgl. Die neue Gesetzgebung Österreichs, S. 34.

176 Siehe Ausschussbericht in den StPAH, 14. Sitzung der 1. Session am 27. Juni 1867, S 251f.

177 StPAH, 14. Sitzung der 1. Session am 27. Juni 1867, S. 252.

178 *Haider*, Die Protokolle des Verfassungsausschusses des Reichsrates vom Jahre 1867, Nr.3, S. 169.

druck, dass für eine konstitutionelle Regierung eine Regelung wie § 13 entbehrlich war. Der Gesetzesentwurf, der nun durch den VA vorgelegt wurde, war gegenüber der Regierungsvorlage textlich länger und inhaltlich wesentlich ausgereifter[179]. Die Maßnahmenregeln, die in dringenden Fällen vom Ministerium zu treffen waren, wurden nun als kaiserliche Verordnungen bezeichnet. Die notwendigen Anordnungen konnten vom Ministerium nur dann getroffen werden, wenn der Reichsrat nicht versammelt war. Die kaiserlichen Verordnungen waren mit einer bloß provisorischen Gesetzeskraft ausgestattet und durften nicht im Widerspruch zu einem Staatsgrundgesetz stehen, durften den Staatsschatz nicht dauerhaft belasten und kein Staatsgut veräußern. Die kaiserliche Verordnung musste zudem von allen Ministern unterschrieben sein und unter ausdrücklicher Nennung des § 13 kundgemacht werden. Die Gesetzeskraft erlosch automatisch, wenn die kaiserliche Verordnung nicht umgehend den nächsteinberufenen RR, zuerst dem AH, vorgelegt wurde bzw. die Zustimmung durch den RR versagt wurde. Das Gesamtministerium traf die Verantwortung, dass solche Verordnungen, die ihre provisorische Gesetzkraft verloren hatten, sofort außer Wirksamkeit gesetzt wurden.

1.3.2. Die Debatten im AH und im HH

1.3.2.1. Die Debatten im AH am 27. Juni 1867 brachten nichts Neues[180]. Ein Teil der Abgeordneten vertrat die schon im VA ausgesprochene Ansicht, dass § 13 zu suspendieren sei. So sei es nicht verständlich, warum in hochwichtigen Angelegenheiten in der Zeit der Telegraphie nicht binnen weniger Wochen der Reichsrat einberufen werden könne. Berichterstatter *Waser* führte nochmals aus, dass mit § 13 die Verordnungsgewalt der vollziehenden Gewalt negativ begrenzt werde und eine solche Beschränkung keine gefährliche sei[181]. Dem widersprach Abgeordneter *Kaiser*, die Beschränkung sei nur dann nicht gefährlich, wenn § 13 aufgehoben werde[182]. In der Spezialdebatte zum 2. Absatz des Entwurfes beantragte Abgeordneter *Hanisch* die Aufnahme des Zusatzes "*keine Aufhebung, Abänderung oder authentische Interpretation der Staatsgrundgesetze, überhaupt den Staatsgrundgesetzen nicht zuwiderlaufen.*[183]" Dies begründete er damit, dass das Gesetzgebungsrecht nicht nur die Abänderung, sondern eben auch die Aufhebung und die authentische Interpretation mit einschließe. Auch wenn man die Ansicht vertrete, dass man nach dem Grundsatz a minori ad majus von einer

179 Vgl. Die neue Gesetzgebung Österreichs, S. 34.
180 StPAH, 14. Sitzung der 1. Session am 27. Juni 1867, S. 251f.
181 StPAH, 14. Sitzung der 1. Session am 27. Juni 1867, S. 255f.
182 StPAH, 14. Sitzung der 1. Session am 27. Juni 1867, S. 257f.
183 StPAH, 14. Sitzung der 1. Session am 27. Juni 1867, S. 264f.

Abänderung auch auf Aufhebung schließen könne, so bleibe die gefährliche authentische Interpretation über. Der Antrag wurde nicht vom AH angenommen.

1.3.2.2. Auf einem Nebengleis entspannte sich eine für die GO des AH interessante Diskussion[184]. Bevor in der Spezialdebatte über den ersten Absatz der Beschluss des Hauses zu fassen war, hielt der Präsident fest, dass er die Anwesenheit von 100 Mitgliedern und die Mehrheit von zwei Dritteln der Anwesenden erst in der dritten Lesung für notwendig hielt. Dies begründete er damit, dass mitunter für einzelne Bestimmungen das Präsens- und Konsensquorum nicht erreicht werden könnte, obwohl die Mitglieder sich für das Ganze aussprechen würden. Die daran anschließende Debatte brachte Argumente für und gegen die Rechtsansicht des Präsidenten. Gegen die Rechtansicht des Präsidenten wurde vorgebracht, dass sehr wohl in der zweiten Lesung für alle einzelnen Bestimmungen die Mehrheit von zwei Dritteln erforderlich war. Dies insbesondere auch im Hinblick darauf, dass die eigentliche Lesung die zweite und nicht die dritte sei. Auch wurde darauf hingewiesen, dass das StGG über die Reichsvertretung eine Unterscheidung zwischen einer zweiten und dritten Lesung nicht kenne, da diese lediglich durch die GO eingeführt wurde, die auch wieder vom Haus aufgehoben werden könnte. Nach Ende der Debatte hatte das AH beschlossen, dass das Erfordernis zwei Drittelmehrheit nicht nur in der dritten, sondern auch in der zweiten Lesung erfüllt sein musste.

1.3.2.3. Durch die Debatten im AH erfuhr der Entwurf des VA betreffend Abänderung des § 13 des Grundgesetzes über die Reichsvertretung vom 26. Februar 1861 keine Abänderung. Die zu dem ersten, zweiten und vierten Absatz gestellten Anträge wurden abgelehnt bzw. nicht ausreichend unterstützt, zu dem dritten und fünften Absatz wurde der Entwurf ohne jede weitere Debatte angenommen. Auch das HH schloss sich dem vom AH vorgelegten Entwurf ohne Debatte voll inhaltlich an[185].

1.4. Vom Staatsgrundgesetz über die richterliche Gewalt

1.4.1. Das Staatsgrundgesetz über die richterliche Gewalt ist insofern für das Gesetzgebungsrecht von Bedeutung, als es das richterliche Prüfungsrecht von Gesetzen und Verordnungen regelte. Der Entwurf des Subkomitees sah im § 7[186] vor, dass die Prüfung der Gültigkeit gehörig kundgemachter Gesetze dem Gericht nicht zustehe und dass ein Gericht, welches an der verfassungsmäßigen

184 StPAH, 14. Sitzung der 1. Session am 27. Juni 1867, S. 267f.

185 StPHH, 7. Sitzung der 4. Session am 15. Juli 1867, S. 98f.

186 Abgedruckt in *Haider*, Die Protokolle des Verfassungsausschusses des Reichsrates vom Jahre 1867, Nr. 18, S. 199.

Gültigkeit einer gehörig kundgemachten Verordnung zweifelt, dem obersten Gerichtshof Bericht zu erstatten habe. Dieser habe binnen 4 Wochen über den Bericht zu entscheiden. Die Entscheidung wäre für alle Gerichte bindend gewesen. Im VA wurde die gänzliche bzw. die teilweisen Auslassung des § 7 debattiert. Die entsprechenden Anträge fanden jedoch keine Mehrheit. Der Antrag des Abgeordneten *Sturm*, zu normieren, dass die Gerichte über die Gültigkeit von Verordnungen im gesetzlichen Instanzenzug zu entscheiden haben, wurde jedoch schlussendlich angenommen[187]. In der nächsten Ausschusssitzung meldete sich auch Justizminister *Hye* zur Wort[188]. In den Protokollen heißt es aber hierzu nur, dass der Herr Justizminister einige berichtigende Erklärungen über die zu § 7 erhobenen Kontroversen hinsichtlich der Gültigkeit der Gesetze und Verordnungen abgab, auf die Mainzer Juristentage verwies und gemeint habe, dass die Ansicht des Abgeordneten *Rechbauer*, § 7 zur Gänze auszulassen, die richtigere sei.

1.4.2. Zu § 7 führte der Berichterstatter des VA[189] aus, dass zwar die Richter in ihrer Funktion dem Gesetz unterworfen seien, diesem aber nicht das Recht zu komme, über den rechtsgültigen Inhalt des Gesetzes, insbesondere über die Frage der Verfassungskonformität – also ob die Gesetze nach ihrem Inhalt und nach ihrer Entstehung verfassungsmäßig sind - zu entscheiden. Gegenteiliges würde bedeuten, dass der Richter über dem Gesetz stehe und dass die richterliche Gewalt mit der gesetzgebenden vermengt werden würde. Dem Richter würde aber zustehen, über die formelle Beschaffenheit der Gesetze – damit war die „*Richtigkeit und verfassungsmäßige Form ihrer*" Kundmachung gemeint – sowie über die „*Rechtsbeständigkeit und Anwendbarkeit*" der Verordnungen im Instanzenzug zu entscheiden. Der Gesetzesentwurf sah daher vor, dass dem Gericht die Prüfung der Gültigkeit gehörig kundgemachter Gesetze nicht zu stehe, dagegen haben sie über die Gültigkeit von Verordnungen im gesetzmäßigen Instanzenzug zu entscheiden. In der Generaldebatte im AH wurde die Frage erörtert, ob der Gesetzesentwurf mit einer zwei Drittel oder mit einer einfachen Mehrheit angenommen werden muss. Der Abgeordneter *Toman* war der Ansicht, dass die zwei Drittel Mehrheit für die Annahme unumstößlich sei[190]. Dies würde sich aus § 14 der Februarverfassung ergeben, nach welchen Anträgen, die zu einer Abänderung des Grundgesetzes führen, eine Mehrheit von zwei Drittel erfordern. Dass der Gesetzesentwurf eine Abänderung darstelle, könne nicht be-

187 *Haider*, Die Protokolle des Verfassungsausschusses des Reichsrates vom Jahre 1867, Nr. 18, S. 199 und 200.

188 *Haider*, Die Protokolle des Verfassungsausschusses des Reichsrates vom Jahre 1867, Nr. 19, S. 202.

189 StPAH, 31. Sitzung der 1. Session am 5. Oktober 1867, S. 733.

190 StPAH, 31. Sitzung der 1. Session am 5. Oktober 1867, S. 734.

zweifelt werden. Zudem habe der Berichterstatter selbst die Ansicht vertreten, dass die vorgelegten Staatsgrundgesetze Teile der Verfassung sind[191]. Es sei auch eine Änderung der Verfassung, wenn ein Satz neu in die Verfassung aufgenommen werde. Man könne zudem nicht den Gesetzesentwurf mit einer einfachen Mehrheit beschließen und dann für jede künftige Abänderung eine zwei Drittel Mehrheit fordern. Abgeordneter *Mühlfeld* erwiderte, dass § 14 nur von der Abänderung des Grundgesetzes über die Reichsvertretung spreche[192]. Daher könne man andere Gesetze schaffen und diese auch als Staatsgrundgesetze bezeichnen, ohne dabei das Grundgesetz abzuändern. Die zu erlassenen Staatsgrundgesetze seien in ihrer Bedeutung derart wichtig, dass eine Abänderung nur unter erschwerten Bedingungen möglich sein könne. Wünschenswert wäre es jedoch gewesen, dass in den einzelnen Grundgesetzen die Erschwerung der Aufhebung bzw. der Abänderung geregelt worden wäre und nicht im Grundgesetz über die Reichsvertretung selbst. Erörtert wurde auch die Frage der Berechtigung des AH die vorgelegten Staatsgrundgesetze zu erlassen. Abgeordneter *Zyblikiewcz* führte hierzu aus, dass niemand dem VA den Auftrag gegeben hatte, ein Gesetz zu machen, das unabhängig von der Februarverfassung bestehe[193]. Dem Ausschuss sei eben nur die Regierungsvorlage zur Abänderung des Grundgesetzes über die Reichsvertretung zugewiesen worden. Auch hier meldete sich Abgeordneter *Mühlfeld* zu Wort und bestritt die Ansicht, dass dem AH nicht das Recht zustehe, neben einer Regierungsvorlage eigene Gesetzesvorschläge zu erstatten[194]. Abgeordneter *Herbst* verwies auf die gängige und allseits anerkannte Praxis des AH, dass der VA neben eingebrachte Regierungsvorlagen eigene Gesetzesentwürfe, die im Zusammenhang mit der Vorlage stehen, vorlegt[195]. Abgeordneter *Herbst* brachte noch zur Frage des Konsensquorums vor, dass mit der Beschlussfassung betreffend des Ministerverantwortlichkeitgesetzes das AH anerkannt habe, dass ein Verfassungsgesetz nicht zu seinem Zustandekommen eine zwei Drittel Mehrheit benötige, weil keine Abänderung des Grundgesetzes über die Reichsvertretung vorliege. Bei diesem Gesetz sei niemand für eine zwei Drittel Mehrheit eingetreten. Abgeordnete *Toman* erklärte in der Folge nochmals, dass eine Neuaufnahme eines Grundgesetzes in die Verfassung eine Abänderung des Grundgesetzes sei und daher § 14 desselben zur Anwendung komme[196]. Am Ende der Generaldebatte entschied sich das AH da-

---

191 Gemeint waren die StGG über die richterliche Gewalt, Ausübung der Regierungs- und Vollzugsgewalt, Einsetzung eines Reichsgerichts und über die allgemeinen Rechte der Staatsbürger. Vgl. StPAH, 31. Sitzung der 1. Session am 5. Oktober 1867, S 728f und 731f

192 StPAH, 31. Sitzung der 1. Session am 5. Oktober 1867, S. 735.

193 StPAH, 31. Sitzung der 1. Session am 5. Oktober 1867, S. 736f.

194 StPAH, 31. Sitzung der 1. Session am 5. Oktober 1867, S. 737.

195 StPAH, 31. Sitzung der 1. Session am 5. Oktober 1867, S. 737f.

196 StPAH, 31. Sitzung der 1. Session am 5. Oktober 1867, S. 739f.

für, dass es zur Beschlussfassung des Staatsgrundgesetzes über die richterliche Gewalt nicht der zwei Drittel Mehrheit bedurfte.

1.4.3. § 7 des Gesetzesentwurfes wurde nicht in die Spezialdebatte miteinbezogen. Am Ende der Debatte stellte Abgeordneter *Mühlfeld* entsprechend seiner früheren Wortmeldung den Antrag, dass am Schluss des Gesetzes ein eigener Paragraph vorsehe, dass eine Abänderung bzw. Aufhebung nur mit einer zwei Drittel Mehrheit erfolgen könne. Der VA empfahl diesen Antrag nicht anzunehmen, weil

> „... steht eine solche Bestimmung unzweifelhaft formell mit dem Gesetz über die Reichsvertretung im Zusammenhange, weil sie sich auf die Vertretungskörper und die Form der Schlußfassung bezieht. Es streitet aber auch dafür, daß dieser Antrag nicht annehmbar sei, ein anderer, innerer Grund. Nach dem Artikel 14 des Grundgesetzes vom 26. Februar 1861 über die Reichsvertretung ist in der Regel zu jedem Beschlusse die absolute Stimmenmehrheit hinreichend und erforderlich. In dem zweiten Alinea dagegen ist zur Abänderung dieses Grundgesetzes die Zweidrittel-majorität erforderlich. Wenn nun diesem Gesetz über die richterliche Gewalt ein eigener Artikel beigefügt würde, wonach erklärt wird, daß die Bestimmungen dieses Gesetzes nur durch ein Mehrheit von zwei Dritttheilen abgeändert werden könnten, so läge darin eine Abänderung des Artikels 14 des Grundgesetzes vom 26. Februar; und es wäre daher zu diesem letzten Artikel und auch nur zu diesem Artikel des Gesetzes die Zweidrittel-Majorität erforderlich.“[197]

Der Empfehlung des VA wurde gefolgt und der Antrag abgelehnt. Da nun auch die juridische Kommission des HH die Annahme des § 7 nach dem vorgelegten Entwurf des AH empfahl, wurde auch keine weitere Debatte zu diesem Paragraphen im HH geführt und in der vorgelegten Fassung angenommen[198]. In der übrigen Debatte thematisierte der Abgeordnete *Lichtenfels* zu § 3 kurz, was Inhalt eines Staatgrundgesetzes sein könnte[199]. Er meinte, dass die Regelung der Militärgerichtsbarkeit nicht Gegenstand eines Staatgrundgesetzes sein kann, da in ein Grundgesetz nur solche Bestimmungen gehören sollen, die eine Beständigkeit über lange Zeit hinaus haben. Bei der Militärgerichtsbarkeit könne man nicht sagen, dass die Regelung dauerhaft sei und es müsse diese daher durch ein einfaches Gesetz geregelt werden. Der Entwurf des HH, dass der Wirkungskreis der Militärgerichte durch ein besonderes Gesetz normiert werde, wurde auf Empfehlung des VA vom AH ohne Diskussion darüber, was nun alles Gegenstand eines Staatgrundgesetzes sein kann, angenommen.

---

197 StPAH, 32. Sitzung der 1. Session am 8. Oktober 1867, S. 766. Der Antrag wurde noch in der 31 Sitzung am 5. Oktober 1867 gestellt und nächsten Sitzung erfolgte die Berichterstattung der Stellungnahme des VA.

198 StPHH, 16. Sitzung der 4. Session am 6. November 1867, S. 251.

199 StPHH, 16. Sitzung der 4. Session am 6. November 1867, S. 242f.

1.5. Vom StGG über die Ausübung der Regierungs- und Vollzugsgewalt

1.5.1. In die Darstellung der Entwicklung des Gesetzgebungsrechts muss auch das StGG über die Ausübung der Regierungs- und Vollzugsgewalt behandelt werden, da dieses die Kundmachung von Gesetzen normiert. Ursprünglich hatte der Entwurf des Subkomitees keine Regelung über die Kundmachung von Gesetzen enthalten. Es stellte aber der Abgeordnete *Rechbauer* in der 18. Sitzung des VA vom 19. September 1867 den Antrag, nach § 7 des Subkomiteeentwurfes einen neuen Paragraphen über die gehörige Kundmachung von Gesetzen einzufügen. Dieser Antrag wurde auch von den Mitgliedern des VA angenommen[200]. Der dem AH vorgelegte Entwurf sah vor, dass die Kundmachung von Gesetzen im Namen des Kaisers mit der Berufung auf die Zustimmung der verfassungsmäßigen Vertretungskörper und unter Mitfertigung eines verantwortlichen Ministers erfolgte (§ 8). § 9 normierte, dass die Behörden innerhalb ihres amtlichen Wirkungskreises befugt waren, die Beobachtung und Befolgung der Gesetze und der auf Grund der Gesetze erlassenen Anordnungen gegenüber den hierzu Verpflichteten zu erzwingen[201]. Im Bericht des VA wurde festgehalten, dass die Grundsätze, welche die Funktionen der Staatsgewalt regeln und das Verhältnis der Staatsbürger zum Staat, Grundgesetze seien, die das Verfassungsrecht bilden[202]. Der ganze Staatskörper selbst sei von der gesetzgebenden Gewalt durchdrungen, weil sie die Rechtsordnung schaffe und jene Institutionen gründet, welche die Freiheit des Volkes berühren. Die Regierung als Trägerin der Verwaltung habe nicht nur die Durchführung der Gesetze zu überwachen, sondern könne innerhalb des Rahmens der Gesetze Beschlüsse fassen. Zu der für die Gesetzgebung notwendigen Kundmachungsregelung führte der Bericht aus:

> "Das Recht, sanctionierte Gesetze zu verkündigen unter Wahrung der Formen, welche die verfassungsmäßige Entstehung derselben erkennbar machen."[203]

Der dem AH vorgelegte Gesetzesentwurf wurde von diesem ohne jede Debatte angenommen.

1.5.2. Im Bericht der Kommission für politische Gegenstände des HH wurde darauf hingewiesen, dass das Verordnungsrecht der Behörden nicht nur als Voraussetzung erscheinen solle, sondern dass es auch unmittelbar im Gesetz seine

---

200 *Haider*, Die Protokolle des Verfassungsausschusses des Reichsrates vom Jahre 1867, Nr. 19, S. 204 und 205.

201 Abgedruckt in Die neue Gesetzgebung Österreichs, S. 400.

202 StPAH, 32. Sitzung der 1. Session am 8. Oktober 1867, S. 767f.

203 Gemeint ist hier das Recht der Regierungsgewalt. StPAH, 32. Sitzung der 1. Session am 8. Oktober 1867, S. 767.

Anerkennung finde[204]. In der Generaldebatte hielt Ministerpräsident *Taaffe* fest, dass der vom AH stammende Entwurf eine Ergänzung der Institutionen des verfassungsmäßigen Staates sei und begrüßte die ausdrückliche Einfügung des unentbehrlichen Verordnungsrechts der Regierung[205]. Da diesbezüglich keine Debatte vom HH geführt wurde, wurde der Vorschlag der Kommission unverändert angenommen. Das Verordnungsrecht wurde nunmehr im Artikel 11 geregelt und sah vor, dass die Behörden innerhalb ihres Wirkungskreises befugt sind, auf Grund der Gesetze Verordnungen zu erlassen. Die Kundmachungsregeln fanden sich im § 10. Im Rahmen der zweiten Debatten über den Entwurf wurden beide Paragraphen von den Vertretungskörpern wie vorgeschlagen angenommen.

1.6. StGG über die Einsetzung eines Reichsgerichtes

1.6.1. Im VA wurde der Entwurf des StGG über die Einsetzung eines Reichsgerichtes sehr rasch, nämlich innerhalb einer Sitzung besprochen[206]. Der Bericht des VA ist jedoch umso länger und hielt ua fest, dass mit dem Gesetzesentwurf eine unparteiische Entscheidung über gewisse Kompetenzkonflikte sichergestellt werden solle und dass die Durchsetzung von Ansprüchen, die nicht privatrechtlicher Natur seien, gegen das Reich und gegen einzelne Länder ermöglicht werden solle[207]. Für die Entwicklung des Gesetzgebungsrechts ist von Interesse, dass es nach Ansicht des VA wünschenswert gewesen wäre, ein unabhängiges Organ einzurichten, das zB über Kompetenzkonflikte zwischen den Landtagen und dem Reichsrat oder über die Auslegung von Gesetzen entscheidet, man hielt es jedoch im Hinblick auf den herrschenden Verfassungszustand und im Hinblick auf die bisherigen *„traurigen Erfahrungen der Vergangenheit“* für nicht angebracht, die gesetzgebende Gewalt unter ein unabhängiges Gericht zu stellen. Der Bericht zeigt, dass die Einführung der Kompetenz des Reichsgerichts zur Prüfung der Verfassungsmäßigkeit von Gesetzen bzw. zur Lösung von Kompetenzkonflikte nicht kategorisch ausgeschlossen war. Die bewusst offen gelassene Frage sollte vielmehr in der Zukunft geklärt werden.

1.6.2. Im Bericht der juridischen Kommission des HH wurde festgehalten, dass die Bezeichnung als StGG die richtige sei, weil die Einsetzung des Reichsgerichtes aus der Grundidee des konstitutionellen Staates und aus der Teilung der Gewalten hervorgehe[208]. Nur eine Minderheit wollte die Bezeichnung als einfa-

---

204 StPHH 14. Sitzung der 4. Session am 30. Oktober 1867, S. 213.

205 StPHH 14. Sitzung der 4. Session am 30. Oktober 1867, S. 214.

206 *Haider*, Die Protokolle des Verfassungsausschusses des Reichsrates vom Jahre 1867, Nr. 20, S. 206f.

207 StPAH, 32. Sitzung der 1. Session am 8. Oktober 1867, S. 770f.

208 StPHH, 15. Sitzung der 4. Session am 5. November 1867, S. 228f.

ches Gesetz, weil auch das Gesetz über die Ministerverantwortlichkeit, welches nach deren Ansicht auch Bestandteil der Verfassung sei, nicht als StGG erlassen wurde. Weder im Bericht der juridischen Kommission noch in der Debatte[209] wurde Stellung zur vom AH aufgeworfenen Frage der Lösung eines Kompetenzkonfliktes zwischen Landtag und Reichsrat bzw. zur Frage der Kompetenz zur Prüfung von Gesetzen durch das Reichsgericht bezogen.

2. Die Verfassungsentwicklung nach 1867

2.1. Die Kundmachung der Verfassungsgesetze

Auf einen Antrag des Abgeordneten Rechbauers vom 21. November 1867 geht das „*Gesetz über den Beginn der Wirksamkeit der vorstehenden sechs Verfassungsgesetze*" zurück[210]. Nach diesem Antrag sollten das Ausgleichsgesetz und die neu beschlossenen Verfassungsgesetze gleichzeitig in Kraft treten. Nach Ansicht *Kolmers* war dieser Antrag Beweis für das mangelnde Vertrauen in die Regierung:

> „Die feste Grundlage aller Freiheiten und bürgerlichen Rechte konnte nur in einem gemeinsamen Zusammenwirken der Krone, des Parlamentes und der Bevölkerung gefunden werden, anderenfalls blieben alle die theuer erkauften Errungenschaften nur auf dem Papier, sie konnten nicht zur lebendigen Wirksamkeit und Geltung kommen."[211]

Die von Ministerpräsidenten *Beust* eingebrachte Regierungsvorlage wurde mit Abänderungen durch den VA[212] vom AH und HH angenommen und nach der kaiserlichen Sanktion wurden das Gesetz, wodurch das Grundgesetz über die Reichsvertretung vom 26. Februar 1861 abgeändert wird, das Staatsgrundgesetz über die allgemeinen Rechte der Staatsbürger für die im Reichsrate vertretenen Königreiche und Länder, das Staatsgrundgesetz über die Einsetzung eines Reichsgerichtes, das Staatsgrundgesetz über die richterliche Gewalt, das Staatsgrundgesetz über die Ausübung der Regierungs- und Vollzugsgewalt und das Gesetz, betreffend die allen Ländern der österreichischen Monarchie gemeinsamen Angelegenheiten und die Art ihrer Behandlung am 21. Dezember 1867 im Reichsgesetzblatt kundgemacht. Das Neue Fremdenblatt skandierte schon vor der Kundmachung „*Habemus papam! Wir haben eine Verfassung!*"[213],

---

209 StPHH, 15. Sitzung der 4. Session am 5. November 1867, S. 229ff.

210 StPAH, 54. Sitzung der 1. Session am 21. November 1867, S. 1480f.

211 *Kolmer*, Parlament und Verfassung in Österreich, Bd. 1, S. 313.

212 Siehe hierzu *Haider*, Die Protokolle des Verfassungsausschusses des Reichsrates vom Jahre 1867, S. 146.

213 Neues Fremdenblatt. Morgenblatt. Samstag, 14. Dezember 1867, Nr. 343, S. 1.

und stellte nach der Kundmachung der Verfassungsgesetze im RGBl fest, dass die Bevölkerung die neuen Verfassungsgesetze ruhig und ohne großem Jubelfest angenommen habe[214]. Im Folgenden sei die Verfassungsfortentwicklung auf Reichs- und Landesebene, die sich allein auf das Gesetzgebungsrecht bezieht, gerafft, jedoch unter Bezugnahme der Debatten im RR bzw. in den betreffenden Landtagen dargestellt.

2.2. Die Verfassungsfortbildung auf Reichsebene im Blickwinkel des Gesetzgebungsrechtes[215]

2.2.1. Schon bald geriet die Dezemberverfassung 1867 ins Kreuzfeuer der Kritik. Eine Revision der eben in Kraft getretenen neuen Verfassung stand im Raum[216]. Der Monarch hielt in seiner Thronrede vom 13. Dezember 1869 fest, dass nach den bisherigen Erfahrungen Veränderungen an der Verfassung wünschenswert seien, jedoch diese nur im Rahmen der Verfassung zu erfolgen haben[217].

Der Grund der Kritik war, dass einige Länder versuchten, durch Abwesenheit den Reichsrat lahm zu legen[218]. Die Regierung vermeinte jedoch durch Einholung von Stellungnahmen aller Länder des Reiches betreffend eine Wahlreform diese zu besänftigen. Die von den Ländern gewünschten Wahlreformen[219] sprengten allerdings in weiterer Folge die Regierung in zwei Teile. Die Majorität der Regierung[220] vertrat in einem Memorandum[221] an den Monarchen die Meinung, dass die Verfassung 1867 das Ergebnis einer Reihe von Kompromissen sei, die auch „*mit dem föderalistischen Standpunkt*"[222] abgeschlossen seien.

---

214 Neues Fremdenblatt. Morgenblatt, Dienstag, 24. Dezember 1867, Nr. 353, S. 1f.

215 Eine konzise Darstellung der Verfassungsentwicklung von 1867 bis 1918 im allgemeinen findet sich ua bei *Brauneder*, Die Verfassungsentwicklung in Österreich von 1867 bis 1918, in: *Rumpler/Urbanitsch*, Die Habsburgermonarchie 1848 – 1918, Bd. VII (Verfassung und Parlamentarismus), 1. TB, S. 191ff.

216 *Kolmer*, Parlament und Verfassung, Bd. II, S. 1.

217 StPAH, I. Beilage zu den stenographischen Protokollen des AH, V. Session, S. 1

218 Vgl. *Kolmer*, Parlament und Verfassung, Bd. I. S. 401.

219 Die Landtage wurden im September 1869 vom Innenminister *Giskra* aufgefordert, in Form von Gutachten Stellungnahmen über den Vorschlag von direkten Reichsratswahlen abzugeben. Vgl. *Kolmer*, Parlament und Verfassung, Bd. I, S. 401; *Olechowski*, Die Lassersche Wahlrechtsreform. Der Kampf um die Einführung der Volkswahl des cisleithanischen Abgeordnetenhauses 1871-1873, in: Parliaments, Estates and Representation, Vol. 22, 2002, S. 152 mwN.

220 Hierzu zählten *Plener*, *Hasner*, *Giskra*, *Herbst* und *Prestl*.

221 Das Memorandum der Majorität und Minorität der Regierung abgedruckt in: Wiener Zeitung, Mittwoch, 12. Jänner 1870, Nr. 8, S. 1f.

222 Memorandum der Majorität, in: Wiener Zeitung, Mittwoch, 12. Jänner 1870, Nr. 8, S. 1.

Ein „*Mehr*“ an Länderautonomie würde die Existenz des Reiches gefährden. Sie trat daher für die Abänderung des Wahlrechts ein, um den durch Abstinenz von Delegierten zum AH geschwächten Reichsrat[223] zu stärken. Die Minorität der Regierung lehnte die Abänderung des Wahlmodus für den Reichsrat ab und brachte ua vor, dass damit in die Kompetenz der Landtage eingegriffen werde.

2.2.2. In der Adresse des AH versicherte die Majorität dem Monarchen, dass keine Schmälerung der Kompetenzen der Landtage angestrebt werden würde[224]. Die Erfahrung der letzten zwei Jahre seit dem Inkrafttreten der Verfassung habe gezeigt, dass die Kompetenzabgrenzung des Reichsrats keine allzu weite sei, insbesondere den Wirkungskreis der Landtage nicht beeinträchtige. Eine Verfassungsänderung in Richtung Begrenzung der Reichsratskompetenz sei daher nicht erforderlich. Änderungswünsche würden insofern nur berücksichtigt, als diese das Reichsinteresse nicht berühren würden. Die Minorität des AH trat für die Stärkung der Länderautonomie ein[225]. In der Adresse des HH an den Monarchen sprach sich die Mehrheit für jene Reformen aus, die den Bestand des Reiches nicht gefährdeten[226]. Sie hielt die Verfassungsrevision des Jahres 1867 für ein überaus weites Zugeständnis und meinte, dass damit jene Grenze erreicht worden wäre, die nicht mehr überschritten werden dürfte. Die oben dargestellten Adressen zeigen deutlich die Angst der in den zwei Häusern des Reichsrats vertretenden Mehrheit, durch eine weitere Stärkung der Länder im Sinne einer Ausweitung der Autonomie den Reichsverband zu „sprengen“. Im Grunde genommen war der Bestand der Monarchie schon und auch mit der Verfassung 1867 gefährdet, stand das Haus des Monarchen nicht mehr auf gesichertem Boden. Sowohl für die Mehrheit als auch für die Minderheit beider Häuser war jedoch die Verfassung das Band, welches das Reich zusammen hielt.

2.2.3. Nach dem so genannten „*Exodus*“[227] am 31. März 1870 aus dem Reichsrat - als Protest der Polen gegen die Nichtberücksichtigung der Autonomiewünsche

---

223 Das Memorandum sprach davon, dass die Verfassung 1867 von einem großen Teil des Reiches bekämpft worden sei und in Folge dessen die Reichsvertretung eine unvollständige gewesen sei.

224 StPAH, 27. Beilage zu den stenographischen Protokollen des AH, S. 129f.

225 StPAH, 27. Beilage zu den stenographischen Protokollen des AH, S. 132.

226 StPHH, 5. Sitzung der 5. Session am 14. Jänner 1870, S. 22f.

227 *Kolmer*, Verfassung und Parlament, Bd. II., S. 36. Spricht vom Exodus der Föderalisten. Am 31. März 1970 legten die Polen ihr Mandat nieder. Angeschlossen haben sich die Slowenen, Rumänen und Italiener. Das AH hatte nur noch 129 von 203 Mitgliedern. Vgl. *Olechowski*, Die Lassersche Wahlrechtsreform. Der Kampf um die Einführung der Volkswahl des cisleithanischen Abgeordnetenhauses 1871-1873, in: Parliaments, Estates and Representation, Vol. 22, S. 151, der offensichtlich in Anlehnung an *Kolmer* unter Setzung von Anführungszeichen auch von einem Exodus spricht.

durch die Regierung - wurden unterschiedliche, zum Teil stark föderalistische Vorschläge zur Verfassungsrevision erstattet[228], welche jedoch allesamt keine Zustimmung erlangten. Erst mit dem Gesetzesentwurf[229], wodurch das Grundgesetz über die Reichsvertretung vom 21. Dezember 1867 abgeändert wurde, konnte die für die Abänderung erforderliche zwei Drittelmehrheit erlangt werden. Der Entwurf sah die Einführung der direkten Wahlen in das AH vor. Der Bericht des VA[230] hielt die vorgelegte Wahlreform für unbedingt notwendig. Nur wenn der RR vom Landtag losgelöst sei, könne erwartet werden, dass das in Frage stellen des RR und der Verfassung ende. Der VA hielt auch die Reichsgesetzgebung für die Wahlreform zuständig und nicht die Landesgesetzgebung. Dies wurde wie folgt begründet: Zwar komme das Recht, den RR zu beschicken, den Landtagen zu, aber Quelle dieses Rechts ist die Februarverfassung 1861 und die Dezemberverfassung 1867. § 16 der Landesordnungen könne nicht als Quelle angesehen werden. Nicht nur, dass diese Bestimmung von einer Verpflichtung der Landtage spreche, handelt es sich bei § 16 auch nur um eine ausführende Norm der § 6 und § 7 der Dezemberverfassung. Es handelt sich bei § 16 um keine selbständige Anordnung, denn dieser erhält Rechtskraft nur auf Grund der Reichsverfassung.

2.2.4. Für die hier vorliegende Untersuchung wesentlichste Abänderung der Regierungsvorlage[231] war der Vorschlag des VA, § 15 der Dezemberverfassung dahingehend abzuändern, dass Änderungen von den Staatsgrundgesetzen in beiden Häusern nur mit einer Mehrheit von zwei Dritteln der Stimmen der Anwesenden und im AH nur bei Anwesenheit von mindestens der Hälfte der Mitglieder beschlossen werden konnten[232]. Dies wurde damit begründet, dass mit der Vermehrung der Mitglieder des AH auch eine Abänderung des § 15 im vorgeschlagenen Sinn notwendig erschien. In der Generaldebatte vermeinte der galizische Abgeordnete *Grocholski*, dass die Einführung direkter Reichsratswahlen im Wege der Reichsgesetzgebung ohne Einwilligung der Landtage eine Verletzung

---

228 Von den Vorschlägen war auch die Frage der direkten Volkswahl in den Reichsrat erfasst, womit die Loslösung von den Wahlen durch den Landtag und die Unabhängigkeit von diesem gewollt war.

229 StPAH, 252. Beilage zu den stenographischen Protokollen des AH.

230 StPAH, 251. Beilage zu den stenographischen Protokollen des AH.

231 Die übrigen Abänderungen beschränkten sich auf die Gesamtzahl der Abgeordneten sowie auf stilistische Änderungen.

232 Die ursprüngliche Fassung des § 15 lautete: „*Änderungen in diesem Grundgesetze, sowie in den Staatsgrundgesetzen über die allgemeinen Rechte der Staatsbürger für die im Reichsrate vertretene Königreiche und Länder, über die Einsetzung eines Reichsgerichtes, über die richterliche, sowie über die Ausübung der Regierungs- und der Vollzugsgewalt können nur mit einer Mehrheit von wenigsten zwei Dritteln der Stimmen gültig beschlossen werden.*“

der durch die Landesordnungen eingeräumten Rechte der Länder sei und, da die Landesordnungen einen integrierenden Bestandteil der österreichischen Verfassung darstellen, die geplante Wahlrechtsreform eine Verletzung der Verfassung sei[233]. Dies erklärend verließen die Abgeordneten Galizien sowie der Abgeordneter *Cerne* aus Görz den Sitzungssaal[234]. Die durch den VA abgeänderte Regierungsvorlage wurde vom AH ohne weitere Debatte angenommen.

2.2.5. Ausführlich beschäftige sich der Bericht der Kommission des HH[235] mit der Frage der Kompetenz des Reichsgesetzgebers die direkte Reichsratswahl einzuführen. Auch die Kommission ging davon aus, dass nur der Reichsgesetzgeber hierfür zuständig wäre und sich die Landtage weder auf das Oktoberdiplom, noch auf § 16 der Landesordnung berufen können. Wenn zwar auch das Oktoberdiplom Bestandteil der Verfassung sei, soweit keine Abänderung erfolgte, und dort auch normiert worden sei, dass die Landtage die Abgeordneten zum Reichsrat zu entsenden haben, so habe sich diese Bestimmung bloß auf den verstärkten Reichsrat bezogen. Bei diesem verstärkten Reichsrat habe es sich bloß um eine aus von der Regierung ernannten Mitgliedern bestehende Versammlung gehandelt und keine aus wirklich gewählten Abgeordneten. Die Landtage hätten damals nur ein Vorschlagsrecht gehabt. Dieses Vorschlagsrecht sei aber mit dem verstärkten Reichsrat erloschen. Der § 16 der Landesordnungen bestimme nur ein Mitwirkungsrecht derselben an der Gesetzgebung. Darüber hinaus sei die Entsendung von Mitgliedern in den Reichsrat kein Recht, sondern eine Verpflichtung der Landtage. Die Norm sei auch keine *„selbsteigene Bestimmung“* und habe auf Grund der Berufung auf die § 6 und § 7 der Reichsverfassung nur einen ausführenden Charakter, der den Landtagen vorgibt wie bei der Erfüllung der staatsgrundgesetzlichen Bestimmung vorzugehen sei. Es sei daher auch § 38 der Landesordnung nicht einschlägig, weil sich diese Norm nur auf jene Bestimmungen beziehe, die kraft selbständiger Bestimmungen der Landesordnung bestehen, und nicht auf Bestimmungen die Kraft Berufung auf die Reichsverfassung in rechtliche Existenz traten. Auch sei zu beachten, dass die Landtage stets nur Bevollmächtigte der Wähler waren. Eine Abänderung des Gesetzesbeschlusses des AH wurde nicht vorgeschlagen, sondern es wurde die unveränderte Annahme empfohlen. In der darauf folgenden Generaldebatte nahm nur Abgeordneter *Czartoryski* zur Kompetenzfrage Stellung und meinte resignierend:

---

233 StPAH, 67. Sitzung der 7. Session am 6. März 1873, S. 1325,

234 Die Abgeordneten *Bodnar*, Janowski und *Wlodek* schlossen sich dem Exodus nicht an. Vgl. StPAH, 67. Sitzung der 7. Session am 6. März 1873, S. 1325.

235 StPHH, 174. Beilage zu den stenographischen Protokollen des HH.

> „Schon bei der Gelegenheit der Verhandlung über das Nothwahlgesetz habe ich meiner Überzeugung dahin Ausdruck gegeben, dass die Beschickung des Reichrathes ein durch die Verfassung den Landtagen gewährleistetes Recht sei, und daß somit der Reichsrath nicht berechtigt ist, ohne Zustimmung der Landtage eigenmächtig ein dieses Recht abänderndes Gesetz zu erlassen. Alle Gründe, die damals dagegen vorgebracht wurden, haben es nicht vermocht, meine Überzeugung zu erschüttern. Und somit stehe ich heute auf demselben Standpunkt wie damals. Eine Diskussion erachte ich jedoch unter den gegenwärtigen Verhältnissen für vollständig zwecklos und werde mich daher beschränken, gegen die Annahme der Gesetzesvorlage zu stimmen.“[236]

Die Gesetzesvorlage wurde vom HH ohne jegliche Änderung angenommen.

2.2.6. Zuvor erhielt § 18 des StGG über die Reichsvertretung mit den Notwahlgesetz aus dem Jahr 1872[237] noch folgenden Zusatz:

> „Tritt der Fall des Erlöschens eines Reichsrathsmandats aus was immer für einem gesetzlichen Grunde während der Dauer einer Reichsrathssession ein, so kann der Kaiser die Vornahme der Neuwahl unmittelbar durch die landtagsberechtigten Gebiete, Städte und Körperschaften (§ 7) nach Maßgabe des über die Durchführung unmittelbaren Wahlen in das Abgeordnetenhaus bestehenden Gesetzes anordnen.“

Die Abgeordneten des AH Grocholski[238], *Poklukar*[239] und *Greuter*[240] erklärten den Gesetzesentwurf als einen Eingriff in die Rechte der Landtage und forderten die Einholung der Zustimmung der Landtage. Das Minoritätsgutachten der politischen Kommission des HH betrachtete die Vorlage als eine Änderung des § 16 der Landesordnungen. Eine Änderung der Landesordnungen sei aber nach der Verfassung ausschließlich eine Angelegenheit der Landtage. Die Minorität beantragte die Ablehnung des Entwurfes durch Übergang auf den nächstfolgenden Tagesordnungspunkt[241]. Der Abgeordnete *Lichtenfels* widersprach dieser Ansicht[242]. Er vertrat die Meinung, dass die Bestimmung, die Landtage haben die Wahl ins AH vorzunehmen, eine Bestimmung eines Reichsgrundgesetzes sei. Reichsgrundgesetze können jedoch nach § 15 StGG über die Reichsvertretung mit einer zweidrittel Mehrheit abgeändert werden. § 16 der Landesordnungen sei keine eigenständige Bestimmung, sondern bloß ein Zitat des Reichsgrundgesetzes. Die Bestimmung des Reichsgesetzes wurde deshalb in die Landesord-

---

236 StPAH, 31. Sitzung der 7. Session am 27. März 1873, S. 447.
237 RGBl 24/1872.
238 StPAH, 15. Sitzung der 7. Session am 20. Februar 1872, S. 197.
239 StPAH, 15. Sitzung der 7. Session am 20. Februar 1872, S. 201f.
240 StPAH, 15. Sitzung der 7. Session am 20. Februar 1872, S. 199.
241 StPAH, 41. Beilage zu den stenographischen Protokollen des AH.
242 StPHH, 8. Sitzung der 7. Session am 5. März 1872, S. 76f.

nungen übernommen, um den Landtagen bei der Erfüllung der reichsgesetzlichen Bestimmungen eine Grundlage für entsprechende Verfügungen zu geben. Fällt nun aber die Reichsbestimmung weg, fallen auch alle damit zusammenhängenden übrigen Bestimmungen weg. Es sei zwar richtig, dass nach § 38 die Bestimmungen über die Wahl durch die Landtage nur mit Zustimmung derselben abgeändert werden könnten. Von § 38 seien aber nicht jene Bestimmungen erfasst, die bloß aus einem Reichsgesetz zitiert werden. Darüber hinaus trete der Landtag bloß als Mandatar des ursprünglichen Wahlberechtigten auf. Der Landtag übe daher kein eigenes Recht aus. Daher können sich die Landtage nicht darüber beklagen, wenn man beschließe, dass der eigentliche Wähler nunmehr sein Wahlrecht selbst auszuüben habe. Die Wortmeldungen der Abgeordneten *Hein*[243] und *Hasner*[244] teilen die Ansicht des Abgeordneten *Lichtenfels.*

2.2.7. In den Debatten über die Entwürfe von Gesetzen, betreffend die Abänderung bzw. Ergänzung des Grundgesetzes über die Reichsvertretung und der Reichsratswahlordnung aus dem Jahr 1896[245] wurde wiederum – wenn auch nicht umfangreich - die Frage der Kompetenz des Reichsgesetzgebers betreffend einer Wahlreform angeschnitten. In der ersten Lesung wiederholte der Abgeordnete *Jedrzejowicz* im Namen des Polenklubs deren Rechtsansicht, dass mit der Einführung der direkten Reichsratswahl in die Rechte der Länder eingegriffen wurde[246]. Jede Wahlreform und auch jede Erweiterung des Wahlrechts habe daher von den Ländern auszugehen. Da nun aber die gegenwärtige Wahlreform nicht auf einem anderen Weg erreicht werden könne, werde sich der Polenklub unter Aufrechterhaltung des eigenen Rechtsstandpunktes am Reformwerk beteiligen. Die in der General- und Spezialdebatte im AH[247] und HH[248] sonstigen zu diesem Thema erhobenen Wortmeldungen gingen überwiegend in die gleichen Richtung, brachten jedoch keine neuen Argumente[249]. Für das Gesetzgebungsrecht wurde auch keine Änderung vorgesehen.

---

243 StPHH, 8. Sitzung der 7. Session am 5. März 1872, S. 80f.

244 StPHH, 8. Sitzung der 7. Session am 5. März 1872, S. 81f.

245 In den Debatten betreffend Taaffesche Wahlrechtsreform lassen sich keine nennenswerte Stellungnahmen bezüglich Gesetzgebungsrecht finden. RGBl 142/1882 (= *Bernatzik*, Die österreichischen Verfassungsgesetze mit Erläuterungen², Nr. 185, S. 749).

246 StPAH, 452. Sitzung der 11. Session am 20. Februar 1896, S. 22.653.

247 StPAH, 452. Sitzung der 11. Session am 20. Februar 1896, S. 22.644ff und S. 24.200ff.

248 StPHH, 80. Sitzung der 11. Session am 28. Mai 1896, S. 1012ff.

249 Abgeordneter *Falkenhayn* führte beispielsweise aus, dass das Recht der Wahl der Abgeordneten in den Reichsrat durch die Landtage staatsgrundgesetzlich durch das Oktoberdiplom 1860 und das Februarpatent 1861 sowie in sämtlichen Landesordnungen gesichert sei, aber derzeit ruhe. Vgl. StPAH, 480. Sitzung der 11. Session am 23. April 1896, S. 24.331.

2.2.8. Am 23. Februar 1906 wurden von der Regierung fünf Gesetzesvorlagen betreffend Abänderung des Grundgesetzes über die Reichsvertretung und betreffend die Wahl der Mitglieder des AH des RR in denselben eingebracht, die auf die Einführung allgemeiner, gleicher, direkter und geheimer Wahlen abzielten[250]. Erst ein halbes Jahr später - nämlich am 7. November 1906 – begannen die Debatten über die Entwürfe. Der Ausschussbericht hielt im Zusammenhang mit den durch die Wahlreform notwendigen Abänderungen des StGG über die Reichsvertretung fest, dass im Wahlreformausschuss der Antrag gestellt wurde, auch die §§ 11 und 12 zwecks Abgrenzung der Kompetenz der Reichs- und Landesgesetzgebung zu überprüfen[251]. Basierend auf den Beratungen eines eigens errichteten Subkomitees und von diesem gestellten Resolutionen wurde jener Antrag vom Wahlreformausschuss angenommen, welcher die Zweifeln bezüglich der Abgrenzung des Wirkungskreises des RR und der Landtage beenden sollte. § 12 sah nach dem Entwurf des Wahlreformausschusses vor:

> „Alle übrigen Gegenstände der Gesetzgebung, welche in diesem Gesetz dem Reichsrate nicht ausdrücklich vorbehalten sind, gehören in den Wirkungskreis der Landtage der im Reichsrate vertretenen Königreiche und Länder und werden in und mit diesen Landtagen verfassungsmäßig erledigt.
> In den Angelegenheiten, welche hiernach auf Grund der Landesordnungen und dieses Staatsgrundgesetzes zum Wirkungskreise der Landesgesetzgebung gehören, kann letztere die zur Regelung des Gegenstandes erforderlichen Bestimmungen auch auf dem Gebiete der Strafjustiz- und Polizeistraf- sowie der Zivilrechtsgesetzgebung treffen.
> In den Wirkungskreis der Landesgesetzgebung gehören auch solche Verfügungen über die Organisation der staatlichen Verwaltungsbehörden, welche durch die Kompetenz der Landesgesetzgebung zur Organisation der autonomen Verwaltungsbehörden bedingt sind und sich innerhalb der gemäß § 11, lit. l dieses Staatsgrundgesetzes der Reichsgesetzgebung vorbehaltenen Grundzüge bewegen.
> Sollte jedoch irgend ein Landtag beschließen, daß ein oder der andere ihm überlassene Gegenstand der Gesetzgebung im Reichsrate behandelt und erledigt werde, so übergeht ein solcher Gegenstand für diesen Fall und rücksichtlich des betreffenden Landtages in den Wirkungskreis des Reichsrates.“

In der Debatte hielt der Abgeordnete *Kros* fest, dass unabhängig davon, ob die Neufassung des § 12 eine authentische Interpretation sei oder eine tatsächliche Abänderung, jedenfalls eine Erweiterung der Landesautonomie sei[252]. Abgeordneter *Herold* stellte einen kurzen Abriss der Verfassungsgeschichte in

250 StPAH, 386. Sitzung der. 17. Session am 23. Februar 1906, S. 34.657.

251 StPAH, 2727. Beilage zu den stenographischen Protokollen des AH.

252 Des Weiteren sprach er sich zum Schutz der Ruthenen gegen die Neufassung des § 12, da die Erweiterung der Kompetenz des galizischen Landtages jedenfalls mit einem Nachteil für das ruthenische Volk verbunden sei. Vgl. StPAH, 451. Sitzung der 17. Session am 16. November 1906, S. 39.905ff.

seiner Rede dar und meinte, dass den Landtagen primär das Gesetzgebungsrecht zu komme und diese Ansicht auch im Oktoberdiplom 1860 aufgenommen worden sei[253]. Man habe ausdrücklich gesagt, dass die neue Verfassung unter Zustimmung und Mitwirkung der Landtage erlassen werden solle. Der Bruch sei mit der Februarverfassung 1861 gekommen. Man habe das Gesetzgebungsrecht dem weiteren und dem engeren RR übertragen. Den Landtagen kamen nur noch jene Angelegenheiten zu, die in den einzelnen Landesordnungen enthalten waren. Mit den § 11 und 12 des StGG über die Reichsvertretung sei man insofern zur Ansicht, dass den Landtagen primär das Gesetzgebungsrecht zu komme, zurück gekehrt, in dem man vorsah, dass dem RR gewisse Angelegenheiten zur Regelungen zu kam, alle übrigen jedoch den Landtagen. *Herold* führte weiters aus:

> „Man hat aber dabei die Landesordnungen der einzelnen Landtage beibehalten. Von dieser Tätigkeit, die den Landtagen nach der Dezemberverfassung zukommt, wie sie auch heute in der Abänderung des § 12 enthalten ist, hat man aber in der Landesordnung nichts gewußt und die Folge dessen war, daß seit dieser Zeit der § 12 der Staatsgrundgesetze gar nicht zur Durchführung gelangte.“[254]

Die Neufassung des § 12 sei zudem nicht notwendig, wenn es sich die Regierung seit 1867 nicht zur Aufgabe gemacht hätte, ihre nach den Bestimmungen des § 11 und 12 zustehende Kompetenzen zu überschreiten. So sehe § 11 lit. l vor, dass die Gesetzgebung über die Grundzüge der Organisierung der Gerichts- und Verwaltungsbehörden dem RR zustehe. Die Grundzüge seien durch die StGG über die Errichtung eines Reichsgerichtes, über die richterliche Gewalt und über die Ausübung der Regierungs- und Vollzugsgewalt erlassen worden. Indes sei aber kein Landtag weiters tätig geworden, sondern nur allein der Reichsgesetzgeber wie zB bei der Errichtung des VwGH, unter Verletzung der Verfassung. Im Übrigen müsste die Neufassung des § 12 auch eine Revision der Landesordnungen zur Folge habe. Es könne nicht der RR in seiner Gesetzgebungstätigkeit entlastet werden, zugleich die Landtage in *„der sehr trockenen Suppe“*[255] der bisherigen Landesordnungen verbleiben. Der Abgeordnete *Bogler* sprach sich gegen die Neufassung des § 12 aus und begründete dies damit, dass Absatz desselbigen einen Bruch der Strafrechts- und Zivilrechtseinheit darstelle[256]. Mit dieser Bestimmung könnten die Landtage Institutionen schaffen, mit welchen die ganze Zivil- und Strafrechtsgesetzgebung umgestaltet werden könnte. Der Abs. 3 würde gegen die Bestimmung des § 11 lit. l verstoßen. Diese

---

253 StPAH, 451. Sitzung der 17. Session am 16. November 1906, S. 39.912ff.

254 StPAH, 451. Sitzung der 17. Session am 16. November 1906, S. 39.915.

255 StPAH, 451. Sitzung der 17. Session am 16. November 1906 der 17. Session, S. 39.919.

256 StPAH, 451. Sitzung der 17. Session am 16. November 1906 der 17. Session, S. 39.919f.

Norm wollte nämlich nur zwischen Gesetzgebung und Verwaltung abgrenzen. Der Absatz 3 würde § 11 lit. l nun in eine Abgrenzung zwischen Reichs- und Landesgesetzgebung umdeuten. Ein Gesetz könne aber die Organisation nicht bis in kleinste Detail regeln. Hierfür sei eben die Verwaltung zuständig. Abgeordneter *Starzynski* hielt fest, dass keine Erweiterung der Autonomie der Landtage durch die Neufassung des § 12 eintrete[257]. Die Abänderung sei nur eine Feststellung der bisher den Landtagen zukommenden Rechte. Es läge daher auch keine Verschiebung von Kompetenzen vom RR an die Landtage vor. Abgeordneter *Starzynski* versuchte auch den Beweis zu führen, dass die Neufassung des § 12 der Absicht des Gesetzgebers aus dem Jahr 1867 entsprach. Er stützte sich dabei auf den Ausschussbericht, in welchem es heißt, dass die Sicherung der Autonomie der Landtage oberstes Prinzip war, sowie auf die General- und Spezialdebatte, nach welchen klar war, dass auch die Zivil- und Strafgesetzgebung, insoweit sie Angelegenheiten betrafen, die in den Wirkungskreis der Landtage fielen, in die Kompetenz der Landtage fallen würden. Zu Absatz 3 führte er aus, dass nach dem gesetzgeberischen Willen dem RR nur die Gesetzgebung über die Grundzüge der Einrichtung der Verwaltungsbehörden zustehe, die Gesetzgebung über die Details der Einrichtung dieser Behörden den Landtagen zustehe. Anders als Abgeordneter *Herold* ist daher nach Ansicht *Starzynski* bei § 11 lit. i nicht zwischen Gesetzgebung und Verwaltung zu unterscheiden, sondern ist hier allein die Gesetzgebung angesprochen und es ist daher nach dessen Meinung zwischen dem Reichs- und Landesgesetzgeber zu unterscheiden. Auch der Abgeordnete *Glabinski* verweist auf die Debatten im Jahre 1867, in welchen es selbstverständlich gewesen sei, dass den Landtagen innerhalb ihres Wirkungskreises auch die Polizei- und Strafgesetzgebung zukomme[258]. Er zitiert ausdrücklich den Berichterstatter *Kaiserfeld*, der meinte, dass

> „... mit der Fassung des Abgeordnetenhauses nichts anderes gewahrt sein (sollte), als dass eben den Landtagen in Beziehung auf die ihnen ohnehin landesordnungsmäßig zustehende Kompetenz nicht etwa der Einwand entgegengestellt wird, daß hier das Zivil- oder Strafrecht berührt werde und daher der Gegenstand von ihrer Kompetenz ausgeschlossen sei."[259]

Der Entwurf des Wahlreformausschusses wurde schlussendlich ohne inhaltliche Abänderungen vom AH angenommen. Im HH findet sich mit Ausnahme der Rede des Innenministers *Bienerth* keine nennenswerte Stellungnahme zu den Abänderungen des § 12 StGG über die Reichsvertretung. Der Innenminister

257 StPAH, 451. Sitzung der 17. Session am 16. November 1906 der 17. Session, S. 39.924f.

258 StPAH, 452. Sitzung der 17, Session am 17. November 1906 der 17. Session, S. 39.981f.

259 StPAH, 452. Sitzung der 17. Session am 17. November 1906 der 17. Session, S. 39.981.

stellte fest, dass die Organisation der staatlichen Verwaltungsbehörden ausschließlich in den Kompetenzbereich des RR fallen würde[260]. Für die autonomen Verwaltungsbehörden bestehe die Kompetenz der autonomen Landesvertretungen. Mit der vorliegenden Abänderung sei nun in die Richtung Vorsorge getroffen worden, dass im Fall einer Abänderung der Organisation der staatlichen Verwaltungsbehörden, die dazu führe, dass Aufgaben, die bisher von den autonomen Verwaltungsbehörden besorgt wurden, an die staatlichen Behörden übergehen, den Ländern die Möglichkeit gegeben wurde, ihre Interessen durch eine entsprechende Mitwirkung zu wahren. § 12 wurde in der vorgelegten Fassung vom HH angenommen.

2.3. Die Verfassungsfortbildung auf Länderebene

Die im Jahr 1861 erlassenen Landesordnungen und Landtagswahlordnungen standen neben der Verfassung 1867 weiterhin in Geltung. Der Verfassungszustand der Länder blieb auch nach 1867 mit Ausnahme der einseitigen Abänderungen der Landesverfassungen durch den Reichsgesetzgeber[261] im Wesentlichen erhalten[262]. Im Einzelnen erfolgten jedoch zahlreiche Änderun-

---

260 StPHH, 69. Sitzung der 17. Session am 21. Jänner 1907, S. 1524f.

261 Vgl. *Bernatzik*, Die österreichischen Verfassungsgesetze mit Erläuterungen[2], S. 846. Nach diesem wurde durch folgende Reichsgesetze stark in die Landesverfassungen eingegriffen: Vor 1867 durch das Gesetz vom 3. Oktober 1861, RGBl Nr. 98, in Betreff der Unverletzlichkeit und Unverantwortlichkeit der Mitglieder des Reichsrates und der Landtage, 1867 durch das Gesetz vom 21. Dezember 1867, RGBl Nr. 141, wodurch das Grundgesetz über die Reichsvertretung vom 26. Februar 1861 abgeändert wird mit den § 11 und § 12, durch das Staatsgrundgesetz vom 21. Dezember 1867, RGBl Nr. 142 über die allgemeinen Rechte der Staatsbürger für die im Reichsrate vertretenen Königreiche und Länder mit den §§ 4, 14 bis 16 und § 19, durch das Staatsgrundgesetz vom 21. Dezember 1867, RGBl Nr. 143 Einsetzung eines Reichsgerichtes, durch das Staatsgrundgesetz vom 21. Dezember 1867, RGBl Nr. 144 über die richterliche Gewalt mit dem Art. 7, durch das Staatsgrundgesetz vom 21. Dezember 1867, RGBl Nr. 145 über die Ausübung der Regierungs- und Vollzugsgewalt mit Art. 10, mit dem Gesetz vom 21. Dezember 1867, RGBl Nr. 146 betreffend die allen Ländern der österreichischen Monarchie gemeinsamen Angelegenheiten und die Art ihrer Behandlung, nach 1867 durch das Gesetz vom 18. April 1869, RGBl Nr. 44 betreffend die Organisation des Reichsgerichtes, das Verfahren vor demselben und die Vollziehung seiner Erkenntnisse, durch das Gesetz vom 22. Oktober 1875, RGBl Nr. 36/1876 betreffend die Errichtung eines Verwaltungsgerichtshofes sowie durch die Wahlrechtsreformen auf Reichsebene ab 1873, wobei nach Ansicht *Bernatzik* auch die Wahlreform des Jahres 1882 hinzuzählen wäre.

262 Vgl. *Hoke*, Österreichische und Deutsche Rechtsgeschichte, S. 398; *Spiegel*, Länder, in: *Mischler/Ulbrich*, Österreichisches Staatswörterbuch. Handbuch des gesamten öffentlichen Rechts[2], 3 Bd., S. 406.

gen[263], insbesondere im Bereich das Landtagswahlordnungen, die für die hier vorliegende Untersuchung jedoch nicht von Bedeutung sind[264]. Zu nennen sind aber die Reformen der Landesordnung Mähren, Bukowina und Niederösterreich. In Mähren und Bukowina wurde im Sinne der nationalen Autonomie für das Landtagswahlrecht das Prinzip der nationalen Kataster eingeführt[265]. Für das Gesetzgebungsrecht ist interessant, dass mit § 38 der mährischen Landesordnung zwar die Beschlussquoren unverändert blieben, das Erfordernis der qualifizierten Mehrheit auf bestimmte Angelegenheiten erweitert wurde[266]. Dazu zählten nun:

- Änderung der Landesordnung und Landtagswahlordnung
- bezüglich Änderung des seinerzeit zu erlassenden Gesetzes über die nationale Trennung der Schulbehörden
- bezüglich Änderung des Gesetzes vom 19. Mai 1897, LBGl Nr. 40 über den Landeskulturrat
- bezüglich Änderung des seinerzeit zu erlassenden Gesetzes, womit der Gebrauch der Landessprachen bei den autonomen Behörden geregelt wird
- bezüglich der Beschlüsse, womit bestehende Landesunterrichtsanstalten aufgelassen oder eingeengt oder die Unterrichtssprache geändert werden sollen; ebenso bezüglich der Beschlüsse, womit die Gültigkeit dieses Gesetzes bewilligten Beiträge oder Erhaltungskosten für staatliche Landes- oder Privatunterrichtsanstalten entzogen oder herabgemindert werden sollen
- bezüglich Beschlüsse, womit die Vereinigung oder Trennung von Gemeinden gegen den Willen der gesetzlichen Vertretung wenigsten einer der beteiligten Gemeinden herbeigeführt werden soll

Die niederösterreichische Landesordnung sah nach der Neufassung des § 38 vor, dass ein jeder auf Abänderung der Landesordnung abzielender Antrag der Vorberatung durch einen Ausschuss zu unterziehen ist und der Beschluss die Zu-

---

263 Hierzu vgl. *Bernatzik*, Die österreichischen Verfassungsgesetze mit Erläuterungen², S. 847 und 848.

264 Vgl. *Bernatzik*, Die österreichischen Verfassungsgesetze mit Erläuterungen², S. 849ff; *Melik*, Zusammensetzung und Wahlrecht der cisleithanischen Landtage, in: *Rumpler/Urbanitsch*, Die Habsburgermonarchie 1848 – 1918, Bd. VII., Verfassung und Parlamentarismus, 2. TB, S. 1130ff.

265 Vgl. *Brauneder*, Österreichische Verfassungsgeschichte¹⁰, S. 176.

266 LGBl 1/1906 (= *Bernatzik*, Die österreichischen Verfassungsgesetze mit Erläuterungen², Nr. 191, S. 892)

stimmung von mindesten 64 Abgeordneten bedurfte[267]. Jede Kurie hat die Möglichkeit gegen einen solchen Abänderungsantrag Einspruch zu erheben, womit dieser als abgelehnt galt. Ein solcher Einspruch bedurfte der einfachen Mehrheit der Kurie. Zum Beschluss über eine beantragte Abänderung des Gebietsumfanges von Niederösterreich war die Zustimmungen von drei Viertel aller Mitglieder des Landtages erforderlich. Die Abänderung dieser Bestimmung erforderte die gleiche Mehrheit.

267 LGBl 131/1907 (= *Bernatzik*, Die österreichischen Verfassungsgesetze mit Erläuterungen[2], Nr. 190a, S. 852).

III. Das Gesetzgebungsrecht Cisleithanien nach 1867

A. Die verfassungsrechtlichen Grundlagen

1. Die für das Gesetzgebungsrecht bedeutsamen Rechtsvorschriften finden sich zunächst im Gesetz vom 21. Dezember 1867, wodurch das Grundgesetz über die Reichsvertretung vom 26. Februar 1861 abgeändert wurde[268]. Nach diesem Grundgesetz steht das Recht zur Gesetzgebung dem Monarchen gemeinsam mit dem RR, welcher sich in ein AH und ein HH gliedert, zu. Für das Zustandekommen eines Gesetzes sind die Übereinstimmung beider Häuser und die kaiserliche Sanktion erforderlich. Ein Gesetzesvorschlag kann als Regierungsvorlage eingebracht werden. Auch der RR kann Gesetzesvorschläge erstatten (§ 13). Für die Beschlussfassung ist im AH die Anwesenheit von 100 und im HH die Anwesenheit von 40 Mitgliedern und in beiden Häusern die absolute Stimmenmehrheit erforderlich (§ 15)[269]. Abänderungen eines StGG können nur mit einer Mehrheit von zwei Dritteln der Stimmen der Anwesenden beschlossen werden, im AH ist die Anwesenheit der Hälfte der Mitglieder erforderlich[270]. Der Wirkungskreis des RR wird im §§ 11 und 12 StGG über die Reichsvertretung geregelt. Nach § 11 Abs. 1 leg. cit. umfasst der Kompetenzbereich des RR alle Angelegenheiten, die sich auf Rechte, Pflichten und Interessen beziehen, die allen im RR vertretenen Ländern gemeinschaftlich sind, insofern dieselben nicht infolge der Vereinbarung mit den Ländern der ungarischen Krone zwischen diesen und den übrigen Ländern der Monarchie gemeinsam zu behandeln sind. Der zweite Absatz zählt die einzelnen Angelegenheiten des RR konkret auf.

2. Nach § 12 Abs. 1 StGG über die Reichsvertretung fallen alle übrigen Gegenstände, die nicht ausdrücklich dem RR vorbehalten sind, den Ländern zu. In diesen Angelegenheiten können die Landtage auch die für die Regelung eines Gegenstandes erforderlichen Bestimmungen auf dem Gebiet der Strafjustiz- und Polizeistraf- sowie der Zivilgesetzgebung treffen. Gemäß § 12 Abs. 4 leg. cit.

---

268 RGBl 141/1867 (= *Bernatzik*, Die österreichischen Verfassungsgesetze mit Erläuterungen^2, Nr. 133, S. 390).

269 Besondere Vorschriften sehen des StGG über die Reichsvertretung für Finanzgesetze und Rekrutengesetze vor. Kann nämlich im Finanzgesetz über einzelne Posten bzw. im Rekrutengesetz über die Höhe der auszuhebenden Kontingente keine Einigung erzielt werden, gilt die kleinere Ziffer als bewilligt. Vgl. § 13 StGG über die Reichsvertretung.

270 § 15 StGG über die Reichsvertretung zählt konkret auf: Grundgesetz über die Reichsvertretung, über die allgemeinen Rechte der Staatsbürger, über die Einsetzung eines Reichsgerichtes, über die richterliche Gewalt und über die Ausübung der Regierungs- und Vollzugsgewalt.

haben die Landtage die Möglichkeit zu beschließen, eine ihnen zukommende Kompetenz zur Regelung einer Angelegenheit auf den RR zu übertragen.

3. Neben dem ordentlichen Gesetzgebungsrecht normiert das StGG über die Reichsvertretung ein außerordentliches Gesetzgebungsrecht für den Monarchen. Nach § 14 leg. cit. kann unter Verantwortung des Gesamtministeriums eine kaiserliche Verordnung erlassen werden, wenn sich die dringende Notwendigkeit einer Anordnung, zu der die Zustimmung des RR erforderlich ist, zu einer Zeit herausstellen sollte, wo dieser nicht versammelt ist. Die kaiserliche Verordnung erlangt eine provisorische Gesetzeskraft, wenn sie von sämtlichen Ministern unterzeichnet wird und unter ausdrücklicher Beziehung auf § 14 kundgemacht wird. Sie darf keine Abänderung des StGG bewirken, keine Belastung des Staatsschatzes und keine Veräußerung des Staatsgutes betreffen. Die provisorische Gesetzeskraft erlischt, wenn die Regierung es unterlässt, binnen 4 Wochen nach Zusammentritt des RR die kaiserliche Verordnung diesem vorzulegen bzw. wenn die Genehmigung durch eines der beiden Häuser versagt wird[271]. Das Gesamtministerium ist dafür verantwortlich, dass Verordnungen, deren provisorische Gesetzeskraft erloschen ist, sofort außer Wirksamkeit zu setzen.

4. Für das Gesetzgebungsverfahren sieht das StGG über die Reichsvertretung zudem vor, dass der RR vom Monarchen alljährlich in den Wintermonaten einzuberufen ist (§ 10). Die Vertagung des RR und die Auflösung des AH verfügt der Monarch (§ 19). Die Sitzungen sind öffentlich, die Öffentlichkeit kann aber ausnahmsweise ausgeschlossen werden (§ 23). Das Stimmrecht der Mitglieder ist persönlich auszuüben (§ 17). Die Minister und Chefs der Zentralstellen können an allen Beratungen teilnehmen. Jedes der beiden Häuser kann auch die Anwesenheit der Minister verlangen. Ein Abstimmungsrecht kommt dem Minister nur dann zu, wenn sie Mitglieder des Hauses sind (§ 20). Der Kaiser ernennt den Präsidenten und den Vizepräsidenten des HH aus dessen Mitte für die Dauer der Session. Das AH wählt seinen Präsidenten und Vizepräsidenten selbst (§ 9). Die näheren Bestimmungen über den wechselseitigen Verkehr und den Außenverkehr beider Häuser hat ein eigenes Gesetz betreffend der Geschäftsordnung des RR zu regeln (§ 24).

5. Das StGG über die Ausübung der Regierungs- und der Vollzugsgewalt sieht die Kundmachung des Gesetzes vor. Nach Art. 10 leg. cit. erfolgt die Kundmachung der Gesetze im Namen des Kaisers mit der Berufung auf die Zustimmung der verfassungsmäßigen Vertretungskörper und unter Mitfertigung eines ver-

---

271 Die kaiserliche Verordnung ist stets dem AH zuerst vorzulegen.

antwortlichen Ministers. Gemäß Art. 7 StGG über die richterliche Gewalt steht dem Gericht die Prüfung gehörig kundgemachter Gesetze nicht zu.

B. Die Gesetzgebung auf Reichsebene und Landesebene

1. Begriff des Gesetzes

1.1. Gesetz im formellen und materiellen Sinn

1.1.1. Die zeitgenössische österreichische Lehre hat unter dem Einfluss der deutschen Staatsrechtsliteratur zwischen Gesetz im formellen und materiellen Sinn unterschieden. Als Gesetz im formellen Sinn wurde jeder Staatsakt, der auf die für die Gesetzgebung durch die Verfassung vorgeschriebene Weise zustande kommt, als Gesetz im materiellen Sinn jeder Rechtssatz unabhängig von der Form des Zustandekommens bezeichnet[272]. Obwohl schon Juristen wie *Mohl*, *Savigny* und *Stein*[273] in der Sache zwischen Gesetz im formellen und materiellen Sinn differenziert haben, wurde von der österreichischen und deutschen Lehre der Verdienst der allgemeinen Verbreitung und der damit einhergehenden Anerkennung dieser Unterscheidung allein *Laband* zugeschrieben[274]. Sowohl mit seiner Untersuchung „*Das Budgetrecht nach den Bestimmungen der preußischen Verfassungsurkunde*" als auch in seinem umfassenden Werk „*Das Staatsrecht des Deutschen Reiches*" weist *Laband* darauf hin, dass nicht jede rechtsverbindliche Anordnung einer Rechtsregel ein Gesetz im formellen Sinn sein muss sowie dass ein Gesetz im formellen Sinn jeden erdenklichen Inhalt haben kann und nicht nur immer einen Rechtssatz[275]. Diese Unterscheidung zwischen Gesetz im

---

272 *Gumplowicz*, Das Österreichische Staatsrecht³, S. 12; *Hauke*, Grundriß des Verfassungsrechts, S. 98; *Herrnritt*, Handbuch des österreichischen Verfassungsrechtes, S. 198f; *Lustkandl*, Gesetz, in: Österreichisches Staatswörterbuch. Handbuch des gesamten österreichischen öffentlichen Rechts², 2. Bd., S. 394; *Jellinek*, Gesetz und Verordnung, S. 226f; *Ulbrich*, Österreichisches Staatsrecht³, S. 235ff; für das deutsche Recht exemplarisch: *Anschütz*, Die gegenwärtigen Theorien über den Begriff der gesetzgebenden Gewalt, S. 13f; *Laband*, Das Staatsrecht des Deutschen Reiches, 2. Bd., S. 61ff.

273 *Lustkandl*, Gesetz, in: Österreichisches Staatswörterbuch. Handbuch des gesamten österreichischen öffentlichen Rechts², 2 Bd., S. 394. Vgl. auch *Böckenförde*, Gesetz und gesetzgebende Gewalt, S. 226. Nach diesem wurde zuerst die Lehre des doppelten Gesetzesbegriffs von *Stockmar* in Aegidi's Zeitschrift für Deutsches Staatsrecht und Deutsche Verfassungsgeschichte, Jg. 1867, S. 196 – 219 vertreten.

274 Vgl. *Anschütz*, Die gegenwärtigen Theorien über den Begriff der gesetzgebenden Gewalt, S. 14 und 15; *Kelsen*, Zur Lehre vom Gesetz im formellen und materiellen Sinn, mit besonderer Berücksichtigung der österreichischen Verfassung, JBl. 1913, S. 229; *Lustkandl*, Gesetz, in: Österreichisches Staatswörterbuch. Handbuch des gesamten österreichischen öffentlichen Rechts², 2 Bd., S. 394; *Tezner*, Volksvertretung, S. 366.

275 *Laband*, Das Staatsrecht des Deutschen Reiches⁵, 2. Bd., S. 61f.

formellen und materiellen Sinn griffen auch *Jellinek* und *Anschütz* auf[276]. Nach *Jellinek* kann ein Gesetz im formellen Sinn unverbindlich oder verbindlich sein. Unverbindlich sei es dann, wenn es bloß Ratschläge erteile oder Dank ausspreche; verbindlich, wenn es einen Imperativ, dh einen Befehl an den Untertanen enthalte. Die Zahl der verbindlichen Gesetze sei die Mehrzahl. Den Gesetzen im formellen Sinn stellt *Jellinek* die Gesetze im materiellen Sinn gegenüber, welches von diesem nach dem Rechtssatz definiert wird, der Rechte und Pflichten normiert. *Anschütz* schließt sich der Ansicht von *Jellinek* an und meint, dass jedes Gesetz im materiellen Sinn ein Gesetz im formellen Sinn sein muss, es sei denn, dass das Gesetz im formellen Sinn eine andere Form zulasse [277]. Die *Laband-Jellinek-Anschütz* Theorie blieb nicht unbestritten und fand ihren bedeutsamsten Kritiker in der Person des deutschen Staatsrechtsgelehrten *Haenel*, der die Unterscheidung zwischen Gesetz im materiellen und formellen Sinn für verfehlt hält und die Ansicht vertritt, dass jedes formelle Gesetz den Rechtssatz notwendig zu ihrem Inhalt habe[278].

1.1.2. Die österreichische herrschende Lehre hielt sich weitgehend an die *Laband-Jellinek-Anschütz* Theorie. Für diese konnte daher Inhalt eines Gesetzes nicht nur eine Rechtsnorm, sondern auch ein Verwaltungsakt sein. *Ulbrich* weist darauf hin, dass die österreichische Verfassung den Begriff Gesetz im materiellen Sinn nicht normiere und versucht diesen mittels Rückgriff auf ein kaiserliches Patent vom 1. November 1786 zu gewinnen[279]. Nach diesem Patent gelte für das Gesetz, dass es der obersten Gewalt des Landesfürsten entspringe, es Rechtsnormen enthalte und gehörig kundgemacht sein müsse. Unter den Begriff

---

276 *Jellinek*, Gesetz und Verordnung, S. 252f; *Anschütz*, Die gegenwärtigen Theorien über den Begriff der gesetzgebenden Gewalt, S. 15 und 16. *Kelsen* spricht von der *Laband-Jellinek*-Anschützschen Theorie, vgl. *Kelsen*, Zur Lehre vom Gesetz im formellen und materiellen Sinn, mit besonderer Berücksichtigung der österreichischen Verfassung, JBl. 1913, S. 230.

277 *Anschütz* konkret: „Jedes Gesetz im m a t e r i e l l e n Sinne muss zugleich ein solches im f o r m e l l e n Sinn sein, muss die Form des legislativen Aktes aufweisen, es sei denn, dass ein formelles Gesetz keine andere Form – den V e r o r d n u n g s w e g – zulässt. Oder, anders und kürzer: Rechtsverordnungen können nur erlassen werden kraft formellgesetzlicher Ermächtigung.“ *Anschütz*, Die gegenwärtigen Theorien über den Begriff der gesetzgebenden Gewalt und den Umfang des königlichen Verordnungsrechts, S. 15 und 16.

278 *Haenel*, Studien zum deutschen Staatsrecht, Bd. II, Das Gesetz im formellen und materiellen Sinn, S. 354. Eine konzise Darstellung der Lehre vom doppelten Gesetzesbegriff ab *Laband* und der Kritik dieser Lehre findet sich bei *Böckenförde*, Gesetz und gesetzgebende Gewalt, S. 226ff. Auf diese umfassende Studie sei hinsichtlich der umfassenden deutschen Staatsrechtsliteratur verwiesen.

279 Der Begriff „*Gesetz im formellen Sinn*“ sei jedoch auf Grund der Vorschriften über den Gesetzgebungsweg definiert. *Ulbrich*, Österreichisches Staatsrecht[3], S. 236f.

Gesetze würden daher Rechtssätze, die ein Sollen und Müssen enthalten und die durch Zwang realisiert werden, fallen. Seines Erachtens seien daher Rechtssätze jedenfalls Gegenstand der Gesetzgebung, außerdem aber auch all jene Gegenstände, die durch die Verfassung der Gesetzgebung zugewiesen sind. Für *Herrnritt* wird mit dem Begriff „*Gesetz*“ zweifaches bezeichnet: Einerseits einen den Rechtsunterworfenen bindenden Rechtssatz, der sowohl einen allgemeinen Tatbestand als auch ein Einzelverhältnis regeln könne, andererseits einen Akt der gesetzgebenden Gewalt, der entsprechend den verfassungsrechtlich vorgeschriebenen Voraussetzungen zustande komme[280]. Da beim letzteren bloß auf die Form des staatlichen Willenaktes abgestellt werde, könne ein Gesetz im formellen Sinn nicht nur Rechtsnormen, sondern auch einen Verwaltungsakt enthalten. Als Beispiel zählt *Herrnritt* das Finanzgesetz in Bezug auf die Feststellung der Einnahmen und Ausgaben oder ein Ermächtigungsgesetz, mit welchem die Regierung die Vollmacht zum Abschluss eines Handelsvertrages erhält, auf[281]. Für *Gumplowicz* gilt, dass ein Gesetz im materiellen Sinn stets eine Anordnung der Staatsgewalt ist und seit dem Konstitutionalismus formell nur das als Gesetz zu gelten hat, was unter Mitwirkung des Parlaments als Norm erlassen werde[282]. Die Rechtsnorm selbst müsse für ihn nicht immer einen Befehl beinhalten, wenigsten keinen unmittelbaren. Werde der Bau einer Einrichtung ins Leben gerufen werden, so stelle sich einem nur mittelbar der Befehl gegenüber. *Lustkandl* bemerkt, dass ein Verwaltungsakt seine Rechtsnatur nicht deshalb verliere, weil die Zustimmung der Volksvertretung erforderlich sei wie beispielsweise bei der Veräußerung von Staatsgut[283]. Wenn aber dieser Verwaltungsakt als übereinstimmender Befehl der gesetzgebenden Faktoren formuliert werde, in Gesetzesform beschlossen und kundgemacht werde, dann verwandle sich der Verwaltungsakt in ein Gesetz im formellen Sinn.

1.1.3. *Prazak* nimmt in gegenständlicher Frage eine Art von Mittelstellung ein. Für *Prazak* werde nämlich mit Recht dem Budget der Charakter eines Gesetzes im materiellen Sinn abgesprochen[284]. Er meint aber zugleich, dass es davon unabhängig eine Prüfung des Einzelfalles bedürfe und es nicht ausgeschlossen sei, dass das Finanzgesetz zum Teil ein Gesetz im materiellen Sinn, zum Teil ein Gesetz im formellen Sinn, konkreter ein in den Formen des Gesetzes zu Stande gekommener Verwaltungsakt sei. Den Gesetzesbegriff bestimmt *Prazak* dahin gehend, dass ein Gesetz Rechtssätze aufstelle, welche menschliche Lebensver-

---

280 *Herrnritt*, Handbuch des österreichischen Verfassungsrechtes, S. 198ff.

281 *Herrnritt*, Handbuch des österreichischen Verfassungsrechtes, S. 199.

282 *Gumplowicz*, Das österreichische Staatsrecht[3], S. 12f.

283 *Lustkandl*, Gesetz, in: Österreichisches Staatswörterbuch. Handbuch des gesamten österreichischen öffentlichen Rechts[2], 2 Bd., S. 395.

284 *Prazak*, Beiträge zum Budgetrecht und zur Lehre von den formellen Gesetzen, AÖR II, S. 459.

hältnisse in allgemein verbindlicher Weise regeln[285]. Ähnlich sieht dies *Starzynski*. Ein Gesetz im materiellen Sinn liegt für diesen dann vor, wenn ein allgemein verbindlicher Rechtssatz statuiert werde[286]. Kommen weitere formelle Merkmale wie zB parlamentarischer Beschluss und kaiserliche Sanktion hinzu, dann könne man auch von einem Gesetz im formellen Sinn sprechen. Gesetze, die keine Rechtsregel enthalten, können jedoch nicht als Gesetze angesehen werden. Davon abgesehen stehe die Tatsache fest, dass es Gesetze im formellen Sinn gebe und geben könne, die keinen Rechtssatz enthalten.

1.1.4. Gegen diese herrschende Lehre wendet sich *Geller*[287]. Für ihn sind Gesetze bzw. Gesetzesstellen, die keinen Rechtssatz enthalten, weder Gesetze im formellen noch im materiellen Sinn, sondern überflüssige Teile eines Gesetzes. Keine Gesetze sind die jährlichen Finanzgesetze und jene Stellen eines Gesetzes, die nur Begriffsbestimmungen enthalten. *Geller* stellt sohin im Ergebnis wie *Haenel* die Forderung auf, dass alle formellen Gesetze auch materielle Gesetze sein müssen. Vor *Geller* stellte *Seidler* fest, dass für ihn der Begriff *„formelles Gesetz"* nur soweit Anerkennung finden könne, als darunter eine in Form eines Gesetzes erlassene Anordnung verstanden werden könne[288]. Da nach *Seidler* eine Anordnung auch in Form eines Verwaltungsaktes erlassen werden könne, unterscheidet er zwischen Zustimmung einer Gesetzeskammer vor Erlass und nach Erlass einer solchen Anordnung. Vor Erlass einer Anordnung sei von einem Gesetz zu sprechen, nach Erlass einer schon bereits vollzogenen Anordnung könne nicht von einem Gesetz gesprochen werden, weil hier das Moment der Anordnung fehlen würde.

1.1.5. Auch *Kelsen* hat sich mit der Unterscheidung zwischen formellen und materiellen Gesetz auseinandergesetzt[289]. Er stimmt der herrschenden Lehre insofern zu, als dass die Gesetzesform auch einen anderen Inhalt haben könne als einen Rechtssatz. Stelle man nämlich bei der Bezeichnung *„Gesetz im formellen Sinn"* bloß auf die Form des Gesetzes ab, könne eben ein Gesetz im formellen Sinn jeden nur möglichen Inhalt habe, auch einen Glückwunsch an den Monarchen. Entgegen der herrschenden Lehre vertritt *Kelsen* jedoch die Ansicht, dass Verordnungen keine Rechtssätze enthalten können. Er meint, dass ein

---

285 *Prazak*, Beiträge zum Budgetrecht und zur Lehre von den formellen Gesetzen, AÖR II, S. 454.

286 *Starzynski*, Beitrag zur Lehre von Gesetz und Verordnung, Österreichische Zeitschrift für Verwaltung 1882, S. 222.

287 *Geller*, Gesetz und Verordnung, Österreichisches Centralblatt für die juristische Praxis, 1894, S. 1025, FN 5.

288 *Seidler*, Budget und Budgetrecht, S. 207.

289 *Kelsen*, Zur Lehre vom Gesetz im formellen und materiellen Sinn, mit besonderer Berücksichtigung der österreichischen Verfassung, JBl. 1913, S. 229f.

Rechtssatz nur in Form eines Gesetzes erscheinen dürfe. Konkret führt *Kelsen* aus, dass der Sitz aller Rechtssätze von Verwaltungsakten ausschließlich das Gesetz sein könne und die Verordnung daher nur im Rahmen des Gesetzes Rechtspflichten statuieren könne. Er begründet dies mit der Notwendigkeit eines einheitlichen Staatswillens[290]. *Kelsen* zeigt im Rahmen seiner Ausführungen auch jenen rechtspolitischen Grund auf, der hinter der wissenschaftlichen Diskussion stand. Die herrschende Lehre hat nämlich dem Monarchen neben dem verfassungsrechtlich normierten Gesetzgebungsrecht, das er gemeinsam mit dem Parlament ausübt, ein weiteres materielles Gesetzgebungsrecht in Form eines selbständigen Verordnungsrechts zugesprochen. So meint *Ulbrich*, dass § 11 StGG über die Reichsvertretung nur eine Begrenzung der Reichsgesetzgebung gegenüber der Landesgesetzgebung bestimme[291]. Es sei damit nur gesagt, dass der Weg der Reichsgesetzgebung zu beschreiten sei und dass nicht auch das Verordnungsrecht eingreifen könne. Dies gelte aber nur dann, wenn die Notwendigkeit einer Regelung durch die Gesetzgebung bestehe. *Ulbrich* hält fest:

> „Es bedeutet somit die Aufzählung der Gegenstände der Reichsgesetzgebung nicht die absolute Notwendigkeit des Erlasses von Gesetzen, sondern diese Bestimmung will nur besagen: ‚Wenn die Notwendigkeit eintritt, einen der hier erwähnten Gegenstände im Wege der Gesetzgebung zu ordnen, so ist der Weg der Reichsgesetzgebung zu wählen.“[292]

Davor ist schon *Zolger* für ein selbständiges Verordnungsrecht des Monarchen eingetreten[293]. Er meint, dass aus § 11 StGG über die Reichsvertretung nicht abgeleitet werden könne, dass Verordnungen nur auf Grund gesetzlicher Ermächtigung erlassen werden dürfen. Eine Abgrenzung zwischen Legislative und Verordnungsgewalt sei mit dieser Bestimmung nicht erfolgt. Konkret führt *Zolger* aus:

> „Für die Absicht einer prinzipiellen Lösung der Frage nach den Grenzen der Vdgsgewalt gegenüber der Gesetzgebung findet sich aber weder in der gesetzlichen Formulierung des Art. 11 noch in den diesbezüglichen Verhandlungen des Reichsrathes auch nur der geringste Anhaltspunkt. Art. 11 wollte offenbar nur das

---

290 *Kelsen*, Zur Lehre vom Gesetz im formellen und materiellen Sinn, mit besonderer Berücksichtigung der österreichischen Verfassung, JBl. 1913, S. 231.

291 *Ulbrich*, Österreichisches Staatsrecht³, S. 236.

292 *Ulbrich*, Österreichisches Staatsrecht³, S. 236. *Merkl* und *Tezner* bewerten *Ulbrich* jedoch als ablehnend gegenüber der Rechtsansicht, dass dem Monarchen ein selbstständiges Verordnungsrecht zukomme. Sie beziehen sich offenbar noch auf die veraltete 3. Auflage des österreichischen Staatsrechts von *Ulbrich*. Vgl. *Tezner*, Volksvertretung, S. 414, FN 16; *Merkl*, Das kaiserliche Patent vom 26. Juli 1913, und das richterliche Überprüfungsrecht, ZÖR 2, S. 303.

293 *Zolger*, Österreichisches Verordnungsrecht, S. 96f.

in allen constitutionellen und selbst republikanischen Staaten der Verwaltung zukommende Recht der Erlassung von Ausführungs-Vdgen auf Grund bereits bestehender materieller Gesetze fixieren."[294]

Für die Begründung seiner Ansicht stützt sich Zolger ua auf die Ausführungen von *Jellinek* in seiner Untersuchung *„Gesetz und Verordnung"*, der meint, dass mit der Verfassung die fürstliche Gewalt bloß eingeschränkt worden, ihre Substanz aber grundsätzlich erhalten worden sei. Der Monarch sei noch immer Träger der Staatsgewalt[295]. Zur Frage, ob ein selbstständiges Verordnungsrecht des Monarchen besteht, führt *Jellinek* aus, dass an einer Stelle, nämlich § 11 lit. l StGG über die Reichsvertretung[296], nicht zwischen Reichs- und Landesgesetzgebung, sondern zwischen gesetzgebender und vollziehender Gewalt unterschieden werde. Nicht nur aus den Verhandlungen des RR, sondern auch aus der ratio legis gehe deutlich hervor, dass die Verfassung die Regierung des Rechts freier Bewegung auf dem Gebiet der Verwaltungsorganisation nicht gänzlich berauben wollte[297]. Die anderen Bestimmungen des § 11 StGG über die Reichsvertretung stellen eine Abgrenzung zwischen Reichs- und Landesgesetzgebung dar[298]. Auch bei *Bernatzik* wird an verschiedenen Stellen klar, dass mit § 11 leg.cit. nicht nur die legislativen Kompetenzen des RR von den Landtagen abgegrenzt, sondern dass auch eine Abgrenzung zur Verordnungsgewalt auf Reichsebene vorgenommen worden sei[299]. § 11 leg.cit. wolle den Wirkungskreis des RR feststellen, so dass alles, was ihm zugehöre, jedenfalls nicht Sache der Verordnungsgewalt sei. Gleichzeitig führt *Bernatzik* aus, dass es aber unklar geblieben sei, ob eine Angelegenheit, die nicht im § 11 leg.cit. aufgezählt sei, nun der Verordnungsgewalt oder der Landesgesetzgebung zufalle. Dies sei insbesondere auch bei § 11 lit. l leg.cit der Fall, wobei diese Frage bei der Schaffung von Ministerien besonders strittig gewesen sei. Tatsächlich war die Frage, ob ein Ministerium nur durch Gesetz oder auch durch eine Verordnung geschaffen werden könne, strittig wie dies die parlamentarische Diskussion betreffend der Errichtung des Eisenbahnministeriums, welches mit Verordnung im Jahr 1896 geschaffen wurde[300], zeigt[301]. Die vom Parlament im Februar 1896 gestellte Dringlichkeitsanfrage, mit welcher die Regierung aufgefordert wurde, jene Ar-

---

294 *Zolger*, Österreichisches Verordnungsrecht, S. 97 und 98.

295 *Jellinek*, Gesetz und Verordnung, S. 211.

296 Mit dieser Bestimmung obliegt dem RR die Gesetzgebung über die Grundzüge der Organisation der Gerichts- und Verwaltungsbehörden.

297 Vgl. auch *Burckhard*, System des österreichischen Privatrechtes, 1. Teil, S. 87.

298 *Jellinek*, Gesetz und Verordnung, S. 253.

299 *Bernatzik*, Die österreichischen Verfassungsgesetze mit Erläuterungen², S. 418 und 419; Vgl. auch *Bernatzik*, Rechtsprechung und materielle Rechtskraft, S. 107 und 108.

300 RGBl 16/1896.

301 StPAH, 451. Sitzung der XI. Session am 17. Februar 1896, S. 22616ff.

gumente diesem mitzuteilen, durch welche die Errichtung des Eisenbahnministeriums mittels Verordnung gerechtfertigt werden können, beantwortete die Regierung dahin gehend, dass die Errichtung eines neuen Ministeriums und die Bestimmung der Ressortgrenzen nach der Verfassung eine Prärogative der Krone sei. Aber nicht nur rechtlich könne die Errichtung von Ministerien derart erklärt werden, sondern man folge damit auch der bisherigen Übung. Vor und nach der Verfassung 1867 habe der Monarch Ministerien errichtet und deren Wirkungsbereich bestimmt wie zB das Ackerbauministerium und das Ministerium für Landesverteidigung und öffentliche Sicherheit.

1.1.6. Gegen diese herrschende Ansicht waren ua *Pfaff-Hoffmann*, *Tezner*, *Hauke* und *Merkl*. *Pfaff-Hoffmann* halten zunächst fest, dass Verordnungen ihre Grundlage in Gesetzen haben müssen, wobei diese den Gesetzen nicht widersprechen dürfen. *Pfaff-Hoffmann* geht aber auch davon aus, dass Verordnungen – die sogenannten Verwaltungsverordnungen – erlassen werden dürfen, die keine gesetzliche Basis haben. Diese müssen aber den Zweck haben, das Handeln der staatlichen Organe zu bestimmen[302]. *Hauke* meint, dass es sowohl für die selbstständigen Verordnungen als auch für die Verwaltungsverordnungen einer gesetzlichen Ermächtigung bedürfe[303]. Im Hinblick auf § 11 und 12 StGG über die Reichsvertretung sei nur dann Raum für den Erlass einer Verordnung, wenn eine gesetzliche Ermächtigung vorliege. Er spricht in diesem Zusammenhang vom delegierten Verordnungsrecht. Für *Tezner* würde es der grundsätzlichen und geschichtlich gewordenen Auffassung des Konstitutionalismus widersprechen, wenn man den Verwaltungsbehörden die Befugnis zum Erlass selbstständiger Verordnungen zusprechen würde[304]. In diesem Fall würde es sich nicht mehr um eine Gesetzesdurchführung handeln, sondern um die Schaffung eines neuen Rechts. Ein Rechtsgrund für ein landesfürstliches Verordnungsrecht, wie es von der herrschenden Lehre unter Einfluss von *Zolger* behauptet werde, bestehe nicht. So lange man noch vom Konstitutionalismus sprechen könne, sei aus dem Stillschweigen der Kompetenztatbestände des StGG über die Reichsvertretung nicht eine Ermächtigung zum Erlass von selbstständigen Verordnungen der Verwaltungsbehörden abzuleiten. Zuletzt hält *Merkl* in seiner Analyse des kaiserlichen Patents vom 26. Juli 1913[305] fest, dass den Ausführungsverordnungen durch das ihnen zu Grunde liegende Gesetz enge Grenzen gesetzt

302 *Pfaff-Hoffmann*, Commentar zum österreichischen allgemeinen bürgerlichen Gesetzbuche, S. 135.

303 *Hauke*, Grundriß des Verfassungsrechts, S. 116.

304 *Tezner*, Volksvertretung, S. 411f.

305 Abgedruckt in der Wiener Zeitung, Sontag, 27. Juli 1913, Nr. 173, S. 1f (irrtümlich datiert *Merkl* die Veröffentlichung mit „Wiener Zeitung vom 26. Juli 1913“. Vgl. *Merkl*, Das kaiserliche Patent vom 26. Juli 1913, ZÖR 2, FN 2).

seien[306]. Sie dienen der Realisierung des durch das Gesetz eingeräumten freien Ermessens eines Staatsorgans. Ein Verordnungsrecht praeter legem könne nicht geltend gemacht werden.

1.2. Weitere wesentliche Begriffsunterscheidungen

1.2.1. Die Lehre differenzierte neben einem Gesetz im formellen und materiellen Sinn weiters zwischen Reichs- und Landesgesetzen, je nachdem ob ein Gesetz unter Mitwirkung des RR oder eines Landtages zustande kommt. Die Unterscheidung zwischen Reichs- und Landesgesetz basiert daher ausschließlich in der Teilnahme unterschiedlicher Vertretungskörper am Gesetzgebungsverfahren und steht in keinem Zusammenhang mit der von einem Teil der Lehre vertretenen Rechtsansicht, dass ein (Reichs-)Gesetz nur für einen bestimmten Teil des Reiches in Geltung stehen kann[307]. Die in ihrem räumlichen Geltungsgebiet beschränkten Gesetze wurden in der Literatur Partikulargesetze genannt[308]. Als Beispiel für ein Partikulargesetz kann das Gesetz vom 19. Juli 1877 angeführt werden, mit welchem Bestimmungen zur Hintanhaltung der Trunkenheit normiert wurden[309]. Dass das Gesetz nur für die Königreiche Galizien und Lodomerien sowie für das Herzogtum Bukowina galt, ist auf Grund der unterhalb des Gesetzestitels in Klammer gehaltenen Beifügung ersichtlich. Das Gesetzgebungsrecht kann darüber hinaus in einer Angelegenheit sowohl dem Reichs- als auch dem Landesgesetzgeber zu kommen und nicht nur einem von den beiden. Dies ist nach den Kompetenzvorschriften dann der Fall, wenn die Zuständigkeit zur Regelung einer Angelegenheit zwischen dem RR und den Landtagen geteilt worden ist, also die Kompetenz zum Erlass eines Rahmengesetzes eingeräumt worden ist. Eine solche Ermächtigung räumt beispielsweise § 11 lit. b StGG über die Reichsvertretung, nach welcher Bestimmung RR die Gesetzgebungskompetenz betreffend allgemeiner Bestimmungen in Bezug auf Vorspannleistungen, Verpflegung und Einquartierung des Heeres inne hat, oder § 11 lit. l leg. cit., der die Gesetzgebung über Grundsätze der Organisierung der Gerichts- und Verwaltungsbehörden dem RR zu spricht, ein. Bei richtiger Auffassung wird mit diesen Bestimmungen keine Ermächtigung zum Erlass einer Verordnung auf

---

306 *Merkl*, Das kaiserliche Patent vom 26. Juli 1913, ZÖR 2, S. 303f.

307 *Hauke*, Grundriß des Verfassungsrecht, S. 101; *Herrnritt*, Handbuch des österreichischen Verfassungsrechts, S. 200 und 201; *Lustkandl*, Gesetz, in: Österreichisches Staatswörterbuch. Handbuch des gesamten österreichischen öffentlichen Rechts[2], 2 Bd., S. 394; *Ulbrich*, Österreichisches Staatsrecht[3], S. 241.

308 *Herrnritt*, Handbuch des österreichischen Verfassungsrecht, S. 130 FN 7 und 201; *Lustkandl*, Gesetz, in: Österreichisches Staatswörterbuch. Handbuch des gesamten österreichischen öffentlichen Rechts[2], 2 Bd., S. 398f; *Ulbrich*, Österreichisches Staatsrecht[3], S. 241.

309 RGBl 67/1877.

Reichsebene, sondern eine Kompetenz des Landesgesetzgebers zur näheren Ausgestaltung begründet.

1.2.2. Hinsichtlich der Form der Beschlussfassung durch das Parlament wurde auf Grund unterschiedlich vorgesehener Präsens- und Konsensquoren[310] zwischen Verfassungsgesetzen (Staatsgrundgesetze und Landesordnungen) und einfachen Gesetzen unterschieden[311]. Auf Reichsebene ist vorgesehen, dass die Abänderung eines Staatsgrundgesetzes der Zustimmung einer Mehrheit von wenigsten zwei Dritteln der Stimmen bedarf [312]. Einfache Gesetze können bei Anwesenheit im AH von 100, im HH von 40 Mitgliedern bei absoluter Stimmenmehrheit beschlossen werden. Für die Abänderung der Landesordnungen ist die Gegenwart von mindestens drei Vierteln aller Mitglieder und die Zustimmung von mindestens zwei Dritteln der Anwesenden erforderlich. Zur Beschlussfassung eines einfachen Landesgesetzes ist die Anwesenheit von mehr als die Hälfte der Mitglieder und die absolute Stimmenmehrheit notwendig[313]. Das Erfordernis der qualifizierten Mehrheit für Staatsgrundgesetze und für Landesordnungen sollte eine erhöhte Bestandsgarantie der Verfassung sichern. Darüber hinaus wurde nach Ansicht von *Bernatzik* diese Anforderung auf Landesebene zum Schutz der Nationalitäten nicht nur für die Landesordnungen, sondern auch für eine Reihe anderer Landesgesetze eingeführt[314]. So hat zB das niederösterreichische Landesgesetz vom 19. Dezember 1890[315] vorgesehen, dass die Änderung des Gebietsumfanges des Erzherzogtums Österreich unter der Enns die Zustimmung von mindestens drei Viertel aller Mitglieder des Landtages erfordert sowie die Aufhebung bzw. Abänderung dieser Bestimmung nur mit der gleichen Mehrheit beschlossen werden könne.

1.2.3. Unter vereinbarten bzw. paktierten Gesetzen verstand die Lehre die Möglichkeit, dass zwei unterschiedliche Gesetzgebungsorgane miteinander jeweils für ihren eigenen Geltungsbereich gleiches Recht festsetzen wie zB dies mit dem Gesetz vom 30. Dezember 1907[316] über den wirtschaftlichen Ausgleich mit

---

310 Vgl. oben II.A.1.

311 *Geller*, Gesetz und Verordnung, Österreichisches Centralblatt für die juristische Praxis, 1894, S. 1024 und 1025; *Gumplowicz*, Das Österreichische Staatsrecht[3], S. 23f und 30; *Herrnritt*, Handbuch des österreichischen Verfassungsrechts, S. 201; *Lustkandl*, Gesetz, in: Österreichisches Staatswörterbuch. Handbuch des gesamten österreichischen öffentlichen Rechts[2], 2 Bd., S. 395.

312 § 15 StGG über die Reichsvertretung.

313 § 38 Landesordnungen.

314 *Bernatzik*, Die österreichischen Verfassungsgesetze mit Erläuterungen[2], S. 280 FN 22.

315 LGBl 14/1890. Vgl. *Bernatzik*, Die österreichischen Verfassungsgesetze mit Erläuterungen[2], S. 848 und S. 856 FN 3.

316 RGBl 278/1907. Vgl. die weiteren Ausgleichsgesetze RGBl 279 und 280/1907.

Ungarn vorgesehen war. Die im Gesetz genannten Vereinbarungen betreffend der wechselseitigen Handel- und Verkehrsbeziehung, der Vermeidung von Doppelbesteuerung und betreffend der Beitragsleistung Ungarn zu den Lasten der allgemeinen Staatsschuld sollten gleichlautend und gleichzeitig in den ungarischen Ländern wirksam werden. Zuletzt ist anzumerken, dass die Lehre mitunter auch eine Einteilung der Gesetze nach dem materiellen Inhalt vornahm wie zB zwischen Gesetze, die Gebiete des Zivilrechtswesens regeln, und Gesetze, die Gebiete des Verwaltungsrechtswesens regeln, oder zwischen Rechtsgesetze, die das Rechtsverhältnis zwischen Personen unter Begründung von Rechten und Pflichten regeln, und Geschäftsgesetze, die keine Rechtsvorschriften enthalten[317].

2. Gesetzgebungskompetenz des RR und der Landtage

2.1. Der Wirkungskreis des RR und der Landtage

2.1.1. Die Kompetenzbestimmungen des RR und der Landtage sind in den § 11 und § 12 StGG über die Reichsvertretung sowie im § 18 der Landesordnungen (§ 19 Landesordnung Triest) geregelt. Hinsichtlich der Reichsratskompetenzen hält der erste Absatz des § 11 StGG über die Reichsvertretung fest, dass alle Angelegenheiten zum Wirkungskreis des RR zu zählen haben, „*welche sich auf Rechte, Pflichten und Interessen beziehen, die allen im Reichsrate vertretenen Königreiche und Ländern gemeinschaftlich sind, insoferne dieselben nicht infolge der Vereinbarung mit den Ländern der ungarischen Krone zwischen diesen und den übrigen Ländern der Monarchie gemeinsam zu behandeln sein werden.*“ Der zweite Absatz derselben Bestimmung listet diese Angelegenheiten konkret auf. In den Wirkungskreis des RR fallen daher folgende Angelegenheiten:

a. **Finanzwesen**: die jährliche Bewilligung der einzuhebenden Steuern, Abgaben und Gefälle, die Prüfung der Staatsgebarung und die Erteilung der Genehmigung, die Aufnahme neuer Anleihen, Konvertierung von Staatsschulden, die Veräußerung, Umwandlung und Belastung von unbeweglichen Staatsvermögen und die Gesetzgebung über Monopole und Regalien (lit. c) sowie die Gesetzgebung über Geld-, Münz-, Zettelbank-, Kreditwesen und Zollangelegenheiten (lit.

---

317 *Geller*, Gesetz und Verordnung, Österreichisches Centralblatt für die juristische Praxis, 1894, S. 1025 und 1026; *Herrnritt*, Handbuch des österreichischen Verfassungsrechts, S. 202; *Lustkandl*, Gesetz, in: Österreichisches Staatswörterbuch. Handbuch des gesamten österreichischen öffentlichen Rechts[2], 2 Bd., S. 396. Die Unterscheidung zwischen Rechts- und Geschäftsgesetze erfolgte durch *Ulbrich.* Vgl. *Ulbrich*, Österreichisches Staatsrecht[3], S. 240 und 241.

d); überhaupt all jene Finanzangelegenheiten, die allen Ländern gemeinsam sind (lit. c).

b. **Heereswesen**: die Gesetzgebung über die Art und Weise, Ordnung und Dauer der Militärpflicht, die Normierung der Wehrpflicht, und sowie der Erlass allgemeiner Bestimmungen betreffend Vorspannleistungen[318], Verpflegung und Einquartierung des Heeres, zuletzt die Bewilligung der auszuhebenden Rekruten (lit. b).

c. **Wirtschaftsrecht**: die Handelsangelegenheiten (lit. d), Kredit-, Bank-, Privilegien und Gewerbegesetzgebung, mit Ausschluss der Propinationsrechte, sowie die Gesetzgebung über Maß und Gewicht, über Marken- und Musterschutz (lit. e), die Gesetzgebung über Handels- und Wechselrecht, See-, Berg- und Lehensrecht (lit. k).

d. **Verkehrs- und Infrastrukturwesen**: das Telegraphen-, Post-, Eisenbahn-, Schiffsfahrts- und sonstige Reichskommunikationswesen (lit. d).

e. **Gesundheitswesen**: die Medizinalgesetzgebung sowie die Gesetzgebung zum Schutz gegen Epidemien und Viehseuchen (lit. f).

f. **Inneres Verwaltungsrecht**: das Staatsbürger- und Heimatrecht, Angelegenheit der Fremdenpolizei und des Passwesens als auch die Volkszählung (lit. g), die Angelegenheiten betreffend den konfessionellen Verhältnisse, über das Vereins- und Versammlungsrecht als auch über die Presse und Schutz des Eigentums (lit. h), die Gesetzgebung über die Grundzüge der Organisation der Gerichts- und Verwaltungsbehörden (lit. l).

g. **Bildungswesen**: die Feststellung von Grundsätzen des Unterrichtswesens bezüglich der Volksschulen und Gymnasien sowie die Gesetzgebung über die Universitäten (lit. i).

h. **Justizrecht**: die Strafjustiz- und Polizeistraf- sowie die Zivilgesetzgebung, mit Ausschluss der Gesetzgebung über die innere Einrichtung der öffentlichen Bücher und über solche Gegenstände, die auf Grund der Landesordnungen und dieses Grundgesetzes in den Wirkungskreis der Landtage gehören (lit. k).

i. **sonstige Angelegenheiten**: die Prüfung und Genehmigung von Handelsverträgen und jener Staatsverträge, die das Reich oder Teile davon belasten, oder den

---

318 Dies ist die Verpflichtung der vorübergehenden Bereitstellung von Zugtieren des Heeres. Vgl. *Tezner*, Volksvertretung, S. 268.

einzelnen Bürger verpflichten, oder eine Gebietsänderung eines Landes zur Folge haben (lit. a), die Durchführungsgesetzgebung zu den StGG der allgemeinen Rechte der Staatsbürger, über das Reichsgericht, über die richterliche, Regierungs- und Vollzugsgewalt und die zu erlassenen Gesetze (lit. m), die Gesetzgebung jener Angelegenheiten, die sich auf die Pflichten und Verhältnisse der Länder untereinander beziehen (lit. n) sowie die Gesetzgebung betreffend der Form der Behandlung der durch die Vereinbarung mit Ungarn als gemeinsam festgestellte Angelegenheiten (lit. o).

2.1.2. Neben dem im StGG über die Reichsvertretung umschriebenen Wirkungskreis des RR haben auch die Landesordnungen im § 18 (Triest im § 19) den Kompetenzbereich der Landtage konkret aufgelistet. Nach diesen erfasst das Gesetzgebungsrecht der Landtage alle Angelegenheiten in Bezug auf Landeskultur, der öffentlichen Bauten, die aus Landesmitteln finanziert werden, und aus Landesmitteln dotierten Wohltätigkeitsanstalten als auch der Voranschlag und die Rechnungslegung der Landeseinnahmen, der Landesbesteuerung und Benützung des Landeskredits sowie der Landesausgaben. Hinzu kommt das Gesetzgebungsrecht innerhalb der Reichsgesetzgebung in Gemeinde-, Kirchen- und Schulangelegenheiten, der Vorspannleistungen, der Verpflegung und Einquartierung des Heeres und jener Anordnungen über die sonstige Wohlfahrt oder die Interessen des Landes betreffende Gegenstände, die durch besondere Verfügung der Landesvertretung zugewiesen werden[319]. Die Landtage konnten durch Beschluss eine ihnen zustehende Angelegenheiten gemäß § 12 StGG über die Reichsvertretung dem RR zur Gesetzgebung übertragen. Die Lehre sprach in diesem Zusammenhang von einer delegierten Gesetzgebung.[320] *Spiegel*, *Tezner* und *Hauke* vertreten hierzu die Meinung, dass, obzwar ein Reichsgesetz erlassen werde, das Gesetz seinen Charakter als Landesgesetz nicht verliere[321]. Es könne durch ein Landesgesetz wieder abgeändert werden, sofern der Landtag dieses Recht auch nicht dem RR übertragen hätte. Der RR sei eben bloß nur für den

319 Für die Länder Tirol und Vorarlberg war zudem die Mitwirkung bei der Regelung des Landesverteidigungs- und Schießstandwesens vorgesehen.

320 *Herrnritt*, Handbuch des österreichischen Verfassungsrechtes, S. 130; *Lustkandl*, Gesetz, in: Österreichisches Staatswörterbuch. Handbuch des gesamten österreichischen öffentlichen Rechts², 2 Bd., S. 396; *Spiegel*, Länder: C. Autonomie und Selbstverwaltung in der Gegenwart. I. Landesordnungen, in: Österreichisches Staatswörterbuch. Handbuch des gesamten österreichischen öffentlichen Rechts², S. 417 und 418; *Weyr*, Rahmengesetze, S. 24, der auch von einer Prorogation spricht. Nach *Ulbrich* handelt es sich um eine paktierte Gesetzgebung. Vgl. *Ulbrich*, Österreichisches Staatsrecht³, S. 242.

321 *Hauke*, Grundriß des Verfassungsrechts, S. 101; *Spiegel*, Länder: C. Autonomie und Selbstverwaltung in der Gegenwart. I. Landesordnungen, in: Österreichisches Staatswörterbuch. Handbuch des gesamten österreichischen öffentlichen Rechts², S. 418; *Tezner*, Die Volksvertretung, S. 409.

konkreten Fall der Übertragung zuständig. Eine solche Delegation von Gesetzgebungskompetenzen durch den Landtag an den RR erfolgte - soweit ersichtlich - allerdings nur mit dem Gesetz vom 10. April 1872 betreffend die Organisation der technischen Hochschule (des polytechnischen Instituts) in Wien[322] sowie mit den Gesetzen betreffend Anlegung neuer Grundbücher und der inneren Einrichtung derselben für das Erzherzogtum Österreich unter und ob der Enns[323], Salzburg[324], Kärnten[325], Marktgrafschaft Mähren[326], Herzogtum Ober- und Niederschlesien[327] und der Marktgrafschaft Istrien[328]. Mit dem erstgenannten Gesetz wurden unter Bezugnahme auf den Beschluss des niederösterreichischen Landtages vom 1. September 1870 sowie unter Berufung auf § 12 StGG über die Reichsvertretung die Grundzüge der Organisation der technischen Hochschule festgestellt. Im Gesetzestitel selbst findet sich kein Hinweis auf § 12 leg. cit. Mit den letztgenannten Gesetzen hingegen wird schon im Gesetzestitel auf die genannte Bestimmung hingewiesen, ohne jedoch den konkret datierten Beschluss des jeweiligen Landtages zu nennen. Es wird pauschal auf die Übertragung verwiesen.

2.1.3. Ein Teil der Lehre sprach auch dem Reichsgesetzgeber die Möglichkeit zu, einzelne Gesetzgebungskompetenzen an die Landtage zu übertragen. So ist *Lustkandl* der Ansicht, dass ein Reichsgesetz nur Grundsätze regeln und ein Landesgesetz entsprechende Ausführungsbestimmungen normieren könne, obzwar die Gesetzgebungskompetenz zur Gänze dem Reichsgesetzgeber zugewiesen wäre[329]. *Jellinek* geht davon aus, dass der Reichsgesetzgeber bestimmen kann, ob und in welchem Umfang seine Gesetzgebungskompetenz an den Landesgesetzgeber überträgt[330]. *Weyr* kritisiert die beiden Autoren zu Recht, da nach seiner Ansicht der Fall einer Delegierung vom Reichsgesetzgeber an den Landesgesetzgeber verfassungsrechtlich nicht vorgesehen und sohin unzulässig sei[331]. Für ihn sind die Bestimmungen des § 11 StGG über die Reichsvertretung ius cogens. Er meint:

---

322 RGBl 54/1872.

323 RGBl 88/1874; RGBl 89/1874.

324 RGBl 90/1874.

325 RGBl 91/1874.

326 RGBl 97/1874

327 RGBl 98/1874.

328 RGBl 29/1875.

329 *Lustkandl*, Gesetz, in: Österreichisches Staatswörterbuch. Handbuch des gesamten österreichischen öffentlichen Rechts², 2 Bd., S. 404.

330 *Jellinek*, Ein Verfassungsgerichtshof für Österreich, S. 37 FN 37.

331 Nach der heutigen Lehre und Rechtsprechung steht unstrittig fest, dass eine Übertragung von Kompetenzen nur dann zulässig ist, wenn dies eine kompetenzbegründende Norm vorsieht. Vgl. *Walter/Mayer/Kucsko-Stadlmayer*, Grundriß des österreichischen Bundesverfassungsrecht¹⁰, Rz 252.

> „Wäre dieser Fall de jure möglich, dann müßte man den Kompetenzbestimmungen des § 11 die k o g e n t e Eigenschaft absprechen und wie als ius dispositivum ansehen, womit dem Wirrwarr die Krone aufgesetzt wäre: denn jede gesetzgebende Körperschaft könnte dann ad hoc die staatsgrundgesetzlichen Kompetenzbestimmungen ignorieren, resp. ändern."[332]

Weyr hat natürlich auch genug Weitsicht, um festhalten zu können, dass der Reichsgesetzgeber sich der Auffassung der beiden ob genannten Autoren *Lustkandl* und *Jellinek* faktisch angeschlossen hat. So habe beispielsweise das Gesetz vom 31. Dezember 1894[333], womit ergänzende Bestimmungen zum § 36 des Gesetzes vom 7. Mai 1874 betreffend die Bedeckung der Bedürfnisse katholischer Pfarrgemeinden erlassen worden sind, vorgesehen, dass die Landesgesetzgebung innerhalb der Grenzen des Gesetzes nähere Ausführungsbestimmungen erlassen könne. Auch konnte die Landesgesetzgebung eine Befreiung der Umlagepflicht vorsehen. Nach *Weyr* sei hingegen die Gesetzgebung über die konfessionellen Verhältnisse ausdrücklich der Reichsgesetzgebung zugewiesen worden und würden sich daher diese gesetzlichen Bestimmungen über die Kompetenzaufteilung des StGG über die Reichsvertretung hinweg setzen[334].

2.2. Taxative Aufzählung des Wirkungskreises des Reichsgesetzgebers

2.2.1. Soweit nun die einzelnen Angelegenheiten des Wirkungskreises des RR zur Gesetzgebung im § 11 StGG über die Reichsvertretung konkret aufgelistet sind, war die Lehre uneins darüber, ob diese Aufzählung taxativ oder demonstrativ ist. Beide Möglichkeiten wurden vertreten, wobei man ua auf den Willen des historischen Gesetzgebers, auf den Wortlaut des Normentextes oder aber auch auf das Reichsinteresse abstellte. *Weyr* ist zu jener Gruppe zu zählen, die zu Recht den Willen des historischen Gesetzgebers den Vorrang geben. Er ist der Ansicht, dass in Anbetracht der Generalklausel des § 11 Abs. 1 StGG über die Reichsvertretung und der dieser Bestimmung folgenden Aufzählung der Reichsratkompetenzen die Argumentation sowohl für eine taxative als auch für eine demonstrative Aufzählung zulässig sei[335]. Zur Lösung des Problems müsse jedoch auf den Willen des historischen Gesetzgebers zurückgegriffen. Nach diesem stehe eindeutig fest, dass der Gesetzgeber mit dem zweiten Absatz eine taxative Aufzählung gewollt habe. Auch *Herrnritt* geht von einer taxativen Aufzählung der Kompetenzbestimmung aus, da mit dem zum Gesetz gewordenen Entwurf des RR die zentralistische Richtung des Februarpatentes aufgegeben

---

332 *Weyr*, Rahmengesetze, S. 24 und 25, FN 10.
333 RGBl 7/1985.
334 *Weyr*, Rahmengesetz, S. 49 und 50.
335 *Weyr*, Rahmengesetz, S. 26.

worden sei[336]. Für eine taxative Aufzählung der in den Wirkungskreis des RR fallenden Angelegenheiten sind weiters *Ulbrich*[337], *Spiegel*[338], *Lustkandl*[339], *Kelsen*[340] und *Rauchberg*[341]. *Gumplowicz* hingegen spricht einerseits ausdrücklich von einer erschöpfenden Aufzählung der Angelegenheiten nach § 11 Abs. 2 StGG über die Reichsvertretung, andererseits meint er aber auch, dass die übrigen Angelegenheiten nur jene Gegenstände sein können, die sich ausschließlich auf das Land beziehen und es geht daher dieser im Ergebnis von einer demonstrativen Aufzählung aus[342]. In gleicher Richtung argumentiert *Tezner*, da für ihn Angelegenheiten, die im Gesamtstaatsinteresse stehen, in den Zuständigkeitsbereich des RR fallen, auch dann, wenn diese nicht in den Kompetenzbestimmungen genannt werden[343]. Für ihn sind sohin alle staats- und reichswesentlichen Angelegenheiten Reichsratsangelegenheiten. *Hauke* muss sich zwar eingestehen, dass die taxative Aufzählung für die *„gesetzgebende Faktoren"* die überwiegende Auffassung gewesen wäre, er lehnt aber diese Ansicht ab, da das Prinzip der Taxation nicht vereinbar sei mit dem vorangestellten Grundsatz der Generalklausel zugunsten des RR[344]. Für diese Meinung spreche auch, dass bei einer taxativen Aufzählung wichtige Kompetenzgebiete wie die Regelung der Thronfolge oder der Regentschaft in Ermangelung der ausdrücklich Nennung nicht in den Wirkungsbereich des RR fallen würden. Für *Bernatzik* steht fest, dass die Fassung der Kompetenzbestimmungen nicht nur unklar, sondern auch widersprüchlich seien. Er führt aus:

> „Sie enthält den inneren Widerspruch: einerseits im Gegensatz zu 72, § 11, Abs. 2, und 73, § 18 die ausdrückliche Aufzählung der Reichskompetenz für die anderen Gegenstände der Gesetzgebung, welche in diesem Gesetz dem Reichsrat nicht a u s d r ü c k l i c h vorbehalten sind (§ 12), so daß die Vermutung für die Landeskompetenz zu sprechen scheint, andererseits die Generalklausel am Anfang des § 11, welche umgekehrt ein allgemeines und noch dazu höchst vages Prinzip zu

336 *Herrnritt*, Handbuch des österreichischen Verfassungsrechts, S. 128, FN 2.

337 *Ulbrich*, Österreichisches Staatsrecht[3], S. 236.

338 *Spiegel*, Länder: C. Autonomie und Selbstverwaltung in der Gegenwart. I. Landesordnungen, in: Österreichisches Staatswörterbuch. Handbuch des gesamten österreichischen öffentlichen Rechts[2], 3 Bd., S. 417.

339 *Lustkandl*, Gesetz, in: Österreichisches Staatswörterbuch. Handbuch des gesamten österreichischen öffentlichen Rechts[2], 2 Bd., S. 448.

340 *Kelsen*, Reichsgesetz und Landesgesetz nach österreichischer Verfassung, AÖR 1914, S. 237. Siehe auch *Kelsen*, Österreichisches Staatsrecht, S. 32.

341 *Rauchberg*, Die Stellung der Kronländer im Gefüge der österreichischen Verfassung, ÖZÖR 1916, Sonderheft, S. 137.

342 *Gumplowicz*, Das Österreichische Staatsrecht[3], S. 125.

343 *Tezner*, Die Volksvertretung, S. 244ff. Vgl. auch *Tezner*, Konventionalregeln und Systemzwang, in: Zeitschrift für das Privat- und Öffentliche Recht, Bd. 42, 1916, S. 585f.

344 *Hauke*, Grundriß des Verfassungsrechts, S. 53.

> Gunsten der Reichskompetenz feststellt, so daß man die Aufzählung des § 11 mit demselben Recht als taxative wie demonstrative betrachten kann.“[345]

In seinem Buch „*Rechtsprechung und materielle Rechtskraft*“ stellt sich *Bernatzik* gegen die herrschende Lehre, indem er sich für eine demonstrative Aufzählung der Gesetzgebungsangelegenheiten zugunsten des RR ausspricht[346]. Auch wenn zwar anderes von den legislativen Faktoren gewollt gewesen sei, ergebe sich aus den konkreten Verfassungsbestimmungen, dass die Aufzählung im § 11 StGG über die Reichsvertretung eine bloße „*Exemplifikation*“ des allgemeinen Grundsatzes, dass zum Wirkungskreis des RR all jene Angelegenheiten zu zählen sind, welche sich auf die Rechte, Pflichten und Interessen beziehen, die allen im RR vertretenen Länder gemeinschaftlich sind, sei.

2.2.2. Der oben unter Punkt 2.2.1. dargestellten Meinung von *Weyr* muss in gegenständlicher Frage gefolgt werden. Richtig ist, dass die Textierung des § 11 StGG über die Reichsvertretung unklar und zweideutig ist[347]. Aus dem ersten Teil der vorliegenden Untersuchung ergibt sich aber umso klarer, dass der historische Gesetzgeber keine demonstrative, sondern ausdrücklich eine taxative Aufzählung beabsichtigt hat. Die im Parlament gestellten Anträge für eine demonstrative Aufzählung der Reichsratskompetenzen fanden keine Mehrheit bzw. fanden kein Gehör. Der Bericht des Verfassungsausschusses im AH hielt ausdrücklich fest:

> „Der Ausschuß entschloß sich daher, dem hohen Haus eine umfassende Aufzählung jener Gegenstände zu empfehlen, welche künftig dem Wirkungskreise d e s R e i c h s r a t h e s angehören sollen, so daß alle übrigen in dem veränderten Grundgesetze dem Reichsrathe nicht ausdrücklich vorbehaltenen Gegenstände dem Wirkungskreise der Landtage angehören werden.“[348]

Vollkommen zu Recht hält daher auch *Wiederin* fest: „*Eine solche Interpretation*[349] *verbietet sich jedoch angesichts des Entstehungsprozesses.*“[350] Nicht zu-

---

345 *Bernatzik*, Die österreichischen Verfassungsgesetze mit Erläuterungen², S. 410f.

346 Bernatzik, Rechtsprechung und materielle Rechtskraft, S. 107f sowie FN 15.

347 So auch *Frisch*, Die Stellung der Kronländer im Gefüge der österreichischen Verfassung, ÖZÖR 1916, Sonderheft, S. 32 und 33; *Lamp*, Die Stellung der Kronländer im Gefüge der österreichischen Verfassung, ÖZÖR 1916, Sonderheft, S. 52 und 60f.

348 StPAH 36. Sitzung der 1. Session am 14. Oktober 1867, S. 885.

349 Gemeint ist eine demonstrative Aufzählung.

350 *Wiederin*, Bundesrecht und Landesrecht, S. 59, FN 22. Vgl. auch *Brauneder*, Österreichische Verfassungsgeschichte¹⁰, S. 170; *Haas/Hellmuth*, F. Der Salzburger Landtag, in: *Rumpler/Urbanitsch*, Die Habsburgermonarchie 1848 – 1918, Band VII, Verfassung und Parlamentarismus, 2. TB, S. 1788; *Hoke*, Österreichische und Deutsche Rechtsgeschichte, S. 391.

letzt hat auch der mit dem Gesetz vom 25. Jänner 1919 errichtete Verfassungsgerichtshof[351] in seinem Erkenntnis vom 27. Juni 1924[352] ausgesprochen, dass die Aufzählung des § 11 StGG über die Reichsvertretung eine taxative sei. Der Verfassungsgerichtshof begründet seine Ansicht jedoch nicht mit dem Willen des historischen Gesetzgebers, sondern vorwiegend damit, dass § 11 leg.cit. seine Aufzählung mit der Wortgruppe „*Es gehören daher...*" beginne und aus dem Wort „*daher*" zu schließen sei, dass das Gesetz mit der Aufzählung selbst jene Angelegenheiten bestimmen wollte, die sich auf die gemeinsamen Reichsinteressen beziehen. Der Verfassungsgerichtshof hierzu weiters:

> „Durch das Wörtchen ‚daher' erhält die Generalklausel des § 11 die Bedeutung einer Begründung für die folgende Aufzählung: Die unter Punkt a bis o aufgezählten Gegenstände werden darum in die Gesetzgebungskompetenz des Reichsrates gestellt, weil sie sich auf allen Ländern gemeinsame Rechte, Pflichten und Interessen beziehen."[353]

Die logische Konsequenz der Auffassung einer taxativen Aufzählung der Angelegenheiten, die in den Wirkungsbereich des RR fallen, ist, dass die nicht in lit. a bis lit. o genannten Gegenstände in den Wirkungsbereich der Landtage fallen. Dies entspricht auch dem Willen des historischen Verfassungsgesetzgebers. Der Verfassungsgerichtshof hatte daher folgerichtig im oben genannten Erkenntnis Teile des Bundesgesetzes vom 21. Oktober 1921 über die Ausdehnung der Krankenversicherung aufgehoben, da die gesetzliche Regelung der Krankenversicherung der in der Landwirtschaft beschäftigten Personen als Sozialversicherung unter einer der im § 11 StGG über die Reichsvertretung aufgezählten Angelegenheiten nicht falle.

2.2.3. Das Erkenntnis des VfGH hat nicht nur Bedeutung wegen der Feststellung der taxativen Aufzählung der Reichsratsangelegenheiten im StGG der Reichsvertretung, sondern auch deshalb, weil es in seinen weiteren Ausführungen die Gesetzgebungspraxis des Reichsgesetzgebers an den Pranger stellte. Der VfGH meinte, dass die Verfassungspraxis der Reichsgesetzgebung wiederholt – ohne Konsequenzen infolge eines fehlenden Verfassungsgerichtshofes – Materien geregelt hätte, die in den Wirkungsbereich der Landesgesetzgebung gestanden seien, und dass die Kompetenzbestimmungen in den letzten Jahrzehnten der Monarchie mit einer zweckmäßigen Aufteilung zwischen Reich und den Ländern unvereinbar gewesen seien. Der Vorwurf des VfGH ist jedoch nicht neu. Schon die zeitgenössische Lehre hat auf die verfassungswidrige Übung des

---

351 StGBl 48/1919.
352 Verfassungsgerichtliche Erkenntnisse, 4. Heft, Nr. 328, S. 91ff (= VfSlg. 328/1924).
353 Verfassungsgerichtliche Erkenntnisse, 4. Heft, Nr. 328, S. 94 (= VfSlg. 328/1924).

Reichsgesetzgebers hingewiesen wie beispielsweise *Tezner*[354] betreffend die Regelung des Eisenbahnbücherwesens[355] oder betreffend die Regelung der inneren Einrichtung der Grundbücher[356]. Mit dem Gesetz vom 19. Mai 1874 wurde die Anlegung von Eisenbahnbüchern, die Wirkung der an einer Eisenbahn eingeräumten Hypothekarrechte und die bücherliche Sicherung von Pfandrechten der Besitzer von Eisenbahn-Prioritätsobligationen normiert. Der Reichsgesetzgeber begründete seine Zuständigkeit damit, dass nach dem § 11 lit. d StGG über die Reichsvertretung die Regelung des Eisenbahnwesens ein Attribut der Reichsgesetzgebung sei und damit untrennbar verbunden die Regelung der Eisenbahnbücher sei, da eine solche bei Bahnen, die mehrere Länder durchziehen, praktisch undurchführbar sei, wenn man nach den landesgesetzlichen Vorschriften unterschiedlich vorgehen müsste[357]. *Tezner* stellt aber fest, dass die Regelung des Eisenbahnbücherwesens im offenen Widerspruch mit der Bestimmung § 11 Abs. 2 lit. k StGG über die Reichsverfassung stehe, weil dort normiert werde, dass die innere Einrichtung der öffentlichen Bücher ohne weitere Unterscheidung von der Reichsgesetzgebung ausgeschlossen sei. Gleiches gelte für die Einrichtung der Grundbücher hinsichtlich der grundsätzlichen Regelungen über das Grundbuch selbst. Für *Tezner* handelt es sich um Fälle für eine überordnende Reichsgesetzgebung, für *„deren Ableitung aus der Tabelle § 11 die juristische Kunst völlig versagt“*[358]. Auch *Weyr* führt Beispiele für die Kompetenzanmaßungen durch den Reichsgesetzgeber im Rahmen seiner Kritik an der österreichischen legislativen Praxis wie beispielsweise hinsichtlich des Reichswassergesetzes an. Mit dem Gesetz wurde ua die rechtliche Eigenschaft von Gewässern und die Benützung von Privatgewässern geregelt. Nach *Weyr* ist aber das Wasserrecht gänzlich der Kompetenz des Reichsgesetzgebers entzogen. Er meint:

> „Wenn dem nicht so wäre, hätte § 11 lit. k) Staatsgrundgesetz, gar keinen Sinn. Unleugbare Utilitätsgründe, die zweifellos für die reichsrätliche Regelung sprechen, können hier - wie in ähnlichen Fällen – nicht in die Waagschale fallen.“[359]

---

354 *Tezner*, Die Volksvertretung, S. 247f mwN. In seiner Untersuchung *„Konventionalregeln und Systemzwang“* spricht *Tezner* allgemein von wechselseitigen Übergriffen der Reichs- und Landesgesetzgebung durch die Unüberprüfbarkeit gehörig kundgemachter Gesetze. *Tezner*, Konventionalregeln und Systemzwang, in: Zeitschrift für das Privat- und Öffentliche Recht, Bd. 42, 1916, S. 566.

355 RGBl 70/1874

356 RGBl 95/1871

357 StPHH, 39. der Beilagen zu den stenographischen Protokollen des HH, VIII. Session, S. 196.

358 *Tezner*, Die Volksvertretung, S. 247.

359 *Weyr*, Rahmengesetze, S. 53.

Auch das Gesetz vom 22. Mai 1905[360], mit welchem die Beistellung von Militärvorspann im Frieden geregelt worden ist, hält *Weyr* für verfassungswidrig. Es habe sich hier der Reichsgesetzgeber entgegen den Bestimmungen des § 11 lit. b StGG über die Reichsvertretung die Regelung der Materie mit der vollziehenden Gewalt anstelle mit der Landesgesetzgebung geteilt. § 26 Militärvorspanngesetz sieht nämlich vor, dass die näheren Bestimmung im Verordnungsweg zu erlassen sind, entgegen der staatsgrundgesetzlichen Normierung, dass der Reichsgesetzgeber die allgemeinen Bestimmung hinsichtlich des Vorspannes zu treffen habe und daher die ausführenden Bestimmungen durch den Landesgesetzgeber zu treffen sind. Eine Ausnahme sieht § 9 leg. cit. vor, nach welcher Bestimmung der Landesgesetzgeber Anordnungen treffen könne, die im Sinne des Landesinteresses ua die Erleichterung der Vorspannlast bezwecken. *Weyr* nennt zudem Fälle, in denen zwar der einfache Reichsgesetzgeber *„die Kompetenzgrenze zwischen Reichs- und Landesgesetzgebung in selbstherrlicher Weise“* [361] abgeändert habe, dies aber zu Gunsten der Landesgesetzgebung wie beispielsweise mit dem Gesetz vom 31. Dezember 1894, mit welchem ergänzende Bestimmungen zum § 36 des Gesetzes vom 7. Mai 1874, RGBl. Nr. 50 betreffend die Bedeckung der Bedürfnisse katholischer Pfarrgemeinden erlassen wurden. § 7 und § 8 des Gesetzes vom 31. Dezember 1894 sehen ua vor, dass die Landesgesetzgebung nähere Ausführungsbestimmungen erlassen können und dass es der Landesgesetzgebung obliegt, eine allfällige Umlagebefreiung zu normieren. Auch hier meint *Weyr*, dass sich der einfache Reichsgesetzgeber über die verfassungsrechtliche Kompetenzbestimmung des § 11 lit. h StGG über die Reichsvertretung hinweggesetzt habe, indem dieser eine ihm zukommende Kompetenz der Landesgesetzgebung überwiesen habe. Aus der Übung des Gesetzgebungsrechtes durch den RR leitet *Weyr* daher ab, dass entgegen dem verfassungsrechtlich normierten Prinzip der Gleichwertigkeit von Reichs- und Landesgesetzgebung die Praxis von einer Superiorität der Reichsgesetzgebung ausgehe[362]. *Jellinek* weist auch darauf hin, dass die Regierung anstelle des Reichsgesetzgebers dort, wo offensichtlich keine Zuständigkeit zur Gesetzgebung begründet werden konnte, Verordnungen erließ und sohin die Landeszuständigkeit ausschloss[363].

Es zeigt sich sohin wie treffend die Literatur[364] und dann zuletzt der VfGH in seinem oben angeführten Judikat heraus gearbeitet haben, dass der Reichsge-

---

360 RGBl 86/1905.

361 *Weyr*, Rahmengesetze, S. 49.

362 *Weyr*, Rahmengesetze, S. 51.

363 *Jellinek*, Ein Verfassungsgerichtshof für Österreich, S. 45.

364 Vgl. auch ua *Frisch*, Die Stellung der Kronländer im Gefüge der österreichischen Verfassung, ÖZÖR 1916, Sonderheft, S. 33., *Lamp*, Die Stellung der Kronländer im Gefüge der österreichischen Verfassung, ÖZÖR 1916, Sonderheft, S. 60; *Spiegel*, Die

setzgeber seinen im § 11 StGG über die Reichsvertretung umschriebenen Wirkungsbereich auszudehnen versuchte[365], obwohl der Verfassungsgesetzgeber 1867 gemeint hat, die Kompetenzbestimmungen klar und abschließend für den RR geregelt zu haben.

2.3. Das Verhältnis zwischen Reichs- und Landesverfassung

2.3.1. Die zeitgenössische Lehre warf im Hinblick auf die Bestimmungen der Reichsrats- und Landtagskompetenzen sowie im Hinblick auf die im StGG über die Reichsvertretung und in den Landesordnungen über deren Abänderungen jeweils normierten Voraussetzungen die Frage auf, wer zur Abänderung der Reichsverfassung und der Landesordnungen befugt war. Das erste Kapitel der vorliegenden Untersuchung hat gezeigt, dass unterschiedliche Meinungen hinsichtlich eines allfälligen Eingriffsrechts des Reichsverfassungsgesetzgebers in die Landesordnungen im Jahr 1867 vertreten worden sind. Im Rahmen der parlamentarischen Debatten ging ein Teil der Abgeordneten davon aus, dass die Revision der Kompetenzen des RR keinen Eingriff in die Landesordnungen bewirke und durch die neuen Bestimmungen die Autonomie der Länder erweitert werde. Ein Teil der Abgeordneten vertrat jedoch die Ansicht, dass sehr wohl in die Rechte der Länder eingegriffen werde. Dieser Eingriff wurde aber im Hinblick auf die Generalklausel zugunsten der Länder und um die wichtigen Existenzfragen des Reiches lösen zu können akzeptiert[366]. In der Literatur finden sich hierzu unterschiedliche Meinungen. *Jellinek* erklärt seine Rechtsansicht, der Reichsgesetzgeber könne Landesordnungen derogieren, mit der Tatsache, dass in die Landesordnungen schon mit der Dezemberverfassung im Jahr 1867 und mit der Einführung der direkten Reichsratswahlen im Jahr 1873 eingegriffen worden sei und daher das Recht, die Landesordnungen abzuändern, unzweifelhaft dem Reichsgesetzgeber zu komme[367]. Nach *Herrnritt* hingegen könne der verfassungsmäßige Wirkungskreis der Länder nur unter der Zustimmung der Länder abgeändert werden[368]. Die Einführung der direkten Reichsratswahlen im Jahr 1873 bezeichnet er aber als bloß scheinbare Durchbrechung des von ihm aufgestellten Prinzips. *Herrnritt* hält nämlich jene Bestimmungen der Landesordnungen, die die Entsendung einer entsprechenden Anzahl von Reichsratsab-

---

Stellung der Kronländer im Gefüge der österreichischen Verfassung, ÖZÖR 1916, Sonderheft, S. 157.

365 Kompetenzanmaßungen durch den Landesgesetzgeber selbst konnten und wurden durch Verweigerung der kaiserlichen Sanktion verhindert werden. Vgl. *Hye*, XIII. Die Länder im Gefüge der Habsburgermonarchie, in: *Rumpler/Urbanitsch*, Die Habsburgermonarchie 1848 – 1918, Band VII, Verfassung und Parlamentarismus, 2. TB, S. 2443.

366 Siehe im Teil 1 der Untersuchung.

367 *Jellinek*, Ein Verfassungsgerichtshof für Österreich, S. 28f.

368 *Herrnritt*, Handbuch des österreichischen Verfassungsrechts, S. 69.

geordneten durch den Landtag vorsehen, als eine Ausführungsnorm zur Bestimmung der Reichsverfassung des Jahre 1861 über die indirekten Reichsratswahlen. Damit schließt sich *Herrnritt* der schon im VA vertretenen Rechtsansicht zur Wahlrechtsreform im Jahr 1873 uneingeschränkt an. In eine ähnliche Richtung gehen die Ausführungen von *Lustkandl*[369]. Er geht davon aus, dass mit der taxativen Aufzählung der Kompetenzen des RR die Kompetenzen der Landtage vermehrt worden seien. Diese Vermehrung erfolgte nicht durch eine Abänderung der Landesordnungen, sondern durch das StGG über die Reichsvertretung. Die Erweiterung der Kompetenz der Landtage habe sohin ihre Grundlage in einem Reichsgesetz und es könne daher eine Abänderung wiederum durch ein Reichsgesetz erfolgen, ohne dass eine Zustimmung der Landtage erforderlich wäre, weil eine Änderung der Landesordnung nicht vorliege. Gleich argumentiert *Tezner*[370]. Für ihn ist die Gesetzgebungszuständigkeit der Landtage kein Gegenstand selbständiger Festsetzung, sondern obliegt der Kompetenzzuweisung durch das StGG über die Reichsvertretung. Die Zuständigkeit der Landtage im Gesetzgebungsrecht basiere daher auf diesem Gesetz. Es könne eine Abänderung nur durch ein Reichsgesetz erfolgen. Sonstige Abänderungen der Landesordnung würden jedoch durch die Landesverfassungsgesetzgebung erfolgen können. Nach *Kulisch* sind die Landesordnungen nichts anderes als partikulare Reichsgesetze[371]. Er geht aber trotz dieser Ansicht davon aus, dass auf Grund des § 38 der Landesordnungen die Kompetenz zur Abänderung der Landesgrundgesetze dem Landes- und nicht dem Reichsgesetzgeber zukomme. Dieser Befund ergebe sich nach Ansicht von *Kulisch* auch aus den Kompetenzbestimmungen des StGG über die Reichsvertretung. Da in der taxativen Aufzählung der Gesetzgebungskompetenzen nicht auch die Kompetenz zur Abänderung der Landesordnungen enthalten sei, falle diese daher auch in den Wirkungskreis der Landesgesetzgebung. Zur Wahlrechtsreform führt *Kulisch* jedoch aus, dass der Inhalt der Bestimmung des § 16 der Landesordnungen durch das StGG über die Reichsvertretung vorgegeben sei. Er „*citiert nur eine Vorschrift des Grundgesetzes über die Reichsvertretung.*“[372] Die Kompetenz der Reichsgesetzgebung zur Abänderung könne daher nicht in Zweifel gezogen werden. Für *Spiegel* trat mit der Dezemberverfassung 1867 eine Ergänzung des bestehenden

---

369 *Lustkandl*, Gesetz, in: Österreichisches Staatswörterbuch. Handbuch des gesamten österreichischen öffentlichen Rechts^2, 2 Bd., S. 451.

370 *Tezner*, Die Volksvertretung, S. 647 und 648. Vgl. auch *Tezner*, Konventionalregeln und Systemzwang, in: Zeitschrift für das Privat- und Öffentliche Recht, Bd. 42, 1916, S. 590f.

371 *Kulisch*, Beiträge zum österreichischen Parlamentsrecht, S. 91f.

372 *Kulisch*, Beiträge zum österreichischen Parlamentsrecht, S. 93.

Landesverfassungsrechtes ein[373]. Da diese Ergänzung unter Mitwirkung des RR erfolgte, könne sie daher wieder nur durch die Reichsgesetzgebung abgeändert werden. Er meint auch, dass für die Normierung des Grundsatzes *„Reichsrecht bricht Landesrecht“* ausschließlich der RR zuständig wäre. Einer besonderen verfassungsrechtlichen Prüfung unterzieht *Spiegel* die Wahlrechtsreform 1873, da dem § 16 der Landesordnungen der Boden entzogen worden sei und es sich hier die Frage stelle, ob das den Landtagen zustehende Wahlrecht gegen ihren Willen entzogen werden könne oder nicht. Einen Verfassungsbruch sieht nun *Spiegel* in der Wahlrechtsreform nicht. Die Bestimmung § 16 der Landesordnungen sage nichts Neues, sondern gebe das wieder, was im StGG über die Reichsvertretung enthalten sei, die Landesbestimmung wiederhole diese daher nur. Einen *„Fingerzeig“* zur Lösung der Frage biete auch der Anhang zu den Landesordnungen, der die Abänderung der die Reichsratswahlen betreffenden Bestimmungen der Reichsgesetzgebung zuweise. Somit sei die sonst zweifelhafte Kompetenzfrage hier ausdrücklich gelöst worden. *Lingg* vertritt die Ansicht, dass die Landesordnungen als Beilagen der Februarverfassung kundgemacht worden seien und daher Teil der Reichsverfassung seien[374]. Mit der Dezemberverfassung seien Teile der Februarverfassung und der Landesordnungen abgeändert worden. Aus der Dezemberverfassung ergebe sich nun aber nicht, dass diese *„die Quelle, aus der sie selbst hervorgegangen, verschütten wissen“*[375] wolle, aber dass eine Änderung nur durch Reichsgesetzgebung erfolgen könne. Unter Beachtung des § 11 lit. n StGG über die Reichsvertretung, nach dessen Bestimmung dem Reichsgesetzgeber die Regelung jener Gegenstände, die sich auf die Verhältnisse der Länder untereinander beziehen, zukommt, sowie unter Beachtung des § 38 der Landesordnungen, nach welchem die Beschlussfassung zur Änderung der Landesordnungen den Landtagen zu kommt, schließt *Lingg* weiters, dass der Landtag nur jene Änderungen der Landesordnung beschließen könne, die die staatsrechtliche Stellung der Kronländer nicht verändern, *Lingg* konkret:

> „Der Reichsrath kann nicht Abänderungen der einzelnen Paragraphen der Landesordnungen beschliessen, das fällt aus dem Rahmen seiner Competenz. Dagegen folgt aus seinem verfassungsmässigem Rechte zur Abänderung der Staatsgrundgesetzgebung und zur gesetzlichen Regelung der Verhältnisse der einzelnen Kron-

---

373 *Spiegel*, Länder: C. Autonomie und Selbstverwaltung in der Gegenwart. I. Landesordnungen, in: Österreichisches Staatswörterbuch. Handbuch des gesamten österreichischen öffentlichen Rechts^2, 3 Bd., S. 429.

374 *Lingg*, Die staatsrechtliche Stellung der im Reichsrathe vertretenen Königreiche und Länder, S. 57f.

375 *Lingg*, Die staatsrechtliche Stellung der im Reichsrathe vertretenen Königreiche und Länder, S. 58.

länder zu einander das Recht, Gesetzesinhalte festzusetzen, welche materiell, wenn auch nicht formell, eine Abänderung der Landesordnungen zum Inhalte haben.“[376]

Ebenso gilt für *Juraschek*, dass die Landesordnungen nach Form und Inhalt Reichsgesetze seien, konkret Staatsgrundgesetze, die einen integrierenden Bestandteil der Reichsverfassung bilden[377]. Änderungen von Grundgesetzen könne nur die Reichsgesetzgebung vornehmen.

2.3.2. Auch *Kelsen* hat sich mit dieser Problematik auseinander gesetzt und gemeint, dass der Reichsgesetzgeber mit der Dezemberverfassung 1867 sich eine Kompetenzhoheit über den Landesgesetzgeber angemaßt habe, die ihm auf Grund der Februarverfassung nicht zu gekommen sei. Mit der taxativen Aufzählung der Reichsratskompetenzen und Zuordnung der restlichen Angelegenheiten an die Landtage sei ein Eingriff in die Landesordnungen erfolgt. Da sowohl der Reichs- als auch der Landesgesetzgeber Kompetenzhoheit[378] gehabt hätten, wäre der einzig verfassungskonforme Weg betreffend die Neugestaltung der Gesetzgebungskompetenzen der Erlass übereinstimmender Reichs- und Landesgesetze gewesen[379]. *Kelsen* folgert weiters, dass für diejenigen Angelegenheiten, die nicht vom Wirkungskreis des RR erfasst sind, auch nicht der Landesgesetzgeber zuständig sei. Es könnten aber beide Gesetzgeber durch verfassungsändernde Gesetze ihre Gesetzgebungskompetenz auf Grund ihrer Kompetenzhoheit ausdehnen. Spreche man nun aber dem Landesgesetzgeber die Kompetenzhoheit ab, um die Gültigkeit der Verfassung 1867 zu bewahren, könne auch nicht der Grundsatz *„Reichsrecht bricht Landesrecht“* bzw. *„Landesrecht bricht Reichsrecht“* zur Anwendung gebracht werden. Die Bestimmung § 38 der Landesordnung, die als Grundlage einer Kompetenzhoheit für das Land dienen könnte, sei mit dem Sinn und Zweck des StGG über die Reichsvertretung unvereinbar. Durch die willkürliche Festlegung des StGG über die Reichsvertretung als Ausgangspunkt rechtlicher Überlegungen könne ein einheitliches Rechtssystem geschaffen werden, in welchem dem Reichsgesetzgeber als oberste Autorität die ausschließliche Kompetenzhoheit zugesprochen werden könne und der Landesgesetzgeber bloß als ein Delegat des Reichsgesetzgebers

---

376 *Lingg*, Die staatsrechtliche Stellung der im Reichsrathe vertretenen Königreiche und Länder, S. 59.

377 *Juraschek*, Beiträge zur Darstellung des Rechtes der Landtage und ihrer Mitglieder, Österreichische Zeitschrift für Verwaltung 1879, S. 101.

378 *Kelsen* spricht einerseits davon, dass der Reichsgesetzgeber keine Kompetenzhoheit über den Landesgesetzgeber (und umgekehrt) gehabt hätte, andererseits bezeichnet er diese als zwei souveräne, mit Kompetenzhoheit begabte Legislativen. *Kelsen*, Reichsgesetz und Landesgesetz nach österreichischer Verfassung, AÖR 1914, S. 241 und 242.

379 *Kelsen*, Reichsgesetz und Landesgesetz nach österreichischer Verfassung, AÖR 1914, S. 242.

auftrete. *Kelsen* meint, dass mit der Dezemberverfassung 1867 die Landesverfassungen nur soweit in Geltung bestehen geblieben seien als sie nicht in Widerspruch zur Reichsverfassung stehen. Da die Dezemberverfassung 1867 die Gesetzgebungskompetenzen neu aufgeteilt habe, komme dem Reichsgesetzgeber die Kompetenzhoheit zu, und zwar ausschließlich ihm, weil die Länder ihre Kompetenzhoheit faktisch verloren hätten. Es ist interessant zu sehen, dass gerade der Positivist *Kelsen* erklärt:

> „Die Länder haben ihre Kompetenzhoheit f a k t i s c h verloren, müssen sie verloren haben, wenn die 1867er Reichsverfassung auch für die Länder gelten soll. Daß sie aber Geltung habe, ist präjuristische Annahme, dafür gibt es juristisch keine Rechtfertigung."[380]

2.3.3. Den Ausführungen von *Kelsen* kann insofern zugestimmt werden, als die Dezemberverfassung als Ausgangspunkt sämtlicher rechtlicher Überlegungen zu bestimmen ist, nicht jedoch in seiner Annahme, dass mit der Kompetenzanmaßung des Reichsgesetzgebers im Jahr 1867 die Länder ihre Kompetenzhoheit faktisch verloren hätten. Die Frage der Kompetenzhoheit ist ausschließlich an Hand des verfassungsrechtlichen Normenbestands nach der Dezemberverfassung zu beurteilen und nicht auf Grund von Faktizitäten. Stellt man daher allein auf § 15 StGG der Reichsvertretung und auf § 38 der Landesordnungen ab, gelangt man zum Ergebnis, dass sowohl dem Reich als auch den Ländern die Fähigkeit zukommt, ihre Verfassung abzuändern, nicht aber die des jeweils anderen. § 15 StGG über die Reichsvertretung legt klar fest, dass eine Abänderung desselben nur mit einer qualifizierten Mehrheit des RR erfolgen kann, sohin ausschließlich durch ein Reichsverfassungsgesetz. Gleiches bestimmt § 38 der Landesordnungen für die Länder: Die Abänderung der Landesverfassung ist nur mit einer qualifizierten Mehrheit des Landtages möglich, sohin ausschließlich durch ein Landesverfassungsgesetz. *Kelsen* hält hierzu treffend fest, dass nicht Bestimmungen über die Kompetenzhoheit fehlen, sondern, dass sogar zwei, sowohl für das Reich als auch für das Land, bestehen würden[381]. Die *„faktische Arrogation"* der Kompetenzhoheit durch den Reichsgesetzgeber im Jahr 1867 kann am hier vorgetragenen Ergebnis nichts ändern, da der Normenbestand durch eine faktische rechtswidrige Kompetenzanmaßung nicht abgeändert wird. Hierbei darf auch nicht übersehen werden, dass der Verfassungsgesetzgeber in die bestehenden Landesordnungen nicht eingreifen wollte und er daher den Wirkungskreis des RR durch eine taxative Aufzählung der Gesetzgebungsangelegenheiten bestimmte. Dass damit aber eine Vermehrung der Landeskompetenzen zwangsläufig einhergeht und sohin auch ein Eingriff in die Landesordnungen erfolgt,

---

380 *Kelsen*, Reichsgesetz und Landesgesetz nach österreichischer Verfassung, AÖR 1914, S. 414.

381 *Kelsen*, Reichsgesetz und Landesgesetz nach österreichischer Verfassung, S. 410.

wollte oder konnte er nicht sehen. Zuletzt ist zu bedenken, dass die Dezemberverfassung Einbrüche in die Landesverfassungsautonomie nicht vorgesehen hat, wie das heutige B-VG, das eine allfällige derogatorische Kraft von einem heutigen Bundesverfassungsgesetz gegenüber einem Landesverfassungsgesetz erklären könnte[382]. Richtig ist aber die Feststellung von *Bernatzik*, dass die Kompetenz der Länder durch den Reichsgesetzgeber entgegen der bestehenden Rechtslage ohne deren Zustimmung neu geregelt worden sei und dieses Recht vom Reich auch in Zukunft in Anspruch genommen wurde[383]. Damit ist aber über die Verfassungsmäßigkeit nichts ausgesagt. Richtigerweise hätte eine Kompetenzerweiterung des einen gesetzgebenden Organs und eine damit einhergehende Kompetenzeinschränkung des anderen gesetzgebenden Organs in Form einer paktierten Gesetzgebung erfolgen müssen, um den verfassungsrechtlichen Vorgaben zu entsprechen.

2.4. Das Verhältnis zwischen Reichs- und Landesgesetz

2.4.1. Im Hinblick auf die bisherigen Ausführungen unter Punkt 2.1.3. stellt sich nun die Frage, was rechtlich gilt, wenn ein Reichs- und Landesgesetze miteinander kollidierten. Die herrschende Lehre löste solche Konflikte nach dem Grundsatz „*lex posterior derogat priori*“[384]. So einhellig die herrschende Lehre im Ergebnis war, so unterschiedlich war jedoch die Begründung hierfür.

2.4.2. *Jellinek* geht von einer Gleichwertigkeit der Reichs- und Landesgesetze aus, da sowohl im Reich als auch im Land anders als im Bundesstaat immer ein und derselbe gesetzgeberische Wille auftrete[385]. Dies sei stets der kaiserliche Wille im Rahmen der Sanktion eines Gesetzesbeschlusses. Darauf aufbauend trifft *Jellinek* die Schlussfolgerung, dass der kaiserliche Wille im Reich dem kaiserlichen Willen im Land gegenüber stehe und ein Konflikt mit dem eigenen Willen nicht denkbar sei. Widersprechen sich nämlich Reichs- und Landesgesetz und könne dieser Widerspruch nicht durch Auslegung behoben werden, dann gelte die bekannte Vorschrift des Vorrangs des jüngeren Gesetzes. Zuvor hatten schon *Pfaff/Hofmann* unter Zugrundelegung dieser Ein-Willen-Theorie die

---

382 Vgl. *Wiederin*, Bundesrecht und Landesrecht, S. 226ff, insbesondere 242.

383 *Bernatzik*, Die österreichischen Verfassungsgesetze mit , Nr. 189, S. 411. Beispiele hierfür finden sich im Teil I der Untersuchung.

384 Siehe nachfolgende Ausführungen, aber auch *Herrnritt*, Die Stellung der Kronländer im Gefüge der österreichischen Verfassung, ÖZÖR 1916, Sonderheft, S. 45; *Lamp*, Die Stellung der Kronländer im Gefüge der österreichischen Verfassung; ÖZÖR 1916, Sonderheft, S. 60.

385 *Jellinek*, Ein Verfassungsgerichtshof für Österreich, S. 31 und 32.

Gleichartigkeit von Reichs- und Landesgesetzen ausgesprochen[386]. Auf Grund dessen sei der Satz, dass das Reichsgesetz den Landesgesetzen vorgehe, nicht in der österreichischen Verfassung normiert. Auch *Ulbrich* und *Hauke* gehen von einem gesetzgeberischen Willen aus, da der österreichische Staat ein Einheits- und kein Bundesstaat sei[387]. Widersprüche zwischen Reichs- und Landesgesetz seien gleich wie *Jellinek* und *Pfaff/Hofmann* nach dem Grundsatz *„lex posterior derogat priori"* aufzulösen. Ebenso sieht *Spiegel* Reichs- und Landesgesetze hinsichtlich ihrer verbindlichen Kraft als gleichwertig an[388]. Diese Gleichwertigkeit begründet er damit, dass keine Vorschrift normiere, dass ein Reichsgesetz dem Landesgesetz bzw. ein Landesgesetz dem Reichsgesetz vorgehe, er meint aber auch - gleich wie die oben genannten Autoren -, dass Reichs- und Landesgesetze Äußerungen ein und derselben Staatsgewalt seien. *Spiegel* vertritt daher die Ansicht, dass die Reichsgesetzgebung in den Wirkungskreis der Landtage eingreifen könne und umgekehrt die Landesgesetzgebung in den Wirkungskreis des RR. Er geht soweit zu behaupten, dass damit, wenn einmal ein Gesetzgeber eine ihm nicht zukommende Angelegenheit mit Erfolg an sich ziehen konnte, auch in Zukunft derselbe für die Regelung zuständig sei. Zur gleichen Ansicht müsse man nach Ansicht von *Spiegel* kommen, wenn man wie *Prazak* behauptet, dass ein Reichs- und Landesgesetz nicht einer und derselben Staatsgewalt zugerechnet werden könne[389]. Auch hier gelte das Argument, dass eine entsprechende Vorrangsregel nicht positiviert sei. *Lingg* hält hingegen in seinem Beitrag *„Die staatsrechtliche Stellung der im Reichsrathe vertretenen Königreiche und Länder der österreichischen – ungarischen Monarchie"* fest, dass Reichs- und Landesgesetz einander nicht derogieren können, weil es sich um Befehle einer und derselben Staatsgewalt handle[390], aber schon *Spiegel* hat darauf hingewiesen[391], dass von *Lingg* eher gemeint worden sei, dass ein Reichsgesetz als solches nicht einem Landesgesetz derogieren könne, wohl aber als lex poste-

---

386 *Pfaff/Hofmann*, Commentar zum österreichischen allgemeinen bürgerlichen Gesetzbuch, S. 256.

387 *Ulbrich*, Österreichisches Staatsrecht[3], S. 242; *Hauke*, Grundriß des Verfassungsrechts, S. 101.

388 *Spiegel*, Länder: C. Autonomie und Selbstverwaltung in der Gegenwart. I. Landesordnungen, in: Österreichisches Staatswörterbuch. Handbuch des gesamten österreichischen öffentlichen Rechts[2], 3 Bd., S. 418 und 419.

389 *Prazak*, Pravo ustavni, S. 199. Zitiert nach *Spiegel*, Länder: C. Autonomie und Selbstverwaltung in der Gegenwart. I. Landesordnungen, in: Österreichisches Staatswörterbuch. Handbuch des gesamten österreichischen öffentlichen Rechts[2], 3 Bd., S. 419.

390 *Lingg*, Die staatsrechtliche Stellung der im Reichsrathe vertretenen Königreiche und Länder der österreichischen-ungarischen Monarchie, S. 113, FN 75

391 *Spiegel*, Länder: C. Autonomie und Selbstverwaltung in der Gegenwart. I. Landesordnungen, in: Österreichisches Staatswörterbuch. Handbuch des gesamten österreichischen öffentlichen Rechts[2], 3 Bd., S. 419.

rior[392]. *Herrnritt* meint in seinem Lehrbuch ausdrücklich, dass Landesgesetze nicht durch Reichsgesetze abgeändert werden können, weil sie die gleiche Kraft hätten wie Reichsgesetze[393]. *Wiederin* deutet die Passage unter Beachtung des Gesamtkontextes sowie unter Berücksichtigung auf die einige Seiten weiter getroffene Feststellung *Herrnritts* (Seite 131), dass es eine Vielzahl an Kollisionen zwischen beiden Gesetzgebungen gegeben habe, nicht als Absage an eine wechselseitige Derogierbarkeit[394]. Diese Auslegung ist richtig, *Wiederin* hat jedoch übersehen, dass *Herrnritt* explizit zur Frage der wechselseitigen Derogation Stellung genommen hat. Er führt nämlich auch aus (201), dass bei widersprechenden Bestimmungen eines Reichs- und Landesgesetzes der Grundsatz zur Anwendung komme, dass das spätere Gesetz das frühere Gesetz derogiere, auch wenn das spätere Gesetz ein Landesgesetz sei. Die Möglichkeit widersprechender Reichs- und Landesgesetze bezeichnet *Herrnritt* als Antinomie und versucht diese mit der unklaren Verfassungsbestimmung über die Kompetenz der Reichs- und Landesgesetzgebung zu erklären. Überdies weist er darauf hin, dass eine Angelegenheit sowohl in die Kompetenz des RR als auch in die Kompetenz des Landtages fallen könne, dann nämlich, wenn die Kompetenz zwischen beiden geteilt sei wie beispielsweise bei der Grundsatzgesetzgebung des Reichs und der Ausführungsgesetzgebung des Landes oder wenn der Reichsgesetzgeber bestimmte Angelegenheiten zur Regelung an den Landtag delegiert habe.

2.4.3. Eine Reihe von Autoren greifen bei der Bestimmung des Verhältnisses von Reichs- und Landesgesetzen auch auf Art. 7 StGG über die richterliche Gewalt zurück[395]. Für *Menger* und *Krainz/Ehrenzweig* sind nach dieser Bestimmung Richter nämlich nur an gehörig kundgemachte Gesetze gebunden und daher sei ihnen die Prüfung einer allfälligen Kompetenzüberschreitung des Reichs- oder Landesgesetzgebers verwehrt[396]. Ob mit einer Kompetenzüberschreitung eine Derogation iSd des Grundsatzes „*lex posterior derogat priori*" verbunden ist, wird von den beiden aber nicht weiter ausgeführt. Ein anonymer Autor (*F.K.*) führt zu dieser Frage aus, dass die Gerichte und die Behörden auch dann an ein Gesetz gebunden seien, wenn es verfassungswidrig sei[397]. Eine Verfassungswidrigkeit sei aber nur denkbar, wenn ein später erlassenes einfaches Ge-

---

392 Auch *Wiederin* ist für eine korrigierende Auslegung. Vgl. *Wiederin*, Bundesrecht und Landesrecht, S. 69.

393 *Herrnritt*, Handbuch des österreichischen Verfassungsrechts, S. 69.

394 *Wiederin*, Bundesrecht und Landesrecht, S. 69.

395 Vgl. hierzu auch *Wiederin*, Bundesrecht und Landesrecht, S. 66f.

396 *Krainz/Ehrenzweig*, System des österreichischen allgemeinen Privatrechts5, 1 Bd., S. 45; *Menger*, System des österreichischen Civilprozessrechts in rechtsvergleichender Darstellung, 1 Bd., S. 239f.

397 *F.K.*, Prüfung der Giltigkeit der Gesetze und Verordnungen nach österreichischem Staatsrecht, JBl. 1873 S. 51.

setz einem früher erlassenen StGG widerspreche, weil ein einfaches Gesetz kein StGG abändern könne. Grundsätzlich gelte nämlich ein später erlassenes StGG, wenn es mit einem früher erlassenen StGG in Widerspruch stehe. Dasselbe Prinzip komme für ein später erlassenes StGG im Verhältnis zu einem früher erlassenen einfachen Gesetz sowie für zwei einfache Gesetze zur Anwendung.

2.4.4. Für seine im Jahr 1913 veröffentlichte Untersuchung über Rahmengesetze hält *Weyr* zwei Feststellungen für nötig: Erstens, dass die Reichs- und Landesgesetzgebung gleichwertig wären und bezüglich ihres Verhältnisses die Regel „*lex posterior derogat priori*" gelte und zweitens, dass ein den kompetenzrechtlichen Bestimmungen widersprechendes Gesetz in Geltung stehe und auch derogierende Kraft gegenüber älteren Gesetzen habe[398]. *Weyr* begründet seine beiden Feststellungen ua damit, dass er den österreichischen Staat mit einem absolutistischen Staat vergleiche, der zwei zur Gesetzgebung berufene Monarchen habe. Dies deshalb, weil es keinen Verfassungsgerichtshof gebe, der die Einhaltung der Kompetenzvorschriften prüfen könne. Für die Willenserklärungen beider Monarchen gelte daher, dass derjenige, der zuletzt spreche, Recht habe. Wende man nun die beiden Feststellungen auf das Verhältnis der Grundgesetze beider gesetzgebenden Körperschaften an, werde die auf Grund der verfassungsrechtlichen Lücke bestehende Verwirrung noch größer. Da nirgends festgehalten worden sei, dass nur eine der beiden Körperschaften (Reich und Land) zur Änderung der Kompetenzgrenzen berufen wäre, dürfe man die Kompetenz-Kompetenz nicht dem Reichsgesetzgeber allein, sondern müsse man diese beiden Gesetzgebungen unabhängig voneinander zusprechen.

2.4.5. Dieser Gedanke wird von *Kelsen* ein Jahr später – also im Jahr 1914 – in seiner Analyse über Reichs- und Landesgesetze aufgegriffen. In seinem Beitrag „*Reichsgesetz und Landesgesetz nach österreichischer Verfassung*" hält er zunächst fest, dass der Grundsatz „*lex posterior derogat priori*" nur innerhalb eines einheitlichen Normensystems und nicht zwischen zwei verschiedenen Normensystemen gelten könne. Ein einheitliches System sei dann gegeben, wenn die Normen von der gleichen Autorität ausgehen. Innerhalb des Systems könne nur diese eine Autorität eine schon bestehende Norm aufheben. Die Aufhebung einer Norm durch eine andere Autorität löse einen Pflichtenkonflikt aus, der nur dann gelöst werden könne, wenn der Normadressat eine von beiden Autoritäten „*eliminiere*"[399]. Es bestehe aber die Möglichkeit, dass die Autorität des einen Normensystems ausdrücklich bestimmt, dass ihre Normen durch jüngere Normen der anderen Autorität aufgehoben werden können. Diese allgemeinen Aus-

---

398 *Weyr*, Rahmengesetze, S. 18f.

399 *Kelsen*, Reichsgesetz und Landesgesetz nach österreichischer Verfassung, AÖR 1914, S. 210.

führungen auf die Dezemberverfassung angewendet meint *Kelsen*, dass keine Identität zwischen Reichs- und Landesgesetzgeber bestehe. Obzwar der Monarch in beiden Fällen der Gesetzgebung mitwirke, existieren infolge der jeweiligen Beteiligung des RR bzw. des Landtages zwei verschiedene Autoritäten. Aus der oben dargestellten Annahme, dass dem Reichsgesetzgeber die Kompetenzhoheit zu komme und – in Widerspruch zu seinen bisherigen Ausführungen – dass im Reich und Land ein und dieselbe normsetzende Autorität besteht, somit die Landesverfassung nur Bestandteil der Reichsverfassung sei, schließt *Kelsen* weiters, dass die gegenseitige Derogierbarkeit von Reichs- und Landesgesetzen grundsätzlich logisch unmöglich sei. Die Überlegungen von *Kelsen* enden – entgegen mancher Erwartungen – hier aber nicht, sondern er spinnt sie in einer atemberaubenden Konstruktion weiter. Im Zusammenhang mit dem richterlichen Prüfungsrecht nach Art. 7 StGG über die richterliche Gewalt kommt *Kelsen* nämlich zum Ergebnis, dass alle Voraussetzungen eines gültigen Gesetzes einzig allein Art. 10 StGG über die Ausübung der Regierungs- und Vollzugsgewalt regelt und die Bestimmungen im StGG über die Reichsvertretungen rechtlich nicht beachtlich seien. Deshalb habe all das als Gesetz zu gelten, was der Monarch als Gesetz publiziere. Und allein aus diesem Grund seien die Einheit der normsetzenden Autorität sowie die Geltung des Grundsatzes „*lex posterior derogat priori*“ gegeben.

2.4.6. Die hier offen zu Tage auftretende Widersprüchlichkeiten der von *Kelsen* aufgestellten Theorie hat zuletzt *Wiederin* deutlich aufgezeigt. Er führt ua aus, dass gerade die Annahme, dass zwischen delegierender und delegierter Norm der Grundsatz „*lex posterior derogat priori*“ nicht zur Anwendung komme, unweigerlich Antinomien zur Folge habe, weil *Kelsen* zuvor die Subordination zur Voraussetzung dieser Regel erklärt habe[400]; *Wiederin* treffend weiters:

> „Diese setzen sich darin fort, daß die Verankerung eines Vorrangs des Rechts des Zentralstaates zwar eine positivrechtliche Absage an die lex-posteriror-Regel darstellt und sie dennoch konstruktionsbedingt eben dieser Regel als rechtslogisches Prinzip auch im Verhältnis zwischen Bundes- und Gliedstaatsrecht zum Durchbruch verhilft. (...) Es waren wohl auch die angerissenen Schwächen, die KELSEN dazu bewogen haben, seine Bundesstaatskonzeption grundlegend zu überdenken und eine Theorie zu präsentieren, welche Rangverhältnisse und Derogationsbeziehungen innerhalb des Bundesstaates befriedigender zu erklären vermochte“[401]

---

400 *Wiederin*, Bundesrecht und Landesrecht, S. 14 und 15.
401 *Wiederin*, Bundesrecht und Landesrecht, S. 15 und 17.

Nicht nur von *Wiederin* erfährt die auf schwachen Beinen erstellte *Kelsen* Konstruktion Kritik, sondern auch schon von seinem Zeitgenossen *Verdroß*[402]. *Verdroß* vertritt zu Recht die Ansicht, dass die Bestimmung der Dezemberverfassung als Ausgangspunkt der rechtlichen Überlegungen nicht bedeute, dass infolge der Arrogation der Kompetenzhoheit des Reichsgesetzgebers über den Landesgesetzgeber im Jahr 1867 dieser oberste Autorität und der Landesgesetzgeber Delegat des Reichsgesetzgebers sei. Die Zuständigkeit sei selbst – und nur – aus der Verfassung 1867 als Ausgangspunkt zu bestimmen, *Verdroß* konkret:

> „Dem muß vor allem entgegengehalten werden, daß die Zugrundelegung der 1867er Verfassung keineswegs bedeutet, daß der Reichsgesetzgeber – der doch auch erst auf Grund dieser Verfassung zu beurteilen ist – oberste normsetzende Autorität, der Landesgesetzgeber dagegen nur Delegat des Reichsgesetzgebers sei (Kelsen, S. 417), es sagt vielmehr bloß, daß ein neuer gemeinsamer metajuristischer Ausgangspunkt zur Beurteilung der Kompetenzen angenommen wird; sowohl das Reichsparlament wie die Landtage können daher ihre Normsetzungsbefugnis erst aus der als gültig angenommenen Verfassung erhalten; beide werden erst auf Grund der Verfassung zu legislativen Organen, weil ja nur zufolge dieser sanktionierte Beschlüsse zu Staatswillen erklärt werden. Deshalb aber, weil 1867 sich das Reichsparlament die Kompetenzhoheit über die Länder arrogiert hat, zu schließen, daß es dazu in Hinkunft die r e c h t l i c h e Macht habe, ist ebenso unrichtig wie zu behaupten, der Monarch, der eine Verfassung oktroyiert hat, sei zuständig, sie auch wieder zu ändern. Die fernere Zuständigkeit muß vielmehr auf Grund der Verfassung selbst neu beurteilt werden."[403]

Verdroß lehnt in Folge die Auffassung ab, dass § 15 StGG über die Reichsvertretung Grundlage für die Kompetenz-Kompetenz des Reichsgesetzgebers sei, da diese Bestimmung nur die Voraussetzungen der Abänderung des StGG regele, jedoch unter der Voraussetzung der Zuständigkeit des RR. Aber selbst, wenn man dieser Meinung zustimmen würde, ändere sich nichts an der Fähigkeit des Landesgesetzgebung, ihre eigene Verfassung abzuändern. In Anbetracht dessen, dass bei einer taxativen Auslegung des § 11 leg.cit. ausschließlich die Landtage für eine Änderung der Wirkungskreise der Parlamente zuständig wären und diese Auslegung dem Geist der Verfassung widersprechen würde sowie in Anbetracht dessen, dass eine demonstrative Interpretation der gleichnamigen Bestimmung historisch falsch sei, geht *Verdroß* davon aus, dass die Kompetenzbestimmungen für unabänderlich angesehen werden müssen. Nehme man aber an, dass sowohl dem Reichs- als auch dem Landesgesetzgeber die Kompetenz-Kompetenz zukomme, dann gelte entsprechend der herrschenden Lehre für Normenkonflikte der Grundsatz „*lex posterior derogat priori*".

---

402 *Verdroß*, Buchbesprechung zu *Weyr* und *Kelsen*, ÖZÖR, II. Jahrgang, Heft 3, S. 384ff.

403 *Verdroß*, Buchbesprechung zu *Weyr* und *Kelsen*, ÖZÖR, II. Jahrgang, Heft 3, S. 386.

2.4.7. Gegen Ende der österreichischen-ungarischen Monarchie hatte die österreichische Zeitschrift für öffentliches Recht eine Rundfrage über die „*Länderautonomie*“ durchgeführt[404]. Die daran sich beteiligenden Autoren[405] gingen einhellig davon aus, dass die Kompetenzabgrenzung zwischen Reich und den Ländern unklar und widersprüchlich sei sowie, dass die Kompetenzbestimmungen nicht mehr den Erfordernissen der Zeit entsprechen konnten. Ein Umbau der Verfassung zur Behebung ihrer Schwächen wurde gefordert. Mehrheitlich wurde die Verschiebung der Wirkungskreise zwischen Reichs- und Landesgesetzgebung zugunsten der Reichsgesetzgebung empfohlen. Vorgeschlagen wurde ua die Auflösung der Landtage, das Enumerationsprinzip für den Wirkungskreis der Landtage oder eine Generalklausel zugunsten des Reiches bzw. für die Landtage. Hinsichtlich des Verhältnisses zwischen Reichs- und Landesgesetz traten einige Autoren für die Einräumung der Kompetenz-Kompetenz zugunsten des Reichsgesetzgebers ein, andere wollten den Grundsatz „*Reichsrecht bricht Landesrecht*“ in der Verfassung normiert gesehen haben.

2.4.8. Die herrschende zeitgenössische Lehre über die Fähigkeit der gegenseitigen Derogierbarkeit ist meines Erachtens auf die ebenso herrschende Ansicht, dass der Monarch alleiniger Gesetzgeber sei, zurückzuführen. Auf den einfachsten Nenner brachte es *Jellinek*, der eben meinte, dass ein Konflikt mit dem eigenen Willen nicht möglich sei und daher jene Erklärung gelte, die zuletzt ausgesprochen wurde. Wie unten noch darzustellen sein wird[406], hat schon *Kelsen* – davor *Lukas* – zutreffend aufgezeigt, dass, obzwar sowohl im Rahmen der Reichsgesetzgebung als auch im Rahmen der Landesgesetzgebung der Monarch die Sanktion erteilt, das gesetzgebende Organ auf Reichsebene der Monarch und der Reichsrat und auf Landesebene der Monarch und der Landtag gemeinsam ist und sohin zwei unterschiedliche Legislativorgane bestehen. Gleich wie *Kelsen* und wie die heute herrschende Lehre wird auch hier die Auffassung vertreten, dass bei verschiedenen normsetzenden Autoritäten eine Derogation von Normen nur dann möglich ist, wenn diese positivrechtlich angeordnet ist[407]. Eine Derogation folgt nicht aus einem rechtslogischen Prinzip. Die positivrechtliche Anordnung kann ausdrücklich oder aus dem bestehenden Normbestand ableitbar sein.

---

404 Eine Zusammenfassung der Stellungnahmen hat *Rauchberg* verfasst. Vgl. *Rauchberg*, Die Rundfrage über die „*Länderautonomie*“, ÖZÖR 1917, S. 282ff.

405 Es beteiligten sich *Brockhausen* (Wien), *Dnistrianskyj* (Lemberg), von *Frisch* (Czernowitz), *Herrnritt* (Wien), Lamp (Innsbruck), *von Laun* (Wien), *Layer* (Graz), *Nawiasky* (Wien), *Rauchberg* (Prag), *Spiegel* (Prag), *Starzynski* (Lemberg), *Tezner* (Wien), *Weyr* (Brünn), *Zolger* (Wien).

406 Siehe unten Punkt 4.3.

407 *Antoniolli*, Allgemeines Verwaltungsrecht, S. 83; *Davy*, Zur Bedeutung des bundesstaatlichen Rücksichtnahmegebotes für Normenkonflikte, ÖJZ 1986, S. 227 mwN.

Da eine ausdrückliche Normierung wie beispielsweise, dass das Reichsrecht dem Landesrecht vorangeht, die Dezemberverfassung 1867 nicht kennt, muss geprüft werden, ob aus anderen verfassungsrechtlichen Bestimmungen die gegenseitige Derogation, wie sie von der herrschenden zeitgenössischen Lehre vertreten wurde, abgeleitet werden kann[408]. Zunächst ist diesbezüglich festzuhalten, dass eine allgemeine Derogationsregel, die allenfalls Sitz einer wechselseitigen Derogierbarkeit von Normen verschiedener Autoritäten sein könnte, wie es zB das B-VG im Art. 140 Abs. 6 B-VG kennt, nicht besteht. Auch § 11 Abs. 2 lit. k und § 12 zweiter Absatz StGG über die Reichsvertretung bilden keine geeignete Grundlage für eine solche Annahme wie es auf den ersten Blick den Anschein haben könnte. Schon *Wiederin* hat richtig nachgewiesen, dass mit § 11 Abs. 2 lit. k StGG über die Reichsvertretung die Kompetenz zur Regelung des Zivil- und Strafrechts zwischen dem Reichsrat und den Landtagen derart geteilt worden sei, dass keine echte Zuständigkeitskonkurrenz entstehen konnte, er meinte:

> „In heute gebräuchlicheren Begriffen ausgedrückt: Die Zuständigkeit zur Regelung des Strafjustiz-, Polizeistraf- und Zivilrechts stellte unter der Dezemberverfassung eine Annexkompetenz dar, die von einzelnen Sachmaterien nach dem Prinzip der *Adhäsion* erfaßt und getragen wurden."[409]

Wiederin hält auch fest, dass die Verfassungsänderung durch Art. III RGBl 1907/15 die bestehenden Kompetenzgrenzen unverändert gelassen, jedoch mit der einschneidenden Voraussetzung der Erforderlichkeit, die zu einem kompetenzexempten Gebiet geführt habe. Handelte es sich nämlich um eine Anlegenheit, die nicht in den Wirkungskreis des RR, sondern der Landtage fiele, und würde die entsprechende Erforderlichkeit fehlen, dann wären auch die Landtage zur Schaffung einer Regelung im Bereich des Zivil- und Strafrechtes nicht kompetent.[410] *Weyr* geht ebenfalls davon aus, dass die Neufassung des § 12 StGG über die Reichsvertretung im Jahre 1907 eine authentische Interpretation gewesen sei und die Kompetenz der Landtage *„nicht um einen Finger breit erweitert worden"* sei[411]. Für ihn steht fest, dass, wenn eine Anlegenheit in die Kompetenz der Landtage fällt, diese auch zivil- und strafrechtliche Bestimmungen normie-

---

408 Ohne nähere Begründung geht *Hye* von einer formalen Gleichstellung zwischen Reichs- und Landesgesetzen aus und meint, da keine Regel wie „Reichsrecht bricht Landesrecht" normiert sei, derogiere das später erlassene Gesetze im jeweiligen Geltungsbereich dem bisher gültigen. *Hye*, XIII. Die Länder im Gefüge der Habsburgermonarchie, in: *Rumpler/Urbanitsch*, Die Habsburgermonarchie 1848 – 1918, Band VII, Verfassung und Parlamentarismus, 2. TB, S. 2443.

409 *Wiederin*, Bundesrecht und Landesrecht, S. 137.

410 *Wiederin*, Bundesrecht und Landesrecht, S. 140.

411 *Weyr*, Rahmengesetze, S. 28.

ren können. Die §§ 11 Abs. 2 lit. k und 12 zweiter Absatz leg.cit. können daher in Ermangelung einer Zuständigkeitskongruenz nicht als Sitz einer von der Verfassung ausgesprochenen wechselseitigen Derogation von Reichs- und Landesgesetzen angesehen werden. Auch § 11 lit. i und lit. l StGG über die Reichsvertretung bieten keinen Hinweis für eine wechselseitige Derogierbarkeit von Reichs- und Landesgesetzen. Obwohl vorgesehen ist, dass dem Reichsgesetzgeber die Feststellung von Grundsätzen des Unterrichtswesens, der Volksschulen und der Gymnasien sowie die Gesetzgebung über Grundzüge der Organisation der Gerichts- und Verwaltungsbehörden obliegt, sind keine Vorschriften normiert, was verfassungsrechtlich zu gelten hat, wenn beispielsweise der Landesgesetzgeber keine den Grundsätzen entsprechende Ausführungsgesetze erlässt. Es stellt sich dann ua die Frage, ob die Ermächtigung zur Gesetzgebung auf den Reichsgesetzgeber befristet oder unbefristet übergeht und folglich der Reichsgesetzgeber den Grundsätzen entsprechenden Anpassungen an die Landesgesetze vornehmen darf. Eine dem Art. 15 Abs. 6 B-VG[412] vergleichbar Norm lässt sich nicht finden. Zuletzt ist daher auf den Willen des historischen Verfassungsgesetzgebers abzustellen. Aber auch hier zeigt sich kein Hinweis für eine wechselseitige Derogierbarkeit von Reichs- und Landesgesetzen. Der Verfassungsgesetzgeber meinte trotz zahlreicher Hinweise auf eine allfällige Unvollständigkeit der Kompetenztatbestände und auf mögliche Auslegungsschwierigkeiten von einer *„erschöpfenden"* Kompetenzverteilung ausgehen zu dürfen, die keine Frage mehr offen lässt. Er glaubte, dass eine vollständige Aufzählung der Reichsratskompetenzen ein gegenseitiges Übergreifen verhindere und so Kompetenzkonflikte vermieden werden können[413]. Erst im Zusammenhang mit dem StGG über das Reichsgericht – wie die Untersuchung im Teil I dargelegt hat – hielt er es für wünschenswert, zur Entscheidung von möglichen Kompetenzkonflikten zwischen den Landtagen und dem Reichsrat ein eigenes unabhängiges Organ zu haben. Die Regelung dieser Frage wollte der Verfassungsgesetzgeber aber der Zukunft überlassen. Es zeigt sich somit, dass man zuerst keinen Raum

412 Art. 15 Abs. 6 B-VG sieht vor: *„Soweit dem Bund bloß die Gesetzgebung über die Grundsätze vorbehalten ist, obliegt innerhalb des bundesgesetzlich festgelegten Rahmens die nähere Ausführung der Landesgesetzgebung. Das Bundesgesetz kann für die Erlassung der Ausführungsgesetze eine Frist bestimmen, die ohne Zustimmung des Bundesrates nicht kürzer als sechs Monate und nicht länger als ein Jahr sein darf. Wird diese Frist von einem Land nicht eingehalten, so geht die Zuständigkeit zur Erlassung des Ausführungsgesetzes für dieses Land auf den Bund über. Sobald das Land das Ausführungsgesetz erlassen hat, tritt das Ausführungsgesetz des Bundes außer Kraft. Sind vom Bundesgesetzgeber keine Grundsätze aufgestellt, so kann die Landesgesetzgebung solche Angelegenheiten frei regeln. Sobald der Bund Grundsätze aufgestellt hat, sind die landesgesetzlichen Bestimmungen binnen der bundesgesetzlich zu bestimmenden Frist dem Grundsatzgesetz anzupassen."*

413 StPAH 36. Sitzung der 1. Session am 14. Oktober 1867, S. 886.

für Kompetenzkonflikte auf Grund der klaren Kompetenzabgrenzung sah und erst im Zusammenhang mit der Errichtung des Reichsgerichtes sich eingestand, dass der verfassungsgesetzlich umschriebene Wirkungskreis des RR doch nicht so deutlich die Kompetenzen zwischen dem Reich- und Landesgesetzgeber abgrenzt. Der Verfassungsgesetzgeber wollte in Zukunft Kompetenzkonflikte durch einen eigenen Gerichtshof gelöst und nicht durch allgemeine Grundsätze geregelt sehen. Bis zur Errichtung eines solchen Gerichtshofes ließ der Verfassungsgesetzgeber die Lösung gegenständlicher Angelegenheit offenbar bewusst offen. Aus den Gesetzesmaterialien lässt sich sohin kein Anhaltspunkt für eine wechselseitige Derogierbarkeit von Reichs- und Landesgesetzen finden.

2.5. Die Lehre des Stufenbaus der Rechtsordnung

2.5.1. Die Lehre vom Stufenbau der Rechtsordnung zählt heute zum unbestrittenen unverzichtbaren Lehrbuchwissen. Es ist allseits anerkannt, dass das Verfassungsrecht mehrschichtig sein kann und dass man zwischen Grundprinzipien der Verfassung und „*einfachem*“ Verfassungsrecht, bei einem Bundesstaat zwischen Verfassungsrecht des Bundesstaates und der Gliedstaaten, darüber hinaus zwischen Verfassungsrecht und einfachem Recht sowie zwischen einfachem Recht und Rechtsvollzugsakt und zwischen Rechtsvollzugsakt und Rechtsvollstreckungsakt unterscheiden und innerhalb dieser Kategorisierung zwischen einen Stufenbau nach der derogatorischen Kraft und nach der rechtlichen Bedingtheit vornehmen kann. Die Ausführungen zur Bestimmung des Verhältnisses zwischen Reichs- und Landesgesetz sowie Reichsverfassung- und Landesverfassungsgesetz zeigen deutlich, dass die zeitgenössische Lehre eine solch differenzierte Sicht hinsichtlich des rechtlichen Stufenbaus nicht eingenommen hat und erst *Merkl* Schritt für Schritt seine Stufenbaulehre, die als ein wesentliches Element der Reinen Rechtslehre weltweite Bekanntheit erlangt hat[414], zusammen setzte. Die ersten Bausteine für seine Stufenbautheorie hat *Merkl* zunächst in den Jahren 1916 bis 1918 in mehreren Abhandlungen gelegt[415]. Im Aufsatz „*Die Verordnungsgewalt im Kriege. III. Kaiserliche und behördliche Verordnung*“[416] spricht *Merkl* erstmals von einer stufenweise Konkretisierung der abstrakten Rechtsform hin zur Rechtsanwendung. An der Spitze des Rechtssystems stehe die Verfassung, darunter reihe sich das Gesetz, darunter wieder die Verordnung, bis man schließlich zum unmittelbaren Rechtsanwender gelange[417]. Das Verhält-

---

414 Vgl. *Öhlinger*, Der Stufenbau der Rechtsordnung, S. 9

415 *Merkl*, Die Lehre von der Rechtskraft, S. 206 und 207.

416 *Merkl*, Die Verordnungsgewalt im Kriege. III. Kaiserliche und behördliche Verordnung, JBl. 1916, S. 397ff.

417 *Merkl*, Die Verordnungsgewalt im Kriege. III. Kaiserliche und behördliche Verordnung, JBl. 1916, S. 398.

nis der höheren und niederen Stufen bezeichnet *Merkl* als das Verhältnis des Deleganten zum Delegaten. In Anwendung dieser hierarchisch gegliederten Rechtsordnung ordnet *Merkl* die kaiserliche Verordnung, seinen Untersuchungsgegenstand, als ein Zwischenglied zwischen Gesetz und Verordnung ein. Einmal den Gedanken des rechtlichen Stufenbaus aufgegriffen, lässt *Merkl* diesen in Folge auch nicht mehr fallen, sondern intensiviert seine Überlegungen. *Merkl* legt sie seinen Artikeln „*Die Unveränderlichkeit von Gesetzen*", „*Das Recht im Lichte seiner Anwendung*"[418] und „*Die Rechtseinheit des österreichischen Staates*"[419] ohne weitere Konkretisierungen zu Grunde. Erst mit dem Aufsatz „*Das doppelte Rechtsanlitz*"[420] baut *Merkl* seine Idee der Mehrgliedrigkeit des Rechtes aus. Er kritisiert die herrschende Rechtslehre, die nur eine Form des Rechtes, nämlich das Gesetz, in den Vordergrund stelle. Obzwar die Lehre den Rechtsstoff nach ihrem Rechtsinhalt zwischen öffentliches und privates Recht unterscheide, und innerhalb dieser Unterscheidung wiederum weit reichend aufgliedere, ahne sie aber nicht, dass man bei diesem Rundgang sich im ersten, zweiten und allenfalls dritten Stockwerk des Rechtsgebäudes bewege. Das Bild des Rechtsgebäudes stellt *Merkl* derart dar, dass, wenn man von der Ebene des Gesetzes herabblicke, die Verfassung zu sehen sei, als Basis allen Rechtlichen. Steige man hinauf, gelange man in den Bereich der Verordnungen bis hin zur letzten Etage der Entscheidungen, Verfügungen, Erkenntnisse und sonstigen Rechtserscheinungen. *Merkl* verwendet aber nicht nur das Bild des mehrstöckigen Rechtsgebäudes, sondern auch das heute bekannte Bild einer Pyramide, wobei *Merkl* die erste Ebene des Rechtsgebäudes an die Spitze der Pyramide und die letzte Ebene an die Basis der Pyramide stellt. In seiner Kritik an der herrschenden Rechtslehre gesteht *Merkl* dieser zu, dass sie die über- und untergesetzlichen Rechtserscheinungen nicht unbeachtlich an den Rand ihrer Überlegungen gestellt habe, dennoch muss er ihr vorwerfen, dass sie die Höhen- und Tiefendimension des Rechtes nicht erkannt habe. Den Grund für die Beschränkung der Betrachtung der Rechtslehre auf das Gesetz, allenfalls noch auf die Verfassung, glaubt *Merkl* darin zu finden, dass sich die Rechtsüberlegungen bloß auf die Rechtsanwendung, welche ihrerseits sich auf die Rechtsform „*Ge-*

---

418 *Merkl*, Das Recht im Lichte seiner Anwendung, Deutsche Richterzeitung 1917, S. 3ff (= Wiener rechtstheoretische Schule: Schriften von Hans Kelsen, Adolf August Merkl, Alfred Verdroß, Hrsg. von Klecatsky, Marcic, Schambeck, S. 1167ff). *Merkl* hält hier fest, dass das Gesetz als bloße Zwischenstufe und nicht als Endglied der Rechtsschöpfung anzusehen sei und verweist auf seine Überlegungen zum Artikel „*Die Verordnungsgewalt im Kriege. III. Kaiserliche und behördliche Verordnungen*".

419 *Merkl*, Die Rechtseinheit des österreichischen Staates. Eine staatsrechtliche Untersuchung auf Grund der Lehre von der lex posterior, AÖR, 1918, S. 56ff. (= Wiener rechtstheoretische Schule: Schriften von Hans Kelsen, Adolf August Merkl, Alfred Verdroß, Hrsg. von Klecatsky, Marcic, Schambeck, S. 1115ff).

420 *Merkl*, Das doppelte Rechtsanlitz, JBl. 1918, S. 425ff.

setz" beziehe, beschränkt haben. Nach *Merkl* weise aber das Recht notwendig zwei Stufen auf, nämlich die Stufe der Rechtserzeugung und der Rechtsanwendung. Sei nun die Rechtsauffassung der herrschenden Lehre, die das Recht in ein einziges Rechtsgebilde zusammenfasse, durch die Einsicht des doppelten Rechtsanlitzes überwunden, dann sei der Schritt zur Mehrdeutigkeit des Rechtes, die verschiedene Stufen der Rechtserscheinung zwischen der Stufe der Rechtserzeugung und der Rechtsanwendung kenne, nur ein kurzer Schritt.

2.5.2. *Merkls* Befund über den Stand der Rechtsbetrachtungen der zeitgenössischen Lehre war richtig! Einen bestimmenden Einfluss hatte das Standardwerk der Zeit, *Labands „Allgemeines Staatsrecht"*, in welchem dieser Gesetz und Verfassung gleichstellt[421]. *Laband* ist der Ansicht, dass den in der Verfassung enthaltenen Rechtssätzen keine höhere Autorität gegenüber den in den Gesetzen enthaltenen Rechtssätzen zukomme. Da es keinen höheren Willen als den Willen des Souverän gebe und sich dieser Wille sowohl in der Verfassung als auch im Gesetz präsentiere, komme der Verfassung und dem Gesetz, auch wenn unterschiedliche Erzeugungsbedingungen vorgesehen werden, gleiche verbindliche Kraft zu. Zwar unterscheidet *Laband* hier zwischen den Rechtssatzformen Verfassung und Gesetz, spricht ihnen aber eine Gleichwertigkeit zu und geht daher von einer Eindimensionalität hinsichtlich Verfassung und Gesetz aus. *Spiegel* beruft sich ausdrücklich auf *Laband* und hält fest, dass es nicht angehe, dass die Grundgesetze als eine höhere Kategorie von Gesetzen anzusehen seien als das Gesetz[422]. Nur unter dieser Prämisse kann er auch zum Ergebnis kommen, dass der einfache Gesetzgeber die durch das StGG vorgeschriebenen Kompetenzbestimmungen abändern könne. Im Unterschied dazu konstruiert *Hauke* eine gewisse Über- und Unterordnung von Verfassung und Gesetz[423]. Im Rahmen eines Exkurses über das verfassungswidrige Gesetz führt *Hauke* aus, dass ein Gesetz dann verfassungswidrig sein kann, wenn die Kompetenzvorschriften für den Reichsrat und dem Landtag nicht eingehalten wurden, wenn ein Gesetz statt einer erforderlichen qualifizierten nur mit einer einfachen Stimmenmehrheit beschlossen wurde oder wenn der Monarch einen vom Parlament gefassten Gesetzesbeschluss zu einer Zeit sanktioniert hat, zu welcher anstelle des beschlussfassenden Parlaments ein neues zusammen getreten ist. Was hier von *Hauke* überwiegend angesprochen wird, ist im Grunde nichts anderes als der Stufenbau nach der rechtlichen Bedingtheit. Die Verfassung regelt die Erzeu-

---

421 *Laband*, Das Staatsrecht des Deutschen Reiches[5], 2. Bd., S. 39. Auch *Seidler* geht davon aus, dass StGG gegenüber einfachen Gesetzen keine höhere Autorität einnehme, auch dann, wenn StGG nur unter erschwerten Bedingungen abgeändert werden dürfen. *Seidler*, Die kaiserlichen Verordnungen mit provisorischer Gesetzeskraft, S. 124 mwN.

422 *Spiegel*, Die kaiserlichen Verordnungen mit provisorischer Gesetzeskraft, S. 124.

423 *Hauke*, Grundriß des Verfassungsrechts, S. 104 und 105.

gungsvoraussetzung für das Zustandekommen eines Gesetzes und ist daher die bedingende Norm. Das Gesetz hat die Erzeugungsregeln zu erfüllen und ist daher die bedingte Norm. Ein Gesetz, das entgegen den verfassungsrechtlich normierten Voraussetzungen erzeugt wird, ist nach *Hauke* folglich verfassungswidrig. Damit sagt aber *Hauke* nichts anderes, als dass das Gesetz durch die Verfassung rechtlich bedingt ist. Den dadurch bedingten Stufenbau hat *Hauke* jedoch nicht angedacht. Der Vorwurf von *Merkl*, dass die Lehre die Höhen- und Tiefendimension des Rechts – hier die Höhen und Tiefen der rechtlichen Bedingtheit - nicht erkannt habe, wird klar sichtbar. Diese fehlende Weitsicht – eigentlich Tiefensicht – der Rechtslehre wird auch hinsichtlich des Stufenbaues der derogatorischen Kraft an einer anderen Stelle deutlich. So führt *Gumplowicz* in seinem Lehrbuch aus, dass die bestehende Gesetzgebung nicht aufgehoben werde, wenn sie mit dem Geist und den Prinzipien der neuen Verfassung nicht übereinstimme; es sei denn, die Aufhebung werde ausdrücklich normiert[424]. Die Grundsätze der neuen Verfassung müssten erst durch neue Gesetze ausgeführt werden, die an Stelle der älteren Gesetze treten. *Gumplowicz* begründet seine Meinung damit, dass ein Verfassungsprinzip kein Rechtssatz sei. Aufgehoben werde durch die Verfassung daher nur das Gesetz, das mit einem Rechtssatz der Verfassung nicht zusammen bestehen könne. Damit anerkennt *Gumplowicz*, dass Normen bestehen, die sich gegenüber anderen Normen hinsichtlich ihrer Geltung endgültig behaupten können und diesen eine derogatorische Kraft zu kommt, unter der Prämisse, dass die Aufhebung ausdrücklich ausgesprochen wird. Einen Stufenbau der derogatorischen Kraft konnte *Gumplowicz* aus seiner Grundsatzüberlegung jedoch nicht ableiten. Einzugestehen ist aber, dass nicht für jeden Autor der Befund von *Merkl*, dass die Lehre die Höhen- und Tiefendimension nicht erkannt habe, zutreffend ist. So bezeichnet selbst *Merkl* beispielsweise *Haenel* mit dessen Ansicht, dass dem einfachen Gesetzgeber eine verfassungsvollziehende Funktion zukomme, als unerkannten Gründer der Lehre der Rechtsunterworfenheit des Gesetzgebers. Auch *Lustkandl* skizziert – wenn auch unscharf – mit seinen Ausführungen über höher qualifizierte und geringere qualifizierte Gesetze und über die Bestandfestigkeit von höher qualifizierten Gesetzen im Grunde einen Stufenbau der rechtlichen Bedingtheit und derogatorischen Kraft[425]. Ein Teilbild des Stufenbaus der Rechtsordnung hat *Seidler* in seinem Werk „*Budget und Budgetrecht*" gezeichnet, der von *Merkl* nicht als ein seine Überlegungen zum Stufenbau der Rechtsordnung beeinflussenden Autor genannt wird[426]. In seiner Untersuchung stellt *Seidler* die Forderung auf, dass die Verordnung auf der Stufenleiter der Autorität und Geltung staatlicher Willens-

---

424 *Gumplowicz*, Das Österreichische Staatsrecht[3], S. 28 und 29.

425 *Lustkandl*, Gesetz, in: Österreichisches Staatswörterbuch. Handbuch des gesamten österreichischen öffentlichen Rechts[2], 2 Bd., S. 437.

426 *Seidler*, Budget und Budgetrecht, S. 200.

äußerung tiefer stehe als das Gesetz und sich so auch das Verfassungsgesetz von einfachen Gesetzen unterscheidet. Unabhängig davon gilt im Ergebnis, dass der Lehre zwar – wie es *Merkl* auch richtig ausführt – eine Über- und Unterordnung im Rechtssystem für bestimmte Bereiche bewusst war, doch ausschließlich *Merkl* der Verdienst zukommt, mit seinen Überlegungen zur Stufenbautheorie eine geschlossene Einheit der gesamten Rechtsordnung, die geprägt ist von der rechtlichen Bedingtheit und der derogatorischen Kraft, gebildet zu haben. Der zeitgenössischen Rechtslehre war es nicht möglich, den Gedanken eines der Rechtsordnung inhärenten Prinzips des Stufenbaus zu bilden bzw. auszuformen.

2.5.3. Den bisherigen Wissenstand der Lehre machte sich aber *Merkl* zu nutze. Nach den eigenen Worten von *Merkl* basierten die oben dargelegten Bausteine für seine Stufenbaulehre allein auf den Ergebnissen von *Kelsens* Untersuchung über „*Hauptprobleme des Staatsrechtslehre*" und der Freirechtsschule sowie ausgehend von einem Satz von *Thoma*. In seiner „*Lehre von der Rechtskraft*", mit welcher *Merkl* die Theorie des rechtlichen Stufenbau ausgebaut hat, zählt er nun jene Theoretiker auf, die entgegen der herrschende Rechtslehre von der Eindimensionalität des Rechtssystems das Rechtsgebäude um weitere Stockwerke durch die Überwindung des Gesetzesmonopols erweitert haben[427]. Erstmals habe *Bülow* mit seinem Werk „*Gesetz und Richteramt*" und der darin enthaltenen Darstellung des Verhältnisses von Gesetz und richterlichem Urteil festgehalten, dass durch das Gesetz bestimmt werde, was als Recht gelten solle und dass der Richter das Gesetz vollende[428]. *Merkl* kritisiert *Bülow* jedoch insofern, als dass dieser den Gedanken nicht richtig zu Ende geführt habe. Denn, wenn der Richter das Gesetz vollende, dann sei der Richterspruch durch das Gesetz bedingt und sei das Verhältnis als eine Subordination zu charakterisieren und nicht wie von *Bülow* als Koordination. *Merkl* schreibt aber *Bülow* insofern den Verdienst zu, als er „*eine breite Bresche in das einförmig-gesetzesförmige Rechtsgebäude, einen überaus wertvollen Ansatz zu einem mehrgliedrigen, im besonderen mehrstufigen Rechtssystem*" geschlagen habe. Auch *Haenel* wird von *Merkl* als ein unerkannter Gründer der Lehre von der Rechtsunterworfenheit des Gesetzgebers in Folge der Feststellung, dass dem Gesetzgeber eine verfassungsvollziehende Funktion zukomme, bezeichnet[429]. *Haenel* habe aber in seiner Untersuchung „*Das Gesetz im formellen und materiellen Sinn*" das Gesetz den Akten der Verwaltung gegenüber gestellt und die Gebundenheit der Verwaltung gegenüber dem Gesetz konstatiert. Dieser Umstand sei jedoch in der Literatur ungeachtet geblieben und erst durch das Werk „*Rechtsdogmatik oder Theorie*

427 Vgl. hierzu *Merkl*, Die Lehre von der Rechtskraft, S. 182ff. Es ist hier nicht der Raum die von Merkl zitierten Autoren und deren Werke darzustellen und zu analysieren.

428 *Merkl*, Die Lehre von der Rechtskraft, S. 182f.

429 *Merkl*, Die Lehre von der Rechtskraft, S. 189f.

der Rechtserfahrung" von *Sander* 1921 entsprechend gewürdigt worden. Der Theorie der subordinierten und superordinierten Normen von *Bierling* spricht *Merkl* auch einen Gleichklang mit seiner Stufenbautheorie zu, obwohl ihm nach eigenen Worten die Rechtsgeschäftslehre von *Bierling* unbekannt war[430]. Beide stimmen überein, dass die subordinierte Norm in ihrer Entstehung durch eine superordinierte Norm bedingt sei, in Worten von *Merkl* ist die Norm niedriger Stufe durch die Norm höherer Stufe bedingt. Auch *Kelsen* habe laut *Merkl* in seinen „*Hauptproblemen der Staatsrechtslehre*" den Akten der Rechtsanwendung die richtige Stellung im Rechtssystem zugeordnet, indem er postulierte, dass der Wille des Staates mehr oder weniger abstrakt sei und die Handlung des Staats ganz und gar konkret[431]. Der Freirechtsschule spricht *Merkl* den Verdienst zu, das Dogma von der alleinigen Rechtsqualität des Gesetzes erschüttert zu haben, auch wenn diese das Richterrecht verabsolutiert habe[432].

2.5.4. Wenn *Merkl* auch von dem einen oder anderen Autor sich Anregungen für seine Stufenbautheorie holen konnte, so ist dennoch sein Verdienst als alleiniger Begründer der Stufenbaulehre unbestritten. Er hat der zeitgenössischen Lehre der österreichisch-ungarischen Monarchie durch das „*anschauliche Bild des Weges der Rechtserzeugung und des Rechtsvollzuges von allgemeinen Rechtssätzen bis zur letzten Vollstreckungshandlung*"[433] die Mehrdimensionalität des Rechtssystems aufzeigen können. Die vor Ende der österreichisch-ungarischen Monarchie erstellten Aufsätze gehen noch ausschließlich von einem Stufenbau der rechtliche Bedingtheit aus und lassen eine allfällige Einordnung des Völkerrechts vermissen, es stellen aber die in diesen Aufsätzen gestellten Überlegungen nicht den Endpunkt der Entwicklung zur Stufenbaulehre dar. Weitergeführt wurden diese Gedanken von *Merkl* in seinen Aufsätzen „*Die Lehre von der Rechtskraft*" und „*Prolegomena einer Theorie des rechtlichen Stufenbaus*". Heute stellt die Lehre vom Stufenbau der rechtlichen Bedingtheit und der derogatorischen Kraft, wie eingangs erwähnt worden ist, ein unverzichtbares „*Lehrbuchwissen jeder Rechtsordnung*"[434] dar.

---

430 *Merkl* stützt sich hier auf die Werke „*Juristische Prinzipienlehre*" und „*Zur Kritik der juristischen Grundbegriffe*". *Merkl*, Die Lehre von der Rechtskraft, S. 194f.

431 *Merkl*, Die Lehre von der Rechtskraft, S. 199f.

432 *Merkl*, Die Lehre von der Rechtskraft, S. 197f.

433 *Antoniolli*/*Koja*, Allgemeines Verwaltungsrecht[3], S. 74.

434 *Öhlinger*, Der Stufenbau der Rechtsordnung, S. 9.

3. Der Weg der Gesetzgebung im Reich und im Land

3.1. Der Weg der Gesetzgebung auf Reichsebene

3.1.1. Session und Geschäftsordnung

3.1.1.1. Wie oben schon ausgeführt wurde, sieht § 10 StGG über die Reichsvertretung vor, dass der Kaiser den RR alljährlich einzuberufen hat. Diese alljährliche Tätigkeit des RR wird vom StGG über die Reichsvertretung Session genannt. Die Lehre bestimmt die Dauer einer Session im Hinblick auf die im StGG gewählte textliche Fassung – im StGG wird von der jährlichen Einberufung des RR in den Wintermonaten gesprochen – mit einem Jahr (=Jahressession)[435]. Von der Session ist die Legislaturperiode zu unterscheiden, die mit der sechsjährigen Wahlperiode zusammen fällt. Grundsätzlich hätten daher in jeder Legislaturperiode sechs Sessionen stattfinden müssen. Dessen ungeachtet hat die Praxis zuweilen eine Session über mehrere Jahre hinaus verlängert, sodass sich folgende Darstellung ergibt:

II. Legislaturperiode	IV. Session[436]	20.05.1867 bis 15.05.1869
	V. Session	14.12.1869 bis 21.05.1870
III. Legislaturperiode	VI. Session	15.09.1870 bis 10.08.1871
IV. Legislaturperiode	VII. Session	27.12.1871 bis 07.09.1873
V. Legislaturperiode	VIII. Session	04.11.1873 bis 22.05.1879
VI. Legislaturperiode	IX. Session	07.10.1879 bis 23.04.1885
VII. Legislaturperiode	X. Session	22.09.1885 bis 23.01.1891
VIII. Legislaturperiode	XI. Session	09.04.1891 bis 22.01.1897
IX. Legislaturperiode	XII. Session	27.03.1897 bis 02.06.1897
	XIII. Session	23.09.1897 bis 27.11.1897
	XIV. Session	21.03.1898 bis 24.07.1898
	XV. Session	26.09.1898 bis 08.10.1899
	XVI. Session	18.10.1899 bis 08.06.1900
X. Legislaturperiode	XVII. Session	31.01.1901 bis 30.01.1907

---

435 *Bernatzik*, Die österreichischen Verfassungsgesetze mit Erläuterungen², S. 404; *Tezner*, Die Volksvertretung, S. 228; *Martinak*, Reichsrat: in: Österreichisches Staatswörterbuch. Handbuch des gesamten österreichischen öffentlichen Rechts², 3 Bd., S. 72.

436 Von der 1. bis zur 202. Sitzung wird in den Protokollen des AH von der 1. Session und nicht von der 4. Session gesprochen. Erst mit dem Protokoll über die Thronrede des Monarchen zum Schluss des RR am 15. Mai 1869 ist die Formulierung „*Schluss der 4. Session*" enthalten. Anders jedoch die Protokolle des HH, die von Beginn an, also seit dem 20. Mai 1867 an der bisherigen Aufzählung anknüpfen und von der 1. Eröffnungssitzung der 4. Session sprechen.

XI. Legislaturperiode	XVIII. Session	17.06.1907 bis 04.02.1909
	XIX. Session	10.03.1909 bis 11.07.1909
	XX. Session	20.10.1909 bis 20.03.1911
XII. Legislaturperiode	XXI. Session	17.07.1911 bis 25.07.1914
	XXII. Session	30.05.1917 bis 12.11.1918

Diese gängige Praxis steht in einem Zusammenhang mit dem von der Lehre angenommenen Prinzip der Diskontinuität einer Session. Nach diesem Prinzip müssen ua Anträge, die in der Session keine Erledigung finden, neuerlich eingebracht werden und es muss das gesamte parlamentarische Verfahren neu durchgeführt werden. Mit dem Prinzip der Diskontinuität geht auch einher, dass die Funktionen sämtlicher Organe beider Häuser des RR neu gewählt bzw. ernannt werden mussten[437].

Von der Schließung der Session ist wiederum die Vertagung durch den Monarchen zu unterscheiden, welche die Kontinuität der parlamentarischen Tätigkeit unberührt lässt. Mit der Vertagung endet aber das gesamte parlamentarische Handeln, sodass sie sich von der Schließung einer Sitzung innerhalb der Session unterscheidet[438]. Es enden hier nur die Plenarsitzungen, während die Ausschüsse ihre Arbeit fortsetzen[439].

Rechtsgrundlage der gesamten parlamentarischen Tätigkeit waren neben den staatsgrundgesetzlichen Bestimmungen das GOG 1873[440] und die autonomen GO des AH[441] und HH[442] aus dem Jahr 1875[443]. Keine für das Gesetzgebungsverfahren wesentliche Neuerungen brachten das GOG und die autonomen GO des

437 *Bernatzik*, Die österreichischen Verfassungsgesetze mit Erläuterungen², S. 405; *Hauke*, Grundriß des Verfassungsrechts, S. 70; *Martinak*, Reichsrat: in: Österreichisches Staatswörterbuch. Handbuch des gesamten österreichischen öffentlichen Rechts², 3 Bd., S. 72; *Tezner*, Die Volksvertretung, S. 229f.

438 Die Session selbst besteht aus einer Reihe von Sitzungen, die vom jeweiligen Präsidenten des Hauses eröffnet und geschlossen werden.

439 *Bernatzik*, Die österreichischen Verfassungsgesetze mit Erläuterungen², S. 407; *Hauke*, Grundriß des Verfassungsrechts, S. 70; *Martinak*, Reichsrat: in: Österreichisches Staatswörterbuch. Handbuch des gesamten österreichischen öffentlichen Rechts², 3 Bd., S. 72f.

440 RGBl 94/1873 (= *Bernatzik*, Die österreichischen Verfassungsgesetze mit Erläuterungen², Nr. 189, S. 809). Die durch das StGG über die Reichsvertretung erforderlichen Änderungen des Gesetzes über die Geschäftsordnung vom 31. Juli 1861, RGBl 78/1861, wurden mit dem Gesetz vom 15. Mai 1868, RGBl 42/1868, durchgeführt.

441 *Bernatzik*, Die österreichischen Verfassungsgesetze mit Erläuterungen², Nr. 189, S. 818.

442 129. Beilage zu den StPHH, 8. Session.

443 Die autonomen GO wurden erst am 16. Juli 1908 abgeändert.

AH und HH aus dem Jahr 1917[444]. Der Grund der Unterscheidung zwischen GOG und autonomen GO liegt darin begründet, dass für das GOG ein übereinstimmender Beschluss beider Häuser erforderlich war, während für die autonome GO des jeweiligen Hauses keine Beeinflussung des jeweils anderen Hauses möglich gewesen war[445]. Dessen ungeachtet wurde diese Differenzierung trotz veränderter Rechtslage in den Rechtsbestand inklusive bis zum B-VG 1920 idF 1929 aufgenommen, es wurde darauf erst 1961 verzichtet[446].

3.1.2. Einleitung des Gesetzgebungsverfahrens

3.1.2.1. Gegenstand von Verhandlungen im RR können Regierungsvorlagen, Vorlagen des jeweils anderen Hauses, Anträge von Mitgliedern eines Hauses sowie Anträge von Ausschüssen[447] sein. Regierungsvorlagen können grundsätzlich sowohl beim AH als auch beim HH eingebracht werden[448]. Finanzvorlagen, das Rekrutengesetz[449], kaiserliche Verordnungen[450] und Verfügungen nach dem Gesetz vom 5. Mai 1869[451], nach welchem zeitweilige und örtliche Ausnahmen bestimmter Artikeln des StGG über die allgemeinen Rechte der Staatsbürger bestimmt werden können, sind zuerst dem AH vorzulegen. Das Prinzip der grundsätzlichen Gleichheit beider Häuser ist damit abgeschwächt[452]. Die Regierungsvorlagen haben bei der Feststellung der Tagesordnung vor allen anderen noch nicht in Verhandlung stehenden Gegenständen Vorrang[453] und bedürfen,

---

444 Davor erfolgte eine Ergänzung des GOG durch RGBl 204/1909, 232/1910 und 245/1911, wobei die beiden letztgenannten Ergänzungsgesetze, das zeitliche befristete RGBl 204/1909 um ein Jahr verlängerten.

445 *Fröhlich/Merkl/Kelsen*, Die Verfassungsgesetze der Republik Österreich, Fünfter Teil, Die Bundesverfassung vom 1. Oktober 1920 mit Anhängen: I. Die derzeit geltenden Bundesverfassungsgesetze samt Nebengesetze, II. Materialien zur Bundesverfassung, S. 97 zu Art. 30.

446 *Atzwanger/Zögernitz*, Nationalrat-Geschäftsordnung, S. 5.

447 Eine entsprechende Regelung sah nur die autonome GO des AH vor, nicht aber die des HH. Vgl. § 19 GO AH.

448 In der Regel wurde jedoch zuerst das AH mit der Regierungsvorlage befasst. Vgl. *Tezner*, Die Volksvertretung, S. 474.

449 § 5 GOG.

450 § 14 StGG über die Reichsvertretung.

451 RGBl 66/1869 (= *Bernatzik*, Die österreichischen Verfassungsgesetze mit Erläuterungen2, Nr. 149, S. 503). Nach § 11 hatte das Ministerium Ausnahmeverfügungen zuerst dem AH vorzulegen.

452 *Bernatzik* spricht davon, dass die politische Bedeutung des HH erheblich unter das Niveau der Gleichheit beider Häuser herabgedruckt wurde. Vgl. *Bernatzik*, Die österreichischen Verfassungsgesetze mit Erläuterungen^2, Nr. 189, S. 812.

453 Der Vorrang der Regierungsvorlage wurde durch häufig gestellte Dringlichkeitsanfragen im AH nach § 42 der autonomen GO gemindert. Dringlichkeitsanträge waren nämlich vor Beginn der Tagesordnung, nach der Praxis sohin auch vor den Regierungs-

wie auch die Vorlagen aus dem jeweils anderen Haus, keiner Unterstützung[454]. Sie dürfen auch nicht ohne Vorberatung abgelehnt werden. Der Regierung selbst wird über ihre Vorlage eine umfassende Dispositionsmöglichkeit eingeräumt. Sie ist berechtigt, ihre Vorlagen jeder Zeit abzuändern und zurückzuziehen. Wird eine solche Vorlage zurückgezogen, kann ein Mitglied des Hauses diesen Gegenstand nur über einen eigenen Gesetzesantrag wieder aufnehmen. Das Gesetzgebungsverfahren hat von neuem zu beginnen. Anträge eines Mitgliedes des Hauses müssen mit der Formel „*Das hohe Haus wolle beschließen*" versehen sein[455]. Der schriftliche Antrag hat den Wortlaut des Beschlusses zu enthalten und ist dem Präsidenten des Hauses zu überreichen. Jeder Antrag muss von 20, nach der autonomen GO des HH von 10 weiteren Mitgliedern unterstützt werden, entweder in Form der Unterfertigung des Antrags durch diese oder in Form einer Unterstützungsfrage durch den Präsidenten. Wird der Antrag nicht ausreichend unterstützt, ist er im Haus zu hinterlegen. Der gehörig unterstützte Antrag wird in Druck gelegt, unter den Mitgliedern des Hauses verteilt und nach Verteilung zur ersten Lesung gebracht. Bevor der Beschluss über die Vorberatung des Antrages gefasst wird, kann das Mitglied ohne weiteres den Antrag zurückziehen. Auch nach Beschlussfassung besteht die Möglichkeit der Zurücknahme, es kann jedoch der Antrag von einem anderen Mitglied des Hauses wieder aufgenommen werden. Über Anträge von den Ausschüssen hat das Haus darüber zu beschließen, ob diese zurückzuweisen sind oder ob in die zweite Lesung einzu-

---

vorlagen, zu behandeln. Obzwar § 42 ausdrücklich vorsah, dass sich die Debatte auf die Frage der Abkürzung zu beschränken hatte, wurde jedoch in der Regel eine Debatte über die Sache geführt und haben daher die Dringlichkeitsanträge zur einer Lähmung der parlamentarischen Arbeit geführt, indem diese die Behandlung der Tagesordnung verhindert hatten. Diese Praxis führte daher auch zu Kuriositäten derart, dass Regierungsvorlagen in Form von Dringlichkeitsanträgen eingebracht wurden, wobei darauf Bedacht zu nehmen war, dass diese nicht in die Tagesordnung aufgenommen waren. Waren sie nämlich auf der Tagesordnung, konnte man diesbezüglich keinen Dringlichkeitsantrag nach § 42 stellen. Vgl. hierzu *Neisser*, Die Geschäftsordnung des AH des RR, Band 2., S 69 ff und 163 ff mit Nachweisen über die Häufigkeit von Dringlichkeitsanträgen. Nach der heutigen Rechtslage unterliegen dringliche Anfragen und dringliche Anträge erheblichen Beschränkungen. Vgl. § 57b, 74a und 93 GOG des Nationalrats.

454 *Tezner* begründet dies damit, „*..., weil die Bürgschaft für ihre Bedeutung in ihrer Herkunft gelegen ist, ...*", vgl. *Tezner*, Die Volksvertretung, S. 475.

455 Vgl. §§ 15 GO AH und §§ 26 GO HH. Von diesen Anträgen sind die nicht selbständigen Anträge zu unterscheiden. Es handelt sich hierbei um Zusatz- bzw. Abänderungsanträge zu den selbständigen Anträgen, sofern die Debatte über diese noch nicht geschlossen ist. Die autonome GO des HH sieht vor, dass die unselbständigen Anträge mit der Hauptfrage in wesentlicher Verbindung stehen müssen. Vgl. § 38 GO AH sowie § 29 GO HH sowie *Neisser*, Die Geschäftsordnung des AH des RR, Band 2., S. 75.

gehen ist. Gesetzesanträge, die abgelehnt werden, können in der laufenden Session nicht mehr auf die Tagesordnung gesetzt werden.

3.1.3. Dreifache Lesung und Vorberatung durch einen Ausschuss

3.1.3.1. Ein Gesetzesantrag ist einer dreifachen Lesung zu unterziehen. Im Rahmen der ersten Lesung ist der Antrag zu begründen. Die Debatte hat sich auf die Frage der Zuweisung des Antrages zu einem bestehenden Ausschuss bzw. zu einem zu errichtenden Ausschuss zu beschränken[456]. Wird der Antrag keinem Ausschuss zugewiesen, gilt der Antrag als abgelehnt. Nach der autonomen GO des HH ist die Verlesung des Antrages vorgesehen. Auf die Verlesung umfangreicher Anträge kann aber verzichtet werden, dies jedoch unter der Voraussetzung, dass der Antrag gedruckt und verteilt ist.

3.1.3.2. Ein Ausschuss ist bei Anwesenheit der Hälfte der Mitglieder beschlussfähig. Jeder Beschluss muss mit absoluter Stimmenmehrheit gefasst werden. Nur bei Stimmengleichheit hat der Vorsitzende mit zustimmen. Vor Berichterstattung kann der Ausschuss seinen Bericht modifizieren, nach der autonomen GO des HH nur vor der Schlussabstimmung. Wird der Bericht erstattet, kann dieser nach der autonomen GO des AH nur mit Zustimmung des Hauses zurück genommen werden. Für die Berichterstattung ist ein Berichterstatter zu wählen, der das Ergebnis der Beratung zusammen zu fassen hat und die Beschlüsse der Mehrheit im Haus zu vertreten hat. Ein Minoritätsbericht kann nur dann abgegeben werden, wenn dies mindestens drei Mitglieder verlangen. Über die Ausschussdebatten sind Protokolle zu führen, welche die anwesenden sowie die abwesenden Mitglieder, die gestellten und die gefassten Beschlüsse sowie allenfalls eine Darstellung der Verhandlung enthalten. Weder das GOG noch die autonomen GO der beiden Häuser sehen Regelungen für Subkomitees vor, obwohl diese zwecks Vorberatung für einen Ausschuss regelmäßig gebildet wurden[457].

3.1.3.3. Der Ausschussbericht ist vom Vorsitzenden und dem Berichterstatter zu unterfertigten und dem Präsidenten zu übergeben. Der Präsident hat den Bericht zu vervielfältigen und an die Mitglieder des Hauses zu verteilen. Die daran anschließende zweite Lesung darf nach der autonomen GO des AH nicht vor Ablauf von 24 Stunden nach erfolgter Verteilung, nach der autonomen GO des HH nicht vor Ablauf von zwei Tagen angesetzt werden. Den Mitgliedern soll damit

456 In der Praxis des AH bildete sich die Übung, Regierungsvorlagen, Beschlüsse des HH und Anträge einzelner Mitglieder sofort einem Ausschuss, ohne erste Lesung zu zuweisen. Vgl. *Neisser*, Die Geschäftsordnung des AH des RR, Band 2., S. 78ff und 100ff.

457 *Tezner* hielt deshalb auch die Errichtung von Subkomitees für geschäftsordnungswidrig. Vgl. *Tezner*, Die Volksvertretung, S. 502.

ausreichend Zeit zur Vorbereitung in die Hand gegeben werden. Die zweite Lesung gliedert sich in eine General- und Spezialdebatte[458]. Die allgemeine Debatte wird vom Berichterstatter eröffnet[459]. Nach der autonomen GO des AH findet die Verlesung des Ausschussberichtes nur dann statt, wenn dies beantragt wird[460]. Am Ende einer jeden Generaldebatte ist darüber abzustimmen, ob das Haus in die Beratung des vorliegenden Entwurfes eingehen und diesen zur Grundlage der Spezialdebatte annehmen will. Wird das Eingehen in die Beratung abgelehnt, gilt der Entwurf als verworfen. Liegen mehrere Anträge[461] vor, hat das Haus zu beschließen, welcher von diesen der Spezialdebatte zugrunde zu legen ist. Die Spezialdebatte hat unmittelbar auf die Generaldebatte zu folgen. In dieser erfolgt die Beratung und Abstimmung über die einzelnen Teile des Entwurfes. Werden Anträge des Ausschusses, die zur Abänderung einer Regierungsvorlage bzw. einer Vorlage des anderen Hauses führen, abgelehnt, hat die Abstimmung über die ursprüngliche Form zu erfolgen. Ein Antrag auf Ablehnung ist in der Spezialdebatte nicht mehr zulässig[462]. Einen Antrag auf Schluss der Debatte kann jederzeit, jedoch ohne Unterbrechung des Redners, gestellt werden. Der Antrag muss vom Präsidenten zur Abstimmung gebracht werden, eine Unterstützungsfrage ist nicht zu stellen. Nach Schluss der Debatte können nur noch die gewählten Redner, die Berichterstatter und der Antragsteller – wenn keine Vorberatung stattgefunden hatte – das Wort ergreifen. Ergreift ein Regierungsvertreter das Wort, gilt die Debatte als wiedereröffnet[463].

3.1.3.4. Nach der autonomen GO des AH folgt die dritte Lesung erst in der darauf folgenden Sitzung, nach der autonomen GO des HH in der Regel sofort, wenn das Haus nichts anderes beschließt. In der dritten Lesung wird eine Abstimmung über den gesamten Entwurf durchgeführt. Es können keine Nebenanträge gestellt werden und es finden keine Debatten statt. Zugelassen sind jedoch

458 Über Staatsverträge fand nur eine General- und keine Spezialdebatte statt. Vgl. *Neisser*, Die Geschäftsordnung des AH des RR, Band 2., S. 162; *Tezner*, Die Volksvertretung, S. 484.

459 Die Regelungen der autonomen GO des HH sind hinsichtlich der zweiten Lesung nur rudimentär, ausführlicher jedoch die Regelungen durch die autonome GO des AH. Die nachfolgende Darstellung der General- und Spezialdebatte stützt sich daher weitestgehend auf die GO des AH.

460 Während der Generaldebatte können andere Anträge wie zB Antrag auf Vertagung, Zurückstellung an den Ausschuss zur Ergänzung, Antrag auf Übergang zur Tagesordnung gestellt werden.

461 Das können ein Antrag der Majorität und der Minorität sowie eine Regierungsvorlage sein.

462 Wohl aber Anträge wie zB auf Vertagung, Gegenstand neuerlich dem Ausschuss zu zuweisen, Übergang auf die Tagesordnung, Abänderungs- und Zusatzanträge.

463 Nach dem Schluss der Debatte kann im AH unter bestimmten Voraussetzungen noch ein Abänderungsantrag gestellt werden. Vgl. § 39 Abs. 3 GO des AH.

Anträge, die Widersprüche des Entwurfes, Schreib-, Sprach- oder Druckfehler berichtigten.

3.1.3.5. Die autonomen GO beider Häuser sehen die Möglichkeit vor, die Geschäftsbehandlung abzukürzen. Ein solcher Abkürzungsantrag kann schon bei Einbringung des Antrages, bei der ersten Lesung oder später gestellt werden. Der Antrag ist sohin gleich in die Verhandlung aufzunehmen. Die Debatte muss sich auf die Frage der Abkürzung beschränken. Mit einer Stimmenmehrheit von zwei Dritteln kann nach der autonomen GO des AH beschlossen werden, dass ein Gegenstand in eine der drei Lesungen aufgenommen wird, ohne dass dieser auf der Tagesordnung steht und dass über einen Gegenstand ohne Vorberatung ein Beschluss gefasst werden kann; nach der autonomen GO des HH, dass einem Antragssteller das Wort der Begründung erteilt wird, ohne dass der Gegenstand auf die Tagesordnung gestellt ist, und dass eine Vorberatung unterbleibt. Mit einfacher Mehrheit kann beschlossen werden, dass dem Ausschuss bzw. der Kommission zur Berichterstattung eine Frist gesetzt wird, nach Verteilung des Berichtes zur Verhandlung geschritten wird, von der Drucklegung des Antrages abgesehen wird oder des Berichtes „Umgang genommen"[464] wird[465]. Dringlichkeitsanträge können zu Gunsten der Behandlung anderer Gegenstände zurück gestellt oder zur Gänze zurück genommen werden[466].

3.1.4. Redeordnung

3.1.4.1. Will jemand über einen auf der Tagesordnung stehenden Beratungsgegenstand sprechen, hat sich das Mitglied am Tag der Beratung vor Beginn der Sitzung persönlich und mündlich beim Präsidenten zu melden. Er muss dabei angeben, ob er für oder gegen den Antrag ist. Die Liste der Redner wird vor Beginn der Beratung verlesen[467]. Die Reihenfolge ist so zu setzen, dass ein Redner, der gegen den Antrag ist, beginnt und in weiterer Folge die Redner dafür und

---

464 Dies heißt nichts anderes als, dass man von einem Ausschussbericht Abstand nehmen kann. Vgl. *Tezner*, Volksvertretung, S. 485.

465 Eine weitere Ausnahme ist die Behandlung von Anträgen, die sich auf die formelle Geschäftsbehandlung beziehen. Hier ist einerseits keine Schriftlichkeit gefordert und andererseits können diese Anträge ohne Debatte gleich zur Abstimmung und zur Schlussfassung gebracht werden. Die autonome GO des AH sieht eine weitere Verkürzung betreffend Anträge auf Niedersetzung von Ausschüssen nach § 43 vor.

466 *Neisser*, Die Geschäftsordnung des AH des RR, Bd. 2., S. 184, 185 und 186. Vgl. auch obige Ausführungen zum Verhältnis Regierungsvorlage und Dringlichkeitsanfragen.

467 Bei besonders zahlreichen Meldungen entscheidet im AH das Los über die Reihenfolge der Redner. Vgl. *Neisser*, Die Geschäftsordnung des AH des RR, Band 2., S. 253.

dagegen sich abwechseln[468]. Haben alle Redner gesprochen, wird den nicht eingeschriebenen Rednern in der Reihenfolge ihrer Meldung vom Präsidenten das Wort erteilt. Der Präsident des Hauses[469] kann an der Debatte teilnehmen, muss aber hierfür bis zur Erledigung des Gegenstandes seine Funktion als Präsident abgeben. Für alle Redner gilt, dass sie nicht mehr als zweimal das Wort ergreifen dürfen[470]. Die Berichterstatter nehmen insofern eine Sonderstellung ein, als sie von der Rednerbühne aus zu sprechen haben und die schriftlich verfassten Berichte auch vorlesen dürfen. Die sonstigen Redner haben ihre Rede frei zu halten. Bei Zustimmung des Präsidenten können Stellen einer schriftlich verfassten Rede bzw. Stellen aus einem Druckwerk verlesen werden[471]. Dem Berichterstatter kommt das Schlusswort der Debatte zu.

3.1.4.2. Weder das GOG noch die autonomen GO der beiden Häuser sehen Regelungen hinsichtlich der Beratungssprache vor, mit welcher die Verhandlungen zu führen sind. In der Literatur[472] und in der Praxis[473] wurde die Ansicht vertreten, dass die deutsche Sprache Verhandlungssprache des RR ist und damit begründet, dass das GOG und die autonomen GO beider Häuser unzweifelhaft von der deutschen Sprache als Verhandlungssprache ausgehen. Im gegenteiligen Fall hätte man entsprechende Regelungen wie zB Regelungen über die Schriftführung, Bestellung von Dolmetscher usw. treffen müssen, was aber unterlassen worden sei[474]. *Tezner* gründete seine Rechtsansicht[475] konkret auf § 30 StGG betreffend die allen Ländern der österreichischen Monarchie gemeinsamen An-

468 Redner können ihre Stellen tauschen bzw. das Recht auf Rede einem anderen Mitglied abtreten.

469 Dem Präsidenten stehen in seiner Funktion der Ruf zur Sache und der Ruf zur Ordnung als Disziplinarmittel zur Verfügung.

470 Die Minister und Chefs der Zentralstellen können auch zum wiederholten Mal das Wort ergreifen. Vgl. § 20 StGG über die Reichsvertretung und § 6 GOG.

471 Vgl. *Neisser*, Die Geschäftsordnung des AH des RR, Bd. 2., S. 258. *Tezner* hält die freie Rede für die Grundvoraussetzung einer beweglichen Beratung. Vgl. *Tezner*, Volksvertretung, S. 487. Mitunter wurde das Verbot der Verlesung von Zitaten aus sonstigen Druckwerken auch als Möglichkeit der Verhinderung einer Obstruktion besonderer Art gesehen. So der Präsident des AH *Chlumecky*, der meinte, dass das Verlesen eines gesamten Buches oder des Konversationslexikons Meyer das hohe Haus Tage lang in Anspruch nehmen könnte. Deshalb könne das Verlesen eines Zitats nur mit Bewilligung des Präsidenten erfolgen. Vgl. *Neisser*, Die Geschäftsordnung des AH des RR, Bd. 2., S. 258 und 259.

472 *Neisser*, Die Geschäftsordnung des AH des RR, Bd 2., S. 429 ff, *Tezner*, Volksvertretung, S. 511.

473 Vgl. StPAH, 233. Sitzung der 11. Session am 13. Oktober 1893, S. 11.163. Präsident *Chlumecky* ging davon aus, dass die GO nur von einer Verhandlungssprache ausgehe und diese nur die deutsche sein könne.

474 *Neisser*, Die Geschäftsordnung des AH des RR, Band 2., S. 443.

475 *Tezner*, Volksvertretung, S. 511.

gelegenheiten und die Art ihrer Behandlung[476] sowie auf § 2 des Gesetzes über die Kundmachung von Gesetzen und Verordnungen durch das Reichsgesetzblatt[477]. § 30 StGG betreffend die allen Ländern der österreich-ischen Monarchie gemeinsamen Angelegenheiten und die Art ihrer Behandlung sehe vor, dass die Delegation des RR ihre Beschlüsse der Delegation des Reichstages in deutscher Sprache mitzuteilen habe. Daraus könne man ableiten, dass die Beschlusssprache der Abordnung des RR dieselbe sein müsse wie jene des abordnenden Parlaments. Aus der Bestimmung des § 2 des Gesetzes über die Kundmachung von Gesetzen und Verordnungen, nach welcher festgehalten werde, dass die deutsche Ausgabe des RGBl den authentischen Text enthalte, könne ebenfalls abgeleitet werden, dass die Gesetzesbeschlüsse des RR in deutscher Sprache gefasst werden müssen. Es könne daher kein Zweifel geben, dass in diesen beiden Gesetzstellen auch die Anerkennung der deutschen Sprache als Verhandlungssprache gelegen sei.

3.1.4.3. Richtig ist einerseits, dass eine ausdrückliche Regelung über die Verhandlungssprache, wie sie beispielsweise in der GO des Europäischen Parlaments erfolgt[478], fehlte und andererseits eine parlamentarische Debatte in sieben bis acht Sprachen nicht durchführbar war. Diese Regelungslücke bot daher durchaus Anlass für zahlreiche Debatten und kann daher auch als ein Grund für den Beginn des langsamen Endes der Verfassung 1867 angesehen werden. Wenn zwar nun die Praxis davon ausging, dass Verhandlungssprache ausschließlich die deutsche Sprache sei, ließ sie dennoch Reden in nicht deutscher Sprache zu[479]. Diesfalls wurde in das stenographische Protokoll nur der deutsche Text aufgenommen. Hatte ein Abgeordneter zur Gänze in einer nicht deutschen Sprache gesprochen, wurde nur protokolliert, dass sich dieser zu Wort gemeldet hat und in welcher Sprache er gesprochen hat. Es kam natürlich auch vor, dass von der nicht deutschen in die deutsche Sprache oder von der deutschen Sprache

476 RGBl 146/1867 (= *Bernatzik*, Die österreichischen Verfassungsgesetze mit Erläuterungen², Nr. 138, S. 439).

477 RGBl 113/1869 (= *Bernatzik*, Die österreichischen Verfassungsgesetze mit Erläuterungen², Nr. 150, S. 511).

478 Art. 131 Abs. 1 leg.cit. sieht vor, dass alle Schriftstücke des Parlaments in den Amtssprachen abzufassen sind und Abs. 2, dass alle Mitglieder das Recht haben, im Parlament die Amtssprache ihrer Wahl zu sprechen. Die Ausführungen in einer der Amtssprachen werden simultan in allen anderen Amtssprachen sowie in jede weitere Sprache, die das Präsidium für erforderlich erachtet, übersetzt.

479 Zugelassen wurden jedoch nur die landesüblichen Sprachen der Monarchie. Wurde eine Rede in anderen Sprachen wie zB der russischen gehalten, entzog man dem Redner das Wort. Vgl. *Neisser*, Die Geschäftsordnung des AH des RR, Bd. 2., S. 455. Nach *Stourzh* wurde eine Übersetzung der Rede bis 1873 dem Präsidium übergeben, nach 1873 nicht mehr. Vgl. *Stourzh*, Die Gleichberechtigung der Nationalitäten in der Verfassung und Verwaltung Österreichs 1848 – 1918, S. 92.

in eine nicht deutsche Sprache gewechselt wurde. In diesem Fall wurde protokolliert, dass der Abgeordnete die Rede in einer bestimmten Sprache begann und dann in deutscher Sprache fortsetzte bzw. in deutscher Sprache begann und in einer nicht deutschen Sprache fortsetzte[480]. Ab Beginn des deutschen Teils wurde die Rede stenographisch protokolliert.

3.1.4.4. Über jede Sitzung, auch geheime, ist Protokoll zu führen, welches für die Mitglieder des Hauses einsichtig ist. Das Protokoll ist einer Berichtigung zugänglich. Das Protokoll hat ua die Bestätigung über die Anwesenheit der zur Beschlussfähigkeit erforderlichen Anzahl der Mitglieder, die in Verhandlung genommenen Gegenstände, die gestellten Anträge samt Namen des Antragstellers, die zur Abstimmung gebrachten Fragen und das Ergebnis der Abstimmung und die gefassten Beschlüsse zu enthalten[481]. Von diesen Protokollen sind die stenographischen Berichte zu unterscheiden, die eine vollständige Darstellung der Verhandlungen zu geben hatten.

3.1.5. Abstimmung

3.1.5.1. Das Erfordernis der Beschlussfähigkeit ist staatsgrundgesetzlich geregelt. Die Voraussetzungen für die Beschlussfassungen seien an dieser Stelle nochmals wiederholt. Nach dem StGG über die Reichsvertretung kann man zwischen einem einfachen und qualifizierten Beschlussquorum unterscheiden. Grundsätzlich ist für einen Beschluss im AH die Anwesenheit von 100, im HH die Anwesenheit von 40 Mitgliedern erforderlich und für die Annahme des Beschlusses die Mehrheit der Stimmen der Anwesenden. Für die Abänderung eines StGG ist die Anwesenheit im AH der Hälfte der Mitglieder und die Mehrheit von zwei Dritteln der Stimmen der Anwesenden erforderlich. Es fällt auf, dass für das HH kein besonderes Präsensquorum erforderlich ist. Aus dem ersten Teil der Untersuchung ergibt sich, dass der Verfassungsgesetzgeber den Grund hierfür offen ließ und die Einführung des erhöhten Präsensquorum im AH damit be-

---

480 Als ein Beispiel von vielen, zugleich ein Protest gegen die geübte Praxis, eine nicht deutsche Rede nicht zu protokollieren, sei hier zitiert das Protokoll des AH in der Sitzung vom 9. November 1906 der 17. Session: „*Abgeordneter Choc (beginnt seine Rede in böhmischer Sprache und fährt dann fort): Indem ich mich dagegen verwahre, daß es sich die böhmische Politik noch immer gefallen läßt, daß böhmische Reden und Eingaben in unserer Muttersprache hier nicht protokolliert werden, was uns gewiß nur zur Schmach gereicht (Zustimmung), und was, wie ich glaube, die künftigen Abgeordneten sich nicht gefallen lassen werden und sich nicht gefallen lassen dürfen (Zustimmung), unter Protest gegen dieses Vorgehen des Präsidiums ergreife ich das Wort in der deutschen Sprache...*“.

481 Darüber hinaus sind bestimmte Vorkommnisse nur dann vom Protokoll zu erfassen, wenn dies das Haus beschließt wie zB der Ruf zur Ordnung.

gründete, dass die Erhöhung der Zahl der Abgeordneten die Erhöhung der Zahl der anwesenden Mitglieder notwendig machte.

3.1.5.2. So klar der Wortlaut der Bestimmungen über die Präsens- sowie Konsensquoren ist, so unterschiedlich wurden diese interpretiert. Diskutiert wurde ua darüber, ob die Hälfte der Mitglieder sich nach der im § 6 StGG über die Reichsvertretung festgesetzten Zahl der Mitglieder des AH oder sich nach der tatsächlichen Zahl der Mitglieder, dh Zahl der Mitglieder vermindert durch jene, die ihr Mandat wie zB durch Fernbleiben verloren hatten, bestimmt. Die parlamentarische Praxis ging zunächst – konkret: bei der Beschlussfassung über die teilweise Abänderung des StGG über die Einsetzung eines Reichsgerichtes[482] – noch von der tatsächlichen, wirklichen Anzahl der Mitglieder aus, schloss sich aber dann jener richtigen Ansicht an, welche die grundgesetzlich bestimmte absolute Zahl der Mitglieder des AH voraus setzte[483].

3.1.5.3. Im Zusammenhang mit der Beratung über die Abänderung des § 13 Grundgesetzes über die Reichsvertretung vom 26. Februar 1861[484] wurde darüber debattiert, ob das Konsensquorum entweder nur in der 3. Lesung oder auch schon in der 2. Lesung erfüllt sein musste. Die Entscheidung des AH, dass eine zwei Drittelmehrheit sowohl in der 2. als auch in der 3. Lesung bestehen musste, war dann die Grundlage für die weitere und auch heute noch bestehende[485] Praxis im Gesetzgebungsverfahren. Die in die Debatte eingebrachten Argumente, dass das StGG über die Reichsvertretung nicht zwischen einer 2. und 3. Lesung unterscheide sowie dass die 2. Lesung die eigentliche Lesung sei – tatsächlich findet in der 3. Lesung nach den autonomen GO beider Häuser keine Debatte mehr über den Beratungsgegenstand statt, sondern es wird nur noch mehr über diesen im Gesamten abgestimmt – überzeugen und treffen den Nagel auf den Kopf. Ist das Erfordernis der Anwesenheit von der Hälfte der Mitglieder und der Stimmenmehrheit von zwei Dritteln der Anwesenden zu erfüllen, hat man diese

---

482 StPAH, 133. Sitzung der 8. Session am 18. März 1875, S. 4701.

483 In der ursprünglichen Fassung des § 15 des StGG über die Reichsvertretung hieß es noch: *„... können nur mit einer Mehrheit von wenigsten zwei Dritteln der Stimmen gültig beschlossen werden.“* Mit dem StGG vom 2. April 1873 wurde § 15 wie folgt abgeändert: *„...mit einer Mehrheit von wenigsten zwei Dritteln der Stimmen der Anwesenden...“*. *Lustkandl* spricht in diesem Zusammenhang von einer Klarstellung. Vgl. *Lustkandl*, Gesetz, in: Österreichisches Staatswörterbuch. Handbuch des gesamten österreichischen öffentlichen Rechts, 2 Bd., S. 439. Vgl. auch *Neisser*, Die Geschäftsordnung des AH des RR, Bd. 2., S. 310ff und *Tezner*, Volksvertretung, S. 490.

484 Siehe Teil 1, S. 44.

485 Vgl. *Atzwanger/Zögernitz*, NR-GO3, 1999, § 82, Z. 9: *„In der 2. Lesung bedürfen nur die VfBest in solchen GesBeschlüssen einer 2/3 Mehrheit bei Anwesenheit von mindestens der Hälfte der Abg, hingegen sind in der 3. Lesung diese Beschlußerfordernisse für den ganzen GesBeschluß notwendig.“*

aus den eben genannten Gründen bei der Beschlussfassung über die einzelnen Teile und über das Gesamte zu berücksichtigen. Die Annahme eines Entwurfes mit der Zweidrittelmehrheit bloß in der 3. Lesung kann auch einen allfälligen Mangel der Beschlussfassung in der 2. Lesung nicht sanieren. Erlangt eine Gesetzesbestimmung schon in der 2. Lesung keine qualifizierte Mehrheit, ist und muss diese Bestimmung vom Parlament als verworfen angesehen werden. Eine Abstimmung in der 3. Lesung ist aus diesem Grund nicht mehr möglich. Eine Praxis, die möglicherweise aus Opportunitätsgründen davon ausging, dass bloß in der dritten Lesung die qualifizierten Präsens- und Konsensquoren zu erfüllen sind, wäre daher verfassungswidrig gewesen, da eben nach der damals herrschenden Ansicht das StGG über die Reichvertretung nicht zwischen einer zweiten und dritten Lesung unterschied und sohin für beide Lesungen die Voraussetzung der qualifizierten Stimmenmehrheit erfüllt sein muss[486].

3.1.5.4. Strittig war auch die Frage, wer zu entscheiden hat, ob ein Gesetzesentwurf mit einfacher oder qualifizierter Mehrheit zu beschließen ist. Die Lehre und Praxis[487] sprach dieses Recht dem Präsidenten des Hauses zu; diese Ansicht wurde ua damit begründet, dass der Präsident der Exekutor der Verfassung sei und dass keine Rechtsvorschrift etwas gegenteiliges vorsehe[488]. Schon allein das letzte Argument vermag nicht zu überzeugen. Aus dem gleichen Umstand könnte nämlich ein alleiniges Beschlussrecht des Hauses begründet werden. Auch nicht näher ausgeführt wurde, warum der Präsidenten des Hauses alleiniger Exekutor der Verfassung sein sollte. Die autonomen GO beider Häuser sehen nämlich bloß vor, dass dem Präsident die Beobachtung der GO obliegt. Darunter ist aber nichts anderes zu verstehen, als dass diesem die Handhabung, Einhaltung und Auslegung der GO zu kommt, nicht aber die Ausführung der Verfassung dermaßen, dass der Präsident die Frage der erforderlichen Präsens- und Konsensquoren allein entscheidet. Der Präsident hat die Verfassung insofern zu beachten und zu exekutieren, als dieser das GOG und die autonomen GO beider Häuser verfassungskonformen auszulegen und anzuwenden hat. Nur in diesem Zusammenhang kann man von einem „*Exekutor*" der Verfassung sprechen. Im Verhältnis Präsident und Parlament kann die Entscheidung über die Beschlussvoraussetzungen für einen Gesetzesentwurf in einem konstitutionellen

---

486 Anderer Ansicht und gegen die geübte Praxis jedoch *Tezner*, Volksvertretung, S. 492, der davon ausgeht, dass das Erfordernis der qualifizierten Mehrheit in der dritten Lesung erfüllt werden müsse, weil erst in dieser endgültig über den Entwurf abgestimmt werde.

487 Vgl. *Neisser*, Die Geschäftsordnung des AH des RR, Bd. 2., S. 294ff; *Tezner*, Volksvertretung, S. 490.

488 *Tezner*, Volksvertretung, S. 490; vgl hierzu auch die Ausführungen von *Brauneder*, Was ist die Verfasung?, in: Demokratie und sozialer Rechtsstaat in Europa. Festschrift für Theo Öhlinger, S. 188f.

Regierungssystem richtigerweise nur dem Parlament zu kommen, da diese Frage im Gesetzgebungsverfahren von den gesetzgebenden Organen zu beantworten ist und nicht durch den Präsidenten eines Parlaments, dem bloß die Leitung des Hauses obliegt. Nur dem Parlament – im Verhältnis zu dem Präsidenten - steht daher im Gesetzgebungsverfahren die Entscheidungsbefugnis zu, ob ein Gegenstand mit einfacher oder qualifizierter Mehrheit zu beschließen ist[489]. Auf dieses Recht hat das Parlament auch nicht derart verzichtet, in dem es dieses an einen Dritten übertrug.

Keine Regelungen ist für den Fall vorgesehen, wenn der Monarch im Rahmen der Sanktionierung die Meinung vertritt, ein Beschluss hätte mit einer qualifizierter Mehrheit gefasst werden müssen. Wäre diesfalls ein Gesetz vom Parlament mit einfacher Mehrheit beschlossen worden und hätte der Monarch die gegenteilige Ansicht vertreten, hätte der Beschluss zur Verbesserung dem Parlament rückerstattet werden müssen. Probleme wären entstanden, wenn das Parlament an seiner Rechtsansicht festgehalten hätte und den Entwurf abermals nur mit einfacher Mehrheit beschlossen hätte. Es wäre ein Zirkelverfahren entstanden, wenn keine der beiden Seiten nachgegeben hätte, allenfalls wäre der Beschluss nicht Gesetz geworden. Die Idee des Abgeordneten *Coronini,* ein eigenes Verfahren diesbezüglich einzurichten, wurde nicht aufgegriffen[490].

3.1.5.5. Vor Übergang zur Tagesordnung hat der Präsident nach der GO des AH die Anwesenheit der zur Beschlussfassung erforderlichen Anzahl festzustel-

---

489 So auch schon *Jaques*: *„Ist ja doch durch dieses Stillschweigen das geradezu abnorme Resultat herbeigeführt, dass nunmehr ein einzelner Parteimann, der jeweilige Präsident des Abgeordnetenhauses – ebensosehr im Widerspruch mit dem Geiste der Verfassung, als mit seinen nach der Geschäftsordnung im Uebrigen eng begrenzten Befugnissen – über eine der cardinalsten, zudem oft genug sehr streitigen und schwierigen Fragen des positiven Verfassungsrechts nach seinem arbitären, nicht einmal durch Bekanntgabe von Entscheidungsgründen dem Wahlen rein persönlicher Willkür entrücktem Ermessen endgiltige, unabänderliche Entscheidung trifft.*" *Jaques*, Die Wahlprüfung in den modernen Staaten und ein Wahlprüfungsgerichtshof für Österreich, S. 5.

490 Im Jahr 1890 brachte der Abgeordnete *Coronini* einen Gesetzesentwurf ein, der eine eigene Kommission, die sich aus den beiden Präsidenten des AH und HH, des Präsidenten des OGH, des Reichsgerichtes und des VwGH zusammen setzen sollte, vorschlug, die über die Frage des Präsens- und Konsensquorum zu entscheiden und sogar einen Beschluss zu fassen gehabt hätte. Vgl. Beilage 986, der 10. Session. Auch hier wäre die gegenständliche Frage dem Parlament entzogen worden. Nach heutiger Rechtslage ist die Frage, ob ein BG in Form des Verfassungsrechts zu erzeugen ist, von der Lehre unstrittig dahin gehend beantwortet, dass diese ausschließlich vom NR zu entscheiden ist. Vgl. *Mayer*, B-VG4, Art.44, I.1., S. 223.

len[491]. Im Lauf der Sitzung ist der Präsident dazu nur dann verpflichtet, wenn dies von einem Mitglied ausdrücklich verlangt wird[492]. Nach der GO des HH hat der Präsident die Sitzung zu eröffnen, sobald die beschlussfähige Zahl der Mitglieder anwesend ist.

3.1.5.6. Die Abgabe der Stimme darf nur durch Bejahung oder Verneinung erfolgen. Stimmenthaltung anwesender Mitglieder ist ausgeschlossen[493]. Die Abstimmung findet durch Aufstehen und Sitzen bleiben statt. Das Aufstehen bedeutet Ja und das Sitzen bleiben Nein[494]. Nur wenn nach Ansicht des Präsidenten das Ergebnis zweifelhaft ist, findet eine namentliche Abstimmung statt[495]. Auch eine geheime Abstimmung kann beschlossen werden. Hierzu erhält jeder Abgeordnete einen Stimmzettel, auf dem ein Ja oder Nein vorgedruckt war. Die Mitglieder werden namentlich aufgerufen und es müssen diese die Stimmzetteln in eine Urne legen. Bei Stimmengleichheit gilt der Gegenstand als verworfen. Der Vorsitzende stimmt mit Ausnahme von Wahlen nicht mit. Bezüglich der Reihung der Abstimmungen über Anträge gilt, dass die abändernden Anträge vor dem Hauptantrag und die weitergehenden[496] Anträge vor den übrigen Anträgen zur Abstimmung gebracht werden müssen. Nach der autonomen GO des HH sind vor den abändernden Anträgen die vertagenden Anträge zu beraten.

---

491 Sollte die Aussprechung der Beschlussfähigkeit nicht möglich sein, wird die Anzahl der anwesenden Mitglieder durch Namensaufruf ermittelt. Erst im Laufe der Jahre wurde es die Regel, dass die Beschlussfähigkeit zu Beginn der Sitzung festgestellt wurde. Davor fand die Feststellung gar nicht oder erst nach Eingehen in die Tagesordnung statt. Vgl. *Neisser*, Die Geschäftsordnung des AH des RR, Bd. 2., S. 209ff.

492 Wird ein solcher Antrag während einer Rede gestellt, hat das Präsidium des AH den Antrag zurück zu weisen oder die Konstatierung auf den Zeitpunkt der Beschlussfassung zu verschieben. *Neisser*, Die Geschäftsordnung des AH des RR, Bd. 2., S. 212 ff.

493 Will sich ein Mitglied der Stimme enthalten, muss er den Plenarsaal verlassen.

494 Eine Abstimmung durch Handzeichen wurde im AH nur ausnahmsweise zugelassen. *Neisser*, Die Geschäftsordnung des AH des RR, Bd 2., S. 346. *Tezner* stellte es in das Ermessen des Präsidenten, eine Abstimmung durch Erheben der Hände durchzuführen oder die Bedeutung des Aufstehens und des Sitzen bleiben umzukehren. *Tezner*, Volksvertretung, S. 495.

495 Eine namentliche Abstimmung fand auch statt, wenn dies 50 Mitglieder beantragten, nach der autonomen GO des HH durch Beschluss des Hauses. Vor der Abstimmung konnte vom Präsidenten verlangt werden, dass die Zahl der für und gegen die Frage Stimmenden bekannt gegeben wurde (vgl. § 63 GO des AH).

496 Es versteht sich von selbst, dass die Frage, welcher Antrag der weitergehende war, oft zu Konflikten im Parlament führte. Vgl. *Neisser*, Die Geschäftsordnung des AH des RR, Bd. 2., S. 322.

3.1.6. Die Behandlung umfangreicher Gesetze

3.1.6.1. Für die Behandlung umfangreicher Gesetze wurde ein eigenes Gesetz[497] erlassen, das dann zur Anwendung gelangt, wenn ein übereinstimmender Beschluss beider Häuser des RR zustande kommt und die Genehmigung des Kaisers erteilt wird. Die Besonderheit des Gesetzes liegt darin, dass die nach dem Gesetz zu wählenden Ausschüsse auch nach Schließung des RR oder während dessen Vertagung Beratungen abhalten können, um die zugewiesenen Vorlagen zu bearbeiten. Der Kaiser hat das Recht, die Sitzung eines solchen Ausschusses aufzuheben oder mit Vorbehalt der Wiedereinberufung einzustellen. Zu den Ausschüssen ist festzuhalten, dass jedes der beiden Häuser einen solchen Ausschuss zu wählen hat und von den beiden jener die Beratungen beginnt, in dessen Haus der Entwurf eingebracht worden ist. Für die Beschlussfähigkeit des Ausschusses ist die Anwesenheit von zwei Drittel der Mitglieder erforderlich. Hat der letztere Ausschuss der beiden Häuser seinen Bericht erstattet und stimmen die Beschlüsse beider Häuser nicht überein, hat das normale Gesetzgebungsverfahren einzutreten. Weiters lassen sich ua Bestimmungen über die Berichterstattung, Anwesenheit im Ausschuss, Antragsstellung und über den Verkehr mit den Ministern und Chefs der Zentralstellen finden.

3.1.7. Verkehr zwischen den beiden Häusern

3.1.7.1. Beide Häuser können entweder mündlich durch Botschaften oder schriftlich durch ihre Präsidenten unter Mitfertigung eines Schriftführers miteinander verkehren. Gesetzesbeschlüsse sind dem anderen Haus mitzuteilen[498]. Tritt das andere Haus dem Gesetz ohne Abänderung bei, hat es den Beschluss an das Ministerium weiterzuleiten. Davon ist das andere Haus zu benachrichtigen. Bei Abänderungen geht der Antrag an das andere Haus zurück, in welchem neuerlich über die Abänderungen zu beraten ist. In die Beratung sind nur mehr die abweichenden Stellen einzubeziehen[499]. Dieses Verfahren muss solange durchgeführt werden, bis eine Einigung erzielt wird. Wird der Beitritt zum Beschluss abgelehnt, ist das andere Haus davon zu verständigen. Die Ablehnung von Anträgen durch jenes Haus, in welches der Antrag zuerst eingebracht wird, muss dem anderen Haus nicht mitgeteilt werden. Bei einer Regierungsvorlage ist die Ablehnung der Regierung zu berichten, unabhängig davon, ob die Ableh-

---

497 RGBl 104/1867 (= *Bernatzik*, Die österreichischen Verfassungsgesetze mit Erläuterungen², Nr. 130, S. 379).

498 Wurde ein Beschluss mit einer Zweidrittelmehrheit gefasst, musste dies dem anderen Haus mitgeteilt werden.

499 *Tezner*, Volksvertretung, S. 504; *Neisser*, Die Geschäftsordnung des AH des RR, Bd. 2., S. 397.

nung schon durch jenes Haus erfolgt, in dem der Antrag eingebracht wurde, oder erst im anderen Haus.

3.1.7.2. Besondere Vorschriften sind vorgesehen bei der Beratung des Jahresbudgets, Finanzgesetzen, Rekrutengesetzen und dringenden Regierungsvorlagen, die keine Aufschiebung erdulden. Kann nämlich hier keine Übereinstimmung beider Häuser erzielt werden, hat eine gemeinsame Konferenz – diese setzte sich aus einer gleichen Anzahl von Mitgliedern eines jedes der beiden Häuser zusammen – zusammen zu treten. Diese hat einen gemeinsamen Bericht zu verfassen, welcher in jenem Haus zur Beratung kommt, in welchem die Angelegenheit früher beschlossen wurde. Der Antrag auf Einsetzung der Konferenz kann von jedem der beiden Häuser gestellt werden, sofern schon mindestens zweimal ein Beschluss gefasst wurde. Eine Ablehnung durch das andere Haus ist ausgeschlossen. Die Bestimmung über die Möglichkeit der Errichtung einer gemeinsamen Konferenz hat jedoch im parlamentarischen Leben kaum bzw. keine Rolle gespielt[500]. Bezüglich der Finanzgesetze und Rekrutengesetz ist auf § 13 StGG über die Reichsvertretung[501] zu verweisen. Danach gilt die kleinere Ziffer als bewilligt, wenn trotz wiederholter Beratung keine Überstimmungen erzielt werden kann.

3.2. Der Weg der Gesetzgebung auf Landesebene

3.2.1. Die Einberufung des Landtages erfolgt durch den Kaiser in der Regel einmal im Jahr in Form eines kaiserlichen Patentes, das im RGBl kundgemacht wird. Diese Form der Einberufung ist nicht gesetzlich vorgeschrieben, erfolgte aber bis zum Ende der Monarchie entweder für ein einzelnes[502], für mehrere[503] oder für alle österreichischen[504] Länder. *Spiegel* ist der Meinung, dass die Einberufung der Landtage eine Reichsangelegenheit sei[505]. *Tezner* widerspricht dieser Ansicht, da sich hier weder in der allgemeinen Regelung des § 11 StGG über die Reichsvertretung noch im Gesetz vom 10. Juni 1869 über die Kundmachung von Gesetzen und Verordnungen im RGBl eine entsprechende Grundlage

500 *Neisser*, Die Geschäftsordnung des AH des RR, Band 2., S. 405 und 406.

501 Irrtümlichweise spricht *Tezner* von § 18 StGG über die Reichsvertretung. Richtig ist jedoch seine Ansicht, dass man dann schon von mangelnder Übereinstimmung sprechen kann, wenn in analoger Anwendung des § 11 GOG über die Angelegenheit bereits zweimal ein Beschluss gefasst wurde. Vgl. *Tezner*, Volksvertretung, S. 505.

502 Vgl. zB RGBl 123/1911.

503 Vgl. zB RGBl 140/1909.

504 Vgl. zB RGBl 33/1892.

505 *Spiegel*, I. Landesordnungen, in: *Mischler/Ulbrich*, Österreichisches Staatswörterbuch. Handbuch des gesamten österreichischen öffentlichen Rechts^2, 3 Bd., S. 424.

finden lasse[506]. Der Versammlungsort ist entweder die Landeshauptstadt oder ein in der Landesordnung genannter. In den kaiserlichen Patenten wurde der Einberufungsort als „gesetzlicher Versammlungsort" bezeichnet[507]. Die Schließung des Landtages kann durch den Kaiser oder durch den Landeshauptmann[508] erfolgen. Vom letzteren, wenn keine zu behandelnden Geschäfte für den Landtag mehr vorliegen bzw. ein kaiserlicher Auftrag vorliegt. Die Auflösung kommt nur dem Kaiser zu. Dieser hat zugleich Neuwahlen auszuschreiben. Obzwar keine Regelungen über eine Vertagung vorgesehen war, hat die Praxis ein solches Recht in Form einer Selbstvertagung oder durch den Kaiser anerkannt[509]. Auch die Auflösung wurde im RGBl kundgemacht[510].

3.2.2. Ist der Landtag ordnungsgemäß einberufen worden, hat er die ihm zukommenden Angelegenheiten in öffentlichen Sitzungen zu behandeln. Die Sitzungen werden vom Landeshauptmann eröffnet und von diesem auch geschlossen. Nicht öffentliche Sitzungen sind auf Antrag des Landeshauptmannes oder auf Antrag von fünf Mitgliedern nach Beschlussfassung des Landtages möglich. Die Sitzung selbst wird vom Landeshauptmann geleitet. Die Gesetzesvorschläge gelangen einerseits als Regierungsvorlagen an den Landtag, andererseits steht auch diesem das Recht zu, ein Gesetz vorzuschlagen. Anträge, die außerhalb des Wirkungskreises des Landtages stehen, sind vom Landeshauptmann von den Beratungen auszuschließen. Die Reihenfolge der Beratungsgegenstände wird vom Landeshauptmann bestimmt. Die Landesordnungen sehen aber vor, dass Regierungsvorlagen Vorrang gegenüber allen anderen Beratungsgegenständen zukommt.

3.2.3. Für Gesetzesvorlagen sehen die Geschäftsordnungen der Landtage eine dreifache Lesung vor. Die Geschäftsordnungen der einzelnen Landtage gleichen einander und der Geschäftsordnung des AH[511], sodass es nicht unbedingt notwendig erscheint, hier auf die einzelnen Geschäftsordnungen im Detail einzugehen. In der ersten Lesung ist über die Zuweisung an einen Ausschuss oder über den Übergang zur Tagesordnung zu entscheiden. Regierungsvorlagen sind nicht einer ersten Lesung zu unterwerfen. Die zweite Lesung gliedert sich in eine Allgemein- und Spezialdebatte. Die Debatte über den Ausschussbericht eröffnet der Berichterstatter, gefolgt vom Berichterstatter der Minorität. Die Rei-

506 *Tezner*, Volksvertretung, S. 678, FN 2.

507 Vgl. zB. RGBl 101/1914.

508 In einigen Landesordnungen wird von einem Landesmarschalle gesprochen.

509 Vgl. zB RGBl 33/1892.

510 Vgl. zB RGBl 78/1913.

511 *Schmitz*, II. Organe und Arbeitsweise, Strukturen und Leistungen der Landesvertretungen, in: *Rumpler/Urbanitsch*, Die Habsburgermonarchie 1848 – 1918, Band VII, Verfassung und Parlamentarismus, 2. TB, S. 1354 und 1355.

henfolge der anschließenden Redner bestimmt sich nach der Anmeldung, beginnend mit einem Sprecher „dafür" und folgend einem Sprecher „dagegen". Die Redner haben mit Ausnahme des Berichterstatters frei zu sprechen. Die dritte Lesung hat in der nächstfolgenden Sitzung zu erfolgen und in dieser wird über die Gesetzesvorlage als Ganzes ohne Debatte abgestimmt. Über die Beratungen im Plenum und in den Ausschüssen sind Protokolle in der Landessprache zu erstellen, die den wesentlichen Verlauf der Sitzung wieder geben. Davon ist wiederum das Stenographische Protokoll zu unterscheiden, das den Verlauf einer Sitzung wörtlich wieder gibt.

3.2.4. Zur Beschlussfassung ist die Anwesenheit von mehr als der Hälfte der Anwesenden und die absolute Stimmenmehrheit der Anwesenden erforderlich. Bei Stimmenmehrheit gilt der Antrag auf Erlassung eines Gesetzes als verworfen, der nicht mehr innerhalb derselben Session eingebracht werden kann. Die Abänderung von Landesordnungen bedarf die Gegenwart von mindesten drei Viertel der Mitglieder und die Zustimmung von zwei Dritteln der Anwesenden. Die Abstimmung erfolgt mündlich und kann nach dem Ermessen des Landeshauptmannes durch Aufstehen und Sitzen bleiben erfolgen. Die Verhandlungen des Landtages sind zu protokollieren und es sind die Protokolle dem Kaiser vorzulegen.

4. Kaiserliche Sanktion

4.1. Allgemeines zur kaiserlichen Sanktion

4.1.1. Die übereinstimmenden Beschlüsse des RR bzw. die Beschlüsse des Landtages sind vom Monarchen zu sanktionieren. In der Literatur wurde die rechtliche Bedeutung der Sanktion durch den Monarchen unterschiedlich bewertet. Man stellte sich ua die Frage, wer konkret den Gesetzbefehl erteilt. Die Beantwortung dieser Frage stand in der Regel in einem bedeutungsvollen Zusammenhang mit der Festlegung der eigenen juristischen Methode und gab zugleich Auskunft über die jeweils vertretene staatstheoretische Rechtsansicht. Herrschend war die Ansicht, dass einzig und allein der Monarchen den Gesetzesbefehl erteilte. Nur wenige vertraten die Meinung, dass der Monarch und das Parlament gleichberechtigt gegenüberstanden und diese gemeinsam den Staatswillen bildeten. Im Folgenden werden die wichtigsten Vertreter der herrschende Lehre und der Gegenlehre in den Personen *Laband* und *Jellinek* bzw. *Lukas* und *Kelsen* detaillierter wiedergegeben[512]. Daran anknüpfend folgt die

512 Zur zeitgenössischen Lehre vgl. grundlegend *Lukas*, Die rechtliche Stellung des Parlaments in der Gesetzgebung Österreichs und der constitutionellen Monarchien des Deutschen Reiches. Enthält auch eine umfassende Darstellung der Lehre vor *Laband*.

Darstellung der zeitgenössischen sowie heutigen österreichischen Lehre samt Anfügung der eigenen Rechtsansicht.

4.2. Die Lehre von Laband und Jellinek

4.2.1. Der deutsche Staatsrechtsgelehrte *Laband* nahm mit seinem umfassenden Werk *„Das Staatsrecht des Deutschen Reiches"* eine hervorragende Stellung ein und beeinflusste mit seinen Ausführungen nicht nur in Deutschland, sondern auch in den cisleithanischen Ländern der österreich-ungarischen Monarchie eine Vielzahl von Juristen. Mit seiner Unterscheidung im Gesetzgebungsrecht zwischen Gesetzesbefehl und Gesetzesinhalt setzte er für viele Autoren einen Meilenstein und bestimmte auch die Diskussion über die Gesetzgebungslehre. Eine Arbeit über das cisleithanische Gesetzgebungsrecht ohne Darstellung der Lehre von *Laband* wäre daher unvollständig. Konkret führt *Laband* aus, dass das Gesetz die Anordnung eines Rechtssatzes sei[513]. Dabei reiche es aber nicht aus, dass eine Rechtsregel formuliert werde, sondern diese müsse auch für verbindlich erklärt werden. Der im Gesetz auftretende Wille sei stets ein Befehl, dass der erklärte Rechtssatz befolgt werden soll. Man habe deshalb zwischen dem Gesetzesinhalt und dem Gesetzesbefehl zu unterscheiden. Die Bestimmung des Gesetzesinhaltes und die Erteilung des Gesetzesbefehles können einer Person zukommen oder auf unterschiedliche Organe aufgeteilt werden. In einer konstitutionellen Monarchie erteile lediglich der Monarch den Gesetzesbefehl als alleiniger Träger der ungeteilten und unteilbaren Staatsgewalt, der Gesetzesinhalt werde aber mit dem Parlament vereinbart. Den Wortlaut des Parlamentbeschlusses könne der Monarch jedoch nicht abändern. Ihm stehe es aber frei, den Gesetzesbefehl zu erteilen oder nicht zu erteilen. Nur die Sanktion allein sei Gesetzgebung im staatsrechtlichen Sinn. Aus diesem Grund könne auch nicht die Sanktion als Vetorecht des Landesherrn verstanden werden. Wäre die Sanktion nämlich ein Veto, würde ihre Funktion nicht darin bestehen, ein Gesetz zu erlassen, sondern den eigentlichen Gesetzgeber – nämlich das Parlament[514] – an der Ausübung seines Rechtes zu hindern. Die Rechtsansicht, dass der Monarch und das Parlament den Gesetzesbefehl erteilen, lehnt *Laband* ab. Dies begründet er damit, dass das Parlament immer nur einen Willen erklären, jedoch keinen Befehl erteilen könne. Der Adressat der Beschlüsse des Parlaments sei immer nur der Monarch und nicht die Untertanen. Mit dem Beschluss werde nur die Genehmigung erteilt, dass der Monarch seinerseits den Gesetzesbefehl erteile könne. Dieser Beschluss stelle daher auch eine notwendige Bedingung für die Sanktion dar. Erst der Monarch richte sich an die Untertanen durch den erteilten

---

513 *Laband*, Das Staatsrecht des Deutschen Reiches[5], 2. Bd., S. 1ff.

514 *Laband* spricht in diesem Zusammenhang vom Landtag, vgl. *Laband*, Das Staatsrecht des Deutschen Reiches[5], 2. Bd., S. 8.

Gesetzesbefehl. Der Gesetzesbefehl erfasse selbstredend auch den Gesetzesinhalt[515]. Da nun aber jedes Gesetz ein Willensakt sei, muss der Staatswille auch erklärt werden. In der Regel sei die Willenserklärung von der Bekanntmachung des Gesetzes getrennt. Die Form der Gesetzeserklärung erfolge allgemein schriftlich, nämlich durch eine öffentliche Urkunde. Durch die Beurkundung werde das Gesetz juristisch existent. Nach dem deutschen Landesstaatsrecht fallen die Sanktion und die Ausfertigung zusammen, nicht aber bei der Reichsverfassung, wobei zu beachten sei, dass die Ausfertigung nicht mit der Kundmachung gleichzusetzen sei. Nach *Laband* war daher zwischen Sanktion, Ausfertigung und Publikation zu differenzieren. Obzwar *Laband* nun aber meint, dass mit der Beurkundung das Gesetz rechtlich existent sei, vertritt er ein wenig später in seinem Werk „*Das Staatsrecht des deutschen Reiches*" die Ansicht, dass die Erklärung des Gesetzeswillens eine Voraussetzung für das Zustandekommen eines Gesetzes sei. In FN 1 auf Seite 30 hält *Laband* fest wie folgt:

> „In der Tat ist der Gesetzgebungsvorgang erst mit der Publikation vollendet; vorher ist das Gesetz rechtlich nicht vorhanden, und es wäre töricht, einem noch nicht vorhandenen Gesetz bereits ‚Gesetzeskraft' beilegen zu wollen."

Die Bedeutung der Theorie von *Laband* liegt darin, dass zum ersten Mal zwischen der Bestimmung des Gesetzesinhaltes und der Erteilung des Gesetzesbefehles unterschieden wurde. Diese Unterscheidung war Grundlage für die herrschende österreichische Lehre, den Monarchen als alleinigen Gesetzgeber anzusehen, da nur dieser und nicht auch das Parlament den Gesetzesbefehl erteilte.

4.2.2. *Laband* folgend vertritt auch *Jellinek* die Ansicht, dass dem Monarchen allein das Gesetzgebungsrecht zukommt[516]. Nach *Jellinek* beruht nämlich die Einführung einer Volksvertretung in einem bisher absolutistischen Staat auf einer vom Fürsten frei gewählten Konzession. Der Erlass der Verfassung bedeute aber nicht eine Teilung, sondern lediglich eine Einschränkung der fürstlichen Gewalt. Auch mit der Einführung einer Volksvertretung sei der Monarch alleiniger Träger der Staatsgewalt gewesen. Nur er könne den staatlichen Willen begründen. Dass *Jellinek* mit dieser Begründung den rechtspositivistischen Boden verlässt, erkannte er selbst, indem er fest hielt:

> „Für die staatsrechtliche Betrachtung ist es wichtig hervorzuheben, dass das monarchische Prinzip ein historisch-politisches ist, von dem zwar die Construktion der Grundlagen des

---

515 Hierzu *Laband*: „*Dies besonders hervorzuheben wäre ganz überflüssig, wenn nicht der hier entwickelte Grundsatz von Gesetzesinhalt und Gesetzesbefehl mehrfach missverstanden und entstellt worden wäre.*". *Laband*, Das Staatsrecht des Deutschen Reiches[5], 2. Bd., S. 5, FN 1.

516 *Jellinek*, Gesetz und Verordnung, S. 211f und 312ff.

österreichischen und deutschen Staatsrechtes auszugehen hat, aus dem jedoch keineswegs nach Art eines juristischen Dogma's stringente Schlüsse auf die Durchführung des constitutionellen Systems sich ableiten lassen."[517]

Jellinek lobt zwar den Verdienst von *Laband*, zwischen Gesetzesinhalt und Gesetzesbefehl unterschieden zu haben, hält aber fest, dass das Parlament nicht nur den Gesetzestext feststelle, sondern auch die Zustimmung gebe, dass der Monarch den Gesetzesbefehl zu dem gefassten Beschluss erteilt. Dem Parlament stehe als zwar unmittelbares, aber unselbständiges Staatsorgan[518] kein Imperium, kein Anteil an der Bildung des Staatswillens zu. Die Sanktion durch den Monarchen sei ein Wollen des Gesetzesinhaltes und der Entschluss denselben zu befehlen. Die Sanktion sei aber nicht die Erteilung des Gesetzesbefehles und auch nicht der Moment, in welchem das Gesetz entstehe. Mit der Sanktionierung werde der Monarch nämlich nicht gebunden. Der Monarch könne daher auch die Sanktion wieder zurückziehen. Die Sanktionierung deutet *Jellinek* daher lediglich als einen inneren Vorgang der Monarchenpersönlichkeit[519]. Die Sanktion sei bloß ein psychologischer Grund und nicht ein juristischer Grund für die Gesetzeskraft. Erst mit der Ausfertigung und mit der Publikation werde der Entwurf zum Gesetz. Obwohl *Jellinek* die Rechtsansicht vertritt, dass ein Gesetzesentwurf erst mit der Publikation Gesetz wird, führt er dennoch aus, dass in dem Publikationsbefehl der juristische Geburtsmoment des Gesetzes liege und begibt sich damit in einen kaum auflösbaren Widerspruch[520]. Zudem überzeugt die Argumentation von *Jellinek*, dass die Sanktion ein bloß innerer Vorgang des Monarchen sei, nicht. Er kann jedenfalls nicht schlüssig erklären, warum eine nach außen tretende gewollte Handlung nur ein innerer psychischer Vorgang sein soll. Die Sanktion tritt nämlich insofern in die Außenwelt als der Monarch den Parlamentsbeschluss mit seiner eigenhändigen Unterschrift zu unterzeichnen hat und sohin die Ausfertigung zeitgleich mit der Sanktion erfolgt[521].

---

517 *Jellinek*, Gesetz und Verordnung, S. 212.

518 *Jellinek* unterschied zwischen unmittelbar selbständigen und mittelbar selbständigen, unmittelbar unselbständigen und mittelbar unselbständigen Organen. Von einem unmittelbaren Organ sprach *Jellinek*, wenn das Organ durch die Verfassung selbst, von einem mittelbaren, wenn das Organ durch ein unmittelbares Organ kraft Delegation eingesetzt wurde. Von einem selbständigen, wenn das Organ auf Grund der Verfassung unmittelbar den Staat bzw. seine Untertanen verpflichten konnte, von einem unselbständigen, wenn das Organ anderen Organen zur Unterstützung diente bzw. zur Willensbildung einschränkend hinzutrat.

519 So auch *Liebenow*, Die Promulgation, S. 21f.

520 *Jellinek*, Gesetz und Verordnung, S. 319 und 327ff.

521 Vgl. *Lustkandl*, Gesetz, in: Österreichisches Staatswörterbuch. Handbuch des gesamten österreichischen öffentlichen Rechts[2], 2 Bd., S. 436. Vgl. auch *Weyr*, ZÖR, Bd. 6, 1927, S. 365 und *Tezner*, Über die gehörige Kundmachung von Gesetzen nach österreichischem Verfassungsrecht, JBl. 1887, S. 38. Nach *Tezner* falle Sanktion und Ausferti-

4.3. Die Lehre von Lukas und Kelsen

4.3.1. Umfassend und mit erstaunlicher Präzision stellt *Lukas* in seiner Arbeit *„Die rechtliche Stellung des Parlaments in der Gesetzgebung Österreichs und der constitutionellen Monarchien des Deutschen Reiches“* die bisherige Lehre sowie seine damit in Widerspruch stehende eigene Rechtsansicht dar[522]. Auch für *Lukas* ist der Gesetzesinhalt vom Gesetzbefehl zu unterscheiden. Mit dem Gesetzesinhalt werde der gedankliche Inhalt und mit dem Gesetzesbefehl[523] die verbindliche Anordnung desselben bezeichnet. Mit Erteilung des Gesetzesbefehles sei jedoch zugleich die Erklärung abgegeben, dass auch der Gesetzesinhalt gewollt sei. Ob aber auch umgekehrt, also mit Festlegung des Gesetzesinhaltes auch der Gesetzesbefehl erteilt wird, versucht *Lukas* über die Begriffsbestimmung des Befehles und in weiterer Folge des Gesetzesbefehles zu beantworten. Nach *Lukas* ist ein Befehl eine vom Befehlenden selbst abgegebene Willenserklärung, mit dem Inhalt, dass vom Adressaten eine bestimmte Handlung vorgenommen werden soll, dass sie eine rechtliche Verpflichtung des Adressaten zur Vornahme der bestimmten Handlung begründet. Bei der Bestimmung des Inhaltes der Willensäußerung müsse dem Befehlenden freies Ermessen zustehen. Das Wesen der Befehlskompetenz sei die rechtliche Fähigkeit, den Inhalt von Handlungen eines Dritten mit verpflichtender Kraft zu bestimmen. Mit dieser Definition sieht sich *Lukas* im Einklang mit *Jellinek*, der den Befehl mit der rechtlichen Möglichkeit, aus eigener Macht eine Person zu einer Leistung zu verpflichten, gleichsetzt. Ausgehend von dieser allgemeinen Begriffsbestimmung definiert *Lukas* den Gesetzesbefehl als staatlichen Befehlsakt, mit welchem der Befehlende einem Dritten mit verpflichtender Wirkung eine Handlung vorschreibt. Die an dieser Willenserklärung Beteiligten erteilen zugleich den Gesetzesbefehl. Undenkbar sei die Trennung der Erklärung des

---

gung aber nur dann zusammen, wenn die Sanktion nicht schon früher auf einer anderen Art erfolgte. In gleicher Richtung argumentiert *Mallmann*, wenn er meint, dass es nicht nur terminologisch bedenklich sei, die Sanktion als einen inneren psychologischen Vorgang anzusehen, sondern es auch in der Sache unrichtig sei, weil die Sanktion nur als ein in rechtserheblicher Form geäußertes Wollen verstanden werden dürfe. Vgl. *Mallmann*, Die Sanktion im Gesetzgebungsverfahren, S. 37.

522 Vielfach wurde diese Untersuchung in den Literaturangaben von Darstellungen über das Gesetzgebungsrecht nicht – aus welchen Gründen auch immer – angeführt. So sucht man beispielsweise im Literaturverzeichnis der Erläuterung *„Gesetz“* von *Lustkandl* im Österreichischen Staatswörterbuch von *Mischler/Ulbrich* vergebens den Namen *Lukas*.

523 *Lukas* stellte aber in den Raum, dass nicht jedes Gesetz einen Befehl enthalten müsse. Für jene Gesetze, die keinen Befehl enthalten, könne man aber das Wort *„Anordnung“* anstelle „Befehl“ setzen. Für die Untersuchung wurde aus Gründen der Einfachheit der Ausdruck *„Gesetzesbefehl“* weiter für alle Gesetze verwendet. Vgl. *Lukas*, Die rechtliche Stellung des Parlaments in der Gesetzgebung Österreichs und der constitutionellen Monarchien des Deutschen Reiches, S. 103.

Wollens eines Gesetzesinhaltes von der Erteilung des Gesetzesbefehls. Nach *Lukas* sind daher die Begriffe „*Festlegung des Gesetzesinhaltes*" und „*Erteilung des Gesetzesbefehles*" ident. In weiterer Folge konstatiert *Lukas*, dass erst wenn der Monarch gehandelt habe – sohin alle an der Gesetzgebung beteiligten Personen -, die Voraussetzung für die Verbindlichkeit erfüllt sei. Diese in der zeitlichen Aufeinanderfolge als nach der parlamentarischen Beschlussfassung kommende Handlung des Monarchen - konkret: die Sanktion - sei aber kein Plus gegenüber dem Parlament, woraus man ableiten könne, dass nur dem Monarchen die Erteilung des Gesetzesbefehls zukomme. Dem Argument, dass das Parlament keinen Befehl an die Untertanen richte, weil sich ihre Erklärung ja nur an den Monarchen richte, begegnet *Lukas* damit, dass der Monarch diese Willenserklärung als Bote im Auftrag des Parlaments den Untertanen übermittle. Die von *Laband* und *Jellinek* vertretene Ansicht, dass der Monarch alleiniger Träger der Staatsgewalt sei, bezeichnet *Lukas* als unrichtig. Ob der Monarch tatsächlich alleiniger Träger der Staatsgewalt und sohin auch alleiniger Gesetzgeber sei, ergebe sich nicht aus dem Wesen der konstitutionellen Monarchie bzw. aus dem monarchischen Prinzip, sondern nur aus den positivrechtlichen Normen. Der bloße Satz „*Monarch – alleiniger Träger der Staatsgewalt*" enthalte eine Tautologie[524].

Zur Sanktion des Monarchen führt *Lukas* aus, dass diese eine rechtliche Willensäußerung des Monarchen mit dem Inhalt, dass er den Gesetzesentwurf wolle, sei. Damit widersprach *Lukas* der Auffassung von *Jellinek*, der die Sanktion lediglich als einen inneren Vorgang des Monarchen ansah. Diese Willenserklärung werde aber erst dann existent, wenn sie in die Außenwelt trete, also im Moment der Publikation. Nicht die Unterzeichnung der Gesetzesurkunde, sondern die Erteilung des Publikationsauftrages an den Minister sei der Moment, in dem die Willensäußerung nach der Publikation - sohin ex post betrachtet – zur Sanktion werde. Einen Sanktionswillen bräuchte der Monarch nur bei der Auftragserteilung zur Publikation, nicht aber bei der Unterfertigung der Gesetzesurkunde. Da der Monarch frei ist, die Sanktion zu erteilen oder nicht zu erteilen und die Sanktion erst mit der Publikation existent wird, sei die Publikationsfreiheit ident mit der Sanktionsfreiheit. Diese Ansicht von *Lukas* ist nun einer von drei Punkten, die *Kelsen* als unrichtig bezeichnet.

4.3.2. *Kelsen* geht davon aus, dass für das Zustandekommen eines Gesetzes ein übereinstimmender Beschluss beider Häuser des Parlaments, die Sanktion des

---

524 Die Feststellung, ob dem Monarchen jede Funktion der Staatsgewalt allein zukommt, bezeichnete *Lukas* als nicht seine Aufgabe. Vgl. *Lukas*, Die rechtliche Stellung des Parlaments in der Gesetzgebung Österreichs und der constitutionellen Monarchien des Deutschen Reiches, S. 93, FN 3.

Monarchen und die Publikation des sanktionierten Parlamentsbeschlusses erforderlich sei[525]. Erst wenn diese Voraussetzungen vorliegen, kann von einem Gesetz als perfektem Staatswillen gesprochen werden. Jede dieser Voraussetzungen muss erfüllt sein und keine ist mehr zu gewichten. Auch wenn nur eine dieser Voraussetzungen fehle, sei kein Gesetz geschaffen worden. Dies habe auch dann zu gelten, wenn dem Monarchen nur ein Vetorecht eingeräumt sei oder dieser gar keinen Anteil an der Gesetzgebung hätte, sondern ihm nur die Pflicht der Publikation übertragen worden sei. Geht man nun aber wie *Laband* von der Unterscheidung zwischen Gesetzesinhalt und Gesetzesbefehl aus, dann sei anzumerken, dass sowohl das Parlament als auch der Monarch den Gesetzesinhalt feststellen und den Gesetzesbefehl erteilen. *Kelsen* kommt daher zum gleichen Ergebnis wie *Lukas*. Er teilt auch die Auffassung von *Lukas*, dass die herrschende Lehre unzulässigerweise die formal-juristische Betrachtung mit einer historisch-politischen vermengt habe. Diese Art der juristischen Methode habe daher auch zur unrichtigen Auffassung der Lehre betreffend Verhältnis von Parlament und Monarch im Gesetzgebungsprozess geführt. Insofern sich hier die Ansichten von *Kelsen* und *Lukas* zwar treffen, gibt es dennoch erhebliche Unterschiede in ihren rechtstheoretischen Grundauffassungen. Nach *Kelsen* ist der Gesetzgebungsakt nämlich kein staatlicher Befehlsakt. Ein Gesetz ist für *Kelsen* zunächst einmal die notwendige Form des Rechtssatzes. Der Rechtssatz sei mit der Rechtsnorm ident. Den Rechtssatz konstruiert *Kelsen* als ein hypothetisches Urteil über einen Willen des Staates zu einem bestimmten eigenen Verhalten[526]. Gehe man aber von dieser Ansicht über die Rechtsnorm bzw. den Rechtssatz aus, braucht diese bzw. dieser auch nicht im Sinne der Imperativtheorie bzw. Anerkennungstheorie vernommen bzw. angenommen werden. In diesem Zusammenhang erscheint es als interessant festzuhalten, dass *Kelsen* im Laufe der Zeit seine Einstellung zur Imperativtheorie und – wie schon dargestellt – zur Frage der Unterscheidung von Rechtsnorm und Rechtssatz geändert hat[527]. Die von *Kelsen* vertretene Sanktionstheorie wurde von ihm herangezogen, um die Imperativtheorie zu widerlegen. Nach der Sanktionstheorie – formuliert nach den Hauptproblemen der Staatsrechtslehre – dient die als Strafe oder als Exeku-

525 *Kelsen*, Hauptprobleme der Staatsrechtslehre, S. 412 ff. Vgl. auch *Kelsen*, Reichsgesetz und Landesgesetz nach österreichischer Verfassung, S. 390ff.

526 Diese Gleichstellung von Rechtssatz und Rechtsnorm hielt Kelsen in der zweiten Auflage der Reinen Rechtslehre nicht mehr aufrecht und unterschied zwischen Rechtssatz und Rechtsnorm. *Kelsen* bezeichnet dort abermals den Rechtssatz als hypothetisches Urteil, dass *„im Sinn einer – nationalen oder internationalen – der Rechtserkenntnis gegebenen Rechtsordnung unter gewissen von dieser Rechtsordnung bestimmten Bedingungen gewisse von dieser Rechtsordnung bestimmten Folgen eintreten sollen.*" Rechtssätze werden nach diesem von der Rechtswissenschaft und Rechtsnormen von Rechtserzeugungsorganen geschaffen. Vgl. *Kelsen*, Reine Rechtslehre², S. 73.

527 *Weinberger*, Normentheorie als Grundlage der Jurisprudenz und Ethik, S. 190.

tion auftretende Sanktion dazu, den im Rechtssatz genannten staatlichen Zweck in das Bewusstsein des Normadressaten zu bringen, um den staatlichen Willen mit dem eigenen Willen in Übereinstimmung zu bringen[528]. Nur die Sanktion lasse ein Handeln oder ein Unterlassen als Inhalt einer Rechtspflicht erkennen. Die Imperativtheorie könne jedoch die Existenz von Rechtspflichten nicht erklären, die in den Rechtsnormen ohne imperativen Text formuliert worden sind. Diese ablehnende Haltung gegenüber der Imperativtheorie wurde von *Kelsen* aber nicht aufrechterhalten. Schon in seiner Reinen Rechtslehre deutet *Kelsen* Normen als Gebote und als solche als Befehle[529]. Er hält aber ausdrücklich fest, dass der Rechtssatz kein Imperativ sei und führt aus:

> „Dies ist der Sinn der These, die ich in meinem Buch Hauptprobleme der Staatsrechtslehre, entwickelt aus der Lehre vom Rechtssatz (1911) vertreten habe. Aber ich habe diesen Sinn nicht klar genug gemacht, da ich den Unterschied zwischen Rechtssatz und Rechtsnorm noch nicht terminologisch zum Ausdruck gebracht habe. In der ersten Auflage der gegenwärtigen Schrift ist zwar der Gegensatz zwischen der Rechtsnormen erzeugenden Funktion der Rechtsautorität und der Rechtssätze formulierenden Rechtswissenschaft nachdrücklichst betont; aber die Differenzierung von Rechtsnormen und Rechtssatz ist terminologisch noch nicht konsequent festgehalten.“[530]

Nach mehr als sechzig Jahren des Nachdenkens und trotz anfänglichen heftigen Widerspruchs geht *Kelsen* in seiner Allgemeinen Theorie der Normen, welche posthum von *Ringhofer* und *Walter* herausgegeben wurde, davon aus, dass der Willensakt, der auf ein fremdes Verhalten gerichtet ist, ein Befehlsakt ist, dessen sprachlicher Ausdruck der Imperativ ist, und dass der Sinn eines auf ein fremdes Verhalten gerichteten Willenaktes eine Norm ist[531]. Trotz dieser Wandlung hielt *Kelsen* jedoch stets an seiner Sanktionstheorie fest.

In seinen Hauptproblemen der Staatsrechtslehre vertrat *Kelsen* außerdem die Meinung, dass der Befehlsakt überhaupt kein staatlicher Akt sei, da kein Akt der Gesetzgebung als Akt des Staates angesehen werden könne. Gegenteiliges sei nur dann möglich, wenn eine Zurechnungsregel bestehen würde. Mit dieser Zurechnungsregel müsste ausgesprochen werden, dass der Wille des Staates bestehe, bestimmte Handlungen von bestimmten Personen als Handlungen des Staates gelten zu lassen. Eine solche Zurechnungsregel fehle aber. Der Gesetzgebungsprozess – konkret der Parlamentsbeschluss und die Sanktion des Mo-

528 *Kelsen*, Hauptprobleme der Staatsrechtslehre, S. 205.
529 *Kelsen*, Reine Rechtslehre², S 73, vgl. auch S. 77 und 110.
530 *Kelsen*, Reine Rechtslehre², S. 83, FN.
531 *Kelsen*, Allgemeine Theorie der Normen, S. 23.

narchen – müsse daher als sozialer Vorgang angesehen werden[532]. Davon auszunehmen sei aber die Publikation, die sehr wohl als eine Handlung des Staates zu qualifizieren sei. Es bestehe nämlich durch das in den meisten Staaten vorhandene Gesetz über die Publikation eine Pflicht des Staates – und keine Verpflichtung des Monarchen – zur Publikation. Auf Grund der bestehenden Zurechnungsregel sei die Publikation daher als Handlung des Staates zu qualifizieren. *Kelsen* widerspricht *Lukas* auch darin, dass die Sanktion erst dann als vorhanden angesehen werden könne, wenn die Publikation erfolgt sei. Außerdem sei die allgemein herrschende Auffassung, dass mit der Sanktion ein Gesetz entsteht und die Publikation nur eine Kundmachung des Staatswillens sei, unrichtig. Was publiziert werde, sei der sanktionierte Parlamentsbeschluss und nicht schon ein perfekt gewordenes Gesetz.

4.3.3. Die Bedeutung der Untersuchungen von *Lukas* und *Kelsen* liegt in der Darlegung ihres methodischen Verständnisses. Während bisher die Lehre auf politisch-historische Argumente zurückgriff, erklärten beide die formal-juristische Methode als die richtige. Insbesondere *Kelsen* meinte, dass die dogmatische Jurisprudenz als eine normative Disziplin sich ausschließlich auf die Welt des Sollens zu beziehen habe und nicht in die Welt des Seins entweichen dürfe, um *„damit tatsächlich Geschehenes zu erklären“*[533]. Sein Werk *„Hauptprobleme der Staatsrechtslehre“* kann daher durchaus als Beginn der Entwicklung hin zur Reinen Rechtslehre bezeichnet werden. Dies wird von Kelsen selbst eingestanden, da er diese Untersuchung als ersten Entwurf der Reinen Rechtslehre bezeichnete[534].

4.4. Sonstige zeitgenössische und heutige österreichische Lehre

4.4.1. Die Leistungen von *Lukas* und *Kelsen* wurden in der zeitgenössischen österreichischen Literatur – sofern diese nach Veröffentlichung der beiden Werke von *Lukas* und *Kelsen* erschienen ist – kaum aufgenommen. Herrschend war nämlich weiterhin die Ansicht, dass das Parlament durch Vereinbarung des Gesetzesinhaltes an der Gesetzgebung des Monarchen mitwirke und den Gesetzes-

---

532 *Kelsen* musste auch diese Rechtsansicht in der zweiten Auflage seiner Reinen Rechtslehre aufgeben. Dort deutet er die Gesetzgebung als eine reine Staatsfunktion. Es werden dann Funktionen dem Staat zugerechnet, wenn sie von einem der Rechtsordnung gemäß berufenen, arbeitsteiligen funktionierenden Individuum geleistet werden, also dann, wenn das Organ in einem von der Rechtsordnung bestimmten Verfahren zur Leistung der Funktion berufen ist. Vgl. *Kelsen*, Reine Rechtslehre^2, S. 295.

533 *Kelsen*, Hauptprobleme der Staatsrechtslehre, Vorrede V ff.

534 *Kelsen*, Reine Rechtslehre^2, Vorwort VII. Vgl. auch *Weinberger*, Normentheorie als Grundlage der Jurisprudenz und Ethik, S. 179.

befehl nur der Monarch erteile[535]. Nach *Herrnritt* ist der Monarch alleiniger Gesetzgeber, ohne Möglichkeit einer Stellvertretung[536]. Sowohl das Landes- als auch das Reichsgesetz seien ein Willensakt des Monarchen, da nur dieser den Gesetzesbefehl erteile[537]. Der Gesetzesinhalt werde mit dem Parlament vereinbart. Diese Zustimmung – bezogen auf den Gesetzesinhalt – durch das Parlament stelle eine Voraussetzung für die Sanktion des Monarchen dar. Den Gesetzesbefehl, der durch die Sanktion erlassen werde, erteile der Monarch. Die Sanktion, die keine Veränderung des Gesetzestextes vornehmen könne, stehe im Ermessen des Kaisers und sei auch an keine Frist gebunden. Voraussetzung für die Sanktion bilde die Promulgation, mit welcher der Entwurf auf das verfassungsmäßige Zustandekommen überprüft werde, die in der Regel mit der Sanktion durch den Monarch verbunden sei. Von Bedeutung sind die Ausführungen von *Herrnritt,* dass die Sanktion nicht mit einem Veto verwechselt werden dürfe, da bei einem suspensiven Vetorecht des Monarchen nur das Parlament Gesetzgeber sei[538], und dass die Ermächtigung zur Vorlage eines Gesetzesentwurfes durch die Regierung eine Vorsanktion sei. Auch *Hauke* unterscheidet zwischen Gesetzesinhalt und Gesetzesbefehl[539]. Der Gesetzesinhalt werde durch das Parlament festgestellt und der Gesetzesbefehl werde durch den Monarchen erteilt. Durch den Gesetzesbefehl werden die im Text formulierten Sätze zu rechtsverbindlichen Vorschriften. Obzwar nun *Hauke* somit den Schwerpunkt auf die kaiserliche Sanktion setzt und damit den Monarchen im Ergebnis zum Gesetzgeber erklärt, weist er dennoch auf die Wechselwirkung

---

535 Vgl. *Hauke*, Grundriß des Verfassungsrecht, S. 97ff; derselbe, Verfassungsgeschichte seit 1848, in: Österreichisches Staatswörterbuch. Handbuch des gesamten österreichischen öffentlichen Rechts², 4 Bd., S. 734; *Herrnritt*, Handbuch des österreichischen Verfassungsrechts, S. 202ff; *Lustkandl*, Gesetz, in: Österreichisches Staatswörterbuch. Handbuch des gesamten österreichischen öffentlichen Rechts², 2 Bd., S. 397ff und 435ff; *Tezner*, Der Kaiser, S. 5ff und *Tezner*, Die Volksvertretung, S. 222ff; *Ulbrich*, Österreichisches Staatsrecht³, S 242f sowie derselbe, Reichsrat, in: Österreichisches Staatswörterbuch. Handbuch des gesamten österreichischen öffentlichen Rechts², 4 Bd., S. 67ff. Unklar *Gumplowicz*, Das Österreichische Staatsrecht³, S. 12ff. *Gumplowicz* meint zwar, dass ein Gesetz nicht gegen den Willen des Monarchen zustande kommen könne und daher die Zustimmung durch den Monarchen erforderlich sei, hält aber auch fest, dass ein Gesetz die Mitwirkung des Parlaments bedürfe. Was *Gumplowicz* unter Mitwirkung konkret versteht, führt er jedoch nicht aus.

536 *Herrnritt*, Handbuch des österreichischen Verfassungsrechts, S. 202ff. Das Werk ist 1909 erschienen und konnte daher die Ausführungen von *Kelsen* zwangsläufig nicht aufnehmen. Die Literaturangabe als eine der wenigen enthält aber sehr wohl das Werk von *Lukas*. *Herrnritt* lässt sich aber offenkundig nicht von der Argumentation *Lukas* überzeugen.

537 Vgl. auch *Lingg*, Die staatsrechtliche Stellung der im Reichsrathe vertretenen Königreiche und Länder der österreichisch-ungarischen Monarchie, S. 7.

538 Vgl. obige Ausführung von *Laband* bzgl. Vetorecht.

539 *Hauke*, Grundriß des Verfassungsrechts, S. 97.

zwischen Festlegung des Gesetzestextes und Erteilung der Sanktion unter Berufung auf *Lukas* hin. Zu Recht meint er, dass ohne parlamentarische Beschlussfassung keine kaiserliche Sanktion möglich wäre und mit der Sanktion feststehe, dass sich der staatliche Wille des Monarchen mit dem Inhalt der Gesetzesvorlage decke. Für *Tezner*[540] ist der Monarch das höchste Organ des Staates. Nur er gebe und erlasse Gesetze, bilde den Willen des Staates. Demzufolge trete auch nur der Monarch in den Gesetzen als anordnend auf. Das Parlament sei weder Allein- noch Mitgesetzgeber. Das Parlament könne und habe nichts zu befehlen. Das Moment der Gesetzgebung liege in der Sanktion und nur diese sei die Gesetzgebung. Auch für *Tezner* ist die Sanktion kein Veto, sondern im negativen Fall die Weigerung, dass von ihm kein Gesetz mit bestimmten Inhalte erlassen werde. Die Argumentation von *Lukas*, dass Parlament und Monarch Gesetzgeber seien, wird von *Tezner* verworfen. Das Parlament schaffe mit der Zustimmung nur die Voraussetzung zum Erlass eines Gesetzes durch den Kaiser. Es habe nur die Möglichkeit ein Gesetz zu verhindern, aber nicht ein Gesetz zu geben. Gleicher Ansicht ist *Seidler*, der davon ausgeht, dass die Zustimmung der Volksvertretung Voraussetzung zur Erlassung eines Gesetzes sei, aber nicht auch den gesetzgeberischen Wille darstelle[541]. Der Befehlende sei ausschließlich der Monarch und nicht auch das Parlament.

4.5. Die Darstellung der eigenen Rechtsansicht

4.5.1. Obzwar in der zeitgenössischen Literatur die Frage, wer den Gesetzesbefehl tatsächlich erteilte bzw. wem das Gesetzgebungsrecht zukam, umfangreich erörtert wurde, wird diese Thematik in der heutigen Lehre wenig tiefgehend behandelt. *Hoke* bezeichnet den Reichsrat als ein neben den Kaiser bestehendes und mitbeschließendes Repräsentativorgan für die Reichsgesetzgebung Cisleithaniens[542]. *Hellbling* meint, dass die Promulgation mit dem Wortlaut: *„Mit Zustimmung beider Häuser des Reichsrates finde Ich anzuordnen wie folgt:...“* auf ein Übergewicht des Monarchen in der Gesetzgebung hindeute, dies aber im Widerspruch zur Koordination von Parlament und Monarch stehe[543]. *Loe-*

---

540 Vgl. *Tezner*, Der Kaiser, S. 5ff und *Tezner*, Die Volksvertretung, S. 222ff.

541 *Seidler*, Budget und Budgetrecht, S. 204 und 205.

542 *Hoke*, Österreichische und Deutsche Rechtsgeschichte, S. 389.

543 *Hellbling*, Österreichische Verfassungs- und Verwaltungsgeschichte, S. 378. Er verweist hierzu auf *Kelsens* Schrift *„Österreichisches Staatsrecht. Ein Grundriß, entwicklungsgeschichtlich dargestellt.“*, in welcher dieser auf Seite 31 festhält, dass das Gesetz in der Kundmachung durch die Promulgationsklausel als ein Befehl des Monarchen erschien. Dies würde jedoch der verfassungsrechtlich normierten Gleichstellung von Parlament und Monarch widersprechen und zudem in einem Spannungsverhältnis zum StGG über die Regierungs- und Vollzugsgewalt stehen, da nach diesem wie richterliche

benstein charakterisiert die Gesetzgebung als einen zusammengesetzten Staatsakt von den gleichberechtigten Faktoren Parlament und Monarch. Die Gesetzgebung sei in den Händen beider Organe gelegen[544]. Gegenteiliger Ansicht ist jedoch *Brauneder.* In seinem Lehrbuch „*Österreichische Verfassungsgeschichte*" hält er fest, dass die ordentliche Gesetzgebung der Kaiser gemeinsam mit dem Reichsrat besorge, wobei dem Kaiser ein absolutes Vetorecht zukomme, mit welchem dieser Gesetze verhindern könne. In seinem Artikel „*Die Funktionen des Reichsrats*" führt er weiters aus, dass das Parlament nur zur Mitwirkung an der Gesetzgebung berufen sei. Im Sinne der Lehre von *Laband* meint *Brauneder* zwischen Gesetzesinhalt, welcher vom Parlament festgestellt werde („*Mitwirkung*"), und Gesetzesbefehl, der vom Monarchen erteilt werde, unterscheiden zu müssen[545]. Wie die Ausführungen von *Lukas* und *Kelsen* jedoch zeigen, kann an dieser Meinung nicht festgehalten werden. Der Wortlaut des § 13 Abs. 2 StGG über die Reichsvertretung („*Zu jedem Gesetz ist die Übereinstimmung beider Häuser und die Sanktion des Kaisers erforderlich*") und § 17 der Landesordnungen („*Zu jedem Landesgesetze ist die Zustimmung des Landtages und die Sanktion des Kaisers erforderlich*") ist klar und eindeutig. Aus diesem ist nur eine Gleichstellung von Parlament und Kaiser ableitbar. Sowohl das Parlament als auch der Kaiser können nämlich Gesetze des jeweils anderen verhindern. Bringt der Monarch durch Regierungsvorlage einen Gesetzesentwurf in den Reichsrat ein und wird von diesem kein Beschluss gefasst, kann der Monarch nach der Rechtslage die Kundmachung eines vom Parlament nicht beschlossenen Gesetzesentwurfes nicht befehlen und sohin ein Gesetz erlassen. Gegenteiliges würde einen Bruch der Verfassung darstellen. Aber auch der Monarch kann durch die Verweigerung der Sanktion eines vom Parlament selbst eingebrachten und beschlossenen Gesetzesentwurfes verhindern. Damit zeigt sich das Gleichgewicht beider am Gesetzgebungsprozess beteiligten Organe. Die Beschlussfassung des Parlaments und die Sanktion durch den Monarchen sowie die Kundmachung des Entwurfes sind notwendige, zu erfüllende Voraussetzungen eines gültigen Gesetzes. Daran mag auch die Frage nichts ändern, als welcher Vertretungskörper das Parlament – als Vertreter von Gebietskörperschaften oder als Vertreter des Volkes – gegenüber den Monarchen auftritt. *Brauneder* ist der Ansicht, dass der Reichsrat die Gesamtstaatsinteressen und die Landtage die je-

---

Urteile im Namen des Kaisers die Gesetz zu erlassen waren und nicht als persönlicher Befehl des Kaisers.

544 *Loebenstein*, Das Gesetz, in: *Schambeck*, Österreichs Parlamentarismus, S. 40.

545 *Brauneder*, Die Funktionen des Reichsrats, in: Schambeck, Österreichs Parlamentarismus. Werden und System, S. 123. Vgl. auch *Brauneder*, Die Verfassungsentwicklung in Österreich 1848 bis 1918, in: *Rumpler/Urbanitsch*, Die Habsburgermonarchie 1848 – 1918, Verfassung und Parlamentarismus, S. 215.

weiligen Landesinteressen vertreten[546], sohin das Parlament die Gebietskörperschaften und nicht das Volk vertrete. Diese Konstruktion wurzle im Oktoberdiplom, nach welcher der Kaiser alleiniger Inhaber der Staatsgewalt und das Parlament bloß ein beratendes Organ gewesen sei. Dieses System sei sowohl in der Februarverfassung als auch in der Verfassung 1867 beibehalten worden[547]. Der Charakter der Interessensvertretung trete zwar mit dem Jahr 1873 zurück, doch werde er insofern weiter gewahrt, als bis 1918 sämtliche Mandate nach einem bestimmten Schlüssel den Ländern zugeteilt werden und somit in diesem Sinne es weiterhin „*Länderabgeordnete*" gebe[548]. Aus diesem folge daher, dass die Rechte des Reichsrats wie der Landtage auf den Monarchen ausgerichtet seien und das Parlament keine Regierungsgewalt ausübe[549]. Auf die Frage, ob im Jahr 1873 oder 1907 eine Änderung des Charakters des Parlaments als Interessensvertretung eingetreten ist, muss hier nicht näher eingegangen werden, da man in Wahrheit nicht von der Art der Parlamentsvertretung darauf abstellen kann, ob die gesetzgebende Gewalt vom Parlament und Monarchen oder vom Monarchen alleine ausgeübt wird. Wie nämlich schon *Lukas* und *Kelsen* richtig festhielten, hat man ausschließlich auf den positivrechtlichen Normenbestand abzustellen, um dieses Problem klären zu können. Die Verfassung 1867 hat nun zwar die Frage, wer Träger der gesetzgebenden Gewalt ist weniger vorbildhaft geregelt, wie beispielsweise die heutige Liechtensteinische Verfassung, mit den Bestimmungen, dass „*...die Staatsgewalt ist im Fürsten und Volk verankert und wird von beiden nach Maßgabe der Bestimmungen dieser Verfassung ausgeübt...*" (Art. 2), „*Jedes Gesetz bedarf zu seiner Gültigkeit der Sanktion des Landesfürsten*" (Art. 9), „*Ohne Mitwirkung des Landtages darf kein Gesetz gegeben, abgeändert oder authentisch erklärt werden. Zur Gültigkeit eines jeden Gesetzes ist außer der Zustimmung des Landtages die Sanktion des Landesfürsten, die Gegenzeichnung des verantwortlichen Regierungschefs oder seines Stellvertreters und die Kundmachung im Landesgesetzblatte erforderlich*" (Art. 65)

---

546 Explizit führt *Brauneder* aus, dass das Parlament die Gebietskörperschaften und nicht das Volk vertrete. *Braunder*, Die Funktionen des Reichsrats, in: *Schambeck*, Österreichs Parlamentarismus. Werden und System, S. 122.

547 *Brauneder*, Die Funktionen des Reichsrats, in: *Schambeck*, Österreichs Parlamentarismus. Werden und System, S. 122 und 123.

548 *Brauneder*, Die Verfassungsentwicklung in Österreich 1848 bis 1918, in: *Rumpler/Urbanitsch*, Die Habsburgermonarchie 1848 – 1918, Verfassung und Parlamentarismus, S. 214.

549 *Brauneder* zitiert hierzu *Ulbrich*, Reichsrat, der unter Regierungsgewalt im weiten Sinn die gesetzgebende und die vollziehende Regierungsgewalt versteht. *Brauneder* zitiert zwar die richtige Seite des Österreichischen Staatswörterbuchs, verwechselt aber die Nennung der Artikel von *Ulbrich*. Auf Seite 62 ist der Artikel „Regierungs- und Vollzugsgewalt" – fortgesetzt auf Seite 63 - und auf Seite 62 beginnt der Artikel „Reichsrat". Vlg *Braunder*, Die Funktionen des Reichsrats, in: *Schambeck*, Österreichs Parlamentarismus. Werden und System, S. 123, FN 8.

sowie mit der Möglichkeit des Volkes einen Landtag einzuberufen bzw. über eine Volksabstimmung den Landtag aufzulösen (Art .48), der Möglichkeit des Volkes zur Gesetzesinitiative bzw. zu einem Gesetzesreferendum (Art. 66)[550], sodass nach *Winkler* aus diesen Zusammenhängen klar ist, dass das Sanktionsrecht des Fürstens kein absolutes, sondern ein bloß relatives Recht sei[551], es hat aber die Verfassung 1867 dennoch nichts anderes ausgesagt als, dass dem Monarchen und dem Parlament gemeinsam die gesetzgebende Gewalt obliegt und nicht dem Monarchen allein[552]. Daran ändert auch die Tatsache nichts, dass erst nach der Beschlussfassung des Parlaments die Sanktion des Monarchen erfolgt, um daraus das so oft strapazierte Plus der Sanktion zu konstruieren. Auch nicht das historisch-politische Argument, dass der Monarch mit Erlass der Verfassung die Staatsgewalt nicht geteilt, sondern eingeschränkt habe oder das Parlament sei eine bloße Interessensvertretung und keine Volksvertretung gewesen. Mit all diesen Argumenten kann man nicht nachvollziehbar erklären, warum der Monarch weiterhin alleiniger Träger der gesetzgebenden Gewalt sein soll, wenn die Verfassung einen Beschluss des Parlaments und die Sanktion des Kaisers für ein Gesetz für erforderlich hält. *Kelsen* hat zudem treffend nachgewiesen, dass jene Argumentation, die sich auf die Promulgationsformel *„Mit Zustimmung beider Häuser des Reichsrates finde ich anzuordnen wie folgt:...“* stützt, um ein alleiniges Gesetzgebungsrecht des Monarchen zu konstruieren, verfehlt ist[553]. Werde

---

550 Verfassung des Fürstentum Liechtensteins vom 5. Oktober 1921 (= Liechtensteinisches Landesgesetzblatt 1921, Nr. 15, zuletzt abgeändert durch LGBl Nr. 2003 Nr. 186 = *http://www.gesetze.li*). Nach diesen verfassungsrechtlichen Bestimmungen wird der Fürst und der Landtag als gemeinsamer Gesetzgeber angesehen. Vgl. *Winkler*, Verfassungsrecht in Liechtenstein, S. 34, 40 und 87f; *Pàllinger*, Die Stellung des Fürsten von Liechtenstein im internationalen Vergleich, S. 25 (= *http://www.liechtenstein-institut.li/Portals/11/pdf/lib/LIB_14.pdf*).

551 *Winkler*, Verfassungsrecht in Liechtenstein, S. 89.

552 So auch *Fröhlich/Merkl/Kelsen*, Die Verfassungsgesetze der Republik Österreich, Fünfter Teil, Die Bundesverfassung vom 1. Oktober 1920 mit Anhängen: I. Die derzeit geltenden Bundesverfassungsgesetze samt Nebengesetze, II. Materialien zur Bundesverfassung, S. 127 zu Art. 48 (= Neudruck 2003, Die Bundesverfassung vom 1. Oktober 1920 mit einem Vorwort von *Robert Walter*). Es heißt dort: *„Diese Praxis beruhte auf der für die konstitutionelle Monarchie charakteristische Theorie, daß der Monarch der alleiniger Gesetzgeber sei, demgemäß den Gesetzesbefehl erlasse, das Parlament aber nur bei der Feststellung des Gesetzesinhaltes mitwirke; eine politische Theorie, die nur aus der monarchischen Befangenheit der Staatsrechtslehre zu erklären ist. Sie war von allem Anfang durch die Bestimmung der Verfassung, namentlich auch der österreichischen, die Parlament und Monarch als paritätische Faktoren der formellen Gesetzgebung behandelte, nicht gedeckt“.*

553 *Kelsen*, Hauptprobleme der Staatsrechtslehre, S. 414. Das Argument ist nicht neu und gibt lediglich die schon von *Seidler* vertretene Ansicht wieder. Dieser geht davon aus, dass, wenn man von gleichberechtigten Gesetzgebungsorganen wie Monarch und Par-

der monarchisch konstitutionelle Staat als juristische Person gedeutet, könne der Wille dieser Person nicht mit dem Willen des Monarchen gleich gesetzt werden. Sei die Rechtsordnung Wille des Monarchen allein, bräuchte auch keine – vom Monarchen zu unterscheidende - Staatsperson konstruiert werden. Den Schlussfolgerungen von *Kelsen* kann nur zugestimmt werden. Es ist unbestritten, dass eine juristische Person selbst nicht handeln kann, sondern nur durch ihre Organe und dass die Handlungen der Organe auf Grund einer rechtlichen Regel der juristischen Person zugerechnet werden. Das Handeln des Organs gilt dann als Handeln der juristischen Person. Daher kann der Monarch im konstitutionell monarchischen Staat als juristische Person nicht derart auftreten, dass er als eigene Person und nicht als Organ des Staates anordnend wirkt. Demgemäß hätte daher richtigerweise die Promulgationsformel lauten müssen „*Der Reichsrat und der Monarch haben beschlossen wie folgt*" und nicht „*... finde ich anzuordnen...*".[554] Tatsächlich erscheint die gewählte Wortwahl als Relikt längst vergangener absolutistischer Zeiten wie *Lukas* und *Kelsen* es behaupten[555]. Die juristische, teleologische und gegenstandsgerechte Analyse des verfassungsrechtlichen Normentextes, die frei von politischen Konzepten sein muss, kommt und muss zum Ergebnis kommen, dass das Parlament und der Monarch gemeinsam Gesetzgeber waren.

4.6. Die Sanktion in ihrer Beurkundungs- und Ausfertigungsfunktion

4.6.1. Neben der Sanktion durch den Monarchen sollte nach der sogenannten Promulgationstheorie eine Beurkundung durch diesen erfolgen, dass das Gesetzgebungsverfahren verfassungsmäßig abgelaufen sei. Wiederum war es *Laband*, der darauf hinwies, dass neben der Sanktion und der Publikation die Ausfertigung ein wesentliches Erfordernis für das Zustande kommen eines Gesetzes sei[556]. *Laband* setzt Promulgation mit der Ausfertigung gleich und versteht darunter die authentische Beurkundung des Gesetzeswortlauts sowie die formelle Konstatierung, dass die verfassungsrechtlich normierten Voraussetzungen erfüllt sind. Er schließt aber nicht aus, dass eine Sanktionsformel zugleich auch eine Ausfertigungsformel sein konnte. Auch *Tezner* meint, dass eine Sanktion

---

lament ausgehe, die Formel der Kundmachung wie folgt lauten müsse: „*Monarch und Volksvertretung finden anzuordnen.*" Vgl. *Seidler*, Budget und Budgetrecht, S. 204.

554 Vgl. auch *Seidler*, Budget und Budgetrecht, S. 204.

555 Vgl. *Kelsen*, Hauptprobleme der Staatsrechtslehre, S. 413ff und S. 417 sowie *Lukas*, Die rechtliche Stellung des Parlaments in der Gesetzgebung Österreichs und der constitutionellen Monarchien des Deutschen Reiches, S. 216 und 217.

556 *Laband*, Das Staatsrecht des Deutschen Reiches, S. 29. Auf Seite 50 in der FN 1 hielt er ausdrücklich fest, dass in monarchischen Einzelstaaten die Ausfertigung mit der Sanktion zusammen falle. Indem der Monarch den Gesetzesentwurf unterschreibe, sanktioniert und beurkundet er denselben.

durch den Monarchen gleichzeitig auch die Authentifizierung des Gesetzes bedeuten könne[557]. Die Sanktion könne aber auch unter Bezugnahme auf einen Beschluss des Parlaments bei kurzer Inhaltsangabe eines oder mehrerer Gesetze erfolgen. Jedenfalls müsse der Kundmachung eine formgerechte Beurkundung durch die kaiserliche und ministerielle Gegenzeichnung voran gehen. Eingehend mit der Frage der Unterscheidung zwischen Sanktion und Ausfertigung beschäftigte sich *Liebenow*. Die von *Laband* vertretene Theorie der Promulgation wird von diesem als verfehlt bezeichnet[558]. Zunächst lehnt *Liebenow* die Ansicht ab, dass zwischen Erkennbarkeit durch Promulgation und Veröffentlichung durch Kundmachung des gesetzgeberischen Willens zu unterscheiden sei. Er hält hierzu fest, dass eine solche Unterscheidung nicht notwendig sei, da durch die Veröffentlichung des Gesetzes der gesetzgeberische Wille sowohl erkennbar als auch erfahrbar gemacht werde. Weiters widerspricht *Liebenow* der Meinung von *Laband*, dass erst nach der Sanktion im Rahmen der Promulgation geprüft werde, ob die verfassungsrechtlich normierten Voraussetzungen erfüllt seien. Dies deshalb, da der Monarch schon im Rahmen der Sanktion eine solche Prüfung vornehme. Liegen keine solchen Bedenken vor, werde der Monarch die Sanktion erteilen und die Ausfertigung vollziehen bzw. im gegenteiligen Fall die Sanktion verweigern. Die Prüfung erfolge jedenfalls vor der Sanktion und stelle ein *„essentiale“* der Sanktion dar. Die Sanktion selbst bezeichnet *Liebenow* gleich *Jellinek* und *Schulze* als einen inneren Vorgang im Willen des Monarchen und erteilt sohin der Ansicht, dass die Sanktion mit der Zeichnung des Gesetzesentwurfes erfolge, eine Absage[559]. Ausfertigung und Sanktion dürfen eben nicht miteinander verwechselt werden. Die Sanktionierung gehe der Ausfertigung voraus. So könne beispielsweise die Sanktion unter Umständen lange vor der Ausfertigung bestehen.

4.6.2. Mit dem Begriff der Promulgation hat sich nach dem Untergang der österreich-ungarischen Monarchie *Weyr* auseinandergesetzt, dessen interessanten und überaus wertvollen Ausführungen im Hinblick auf die Gesetzgebung im konstitutionellen Regierungssystem auch für die gegenständliche Untersuchung von Bedeutung sind[560]. Nach *Weyr* könne man nämlich den Begriff *„Beurkundung“* im engeren und weiteren Sinn verstehen. Im weiteren Sinn bestätige der Unterzeichnende nichts anderes, als dass er den vorgelegten Gesetzesbeschluss als solchen auch anerkennt. Im engeren Sinn werde ua bezeugt, dass der Beschluss verfassungskonform gefasst worden ist. Jedoch sei aus einer Bestimmung, die

---

557 *Tezner*, Über die gehörige Kundmachung von Gesetzen nach österreichischem Verfassungsrecht, JBl. 1887, S. 38.

558 *Liebenow*, Die Promulgation, S. 61ff.

559 *Liebenow*, Die Promulgation, S. 21ff.

560 *Weyr*, Zum Begriff der Promulgation, ZÖR 6, 1927, S. 353ff.

für die Entstehung eines Gesetzes die Unterfertigung eines bestimmten Organs vorsehe, allein nicht ableitbar, dass dieses Organ auch das Recht und die Pflicht habe, das verfassungsmäßige Entstehen zu beurkunden. Erst dann, wenn dieses Organ aus jedem anderen beliebigen Grund die Sanktion verweigern könne, weil es eben Mitgesetzgeber sei, könne es die Unterzeichnung verweigern, wenn die verfassungsrechtlichen Voraussetzungen für das Zustande kommen eines gültigen Gesetzes nicht erfüllt worden sind. Es gehe aber nicht an, die Bestimmung, dass das Staatsoberhaupt Gesetze zu unterschreiben habe, dahin auszulegen, dass dadurch ein Recht und eine Pflicht begründet werde, das verfassungsmäßige Entstehen des Gesetzes zu prüfen und mit der Unterschrift zu beurkunden. Dessen ungeachtet kommt *Weyr* jedoch zum Ergebnis, dass, wenn dem bisher absolut regierenden Monarchen eine Gleichstellung mit dem Parlament im Zuge der Umwandlung der absolutistischen Staatsform in die konstitutionelle übrig bleibe, die Promulgation im Sanktionsrecht enthalten sei. Hierbei sei die Promulgation jedoch nur noch mehr eine Beurkundung im weiteren Sinn, ein bloßer Formalakt oder eine reine dekorative Funktion[561]. Hierzu *Weyr* weiters:

> „Es darf nicht verwundern, daß eine Staatswissenschaft, die soviel Fleiß und Scharfsinn auf künstliche Konstruktionen verwendete, um für den konstitutionellen Monarchen wenn schon nicht andere, so doch wenigstens dekorative Funktionen zu retten und sie als ‚Vorrechte' darzustellen, auch in einer speziellen Promulgationstheorie ein besonders geeignetes Wirkungsfeld erblickte. Es ist daher auch kein Zufall, daß derselbe Autor, nämlich Laband, der die Theorie aufbrachte, daß trotz aller Konstitution auch der konstitutionelle Monarch der alleinige Gesetzgeber sei, weil er den eigentlichen Gesetzesbefehl erlasse, während das Parlament nur an der Festsetzung des Gesetzesinhaltes mitwirke, auch der Begründer der Promulgationstheorie wurde, wonach ein eigenes Promulgationsrecht des Monarchen auch in solchen Verfassungen anzunehmen sei, die es ausdrücklich nicht regeln (wie dies im alten Deutschen Reich der Fall war). Vom politischen oder praktischen Standpunkt war dem mit dem Sanktionsrecht ausgestatteten Monarchen mit derartigen Theorien allerdings mehr gedient als etwa den Verwaltungsbehörden eines konstitutionellen Staates mit den ihren politischen Tendenzen nach analogen Theorien von den ‚einseitigen', dh obrigkeitlichen Verwaltungsakten, die zu ihrer Gültigkeit jedoch die ausdrückliche Einwilligung der von ihnen betroffenen ‚Untertanen' bedürfen (Beamtenernennungen und ähnliches)".[562]

4.6.3. Die obigen Ausführungen zeigen die unterschiedlichen Verwendungen der Begriffe Sanktion, Ausfertigung und Promulgation. Schon *Weyr* hat darauf hingewiesen, dass Ausfertigung und Promulgation etymologisch unterschiedli-

---

561 *Weyr*, Zum Begriff der Promulgation, ZÖR 6, 1927, S. 364 und 365. In seinem Artikel *„Rahmengesetze"* ging *Weyr* noch davon aus, dass der Monarch im Rahmen der Sanktionierung die Verfassungsmäßigkeit des vorgelegten Gesetzesentwurfes prüft. *Weyr*, Rahmengesetze, S. 35.

562 *Weyr*, Zum Begriff der Promulgation, ZÖR 6, 1927, S. 365.

che Bedeutungen haben[563]. Promulgation bedeutet „*Verkündung*" (eines Gesetzes) und Ausfertigung „*die urkundliche Festlegung einer Gedankenerklärung*". Unter Sanktion ist im 16. Jh. „*Gesetzesbefehl*" und im 18. Jh. „*Zwangsmaßnahme, Rechtsfolge, Bestätigung*" verstanden[564]. Mitunter wurden jedoch Promulgation, Ausfertigung und Kundmachung einander gleichgesetzt[565]. Von Bedeutung ist jedoch, dass die Verfassung 1867 weder den Begriff „*Promulgation*" noch den Begriff „*Ausfertigung*" nennt und daher auch nicht kennt. Es handelt sich um von der Lehre entwickelte Rechtsbegriffe[566]. Für die vorliegende Untersuchung ist aber zuerst auf den Begriff „*Sanktion*" und dessen Funktion abzustellen. Wie hier vom Verfasser vertreten, erfolgt die Sanktion durch den Monarchen als gleichberechtigter Mitgesetzgeber. Mit der Sanktion erklärt der Monarch seine Zustimmung, den im Beschluss des Parlaments enthaltenen Normentext als Gesetz zu wollen. Hierbei kann der Monarch die Sanktion nur für den gesamten Gesetzesbeschluss erteilen und nicht bloß für einzelne Teile[567]. Diese Deutung der Sanktion im beschriebenen Umfang entspricht im Sinne der hier vertretenen und von *Winkler* konzipierten Auffassung des Rechts als „*Einheit seiner Dualitäten von Faktum (Realität) und Sinn (Identität), von Substanz und Substrat, von Inhalt und Form, von Intentionalität und Finalität, von Sein und Sollen in allen seinen Erzeugungs- und Erscheinungsformen selbst ein real und ideell existierendes Seiendes, ein vielgestaltiges sinn- und zweckhaftes Phänomen der kulturell-sozialen Welt*" dem damals real durchgeführten Gesetzgebungsprozess[568]. Die Gesetzesvorschläge werden entweder von der Regierung oder vom Parlament eingebracht. Die letztendliche inhaltliche Ausgestaltung des Normentextes erfolgt durch das Parlament, wobei durch den eingebrachten Vorschlag die Grundlage der parlamentarischen Diskussion gestellt wird. Nach Beschlussfassung durch das Parlament – mitunter nach durchgeführten textlichen Abänderungen durch das AH oder das HH – wird der festgestellte und als Gesetz gewollter Normeninhalt dem Monarchen zur Sanktion vorgelegt. Dieser hat die Möglichkeit die Zustimmung zu erteilen oder zu verweigern. Der Monarch kann daher als Mitgesetzgeber sein Sanktionsrecht posi-

563 *Weyr*, Zum Begriff der Promulgation, ZÖR 6, 1927, S. 353f.

564 Vgl. *Köbler*, Deutsches Etymologisches Wörterbuch (=*http://www.koeblergerhard.de/derwbhin.html*).

565 *Weyr*, Zum Begriff der Promulgation, ZÖR 6, 1927, S. 354 und 355.

566 Dies gilt auch für den Begriff „*absolutes und relatives Veto*".

567 *Jellinek*, Gesetz und Verordnung, S. 317; *Laband*, Das Staatsrecht des Deutschen Reiches, S. 5; *Herrnritt*, Handbuch des österreichischen Verfassungsrecht, S. 203.

568 Mitunter greifen klassische Vertreter der Reinen Rechtslehrer auf die rechtliche Praxis zurück, wie beispielsweise *Walter* hinsichtlich der Grenze des richterlichen Prüfungsrechts. Hier heißt es ua: „*Dies entspricht auch der Praxis, die ein ‚Original' des Gesetzesbeschlusses kennt, auf welches die erforderlichen Unterschriften gesetzt werden.*" Vgl. *Walter*, Zur Auslegung des Art. 89 (1) B-VG, S. 342.

tiv oder negativ – hinsichtlich der Wirkung auf das Werden eines Gesetzes – ausüben. Auf Grund dieser Gestaltungsmöglichkeit wurde und wird das dem Monarchen zustehende Sanktionsrecht zuweilen als absolutes Vetorecht bezeichnet. Mit dieser Begrifflichkeit wird meines Erachtens jedoch der Blick auf die rechtliche Bedeutung des Vetorechts im eigentlichen Sinn verstellt. Es ist nämlich zwischen dem Vetorecht im weiteren und engeren Sinn zu entscheiden. Unter Vetorecht im weiteren Sinn ist die Möglichkeit des Widerspruches als Ausfluss eines eingeräumten Zustimmungsrechts zu verstehen[569]. Unter Vetorecht im engeren Sinn ist die Verhinderung der Wirksamkeit des gesetzgeberischen Willens zu verstehen und stellt kein eigentliches Zustimmungsrecht im Gesetzgebungsprozess dar. Ein Blick auf die heutige Bundesverfassung vermag diese Unterscheidung zu verdeutlichen. Nach dem B-VG fasst ausschließlich der NR einen Gesetzesbeschluss. Der NR ist daher für die inhaltliche Feststellung und gesetzgeberische Willensbildung zuständig und kein weiteres Organ. Der an der Gesetzgebung beteiligte BR hat nur einen hemmenden Einfluss auf das Gesetzgebungsverfahren. Nach Art. 41 Abs. 1 B-VG ist jeder Gesetzesbeschluss des NR unverzüglich dem BR zu übermitteln. Der BR hat die Möglichkeit gegen diesen Gesetzesbeschluss einen oder keinen Einspruch zu erheben bzw. die Einspruchsfrist von 8 Wochen ungenützt verstreichen zu lassen. Erhebt der BR einen Einspruch kann der NR einen Beharrungsbeschluss fassen. Der NR – und nur dieser – hat in diesem neuerlichen Verfahren die Möglichkeit, keinen neuen Gesetzesbeschluss zu fassen, womit das Gesetzgebungsverfahren beendet wäre. Der Sinn des Art. 41 Abs. 1 B-VG liegt daher im bloßen vorübergehenden Verhindern der Gesetzwerdung des vom NR gefassten Gesetzesbeschluss[570]. An diesem Beispiel zeigt sich die Richtigkeit der Argumentation von *Mallmann*, dass das kennzeichnende Merkmal eines Vetos im engeren Sinn ausschließlich die Verneinung bzw. die Verhinderung ist[571]. Übertragen auf den zu untersuchenden Gegenstand stellt die Sanktion daher nicht die Verhinderung der Wirksamkeit des gesetzgeberischen Willens dar (wie es das Beispiel des Art. 41 Abs. 1 B-VG zeigt), sondern ist auf die dessen Bildung gerichtet. Das Parlament stellt den Inhalt des zu beschließenden Gesetzes fest und will diesen Beschluss auch als Gesetz. Der Monarch stimmt dem vom Parlament vorgelegten Beschluss zu und will auch seinerseits – im

---

569 So auch *Winkler* hinsichtlich des dem Fürsten von Liechtenstein eingeräumten Sanktionsrechts. *Winkler* vertritt die Ansicht, dass der Begriff „*Sanktion*" auch das Vetorecht des Fürsten miteinschließe. Der Begriff des „*absoluten Vetos*" sei aber von der Lehre einseitig problematisiert, ohne auf die Befugnis des Monarchen zur Mitwirkung an der Gesetzgebung abzustellen. *Winkler*, Die Verfassungsreform in Liechtenstein, S. 191,

570 Vgl. *Schick*, in: Kommentar zum B-VG, Band II, 1. Halbband: Art. 1-59b, Art. 42 B-VG, Rz 14.

571 *Mallmann*, Die Sanktion im Gesetzgebungsverfahren, S. 99.

positiven Fall – diesen Beschluss als Gesetz. Beide Stufen des Gesetzgebungsprozesses sind Essentiale für die Bildung des gesetzgeberischen Willens. Dieser liegt aber nur dann vor, wenn die beiden genannten Voraussetzungen erfüllt sind. Es zeigt sich daher, dass die Sanktion nicht auf die Vernichtung bzw. Verhinderung, sondern auf die Bildung des gesetzgeberischen Willens gerichtet ist. Demzufolge ist daher das Vetorecht im engeren Sinn vom Sanktionsrecht zu unterscheiden[572]: Mit der Erteilung der Sanktion wird im Zusammenwirken mit dem Parlament der gesetzgeberische Wille gebildet. Mit der Erhebung eines Vetos würde das hierzu berechtigte Organ dem im Gesetzesbeschluss und in der Sanktion auftretenden gesetzgeberischen Willen entgegen treten[573].

4.6.4. Die Sanktion hat wie jede rechtsgeschäftliche Willenserklärung nach außen hin aufzutreten, um für Dritte erkennbar zu werden und um rechtsverbindliche Wirkung zu erlangen[574]. Im Sinne der Rechtssicherheit erfolgt daher die Sanktion durch die Unterzeichnung des Gesetzesbeschlusses vom RR und kann jedenfalls kein bloß innerer psychischer Vorgang eines am Gesetzgebungsverfahren beteiligten Organs sein. Andernfalls würde sich stets die Frage stellen, wann die Sanktion durch den Monarch konkret – zu welchem Zeitpunkt – erteilt worden sei. Es lässt sich jedenfalls nicht nachvollziehbar die juristische Notwendigkeit erklären, die Sanktion mit der inneren, nach außen nicht erkennbaren Willensfindung und –feststellung entstehen zu lassen. *Weyr* treibt es sogar auf die Spitze, wenn er meint, dass nach der Verfassung bloß das Faktum der Unterschrift entscheidend ist. Ob es vom gesetzgebenden Organ gewollt oder nicht gewollt war – mitunter hatte es gar nichts gewollt – sei irrelevant[575]. Stellt nun *Weyr* ausschließlich auf das Faktum der Unterschrift ab, zeigt sich in dieser Argumentation, dass für ihn die Sanktion jedenfalls ein nach außer auftretender Akt sein muss und daher kein bloß innerer Vorgang sein kann. In der Regel wird der sanktionierende Monarch jedoch genau das gewollt haben, was Inhalt seines von ihm zu unterzeichnenden Textes war, aber es reicht jedenfalls nicht aus, wenn man die Sanktion mit der inneren Willensbildung als erteilt ansieht, ohne dass dies für Dritte erkennbar ist. So kommt zB kein Staatsvertrag allein schon deshalb rechtsgültig zustande, weil der eine Vertragspartner – konkret: das zum Abschluss berechtigte Organ – nach Durchsicht des Vertragstextes für sich innerlich beschlossen hat, genau diesen Vertrag mit dem vorliegenden Inhalt ab-

---

572 Vgl. *Herrnritt*, Handbuch des österreichischen Verfassungsrecht, S. 203 FN 3; *Laband*, Das Staatsrecht des deutschen Reiches, S. 8; *Mallmann*, Die Sanktion im Gesetzgebungsverfahren, S. 104.

573 Es braucht nicht festgehalten werden, dass die Dezemberverfassung 1867 kein solches vetoberechtigte Organ kannte. Die Dezemberverfassung 1867 selbst verwendet nicht einmal den Begriff „*Veto*“ und ist daher ein von der Rechtswissenschaft gebildeter.

574 So auch *Mallmann*, Die Sanktion im Gesetzgebungsverfahren, S. 37.

575 *Weyr*, Zum Begriff der Promulgation, ZÖR 6, 1927, S. 356.

schließen zu wollen. Auch hier bedarf es für die Rechtsverbindlichkeit die Unterzeichnung durch die Vertragsparteien. Meines Erachtens besteht aber auch kein praktischer Bedarf die Sanktion als eine Art eigener Beschluss des Monarchen zu konstruieren wie beispielsweise der oben angeführte *Tezner* oder auch *Jahnel* meinen, dass die kaiserliche Sanktion nicht notwendigerweise mit dem Akt der Unterzeichnung des Gesetzes verknüpft werden müsse, sondern auch durch einen Beschluss ergehen könne[576]. *Jahnel* führt nicht aus, in welcher Form dieser Beschluss gefasst werden sollte. Es ist daher offen, ob von diesem bloß eine innere Willensbildung oder eine nach außen tretende, schriftlich bzw. mündliche gefasste Willenserklärung gemeint ist. Eine nach außen tretende schriftliche Willenserklärung kann sich nun, wie *Tezner* grundsätzlich vertrat, auf eine Unterzeichnung einer Inhaltsangabe eines Gesetzes beziehen oder aber auch eine bloße schriftliche Erklärung, die Sanktion zu dem vorgelegten Gesetzesentwurf zu erteilen, sein. Eine bloße mündliche Willenerklärung muss im Sinne der Rechtssicherheit nachträglich in eine Schriftform gefasst werden, um Streitigkeiten über den Inhalt dieser ausschließen zu können. Die Willenserklärung, die Sanktion zu erteilen, kann aber genauso gut, durch die einfache Unterfertigung des vorgelegten Gesetzesentwurfes erfolgen und es braucht nicht als „*Zwischenschritt*" zwischen Sanktion als innere Beschlussfassung und „*Ausfertigung*" durch Unterzeichnung eines Gesetzes unterschieden werden.

4.6.5. Mit der Sanktion in Form der Unterfertigung eines Gesetzesentwurfes wird auch die formelle und materielle Verfassungskonformität vom Monarchen beurkundet. Der Monarch kann die Sanktion verweigern, wenn seine verfassungsrechtliche Prüfung des Gesetzesentwurfes ergibt, dass beispielsweise die erforderlichen Quoren für die Abstimmung im Parlament nicht eingehalten wurden bzw. wenn das zu erlassene Reichsgesetz die verfassungsrechtlichen Kompetenzbestimmungen verletzt. *Weyr* hat grundsätzlich Recht, wenn er meint, aus der bloßen Vorschrift, dass ein Organ Gesetze zu unterschreiben hat, nicht abgeleitet werden könne, das verfassungsmäßige Entstehen der Norm zu prüfen und mit seiner Unterschrift zu beurkunden. Es ist aber eine Beurkundungsfunktion, wie sie hier vertreten wird, insofern gerechtfertigt, wenn man bedenkt, dass damit der Monarch einer von mehreren Hütern der Verfassung wird, in einem Rechtssystem, wo ein eigener Verfassungsgerichthof, der Normen auf ihre Rechtsmäßigkeit hin prüft, fehlt. Mit der Verweigerung der Sanktion nach Prüfung des Gesetzesbeschlusses auf die Verfassungsmäßigkeit kann der Monarch nämlich präventiv gegen gezielte oder unbedachte Verletzungen der Verfassung entgegenwirken. Hierbei spricht auch kein Grund dagegen, dass mit der Unterzeichnung nicht nur bloß das ordnungsgemäße Zustandekommen des sanktio-

576 *Jahnel*, Die Mitwirkung des Bundespräsidenten an der Bundesgesetzgebung, JBl. 1987, S. 637.

nierten Gesetzesbeschlusses beurkundet werden soll, sondern auch dessen materielle Verfassungskonformität. Die Beschränkung auf ein bloß formelles Prüfungsrecht des Monarchen würde das bisher schon recht defizitäre Rechtsschutzsystem der Rechtsordnung abermals in seiner Wirkung schwächen. Die Untersuchungen im Teil I zeigen hierzu auf, dass vom AH ein Prüfungsrecht des Monarchen bei Kompetenzstreitigkeiten zwischen RR und Landtag lediglich aus sozialen und nicht aus juristischen Gründen abgelehnt worden ist. Man wollte den Monarchen nicht in einen solchen Verfassungskonflikt miteinbeziehen, der mit großer Leidenschaft geführt werden würde, wo der im Konflikt Unterlegene jedenfalls mit der Entscheidung unzufrieden sein müsse. Eine solche Argumentation ist von einer juristischen weit entfernt und übersieht, dass einem formellen und materiellen Prüfungsrecht des Monarchen bei einem fehlenden Verfassungsgerichtshof eine wenn zwar nicht ausreichende, aber dennoch ansehnliche Rechtsschutzbedeutung zukommt.

Exkurs I: Die Forderung nach einem eigenen Verfassungsgerichtshof

I.1. Die Verfassung 1867 hatte durch ein eigenes StGG ein Reichsgericht[577] eingerichtet, das bloß über Kompetenzkonflikte zwischen Justiz und Verwaltung sowie über Organstreitigkeiten zwischen Hoheits- und Selbstverwaltung der Länder, über dem ordentlichen Rechtsweg entzogene Ansprüche gegen das Reich und die Länder und über Beschwerden wegen Verletzung von verfassungsrechtlich gewährleisteten Grundrechten zu entscheiden hatte. Schon früh forderte daher *Jellinek* – nämlich im Jahr 1885[578] – einen eigenen Verfassungsgerichtshof, der auch über die Gültigkeit bestrittener Wahlen, Konflikte zwischen einfacher und Verfassungsgesetzgebung und zwischen Reichs- und Landesgesetzgebung zu urteilen hätte. Bei Konflikten zwischen einfacher und Verfassungsgesetzgebung treffe zunächst der Präsident des jeweiligen Hauses die Entscheidung, für welchen Entwurf welche Quoren erforderlich sind. Für *Jellinek* habe aber in Zweifelsfragen das Parlament zu entscheiden. Über Kompetenzkonflikte urteile sohin das Parlament und kein unabhängiger Gerichtshof. *Jellinek* schlägt daher die Einrichtung eines solchen Gerichtshofes vor, der innerhalb kurzer Frist bei Unterbrechung des laufenden Gesetzgebungsverfahrens über diesen Kompetenzkonflikt zu urteilen habe. Hinsichtlich der Kompetenzkonflikte zwischen Reichs- und Landesgesetzgebung, die auf Grund der §§ 11 und 12 StGG über die Reichsvertretung entstehen können, entscheiden nach der gegenwärtigen Rechtslage entweder das Parlament und die Minister. Das Parlament könne sich für unzuständig erklären, wenn es sich für die Regelung einer

577 RGBl 143/1867 (= *Bernatzik*, Die österreichischen Verfassungsgesetze mit Erläuterungen², Nr. 135, S. 427)

578 *Jellinek*, Ein Verfassungsgerichtshof für Österreich, S. 10ff, 17ff, 27ff und 52ff.

Angelegenheit für kompetent ansehe. Die Minister müssten die Empfehlung zur Sanktion verweigern, wenn mit dem Beschluss des Parlaments der eigene Wirkungskreis überschritten worden sei. Ebenso könnten sie bei nachträglich aufkommenden Zweifeln hinsichtlich der Kompetenz die eigenen Regierungsvorlagen zurückziehen oder Gesetzesinitiativen des Parlaments entgegen treten. Diese Verpflichtung werde im Hinblick auf die Gegenzeichnung der Gesetze und der normierten Ministerverantwortlichkeit eingehalten. Der Schutz der Verfassung in dieser Hinsicht sei aber nur unzureichend, da selbst bei einer Verurteilung des Ministers das verfassungswidrige Gesetz nicht aufgehoben werden könne. Ein eigener Gerichtshof solle daher über Kompetenzkonflikte – auch im laufenden Gesetzgebungsverfahren auf Antrag der Regierung oder des Parlaments[579] – entscheiden. Für einen solchen Gerichtshof eigne sich nun der Reichsgerichtshof, dessen Kompetenzen mit den von *Jellinek* geforderten Änderungen nur intensiv und nicht extensiv verändert werden würde. Die Ausführungen zu den beiden von *Jellinek* genannten Kompetenzkonflikte zeigen, dass dieser eine verfassungsrechtliche Prüfung der Gesetzesentwürfe vor Beschlussfassung durch das Parlament vorgeschlagen hatte und keine nachträgliche wie es beispielsweise die heutige Bundesverfassung vorsieht.

I.2. Darüber hinaus hält *Jellinek* fest, dass auch die Minister, die einen Gesetzesbeschluss dem Monarchen zur Sanktionierung vorzulegen haben, keine Prüfpflicht treffe. Diesfalls würde man die Verantwortlichkeit einfach abwälzen. Den Ministern stehe es aber frei, die Nichtsanktionierung zu empfehlen, wenn sie Bedenken bezüglich der Verfassungskonformität hätten. Gleichfalls könne auch der Monarch als *„freier Mitgesetzgeber"* die Sanktion verweigern, wobei im Falle der Verweigerung kein Gesetz entstehe – *„ein juristisches Nichts"* -, das dann auch keiner weiteren staatsrechtlichen Beurteilung unterliegen könne.

I.3. *Jaques* spricht sich ebenfalls für einen eigenen Gerichtshof aus, der über die Verfassungsmäßigkeit von Gesetzen zu erkennen hätte[580]. Derzeit würde keine Einrichtung bestehen, die über Konflikte zwischen Reichs- und Landeskompetenz bzw. über Fragen, ob die erforderlichen Präsens- und Konsensquoren eines beschlossenen Gesetzes eingehalten wurden, entscheide. Vollkommen richtig hält *Jaques* fest, dass die Promulgation eines Gesetzes durch den Monarchen allfällige Mängel im Gesetzgebungsverfahren nicht saniere. *Ja-*

579 Interessant sind die Ausführungen *Jellinek*, dass die Landtage nicht antragsberechtigt sein sollten, wenn in den RR eine Angelegenheit gebracht werden sollte, für die der RR nicht zuständig sei. Es sei nämlich in beiden Häusern eine genügende Anzahl von Mitgliedern vorhanden, um die Rechte der Länder zu wahren. Vgl. *Jellinek*, Ein Verfassungsgerichtshof für Österreich, S. 51.

580 *Jaques*, Die Wahlprüfung in den modernen Staaten und ein Wahlprüfungsgerichtshof für Österreich, S. 1ff, 9ff und insb. 73ff.

ques spricht sich für ein nachträgliches Prüfungsrecht durch den Gerichtshof aus. Dies deshalb, da erstens Gerichte stets repressiv zu wirken hätten und zweitens ein präventives Prüfungsrecht *„im Parteigetriebe“* der Gesetzgebung die Gefahr einer Politisierung durch den Gerichtshof begründen würde.

I.4. Auch *Weyr* hatte sich im Rahmen seiner Studie *„Rahmengesetze“* mit der Frage der Schlichtung von Kompetenzkonflikten auseinander gesetzt[581]. Er hält ebenfalls unmissverständlich fest, dass in Ermangelung eines Verfassungsgerichtshofes mit dem oben dargestellten Zuständigkeiten einzig der Monarch dazu berufen wäre, im Rahmen der Sanktionierung Konflikte zwischen den Reichs- und Landesgesetzgeber zu schlichten. Zwar verneine *Jellinek* eine Verpflichtung des Monarchen, einen Gesetzesentwurf auf die Verfassungsmäßigkeit hin zu überprüfen und sei dies nach seiner Ansicht im Hinblick auf das freie Gesetzgebungsrecht des Monarchen grundsätzlich richtig, bei Beachtung des Art. 8 StGG über die Regierungs- und Vollzugsgewalt, nach welcher Bestimmung der Monarch zu erklären habe, er werde in Übereinstimmung mit den Grundgesetzen und den allgemeinen Gesetzen regieren, aber nur teilweise. Da aber der Monarch unverantwortlich sei, sei die Frage nach einer solchen Rechtspflicht des Monarchen bloß von akademischer Natur. *Weyr* prüft nun weiters, ob nicht die Minister verpflichtet wären, Gesetze auf ihre Verfassungskonformität zu prüfen. Eine objektive Pflichtverletzung liege jedenfalls vor, wenn der Minister die Sanktion für einen vorgelegten Gesetzesentwurf empfehle, obwohl er wisse, dass das Parlament nicht zur Regelung der Angelegenheit zuständig ist. Hier hätte er seine Rechtspflicht nach Art. 12 StGG über die Regierungs- und Vollzugsgewalt verletzt. Zu prüfen sei aber auch, ob eine subjektive – im Sinne *„anrechenbaren, disziplinarisch oder sonst wie zu verfolgenden Verletzung“*[582] -- Pflichtverletzung vorliege. *Weyr* kommt zur Ansicht, dass die Empfehlung zur Sanktion eines verfassungswidrigen Gesetzesentwurfes einen nicht nach dem Ministerverantwortlichkeitsgesetz strafbaren Ratschlag darstelle. Mit der Sanktionierung und der ministeriellen Gegenzeichnung werde die Haftung nach dem Ministerverantwortlichkeitsgesetz begründet. Mit der Gegenzeichnung erkläre der Minister einerseits, dass der Gesetzesentwurf verfassungskonform zustande gekommen ist und die Beschlüsse richtig in den publizierten Gesetzestext aufgenommen wurden, andererseits, dass er den Entwurf verfassungsrechtlich materiell in Ordnung finde. Von Bedeutung ist in diesem Zusammenhang, dass *Weyr* nur einen möglichen Fall eines fehlerhaften Gesetzes nennt: Nämlich den Fall, dass ein nicht zuständiger Vertretungskörper einen Gesetzesentwurf beschlossen hat. Seine Überlegungen führen *Weyr* nun dazu, der Ansicht *Jellinek*

---

581 *Weyr*, Rahmengesetze. S. 36ff.
582 *Weyr*, Rahmengesetze, S. 38.

beizutreten, einen Kompetenzgerichtshof zur Schlichtung legislativer Kompetenzkonflikte einzurichten.

I.5. Gegen Ende der Monarchie wurde von *Herrnritt* neuerlich die Errichtung eines Verfassungsgerichtshofes gefordert, um *„Konflikten zwischen beiden Legislativen tunlichst vorzubeugen"*[583]. Auch dieser letzte Ruf nach der Errichtung eines eigenen Verfassungsgerichtshofes blieb ungehört. Erst nach Ende der österreichisch-ungarischen Monarchie wurde im Hinblick auf die bisherigen Erfahrungen ein solcher errichtet.

4.7. Die Sanktion in ihrer Bedeutung im Zusammenhang mit dem richterlichen Prüfungsrecht

4.7.1. Die Bedeutung des Monarchen als Garant für die Einhaltung der Verfassungsbestimmungen im Rahmen der Gesetzgebung wird auch im Umfang des richterlichen Prüfungsrechts sichtbar[584]. Nach Art. 7 StGG über die richterliche Gewalt stand den Richtern die Prüfung gehörig kundgemachter Gesetze nicht zu, wohl aber die Gültigkeit von Verordnungen[585]. In der zeitgenössischen Lehre war jedoch umstritten, wie weit das richterliche Prüfungsrecht zu gehen hatte[586]. In einem Artikel *„Prüfung der Giltigkeit der Gesetze und Verordnungen nach österreichischem Staatsrecht"* wird von einem anonymen Autor, der bloß seine

583 *Herrnritt*, Die Stellung der Kronländer im Gefüge der österreichischen Verfassung, ÖZÖR 1916, Sonderheft, S. 45. Auch *Herrnritt* plädiert dafür, dass vorab ein richterliches Organ in Zweifelsfällen zu entscheiden hätte.

584 Die Frage des richterlichen Prüfungsrechts wurde vor der Dezemberverfassung 1867 ausführlich auf dem dritten und vierten Deutschen Juristentag erörtert. Für den vierten Deutschen Juristentag erstellten die aus Wien kommenden Juristen *Stubenrauch* und *Jaques* Gutachten zu Frage, ob der Richter auch das verfassungsmäßige Zustandekommen eines Gesetzes überprüfen darf. *Stubenrauch* schränkte das Prüfungsrecht auf die Prüfung der Kundmachungsvorschriften ein. *Jaques* wollte auch die materielle Verfassungskonformität prüfen lassen. Vgl. *Haller*, Die Prüfung von Gesetzen, S. 14ff.

585 Zu beachten ist hier § 30 des Gesetzes vom 18. April 1869, RGBl Nr. 44 (= *Bernatzik*, Die österreichischen Verfassungsgesetze mit Erläuterungen^2, Nr. 137, S. 474ff.) betreffend die Organisation des Reichsgerichtes, der für diesen den Ausschluss des richterlichen Prüfungsrechts für Gesetze normierte. Nicht thematisiert worden ist von der zeitgenössischen Lehre inwieweit Art. 7 Anwendung auch für die Verwaltungsbehörden findet. Aus diesem Grund wird im Rahmen dieser Untersuchung in Ermangelung der entsprechenden Literatur auf die Problematik nicht eingegangen.

586 Art. 7 StGG über die richterliche Gewalt wurde nahezu wörtlich in die Bundes-Verfassung 1920 übernommen. Nach wie vor ist der Umfang des richterlichen Prüfungsrechts umstritten. Vgl. *Mayer*, B-VG4 , Art. 89, I.1., S. 319; *Jahnel*, Gehörig kundgemacht? Die Prüfungsbefugnis der Gerichte, der Unabhängigen Verwaltungssenate und des Unabhängigen Bundesasylsenat bei der Kundmachung von Gesetzen, Verordnungen und Staatsverträgen, ÖJZ 2000, S. 161ff.

Anfangsbuchstaben F.K. anführt, festgehalten, dass der Gesetzgebungskörper im Rahmen seiner Beratungen verpflichtet sei, zu prüfen, ob das zu beschließende Gesetz nicht der Verfassung widerspreche[587]. Dies sei auch der Grund, warum den untergeordneten Behörden kein Prüfungsrecht auf die Verfassungskonformität zugestanden worden sei. Der Richter selbst habe bloß zu prüfen, ob ein Gesetz gehörig kundgemacht worden sei. Die Kundmachung erfolge im Namen des Kaisers unter Berufung auf die Zustimmung des Vertretungskörpers und unter Mitfertigung eines verantwortlichen Ministers. Fehle ein Erfordernis der Kundmachung, liege kein Gesetz vor. Ein weitergehendes Prüfungsrecht stehe dem Gericht aber nicht zu. So wäre ein Gesetz, welches gehörig kundgemacht wurde, durchaus verbindlich, wenn tatsächlich die Zustimmung vom Vertretungskörper nicht erteilt wurde bzw. der Gesetzesbeschluss nicht sanktioniert wurde, obwohl dies in der Kundmachung behauptet wurde. Darüber hinaus könne der Richter nicht prüfen, ob das Gesetz auf verfassungsmäßige Art zustande gekommen sei[588]. Für ein solch formelles Prüfungsrecht traten eine Vielzahl an Autoren ein, wie *Pfaff-Hofmann*[589], *Bernatzik*[590], *Prazak*[591] und *Burckhard*[592], und es kann daher diese Rechtsansicht als herrschende Lehre bezeichnet werden[593]. Letzterer der genannten Autoren nennt konkret die Voraussetzungen einer gehörigen Kundmachung, die zu prüfen waren:

---

587 *F.K.*, Prüfung der Giltigkeit der Gesetze und Verordnungen nach österreichischem Staatsrechte, JBl. 1873, S. 50.

588 Ob die Beschlussfassung und Sanktionierung erzwungen worden sei, ob sie auf einem Irrtum beruhte, ob die Kammern richtig zusammengesetzt waren oder ob die Beschlussfähigkeit gegeben war.

589 *Pfaff-Hofmann*, Commentar zum österreichischen allgemeinen bürgerlichen Gesetzbuche, 1. Bd. S 132. Hier heißt es: „*...nicht zu prüfen, ob der Vertretungskörper, der nach dem Inhalte dieser Norm die in derselben entschiedene Frage berathen und entschieden hat, innerhalb seines verfassungsmäßigen Wirkungskreises handelte; er hat nicht zu prüfen, ob der in dieser Norm als zustimmend bezeichnete Vertretungskörper wirklich zugestimmt hat, ob er verfassungsmäßig constituirt, ob seine Mitglieder gesetzlich berufen, in der gehörigen Anzahl versammelt waren und ob sie ihre Zustimmung in der gehörigen Weise zB mit der erforderlichen Zweidrittelmajorität gegeben haben und noch weniger darf der Richter die Anwendung des Gesetzes verweigern, wenn er etwa meinen sollte, das Gesetz widerstreite durch seinen Inhalt göttlichen Geboten, der Vernunft, der Verfassung, den Verpflichtungen des Staates gegenüber fremden Staaten (oder der anderen Reichshälfte) oder wohlerworbenen Rechten Dritter.*"

590 *Bernatzik*, Die österreichischen Verfassungsgesetze mit Erläuterungen^2, Nr. 137, S. 437.

591 *Prazak*, Beiträge zum Budgetrecht und zur Lehre von den formellen Gesetzen, AÖR 2, S. 445.

592 *Burckhard*, System des österreichischen Privatrechtes, 1. Teil, S. 110ff. Nach diesem ist es den Gerichten verwehrt zu prüfen, ob tatsächlich ein Gesetz vorliegt. Als Gesetz hat all das zu gelten, was von den Publikationsorganen als solches kundgemacht wurde.

593 Vgl. hierzu *Walter*, Zur Auslegung des Art. 89 (1) B-VG, S. 341.

„Es muss daher die Kundmachung des Gesetzes (Art. 10 des Gesetzes 21. December 1867 RGBl 145) *a* im Namen des Kaisers, *b* mit Berufung auf die Zustimmung der verfassungsmaessigen Vertretungskoerper, *c* unter Fertigung des Kaisers oder seines staatsrechtlichen Vertreters und Mitfertigung eines verantwortlichen Ministers, *d* im betreffenden Gesetzesblatt erfolgt sein, und das Vorhandensein dieser Erfordernisse, und nur dieser, haben Gerichte bei Gesetzen zu prüfen“[594].

4.7.2. *Tezner* spricht sich gegen die herrschende Rechtsansicht, dass das richterliche Prüfungsrechts bloß auf die formellen Voraussetzungen der Kundmachung zu begrenzen sei, aus[595]. Er meinte, dass bei Zweifel an der Richtigkeit des veröffentlichten Gesetzestextes der Richter auch berechtigt sei, die Veröffentlichung mit dem Originaltext zu vergleichen. Nur eine nach den Vorschriften des Art. 10 StGG über die Regierungs- und Vollzugsgewalt authentifizierte und gesetzlich veröffentlichte Norm sei vom Richter anzuwenden. *Spiegel* stimmt grundsätzlich dem Ausgangspunkt von *Tezner*, dass der Richter die Pflicht bzw. das Recht habe, die Ausfertigung des kundgemachten Gesetzes zu prüfen, zu[596]. Er meint aber, dass der gerichtliche Augenschein, ob der Kaiser durch seine eigenhändige Unterschrift das verfassungsmäßige Zustandekommen des Gesetzes bestätigt, nicht das einzig zulässige Beweismittel sei. Er ist der Ansicht, dass der Richter das Recht habe, das Ministerium des Inneren, welches das RGBl herausgibt, über die Richtigkeit bzw. Unrichtigkeit des kundgemachten Gesetzestextes zu befragen. Werde die Unrichtigkeit bestätigt, wäre die durch die Urkundeneigenschaft des RGBl geschaffene Vermutung der Richtigkeit zerstört. Von der Richtigkeit der Auskunft des Ministers für Inneres ist im Hinblick auf die Verantwortlichkeit gegenüber dem Monarchen, dem RR, dem Staatsgerichtshof und dem Strafgericht auszugehen. Auf die kaiserliche Bestätigung des verfassungsmäßigen Zustandekommens eines Gesetzes sei daher nicht abzustellen, sondern es sei die *„ministerielle Bestätigung über die kaiserliche Bestätigung“*[597] ein glaubhafter Nachweis. Würde man der Ansicht von *Tezner* folgen, müsste man zur nicht haltbaren Auffassung gelangen, dass der Richter auch dann von einer nicht gehörigen Kundmachung ausgehen muss, wenn die Einsichtnahme in die Gesetzesurkunde verweigert wird. Es finden sich aber auch Stimmen für die Ansicht von *Tezner* wie beispielsweise *Herrnritt.* Er meint, dass bei Zweifeln über die Richtigkeit des Gesetzes dem Richter das Original der Gesetzesurkunde zugänglich gemacht werden müsste[598].

---

594 *Burckhard*, System des österreichischen Privatrechtes, 1.Teil, S. 111.

595 *Tezner*, Über die gehörige Kundmachung von Gesetzen nach dem österreichischem Recht, JBl. 1887, S. 37ff.

596 *Spiegel*, Die kaiserlichen Verordnungen mit provisorischer Gesetzeskraft, S. 140.

597 *Spiegel*, Die kaiserlichen Verordnungen mit provisorischer Gesetzeskraft, S. 150.

598 *Herrnritt*, Handbuch des österreichischen Verfassungsrechtes, S. 206, FN 12.

4.7.3. Höchst interessante Ausführungen zum richterlichen Prüfungsrecht zeigen sich auch in der Untersuchung „*Reichs- und Landesgesetz nach österreichischer Verfassung*“ von *Kelsen*[599]. Hier führt er aus, dass die Bestimmungen über das Zustandekommen bzw. Abändern eines Gesetzes kein rechtliches Sollen, sondern bloß ein rechtliches Können normieren. Nur auf dem nach diesen Vorschriften beschriebenen Weg können Gesetze entstehen. Bei Nichtbeachtung entstehe eben kein Gesetz. Eine jede Verletzung dieser Erzeugungsnormen habe aus Gründen der Rechtslogik die Nichtigkeit des Scheingesetzes zur Folge, sofern die Verfassung nicht anderes bestimme. Es zeigt sich, dass mit diesen Überlegungen zur Nichtigkeit eines Gesetzes die Grundgedanken zur formalen Fehlertheorie der Reinen Rechtslehre gelegt worden sind. Zum richterlichen Prüfungsrecht führt *Kelsen* aus, dass der Wortlauf des Art. 7 StGG über die richterliche Gewalt sowohl eine formelle als auch eine materielle Gesetzesnichtigkeit zulasse. Bei der formellen Gesetzesnichtigkeit würde bloß die Verletzung der Publikationsvorschriften zur Nichtigkeit des Gesetzes führen, nicht aber die Verletzung der Erzeugungsvorschriften. Bei der materiellen Gesetzesnichtigkeit dürfe der Richter prüfen, ob überhaupt ein Gesetz bzw. ein Nichtgesetz vorliege. Nur bei Gesetzen sei das materielle Prüfungsrecht ausgeschlossen. Die Absicht des Art. 7 StGG über die richterliche Gewalt sei aber, die Prüfung von Gesetzen und Nichtgesetzen zu untersagen. Erst durch ein solches Interpretationsergebnis bekomme diese Norm einen Sinn. Demzufolge sei nun aber alles Gesetz, was als Gesetz publiziert werde, ohne Rücksicht darauf, ob – mit Ausnahme der Publikationsvorschriften – die übrigen Verfassungsbestimmungen eingehalten wurde. *Kelsen* meint daher:

> *„Alle Voraussetzungen für ein gültiges Gesetzes enthält der Art. 10 des Staatsgrundgesetzes über die Ausübung der Regierungs- und Vollzugsgewalt. Die Bestimmungen über Abänderung der Regierungs- und Vollzugsgewalt, Quorum, Kompetenz des Reichs- und Landesgesetzgebers usw. kommen für die Frage der Gültigkeit des Gesetzes rechtlich nicht in Betracht. Ob diese Bestimmungen nicht irgendeine andere juristische Bedeutungen haben oder ob sie überhaupt als rechtlich irrelevanter Gesetzesinhalt anzusehen sind, etwa als fromme Wünsche, politisch-moralische Normen und ähnliches, wird später zu untersuchen sein.“*[600]

Kelsen konstatiert daher, dass in der Legislative nicht das konstitutionelle, sondern das absolutistische Prinzip als rechtsgültig „*hypostasiert*“ worden sei.

4.7.4. Ein Jahr zuvor legte schon *Merkl* fast gleichartige Ergebnisse hinsichtlich des Begriffes „*Nichtgesetz*“ der Öffentlichkeit vor. In seiner juristischen Analyse

599 *Kelsen*, Reichsgesetz und Landesgesetz nach österreichischer Verfassung, AÖR 1914, S. 202ff.

600 *Kelsen*, Reichs- und Landesgesetz nach österreichischer Verfassung, AÖR, S. 425.

des kaiserlichen Patentes vom 26. Juni 1913 betreffend die Fortführung der Landesverwaltung des Königreiches Böhmen hielt er fest, dass der Ausschluss des Gesetzesprüfungsrechts kein natürliches Postulat sei, sondern stets eine Frage des positiven Rechts[601]. Dass der Richter andernfalls über dem Gesetz stehe, sei formal nicht richtig. Es wäre nur ein Pseudogesetz, über das sich der Richter hinweg setzen würde, an ein echtes Gesetz wäre der Richter jedenfalls gebunden. Materiell gesehen würde aber das Argument, der Richter würde über dem Gesetz stehen, zu treffen, da dieser die Macht hätte, ein Gesetz als solches anzuerkennen oder nicht.

4.7.5. Der Meinung von *Kelsen* hinsichtlich des richterlichen Prüfungsrechts und der daran anschließenden Hypostasierung hinsichtlich des absolutistischen Prinzips kann hier nicht gefolgt werden. Wenn *Kelsen* festhält, dass all das als Gesetz zu gelten hat, was allein der Monarch als Gesetz publiziere, sieht er zunächst in dieser einen Untersuchung über den diesfalls eintretenden Verfassungsbruch stillschweigend hinweg. Die Dezemberverfassung 1867 zeichnet klar den Gesetzgebungsweg vor. Für die Gesetzwerdung können drei Hauptmomente bestimmt werden: 1. ein übereinstimmender Beschluss beider Häuser des RR, 2. die Sanktion durch den Monarchen und 3. die Kundmachung des sanktionierten Gesetzesbeschlusses. Übergeht der Monarch die erste und zweite Voraussetzung und lässt er, ohne dass ein Gesetzesbeschluss des RR vorliegt, einen solchen angeblich sanktionierten Gesetzesbeschluss kundmachen, bricht er mit der Verfassung. Erst in seinem Artikel *„Über Staatsunrecht“*, der sich auch mit Unterscheidung zwischen Nichtigkeit und Anfechtbarkeit von Staatsakten beschäftigt, wird dieser Verfassungsbruch auch von *Kelsen* angesprochen[602]. Mit der Schrift geht *Kelsen* davon aus, dass bei jedem Staatsakt geprüft werden müsse, ob sämtliche von der Rechtsordnung aufgestellten Bedingungen eingehalten worden seien. Sei eine dieser Bedingungen nicht erfüllt, liege ein nichtiger Staatsakt vor. Ein nichtiger Staatsakt sei ein Nichtstaatsakt. Sehe die Rechtsordnung einen Mangel als Anfechtungsgrund vor, dann sei ein rechtliches Etwas entstanden. Der Mangel müsse dann auch geltend gemacht werden, um seine Wirkung entfalten zu können. Herunter gebrochen auf den Gesetzgebungsakt heißt das nach *Kelsen* nun, dass ein rechtliches Nichts vorliege, wenn die Voraussetzungen des Gesetzgebungsverfahrens nicht eingehalten wurden. Er meint:

601 *Merkl*, Das kaiserliche Prüfungsrecht vom 26. Juli 1913, und das richterliche Überprüfungsrecht, ZÖR 1915/1916, S. 298.

602 *Kelsen*, Über Staatsunrecht, Grünhutsche Zeitschrift für das Privat- und öffentliche Recht der Gegenwart, 1914, S. 1-114, (= Die Wiener Rechtstheoretische Schule, S. 957f).

„…; das, was sich als Gesetz ausgibt, ist kein Gesetz. Fehlt es aber an einem richterlichen Prüfungsrecht, so daß alles, was als Gesetz publiziert wird, als Gesetz angewendet werden muß, ohne Rücksicht auf andere Voraussetzungen, dann bedeutet jede Außerachtlassung der für das Zustandekommen eines Gesetzes bestehenden gesetzlichen Bestimmungen einen rechtlich nicht konstruierbaren Verfassungsbruch.“[603]

Auch nicht richtig ist die Meinung von *Kelsen*, dass der Verfassungsgesetzgeber das richterliche Prüfungsrecht bloß auf die vorschriftsmäßige Kundmachung beschränken wollte. Die Untersuchungen des Teil I betreffend das StGG über die richterliche Gewalt haben ergeben, dass der VA hinsichtlich des richterlichen Prüfungsrechts zwischen Richtigkeit und der verfassungsmäßigen Form der Verkündung eines Gesetzesbeschlusses unterschied. Damit war nichts anderes gemeint, als das der Richter die Übereinstimmung des gefassten Gesetzesbeschlusses mit dem verkündeten Text – und nicht bloß die verfassungsmäßige Verkündigungsform – zu prüfen hatte[604]. Da nun aber die Frage des richterlichen Prüfungsrechts mit der Frage, wann ein Nichtgesetz vorliegt und diese Frage in einer engen Beziehung mit der oben skizzierten formalen Fehlertheorie von *Kelsen*, die von *Merkl* zur Theorie des Fehlerkalküls weiterentwickelt wurde, in einem engen Zusammenhang steht, sei auf diese beiden Letztgenannten sowie auf ihre Widersacher in den Personen *Winkler* und *Novak* als Hauptproponenten[605], die berechtige Gegenargumente vorbrachten und die Mangelhaftigkeit der Theorie des Fehlerkalküls nachgewiesen haben, in weiterer Folge im Rahmen eines Exkurses näher eingegangen, um auch auf Basis dieser Ausführungen den tatsächlichen Umfang des richterlichen Prüfungsrechts bestimmen zu können[606].

---

603 *Kelsen*, Über Staatsunrecht, Grünhutsche Zeitschrift für das Privat- und öffentliche Recht der Gegenwart, 1914, S. 1-114 (= Die Wiener Rechtstheoretische Schule, S. 1041).

604 So auch *Klaushofer*, Gehörig kundgemacht? Die Prüfungsbefugnis der Gerichte, der Unabhängigen Verwaltungssenate und des Unabhängigen Bundesasylsenats bei der Kundmachung von Gesetzen, Verordnungen und Staatsverträgen, ÖJZ 2000, S. 164; *Walter*, Zur Auslegung des Art. 89 (1) B-VG, JBl. 1960, S. 341.

605 Die Literatur betreffend absolut nichtiger Staatsakt ist zahlreich und würde die Darstellung dieser den Rahmen der vorliegenden Untersuchung übersteigen. Auf die Untersuchung von *Morscher*, Absolute Nichtigkeit von Staatsakten sei hingewiesen, in: Festschrift Winkler, *Haller/Kopetzki/Novak/Paulson/Raschauer/Ress/Wiederin* [Hrsg.], S. 645ff.

606 Richtig hat nämlich *Novak* im Ergebnis festgehalten, dass die formale Fehlertheorie mit der Zentralisation des richterlichen Prüfungsrechts ihre Daseinsberechtigung verloren habe. *Novak*, Die Fehlerhaftigkeit von Gesetzen und Verordnungen, Vorwort IV.

Exkurs II: Über die absolute Nichtigkeit von Staatsakten

II.1. Oben wurde schon die formale Fehlertheorie von *Kelsen* kurz und bündig dargestellt. Mit einigen Worten - und ein wenig ausführlicher - sei nochmals auf diese eingegangen. Dies zum besseren Verständnis, auch wenn die Gefahr der Wiederholung besteht. *Kelsen* unterscheidet zwischen dem nichtigen und anfechtbaren Staatsakt. Ein nichtiger Staatsakt sei rechtslogisch ein Nichtstaatsakt. Eine Zurechnung zum Staat könne sohin nicht erfolgen. Der anfechtbare Staatsakt weise Mängel auf, die keine Nichtigkeit bewirken. Zur Feststellung dieser Mängel bedürfe es aber eines staatlichen Aktes. Solange nun diese Mängel nicht autoritativ vom Staat festgestellt worden seien, habe dieser fehlerhafte Akt rechtliche Wirkung wie eine fehlerloser. Die Beantwortung der Frage, wann ein solch anfechtbarer Akt vorliege, erfolge nicht auf Grund der Rechtslogik, sondern auf Grund der Rechtsordnung. In weiterer Folge beschreibt *Kelsen*, wann ein nichtiger und wann ein bloß anfechtbarer Staatsakt besteht. Nach diesem sei von einem nichtigen Staatsakt dann zu sprechen, wenn ein solcher Akt nicht alle gesetzlich bestimmte Erzeugungsbedingungen erfüllt und die Rechtsordnung über die Wirkung des Mangels schweigt. Diesfalls liege ein Nichtstaatsakt vor. Die Rechtsordnung bräuchte auch den Nichtigkeitsgrund selbst nicht zu benennen. Eine solche Erklärung hätte bloß eine deklaratorische Bedeutung und würde zudem nur Überflüssiges benennen. Sehe aber nun die Rechtsordnung einen Mangel als Anfechtungsgrund vor, sage die Logik, dass etwas rechtlich existent geworden sei. Erst mit der Geltendmachung entfalte der Mangel Wirkung. Eine solche Wirkung könnte ua die Vernichtung des Staatsaktes zur Folge haben. Die Anfechtung sei daher nur eine bedingte Nichtigkeit. *Kelsen* hält zudem fest, dass eine Rechtsordnung durchaus das Institut der Anfechtung nicht kennen müsse. Diesfalls bedeute jeder Mangel Nichtigkeit. *Kelsen* muss sich auch eingestehen, dass manche Mängel, für welche die Rechtsordnung keinen Anfechtungsgrund vorgesehen habe, für einen Nichtigkeitsgrund nicht ausreichend schwer genug wiegen müssen. Aber allein hierzu beeilt er sich zu erklären, dass es nicht die Aufgabe der Theorie des positiven Rechts sein könne, Unterlassungen des Gesetzgebers wieder gut zu machen. Ohne Verletzungen ihrer eigenen methodologischen Grundlagen, könne sie nicht an Stelle des Gesetzgebers treten. Damit stellt *Kelsen* die Methodik über den gesetzlich normierten Inhalt einer Rechtsordnung[607] und kann daher nur so zu dem oben dargestellten

607 So auch *Winkler*: *„Das Dilemma, in das Kelsen, vor allem angesichts einer streng formalen Rechtsquellenlehre kommt, ist ausweglos. Die Regeln teleologischer Auslegung, mögen sie auch durch verfehlte Anwendung und Überforderung Mißtrauen und Spott hervorrufen, wären eben auch in diesen Fällen für Kelsen die einzig brauchbare Hilfe. So muß aber seine Lehre wirklichkeitsfremd bleiben. Das Recht besteht aus Form und Inhalt. Wer das Recht mit der Form identifiziert, dem bleibt der Inhalt unzugänglich.“* *Winkler*, Die absolute Nichtigkeit von Verwaltungsakten, S. 28.

Ergebnis kommen, dass die Verfassung 1867 nicht das konstitutionelle, sondern das absolutistische System ausgestaltet habe. Zuletzt ist festzuhalten, dass die Überlegung zur formalen Fehlertheorie von *Kelsen* auf Vorarbeiten von *Walter Jellinek* und *Kormann* basieren. *Kelsen* selbst hält in seiner Untersuchung fest, dass er die Vorzüge beider Systeme vereinigen und dabei die Schwächen ausschließen will. Von den aufgestellten Überlegungen dieser beiden Autoren sei das von *Kormann* wiedergegebene, im Privatrecht existierende Prinzip, dass ein mangelhaftes Rechtsgeschäft nichtig sei, außer wenn das Gesetz irgendeinen Mangel als Anfechtungsgrund erklärt. Die Anwendung dieses Prinzips habe *Kormann* für den öffentlich-rechtlichen Bereich ausgeschlossen. Dem muss jedoch *Kelsen* heftig widersprechen, da er dieses Prinzip als allgemeines Prinzip der Rechtslogik ansieht.

II.2. *Merkl* stellt im Rahmen seiner *„Lehre von der Rechtskraft"* die Theorie des Fehlerkalküls im Zusammenhang mit der Umwandlung von Unrecht in Recht dar. Er geht davon aus, dass die Rechtskraft rechtswidriger Akte durch ein positivrechtliches Fehlerkalkül bedingt sei und nicht Folge der Funktion der Rechtskraft sei. Für die Unterscheidung von Recht und Nichtrecht ist nach Ansicht *Merkls* davon auszugehen, dass alle positivrechtlich aufgestellten Voraussetzungen der Erzeugung einer Norm gleich wesentlich seien. Wenn schon nur eine Voraussetzung nicht erfüllt sei, liege eine Nichtigkeit vor. Das Fehlerkalkül sei nun aber jene Bestimmung, die es ermöglicht, trotz bestehender Fehlerhaftigkeit, einen Akt als Recht zu erkennen. Als ein typisches Beispiel für die Theorie des Fehlerkalküls nennt *Merkl* ua den Ausschluss des richterlichen Prüfungsrechts gehörig kundgemachter Gesetze. Diesfalls könne festgehalten werden, dass die Verfassung selbst mit Fällen von fehlerhaft erzeugten Normen rechnet, ohne dass aber die Nichtigkeit dieser *„Scheingesetze"* eintreten müsse. Ist das Handeln des Organs durch das Fehlerkalkül gedeckt, sei dieses unfehlbar. Interessanterweise stellt nun aber *Merkl* eine Schwierigkeit in der Feststellung der Grenzziehung zwischen unbedingt notwendigen Erfüllungsvoraussetzungen und Erzeugungsvoraussetzungen, die vom Fehlerkalkül gedeckt sind. Er hält fest, dass durchaus Fehler existieren, die keiner Korrektur durch ein Rechtsmittel fähig sind. Er meint, dass aber auch diese Fälle in ein Fehlerkalkül miteinbezogen werden könnten. Derart, dass die Verfassung folgende Bestimmung enthalte: *„Mängel eines Aktes haben, soweit nicht gesetzlich anders bestimmt ist, nur dann seine Nichtigkeit zur Folge, wenn sie die Bestimmungen über die Zuständigkeit betreffen"*[608]. Damit sei die Zuständigkeitsbestimmung als eine unbedingt notwendige Erzeugungsvoraussetzung normiert und die Grenzlinie zwischen nichtigen und gültigen, allenfalls anfechtbaren Akten positivrechtlich und erkennbar gezogen worden. Die Theorie des Fehlerkalküls führt *Merkl* später in

608 *Merkl*, Die Lehre von der Rechtskraft, S. 299.

seinen Werken „*Allgemeines Verwaltungsrecht*" (1927) und „*Prolegomena einer Theorie des rechtlichen Stufenbaues*" (1931) wiederholend aus.

II.3. Die Gegner der formalen Fehlertheorie finden sich in den schon oben angesprochenen Autoren *Winkler* und *Novak*. *Winkler* hat in seiner Schrift „*Die absolute Nichtigkeit von Verwaltungsakten*" gemeint, dass man die absolute Nichtigkeit nicht restlos in den Regelungen über die Fehlerfolgen einfangen könne. Den Ausdruck der absoluten Nichtigkeit sah er als einen Gegensatz zur Rechtserheblichkeit in Form eines fehlerhaften bzw. fehlerfreien Staatsaktes. Spreche man von einer absoluten Nichtigkeit, so meint man ein rechtliches Nichts, wobei sich die absolute Nichtigkeit aus den Bedingungen der Rechtserheblichkeit ergebe. *Winkler* geht nämlich gleich wie *Kelsen* grundsätzlich davon aus, dass ein Akt nur dann rechtserheblich ist, wenn die von der Rechtsordnung aufgestellten Bedingungen zur Gänze erfüllt sind. Ist das nicht der Fall, ist der Akt rechtsunerheblich bzw. absolut nichtig. Diese Folge der logischen Regel muss aber nicht immer eintreten, da auch auf den bezweckten Rechtserfolg abzustellen sei. Ein Akt, der objektiv nicht geeignet sei, den aufgestellten Zweck zu erfüllen, muss in Beachtung dessen unerheblich sein. Ob nun zwischen minder schweren und schweren iS von unwesentlichen und wesentlichen unterschieden werden kann, ergebe die teleologische Auslegung des positiven Rechts. Die einzelnen von diesen normierten Verhaltensregeln stehen nämlich in einem sinn- und zweckhaften Zusammenhang. So lassen nun die Aufhebungsgründe erkennen, dass der Gesetzgeber zwischen wesentlichen und unwesentlichen Fehlern unterscheide und dabei auf die Schwere bzw. Gravität abstelle. Neben der Gravität als Maßstab für die Bestimmung der absoluten Nichtigkeit sei die Evidenz iS einer Offenkundigkeit des Fehlers[609] zu berücksichtigen.

II.4. Während sich *Winkler* mit der absoluten Nichtigkeit von Verwaltungsakten beschäftigte und in dieser Arbeit durchaus allgemein gültige Feststellung traf, untersuchte *Novak* die Fehlerhaftigkeit von Gesetzen und Verordnung. Die Theorie des Fehlerkalküls umschrieb er mit zwei wesentlichen Hauptmomenten. Erstens, dass diese von der Gleichwertigkeit der Erzeugungsbedingungen einer niederrangigen Norm ausgehen und daher jede Verletzung einer dieser Bedin-

609 Hierzu zitiert *Winkler* in FN 75 *Lerche* wie folgt: „*Lerche, aaO S. 49 stellt mit Recht fest, daß es bei der Evidenz nicht darauf ankommt, ob der Aktadressat eine größere oder geringere Einsichtsfähigkeit hat, sondern auf die objektive Erkennbarkeit der Willensäußerung als Verwaltungsakt. Die Fehlerhaftigkeit muß nach ihm mit juristischer Brille erkannt werden können. Den Forderungen nach Rechtssicherheit wird dabei nichts abgeschnitten: wer sich auf die Gültigkeit oder Ungültigkeit eines Verwaltungsaktes verläßt, und zwar in einer Weise, die zu rechtlichen Konsequenzen führen muß, dem muß auch zugemutet werden können, daß er sich hierbei einer juristischen Brille bedient.*" *Winkler*, Die absolute Nichtigkeit von Verwaltungsalten, S. 32.

gungen zur absoluten Nichtigkeit führe. Zweitens, dass durch das positivrechtliche Fehlerkalkül diese Folge ausgeschaltet werde und an dessen Stelle die Vernichtbarkeit trete. Dass aber gerade das Fehlerkalkül nicht wirklich geeignet ist, Fälle der absoluten Nichtigkeit auszugrenzen, versucht *Novak* am Beispiel der Art. 139 und 140 B-VG nachzuweisen. Hier kommt er zum Ergebnis, dass sich der sachliche Geltungsbereich auf die Prüfung von rechtserheblichen, allenfalls rechtswidrigen Normen beziehe. Damit stehen die absolut nichtigen Normen außerhalb des sachlichen Geltungsbereichs. Aus diesen Bestimmungen könne weder ein Kriterium für die Abgrenzung der Rechtserheblichkeit von der absoluten Nichtigkeit noch der Ausschluss der absoluten Nichtigkeit abgeleitet werden. Auch der Annahme der Gleichwertigkeit der Erzeugungsbedingungen könne nicht gefolgt werden, da es durchaus Bedingungen gebe, die insofern unwesentlich seien, als sie bei Nichterfüllung nicht zur absoluten Nichtigkeit und nicht zur Vernichtbarkeit führen. Zum Beweis führt *Novak* wiederum den Art. 140 B-VG heran. Da auf Grund der Theorie des Fehlerkalküls nur der Bereich der Verletzung der verfassungsrechtlich normierten Erzeugungsbedingungen gedeckt sei, müsste jede andere Fehlerhaftigkeit – wie zB die Verletzung der Bestimmungen der GOG – zur absoluten Nichtigkeit führen. Das widersinnige Ergebnis wäre, dass die Verletzung von Verfassungsbestimmung bloß zur Vernichtbarkeit und die Verletzung von einfachgesetzlichen Normen zur absoluten Nichtigkeit führe. Dies würde aber klar dem der Verfassung zugrunde liegenden Rangordnung von Verfassungsrecht und einfachen Gesetz widersprechen. Aus diesen Überlegungen zieht *Novak* nun den Schluss, dass „*die formale Fehlertheorie als widerlegt*" zu gelten hat und „*die Richtigkeit der materiellen Fehlertheorie*" erwiesen worden sei[610]. Für die Bestimmung eines Gesetzes oder einer Verordnung als absolut nichtig verwendet *Novak* die von *Winkler* schon genannten Begriffe der Gravität und Evidenz. Dabei konstruiert Novak ein bewegliches System. So könne die Gravität eines Fehlers derart schwer wiegen, dass die Evidenz nur noch wenig ins Gewicht fällt. Und umgekehrt könne die Schwere des Fehlers gering sein, aber die Offenkundigkeit schwer wiegen. Es sei daher stets auf den Einzelfall abzustellen und es könne keine mathematische Formel aufgestellt werden.

4.7.6. Fasst man die oben angeführten Untersuchungsergebnisse der genannten Autoren zusammen, kann man festhalten, dass unterhalb der Schwelle des Fehlerkalküls, unter Beachtung der Gravität und Evidenz, Fälle der absoluten Nichtigkeit existieren: Dies ist dann der Fall, wenn die für den jeweiligen Akt nicht einmal die zu beachtenden Mindestbedingungen erfüllt worden sind. *Morscher* hat in diesem Zusammenhang drei mögliche Varianten unterschieden: Erstens, ein Akt ist fehlerfrei, wenn er alle Erzeugungsbedingungen – er spricht

610 *Novak*, Die Fehlerhaftigkeit von Gesetzen und Verordnungen, S. 30.

von Meisterfordernissen – erfüllt. Zweitens, ein Akt ist fehlerhaft, wenn er nicht allen Erzeugungsbedingungen entspricht, wobei bei einem eingeräumten Fehlerkalkül dieser Akt rechtserheblich sei. Drittens, ein Akt ist absolut nichtig, wenn dieser die Mindesterfordernisse nicht erreicht[611]. Diese nun heute allgemein anerkannte Rechtsansicht steht in einem Widerspruch zur formalen Fehlertheorie wie sie von *Kelsen* und *Merkl* entwickelt wurde. Sie geht davon aus, dass alle Bedingungen für die Rechtserzeugung gleich wesentlich sind und schon die Verletzung von einer Bedingung zur absoluten Nichtigkeit eines Aktes führt. Erst dann, wenn durch positivrechtliche Bestimmungen ein Fehlerkalkül eingeräumt sei, wandle sich die absolute Nichtigkeit in eine bloße Vernichtbarkeit eines Aktes. Die formale Fehlertheorie kennt daher keine derart schwerwiegenden Fehler, die zur absoluten Nichtigkeit führen und wo der Gesetzgeber auf Grund der Schwere nicht angeordnet hat, dass trotz des Fehlers der Akt entstehen soll[612]. Besondere Bedeutung erlangt die formale Fehlertheorie daher im Zusammenhang mit dem Ausschluss des richterlichen Prüfungsrechtes von gehörig kundgemachten Gesetzen. *Novak* konstatiert, dass nach der Theorie des Fehlerkalküls das Prinzip der absoluten Nichtigkeit, abgesehen von der nicht gehörigen Kundmachung, ausgeschlossen sein müsse. Alles, was als Gesetz gehörig kundgemacht wird, müsse als Gesetz behandelt werden[613]. Die obigen Ausführungen zeigen, dass *Kelsen* tatsächlich diese Schlussfolgerung gezogen hat. In seinem Aufsatz „*Reichsgesetz und Landesgesetz*" geht er davon aus, dass es kein gehörig kundgemachtes nichtiges Gesetz gebe und führt aus: „*Alles, was als Gesetz – Reichs- oder Landesgesetz – den Publikationsvorschriften entsprechend kundgemacht wird, ist als Gesetz vom Richter und ebenso von jedem anderen Staatsorgane anzuwenden und vom Untertan zu befolgen, ist g ü l t i g.*"[614]. Auch *Merkl* hält im Rahmen seiner Theorie des Fehlerkalküls wie folgt fest: „*eine typische verfassungsrechtliche Formulierung des Fehlerkalküls in bezug auf Gesetze geht dahin, daß die Prüfung gehörig kundgemachter Gesetze bestimmten Organen nicht zustehe*"[615]. Es ist nun ein großer Verdienst von *Walter* und insbesondere von *Novak*, die Fehlerhaftigkeit dieser Theorie aufgezeigt

611 *Morscher*, Absolute Nichtigkeit von Staatsakten, in: Festschrift Winkler, *Haller/Kopetzki/Novak/Paulson/Raschauer/Ress/Wiederin* [Hrsg.], S. 654.

612 Vgl. *Antoniolli/Koja*, Allgemeines Verwaltungsrecht³, S. 561.

613 *Novak*, Die Fehlerhaftigkeit von Gesetzen und Verordnungen, S. 55.

614 *Kelsen*, Reichsgesetz und Landesgesetz nach österreichischer Verfassung, AÖR 1914, S. 422. Vgl. auch *Kelsen*, Über Staatsunrecht, Grünhutsche Zeitschrift für das Privat- und öffentliche Recht der Gegenwart., 1914, S. 1-114 (= Die Wiener Rechtstheoretische Schule, S. 1041).

615 Vgl. *Merkl*, Die Lehre der Rechtskraft, S. 293 und 294; *Merkl*, Allgemeines Verwaltungsrecht, S. 199; *Merkl*, Prolegomena, einer Theorie des rechtlichen Stufenbaus, in: Wiener rechtstheoretische Schule, S. 1360. Vgl. auch *Novak*, Die Fehlerhaftigkeit von Gesetzen und Verordnungen, S. 55.

zu haben. *Walter* hat nämlich zum nahezu gleichlautenden Art. 89 B-VG schlüssig nachweisen können, dass die Formulierung *„gehörig kundgemachter Gesetze"* voraussetzt, dass erstens ein Gesetz – richtiger: ein Gesetzesbeschluss - vorliegt und dass zweitens dieses gehörig kundgemacht worden ist[616]. Hierbei greift er auf die vom Verfassungsausschuss 1867 gemachte Unterscheidung zwischen der Prüfung der Richtigkeit und der verfassungsmäßigen Form der Verkündung und gibt zutreffend wieder, dass mit Richtigkeit die Übereinstimmung des kundgemachten Textes mit dem Beschluss im Parlament gemeint war. Das Vorliegen eines gültigen Gesetzesbeschlusses[617] ist daher unzweifelhaft eine von zweien Tatbestandsvoraussetzungen des Art. 7 StGG ist. Da nun aber nach *Walter* ein Gesetzesbeschluss nur dann vorliege, wenn alle Erzeugungsbedingungen erfüllt worden sind und die Einhaltung all dieser zu prüfen wäre, müsse man ein derart umfassendes richterliches Prüfungsrecht, welches aber dem Sinn der Norm widerspreche, begrenzen, wobei hierzu die anderen verfassungsrechtlichen Bestimmungen heranzuziehen seien. Für die Einschränkung stellt er daher auf die Prüfungskompetenz des VfGH nach Art. 140 B-VG und darüber hinaus aber auch auf die Ausführungen der Autoren *Tezner* sowie *Kelsen-Fröhlich-Merkl*, die von einer Prüfung der Übereinstimmung der Kundmachung mit der zugrunde liegenden Originalausfertigung bzw. Originalurkunde sprechen, ab. *Walter* kommt schlussendlich zum Ergebnis, dass das richterliche Prüfungsrecht nach Art. 89 Abs. 1 B-VG auf die Prüfung der Übereinstimmung der Kundmachung mit dem vom Bundespräsidenten beurkundeten und vom Bundeskanzler und den zuständigen Bundesministern gegengezeichneten Original des Gesetzesbeschlusses zu beschränken sei. Es sei der Bundespräsident im Rahmen seiner Beurkundung, der zu prüfen hätte, ob ein Gesetzesbeschluss vorliege. Das Gericht habe bloß zu prüfen, ob das Gesetz ordnungsgemäß kundgemacht worden sei. Nach *Walter* entscheidet daher der Bundespräsident, ob ein Gesetzesbeschluss vorliegt oder nicht. Dieser Ansicht kann nicht beigetreten werden, da auch dann kein Gesetzesbeschluss vorliegen kann, wenn der Bundespräsident tatsachenwidrig das verfassungskonforme Zustandekommen beurkundet hat. *Novak* hat diesbezüglich schon zu Recht darauf hingewiesen, dass mit einer Beurkundung durch ein Organ wie durch den Bundespräsidenten Fälle der absoluten Nichtigkeit nicht geheilt werden können. Er spricht auch davon, dass man

---

616 *Walter*, Zur Auslegung des Art. 89 (1) B-VG, JBl. 1960, S. 341. Auch *Novak* geht davon aus, dass Tatbestandsvoraussetzung des Art. 89 Abs. 1 B-VG das Vorliegen eines Gesetzesbeschlusses und die gehörige Kundmachung ist. *Novak*, Die Fehlerhaftigkeit von Gesetzen und Verordnungen, S. 54ff.

617 Richtiger ist es hier von einem Gesetzesbeschluss zu sprechen, da erst mit Kundmachung ein Gesetz vorliegen kann. Vgl. *Walter*, Zur Auslegung des Art. 89 (1) B-VG, JBl. 1961, S. 341, FN 16. Schon *Kelsen* hat in seinen Hauptproblemen darauf hingewiesen, dass die Terminologie *„Publikation eines Gesetzes"* nicht korrekt sei, da erst nach Kundmachung ein Gesetz entstehe. *Kelsen*, Hauptprobleme der Staatrechtslehre, S. 419.

mit einer solchen unhaltbaren Auffassung den Bundespräsidenten zu einem „*Super-Gesetzgeber stempeln*“ würde[618]. Überträgt man nun die von *Walter* vertretene Rechtsansicht auf die Rechtslage nach der Verfassung 1867 würde man – in den Worten von *Novak* – den Monarchen oder allenfalls den Minister, der den von Monarchen sanktionierten Gesetzesbeschluss gegenzuzeichnen hat und im Rahmen der Gegenzeichnung auch das verfassungsmäßige Zustandekommen des sanktionierten Gesetzesbeschlusses zu überprüfen hat, zum alleinigen Gesetzgeber erheben. Dieses Ergebnis würde aber der Verfassung 1867, die als gemeinsamen Gesetzgeber das Parlament und den Monarchen eingerichtet hat, widersprechen. Darüber hinaus ist festzuhalten, dass Art. 7 für den Ausschluss des richterlichen Prüfungsrechts nicht nur voraussetzt, dass das Gesetz gehörig kundgemacht wurde, sondern auch, dass ein Gesetzesbeschluss vorliegt. Weder mit der Sanktion durch den Monarchen noch durch die ministerielle Gegenzeichnung kann der Mangel, dass das Parlament keinen Beschluss gefasst hat, behoben werden. Der Richter hat daher neben der Kundmachungsprüfung[619] auch zu prüfen, ob denn das, was kundgemacht wurde, ein Gesetz ist. Aus all dem folgt, dass die Meinung von *Kelsen*, dass alles, was gehörig kundgemacht wird, als gültiges Gesetz zu betrachten ist, ebenso wie die Hypostasierung des absolutistischen Regierungsprinzips sich als unrichtig erwiesen haben. Neben der absoluten Nichtigkeit infolge einer fehlerhaften Kundmachung[620] besteht nämlich auch die Möglichkeit einer absoluten Nichtigkeit in Ermangelung eines der Kundmachung zugrunde liegenden Gesetzesbeschlusses[621].

---

618 *Novak*, Die Fehlerhaftigkeit von Gesetzen und Verordnungen, S. 57.

619 Die Kundmachungsprüfung erstreckte sich auf die Voraussetzungen der gehörigen Kundmachung und Übereinstimmung des kundgemachten Textes mit dem Original des sanktionierten Gesetzesbeschlusses.

620 Die Frage, ob jeder Kundmachungsmangel zur absoluten Nichtigkeit führt, ist auch heute noch sehr umstritten. Selbst der VfGH ist hier schwankend. Vgl. *Thienel*, Art. 48, 49 B-VG, Rz 82, in: Kommentar zum B-VG, Band II, 1. Halbband: Art. 1-59b. Hier wird der Ansicht von Novak der Vorzug gegeben, dass ein Gesetz nur dann als gehörig kundgemacht angesehen werden kann, wenn sämtliche Rechtsbedingungen – die der Verfassung und die des Publikationsgesetzes - der Kundmachung erfüllt sind. Es trifft eben zu, dass die Sanktion des Kundmachungsfehlers nicht die Aufhebung eines Gesetzes als verfassungswidrig, sondern die Verneinung der Rechtserheblichkeit ist. Vgl. *Novak*, Die Fehlerhaftigkeit von Gesetzen und Verordnungen, S. 48 und 51. Gerade eben dieser Lösungsansatz ist für die gegenständliche Dezemberverfassung 1867 passend, wenn man bedenkt, dass nach dieser Verfassung es keinen Gerichtshof gab, der Gesetze wegen Verfassungswidrigkeit aufheben konnte.

621 *Novak*, Die Fehlerhaftigkeit von Gesetzen und Verordnungen, S. 54. Hier heißt es: „*Dh nur dann ist dem Gericht eine weitere Prüfung und die Annahme eines nichtigen Gesetzes versagt, wenn die Kundmachung gehörig, also unter Einhaltung sämtlicher sie regelnden verfassungsgesetzlichen und einfachgesetzlichen Bestimmungen erfolgt ist, und wenn das, was kundgemacht wurde, ein gültiger Gesetzesbeschluß ist. Ist eine der bei-*

4.7.7. Im generellen erfolgt die Unterscheidung zwischen einem absolut nichtigen und einem rechtserheblichen, allenfalls fehlerhaften Akt nach der von *Winkler* und *Novak* entwickelten materiellen Fehlertheorie, wonach dies nach den Kriterien der Schwere und Offenkundigkeit eines Fehlers beurteilt wird[622]. Nach *Novak* gehört aber die gehörige Kundmachung zum absoluten Erfordernis der Gesetzeserzeugung. Es habe daher eine Unterscheidung in wesentliche und unwesentliche Rechtserzeugungsbedingungen im Bereich der Kundmachung keinen Raum und erfährt sohin die materielle Fehlertheorie hier – aber auch nur hier - eine Einschränkung. Wenn der Monarch ein Gesetz kundmachen lässt, dem kein Gesetzesbeschluss des RR voran gegangen ist, dann liegt ein schwerer Fehler des Gesetzgebungsaktes vor, der nicht unter den Kundmachungsbereich fällt. Ein solcher Akt ist kein Gesetz, sondern ein rechtliches Nichts. Man spricht in diesem Zusammenhang in der Regel auch von einem Scheinakt. Ein schwerer Fehler des Gesetzgebungsaktes liegt deshalb vor, da dem Monarchen ein alleiniges Gesetzgebungsrecht nicht zukommt. Die obigen Ausführungen legen klar und deutlich dar[623], dass nach der Verfassung 1867 das Gesetzgebungsrecht dem Monarchen gemeinsam mit dem Parlament zusteht[624]. Die fehlende Kompetenz zum alleinigen Gesetzeserlass wiegt nun aber so schwer, dass auf die Offenkundigkeit, wie von der materiellen Fehlertheorie grundsätzlich gefordert wird, nicht mehr weiters abgestellt werden müsste. Selbst für die

---

den Voraussetzungen nicht gegeben, so sind die Gerichte berechtigt und verpflichtet, das ‚Gesetz' als absoluten nichtigen Akt zu werten."

622 *Novak*, Die Fehlerhaftigkeit von Gesetzen und Verordnungen hält hierzu auf Seite 56 richtig fest: *„Mit der weiteren Frage, wo die Grenzen zwischen dem gültigen und ungültigen Gesetzesbeschluß verläuft, hat die Auslegung des Art. 89 Abs. 1 B-VG teil an dem Problem der Grenzziehung zwischen der Rechtserheblichkeit und der absoluten Nichtigkeit überhaupt. Sie kann nur nach den Kriterien der Schwere und Offenkundigkeit des Fehlers im Einzelfall beurteilt werden. So erweist sich auch an der Vorschrift des Art. 89 Abs. 1 die dogmatische Unhaltbarkeit der formalen Fehlertheorie, die dem von der Gültigkeit bedingtem Prüfungsverbot einen die Gültigkeit vermeintlich begründenden „Fehlerkalkül" unterstellt.*"

623 Vgl. oben Punkt 4.5.

624 Gleicher Ansicht ist *Adamovich sen.*, der davon ausgeht, dass jede als Gesetz kundgemachte Anordnung nichtig sei, wenn in einer konstitutionellen Monarchie die Verfassung vorsehe, dass für das Zustandekommen eines Gesetzes der Beschluss des Parlaments und die Sanktion des Monarchen erforderlich sei. Als Vertreter der formalen Fehlertheorie kommt *Adamovich sen.* jedoch zur Ansicht, dass, wenn die Verfassung *„den Grundsatz aufstellt, daß die Prüfung gehörig kundgemachter Gesetze den Gerichten nicht zusteht, so folgt daraus, daß nur die nicht gehörig kundgemachten Gesetze als nichtige Akte angesehen und behandelt werden dürfen, daß aber andere Mängel des formellen Gesetzgebungsverfahrens sowie des materiellen Gesetzesinhaltes das Gesetz zwar zu einem verfassungswidrigen machen, gleichwohl aber dessen rechtlicher Verbindlichkeit nichts anhaben*". Vgl. *Adamovich sen.*, Die Prüfung von Gesetzen und Verordnungen durch den österreichischen Verfassungsgerichtshof, S. 32 und 40.

Vertreter der formalen Fehlertheorie ist ja die Voraussetzung der abstrakten Zuständigkeit wesentlich. *Merkl* wollte – wie oben ausgeführt wurde – durch eine eigene Verfassungsbestimmung die Zuständigkeitskompetenz als eine unbedingte Voraussetzung für einen gültigen Staatsakt schaffen und damit die zeitgenössische Lehre positivrechtlich verankert haben. In seinem Aufsatz „*Die gerichtliche Prüfung von Gesetzen und Verordnungen*“ meinte er, dass ein Gesetz ohne Beschluss des Parlaments nicht zustande kommt, auch dann nicht, wenn ein solcher Text unter Bezeichnung „*Gesetz*“ gedruckt werden würde[625]. In völliger Kehrtwendung zu seinen Ausführungen in der Untersuchung „*Reichsgesetz und Landesgesetz*“ geht selbst *Kelsen* in seiner Reinen Rechtslehre davon aus, dass das zur Gesetzesanwendung berufene Organ zu prüfen habe, ob das, was sich als Gesetz darstelle, von dem durch die Verfassung zur Gesetzgebung berufenen Organ auch beschlossen wurde. Dies unabhängig davon, ob das zur beschränkten Prüfung befugte Organ nicht berechtigt ist zu prüfen, ob das Gesetzgebungsverfahren oder der Inhalt des Beschlusses verfassungskonform sei[626]. Es kann daher nicht strittig sein, dass die abstrakte Zuständigkeitskompetenz ein Mindesterfordernis für einen Staatsakt ist und der Mangel der Zuständigkeit – ohne auf die Offenkundigkeit abstellen zu müssen – das Zustandekommen ausschließt[627]. Wenn zwar auch des öfteren der Hauptmann von Köpenick als bildhaftes und einprägsames Beispiel für eine fehlende Zuständigkeitskompetenz herangezogen wird, liegt in gleicher Intensität ein schwerer Fehler eines Scheinstaatsaktes vor, wenn der Monarch ein Gesetz – korrekter: einen Gesetzesbeschluss – unter Berufung auf einen angeblich im Parlament gefassten Beschluss kundmachen lässt, auch wenn dieser Mangel nicht sofort ins Auge sticht, also nicht unmittelbar offensichtlich ist. Die Gravität überlagert nicht nur die Evidenz des Fehlers, sondern verdrängt auf Grund ihres Ausmaßes dieselben. Für einen Teil der heutigen Lehre muss jedoch jeder noch so schwere Fehler offenkundig sein[628]. Entgegen der hier vertretenen Ansicht wäre daher neben der Gravität die Evidenz des Fehlers zu prüfen. Hierbei wird man aber für die

---

625 *Merkl*, Die gerichtliche Prüfung von Gesetzen und Verordnungen, ÖZBl XXXIX. Band, 1921, S. 590.

626 *Kelsen*, Reine Rechtslehre^2, S 276f. Aber selbst in seinem Artikel „*Reichsgesetz und Landesgesetz*“ geht *Kelsen* davon aus, dass Voraussetzung der Sanktion der Gesetzesbeschluss des Parlaments sei. Vgl. *Kelsen*, Reichsgesetz und Landesgesetz nach österreichischer Verfassung, AÖR 1914, S. 429.

627 Gleicher Ansicht sind *Winkler*, Der Bescheid, S. 108; *Novak*, Die Fehlerhaftigkeit von Gesetzen und Verordnungen, S. 35; *Raschauer*, Allgemeines Verwaltungsrecht2, Rz 846. Zuletzt *Winkler*, Die Prüfung von Verordnungen und Gesetzen durch den Verfassungsgerichtshof von Amts wegen, S. 263.

628 Vgl. *Hattenberger*, Zur Grenzziehung zwischen Verordnung und Nicht-Verordnung. Zugleich ein Beitrag zur Lehre von der absoluten Nichtigkeit von Verwaltungshandeln, ZfV 2001, S. 1215f mwN.

Verfassung 1867 keine allzu engen Grenzen ziehen dürfen, wenn man bedenkt, dass es keinen eigenen Gerichtshof gibt, der fehlerhafte – iS von einer Verfassungswidrigkeit – Gesetze überprüft und gegebenenfalls aufhebt[629].

4.7.7. Zusammenfassend ist daher festzuhalten, dass der Monarch im Rahmen der Sanktion die Verfassungsmäßigkeit des vorgelegten Gesetzesbeschlusses prüft und bei festgestellter Verfassungswidrigkeit formeller und materieller Natur die Erteilung der Sanktion verweigern kann[630]. Eine solche Obliegenheit zur Überprüfung eines ihm vorgelegten Gesetzesbeschlusses steht in einem Zusammenhang mit Art. 8 StGG über die Regierungs- und Vollzugsgewalt, mit welchem der Monarch gelobt, die StGG einzuhalten und in Übereinstimmung mit denselben zu regieren. Ob nun damit eine Rechtspflicht begründet wird oder nicht, ist, wie *Weyr* richtig feststellt, im Hinblick auf die verfassungsmäßige Unverantwortlichkeit des Monarchen nur von bloß *„akademischer Natur"*[631]. Eine allfällige Pflichtverletzung durch den Monarchen löst nämlich keine nachteiligen Rechtsfolgen wie Amtsverlust oder strafrechtliche Verurteilung oder zivilrechtliche Haftung aus[632]. Der Monarch kann in Anbetracht der Prüfungsmöglichkeit im beschriebenen Umfang demgemäß als Hüter der Verfassung bzw. als Garant der Verfassung bezeichnet werden[633]. Dies ist insofern von

---

629 Der VfGH hatte sich in seinen Erkenntnissen VfSlg. 5996/1969 und G152/00 mit der Frage eines absolut nichtigen Gesetzes auseinander zu setzen gehabt. In dem ersten Fall lag der Kundmachung ein Gesetzesbeschluss des zuständigen Landtages zugrunde und im zweiten Fall erfolgte eine neuerliche Kundmachung eines bereits zuvor kundgemachten Gesetzes. In der Entscheidung VfSlg 5996/1969 sprach der VfGH ausdrücklich davon, dass offenkundig das zuständige Parlament keinen Beschluss gefasst hätte. Er ließ die Frage der damit zusammenhängenden absoluten Nichtigkeit unbeantwortet. In der Entscheidung G152/00 meinte der VfGH, dass es sich nach der äußeren Erscheinung nach um ein Gesetz handelt und von außen her kein offenkundiger Mangel sichtbar sei. Sogar die im Titel angefügte Fußnote, dass mit der Kundmachung das zuvor erlassene Gesetz ersetzt werden sollte, stellte nach Ansicht des VfGH keinen offenkundigen Fehler dar. Demnach liege kein absolut nichtiger Akt vor. *Thienel* meint, dass die vom VfGH gewählte Formulierung zwar missverständlich wäre, dennoch dieser nicht bloß auf das äußere Erscheinungsbild abstelle, sondern auch darauf, dass der Publikation ein Gesetzesbeschluss zugrunde liegen müsse. *Thienel*, Sanierung von Kundmachungsmängeln von Bundesgesetzen, S. 865.

630 *Adamovich sen.*, Die Prüfung der Gesetze und Verordnungen durch den österreichischen Verfassungsgerichtshof, S. 35.

631 *Weyr*, Rahmengesetze, S. 36f.

632 Vgl. auch *Hauke*, Der Kaiser, S. 106; *Kelsen*, Reichsgesetz und Landesgesetz nach österreichischer Verfassung, AÖR 1914, S. 426

633 Vgl. *Hugelmann*: *„Das Streben nach Competenzerweiterung, welches dem Gesetz des Lebens entsprechend, jedem Parlament innewohnt, muß sich nun auf beiden Seiten mit verstärkter Kraft geltend machen und in der österreichischen Verfassung fehlt selbst jenes Correktiv, welches man in dem Bundesgericht u. dgl. in anderen Ländern zu der Lö-*

Bedeutung, da einerseits die Dezemberverfassung 1867 keinen Verfassungsgerichtshof kannte, der die Rechtsmäßigkeit von Rechtsakten wie Gesetzen und Verordnungen prüfte, und andererseits den Zivilgerichten nur ein beschränktes Prüfungsrecht zustand. Durch die Sanktion werden auch allfällige verfassungsrechtliche Mängel eines Gesetzesbeschlusses nicht geheilt. Das ergibt sich eindeutig aus der Natur der Sanktion, die in erster Linie in der Bildung des gesetzgeberischen Willens und in zweiter Linie in der verfassungsrechtlichen Prüfung des vorgelegten Gesetzesbeschlusses und nicht in der Sanierung eines allfälligen im parlamentarischen Gesetzgebungsprozess entstandenen Fehlers bzw. einer im Gesetzestext enthaltene Verfassungswidrigkeit besteht. Auch lässt sich eine entsprechende verfassungsrechtliche positive Norm, die eine solche Funktion der Sanktion zukommen lassen könnte, in der Verfassung 1867 nicht finden. Eine Sanktionierung kann aber durchaus eine Vermutung der Verfassungsmäßigkeit des Gesetzes begründen. Bei Zweifel der Verfassungsmäßigkeit ist dessen ungeachtet eine Überprüfung zulässig und notwendig. Die Möglichkeit einer Überprüfung eines kundgemachten Gesetzes besteht – wie die bisherigen Ausführungen zeigten – aber nach der Verfassung 1867 nur in einem engen Rahmen: Nämlich beim richterlichen Prüfungsrecht, wenn zB das Gericht Zweifel darüber hegt, ob der Kundmachung und der Sanktionierung tatsächlich ein Gesetzesbeschluss zugrunde liegt. Hier wird und ist das Gericht berechtigt, entsprechende Nachforschungen anstellen zu lassen. Es darf aber nicht vergessen werden, dass neben dem Monarchen und dem Gericht in seinen engen Grenzen auch das Parlament – und wie unten noch auszuführen sein wird, der Ministerpräsident sowie der das Gesetz zu vollziehende Minister im Rahmen der Gegenzeichnung - als Hüter der Verfassung angesehen werden können. Regierungsvorlagen, die sich gegen die Verfassung richten, weil sie zB Angelegenheiten regeln, die in die Zuständigkeitskompetenz eines Landes fallen, kann das Parlament ihre Zustimmung versagen und keinen Gesetzesbeschluss darüber fassen. Sohin kann das Parlament die Verfassungskonformität einer Regierungsvorlage und der Monarch den Gesetzesbeschlusses des Parlaments in materieller und formeller Hinsicht, das Gericht die gehörige Kundmachung und das Vorliegen eines sanktionierten Gesetzesbeschlusses überprüfen. Dass mit diesen genannten Hütern der Verfassung der Mangel eines eigenen Verfassungsgerichtshofes nicht ausgeglichen werden kann bzw. konnte und dementsprechend die Dezemberverfassung 1867 eine Lücke aufwies, versteht sich von selbst.

4.7.8. Abschließend sei festgehalten, dass sich die Genehmigung des Monarchen zur Einbringung einer Gesetzesvorlage von der kaiserlichen Sanktion eines vom

---

sung von Competenzkonflikten zwischen verschiedenen Organen der gesetzgebenden Gewalten kennt, es existiert diesbezüglich die Sanktion der Krone als ausgleichendes Medium ganz allein." *Hugelmann*, Die österreichischen Landtage, ÖZfV 1875, S. 66.

RR gefassten Gesetzesbeschlusses unterscheidet, auch wenn zwar diese Genehmigung in der Literatur als Vorsanktion bezeichnet wurde[634]. Zudem hat die die Sanktion in angemessener Frist und ohne unnötigem Aufschub zu erfolgen[635]. Die Praxis hat entgegen dieser Auffassung nicht immer Beschlüsse des RR einer unmittelbaren Erledigung durch die kaiserliche Sanktion zugeführt. So wurde beispielsweise im April 1888 vom RR ein Gesetz betreffend obligatorische Erprobung von Handfeuerwaffen beschlossen, welches aber erst am 23. Juni 1891 sanktioniert und kundgemacht worden ist[636]. Man sprach in diesem Zusammenhang von „*Lagergesetzen*" bzw. vom „*Arbeiten des Parlaments auf Lager*". Hierzu führt *Tezner* näher aus:

> „Nur die tiefe Geringschätzung, welche dem deutschen und österreichischen Parlamentarismus von Regierungskreisen entgegengebracht wird und welche freilich zum Teil in ihm selbst ihren Grund hat, kann es erklären, daß hier die Anschauung geteilt wird, als könne man das Parlament auch auf Lager arbeiten lassen und die Erledigung seiner Beschlüsse auf eine unangemessene Zeit hinausschieben." [637]

Lange vor *Winkler* hat *Tezner* nachgewiesen, dass im Hinblick auf die Verfassung Staatsakte wie die Sanktion und Publikation eines Gesetzes ohne unnötigen Aufschub zu erfolgen haben. Für *Winkler* ist alles verfassungsrechtliche Organhandeln materiell und funktionell, intentional und final, abstrakt und konkret zeitbezogen, auch dann, wenn die Verfassung selbst keine Zeitdeterminante vorsehe[638]. Daraus könne man aber nicht schließen, dass jedes Staatshandeln sofort oder in einer beliebigen Zeit erfolgen dürfe, sondern jedes Staatshandeln soll zeitgerecht gesetzt werden. Die Bestimmungsgründe für die Zeitbestimmung ergeben sich aus Sinn und Zweck der einschlägigen Rechtslage. Im Ergebnis abstrahiert und verfeinert *Winkler* die auf die Sanktion und Publikation konkret sich beziehenden Ausführungen von *Tezner*. Das Zeitelement ergibt sich aus seiner Begründung, dass die kaiserliche Sanktion nicht bis zum Eintritt der nächsten Session oder über diese hinaus verschoben werden könne, da der Zustimmungswille des Parlaments nur bis zur neuen Session Geltung haben könne. Zumindest für einen Teil der Lehre war die Zeitlichkeit des Rechts in Form des zeitgerechten Staatshandeln im Rechtsbewusstsein.

---

634 Vgl. *Hauke*, Monarchenrecht, in: Österreichisches Staatswörterbuch. Handbuch des gesamten österreichischen öffentlichen Rechts[2], 3 Bd., S. 658; siehe oben *Herrnritt*, S. 143.

635 *Kolmer*, Parlament und Verfassung VI, S. 27ff; *Tezner*, Die Volksvertretung, S. 444f; StPHH, 87. Sitzung der XI. Session, S. 1152ff.

636 StPHH, 87. Sitzung der XI. Session am 16. Jänner 1897, S. 1154.

637 *Tezner*, Die Volksvertretung, S. 445.

638 *Winkler*, Zeit und Recht, S. 161.

5. Die ministerielle Gegenzeichnung

5.1. Ein vom Monarchen sanktionierter Gesetzesbeschluss ist von einem verantwortlichen Minister gegenzuzeichnen[639]. Die Bedeutung dieser Gegenzeichnung war in der Literatur strittig. Oben wurden schon die Ausführungen von *Weyr* in seinem Aufsatz *„Rahmengesetze“* zur Unterscheidung der objektiven und subjektiven Pflichtverletzung durch den Minister im Rahmen seiner Empfehlung zur Sanktion eines Parlamentsbeschlusses des RR dargestellt[640], wobei kurz die Ansicht von *Weyr* über die Bedeutung der Gegenzeichnung durch den Minister referiert wurde, die nun hier näher ausgeführt werden soll.

5.2. Für *Weyr* kann die ministerielle Gegenzeichnung dreifache Bedeutung haben[641]. Die Gegenfertigung könne bloß bescheinigen, dass der Minister vom Akt der Sanktion Kenntnis genommen habe. Diese Auslegung hält *Weyr* jedoch nicht für richtig, da diesfalls Art. 10 StGG über die Regierungs- und Vollzugsgewalt die Unterschrift aller Minister verlangen hätte müssen. *Weyr* stellt sich in Folge die Frage, ob sich das Gesetz über die Ministerverantwortlichkeit auch auf die gesetzgebende Gewalt oder doch einfach nur auf die vollziehende Gewalt beziehe. Hierzu hält er fest, dass das dem Ministerverantwortlichkeitsgesetz nachfolgende StGG über die Regierungs- und Vollzugsgewalt den Begriff *„Regierungsakt“* in der engeren Bedeutung – also bloß bezogen auf die vollziehende Gewalt – verstanden habe. Dessen ungeachtet meint *Weyr*, dass das Ministerverantwortlichkeitsgesetz auch auf die gesetzgebende Gewalt anzuwenden sei. Dies begründet er hauptsächlich damit, dass kein wichtiger Grund vorliegen würde, dessen Anwendbarkeit auszuschließen. Habe man sich der Ansicht angeschlossen, dass das Ministerverantwortlichkeitsgesetz auch für die gesetzgebende Gewalt gelte, könne die ministerielle Gegenzeichnung auch die Bedeutung haben, dass einerseits die Einhaltung der Form bei der Entstehung des Gesetzes und andererseits die Übereinstimmung des Gesetzestextes mit dem Wortlaut des Beschlusses des Parlaments bescheinigt werde. Die Mitfertigung könne darüber hinaus freilich auch eine Erklärung sein, dass der Minister das Gesetz materiell in Ordnung befindet. Habe man sich nun für die Anwendung des Ministerverantwortlichkeitsgesetzes entschieden, dann liege kein vernünftiger Grund vor, die Bedeutung der Gegenzeichnung auf die Beurkundung der Einhaltung der Form des Gesetzgebungsweges einzuschränken. Die Verantwortung des Ministers bezieht sich daher nach *Weyr* auf die materielle Richtigkeit des von diesem gegenzuzeichnenden sanktionierten Gesetzesbeschlusses. *Weyr* hält abschlie-

---

639 Das jährliche Finanzgesetz wurde von sämtlichen Ministern gegengezeichnet. Vgl. *Herrnritt*, Handbuch des österreichischen Verfassungsrechts, S. 205 FN 7.

640 Siehe oben Exkurs. I.4

641 *Weyr*, Rahmengesetze, S. 36ff.

ßend fest, dass diese Verantwortlichkeit ohnehin eine nur beschränkte sei, weil die Minister nur dem RR und nicht den Landtagen verantwortlich seien. Zudem beschränke sich die Verantwortung der Minister hinsichtlich der materiellen Richtigkeit nur auf verfassungswidrige Landesgesetze. Auf eine solche Einschränkung kommt *Weyr* deshalb, weil – wie oben schon ausgeführt wurde – er nur einen einzigen Fall eines materiell fehlerhaften Gesetzes kennt: Nach seiner Ansicht liegt ein solcher vor, wenn eine nicht zuständige gesetzgebende Körperschaft ein Gesetz beschließe. *Weyr* meint zudem, dass eine Verantwortung des Ministers darüber hinaus eine Zweckmäßigkeitsfrage darstelle und diese Verantwortlichkeit nur eine politische sein solle.

5.3. Auch *Kelsen* nimmt in seiner Untersuchung „*Reichsgesetz und Landesgesetz*" Stellung zur Ministerverantwortlichkeit[642]. Da nach seiner Ansicht das konstitutionelle Prinzip nicht auf den legislativen Bereich eingerichtet wurde, könne man prüfen, ob denn nicht auf dem vollziehenden Gebiet, durch Begründung einer Pflicht des Ministers, nur verfassungsmäßig zustande gekommene Gesetze gegenzuzeichnen, dieses Prinzip statuiert worden sei. Bei dieser Prüfung kommt er zum Ergebnis, dass das Ministerverantwortlichkeitsgesetz sich nur auf den exekutiven und nicht auch auf den legislativen Bereich beziehe. Mit den Worten „*Regierungsgewalt*" und „*Regierungsakt*" werde nach der Verfassung 1867 ausschließlich auf die Exekutive hingewiesen. Darüber hinaus spreche Art. 10 StGG über die Regierungs- und Vollzugsgewalt von der Mitfertigung durch einen verantwortlichen Minister, wobei sich die Mitfertigung auf die Kundmachung als einen Akt der Exekutive beziehe. Damit würde man einen wesentlichen Einklang mit dem Ministerverantwortlichkeitsgesetz schaffen können, weil der Minister für etwas verantwortlich gemacht werden kann, was der Richter zu prüfen habe: nämlich die gehörige Publikation. Der Minister haftet sohin nach *Kelsen* dafür, dass der Kaiser einen Publikationsbefehl erteilt hat und dass die Publikation gehörig erfolgte. Man könnte – so *Kelsen* – das Wort „*Regieren*" aber auch weit auslegen und dem Minister die Verantwortung für die Sanktion als solche zuerkennen. Diesfalls würde sich die Haftung des Ministers auf den Umstand beziehen, ob eine Sanktion erlassen wurde oder nicht. Eine darüber hinausgehende Haftung könne nicht bestehen. Insbesondere würde keine Haftung für einen sanktionierten fehlerhaften Beschluss normiert seien. Die Sanktion könne nicht fehlerhaft bzw. verfassungswidrig sein, weil keine näheren Vorschriften für die Sanktion bestehen. Sie werde aber auch dann nicht fehlerhaft, wenn ihr ein fehlerhafter Beschluss zugrunde liege. Der Minister selbst könne nicht für einen Akt des Parlamentes verantwortlich gemacht werden, sondern nur für einen Akt des Monarchen. Eine weitergehende Haftung eines Mi-

642 *Kelsen*, Reichsgesetz und Landesgesetz nach österreichischer Verfassung, AÖR 1914, S. 426ff.

nister wie zB für das verfassungsmäßige Zustandekommen eines Gesetzes könne nicht konstruiert werden. Dies auf Grund des Umstandes, dass eine Ministeranklage wegen Kontrasignatur eines materiell fehlerhaften Gesetzes sinnlos sein würde, wenn man dem Staatsgerichtshof entgegen dem Art. 7 StGG über die richterliche Gewalt nicht ein richterliches Prüfungsrecht zuspreche. Eine Ausnahme vom Art. 7 StGG über die richterliche Gewalt sei jedoch für den Staatsgerichtshof nicht normiert, sodass nach *Kelsen* die Auffassung, die Ministerverantwortlichkeit beziehe sich nur auf Akte der Exekutive, die einzig richtige sei.

5.4. *Herrnritt* hielt zur ministeriellen Gegenzeichnung[643] fest, dass die Mitfertigung durch den Ministerpräsidenten und in der Regel durch den in der Vollzugsklausel mit dem Vollzug betrauten Minister, bei Landesgesetzen nur durch den letzteren, erfolge. Hierbei verweist er auf das kaiserliche Handschreiben vom 20. August 1851[644]. Nach diesem hatte die Unterzeichnung unter der kaiserlichen Unterschrift durch den Ministerpräsidenten oder durch die Minister zu erfolgen, in deren Vollzugsbereich das Gesetz bzw. die Verordnung fiel, wobei sich die Gegenzeichnung auf die Kundmachung der Gesetze und Verordnungen beschränkte. Das kaiserliche Handschreiben hielt ausdrücklich fest, dass die Gegenzeichnung zu gewährleisten hatte, dass „*bestimmte Formen beobachtet und die kaiserlichen Beschlüsse genau und richtig aufgenommen sind*". Diese nach dem kaiserlichen Handschreiben festgelegte Funktion der Gegenzeichnung hat nun *Herrnritt* auch auf die Gegenzeichnung nach der Verfassung 1867 übertragen und gemeint, dass sich die Ministerverantwortlichkeit auf die ordnungsgemäße Aufnahme und Publikation des vereinbarten Gesetzesinhaltes beziehe[645]. Damit erzielt *Herrnritt* mit seiner Ansicht eine nahezu Übereinstimmung mit der Meinung von *Kelsen*. *Hauke*[646] vertritt die Meinung, dass mit der ministeriellen Gegenzeichnung der Minister die Verantwortung für die Verfassungskonformität übernehme. Unterzeichne er ein verfassungswidriges Gesetz, falle diesem eine Verfassungsverletzung zur Last. Diese Verfassungsverletzung könne man mit einer Ministeranklage geltend machen, wobei diese Möglichkeit dann entfällt, wenn die Verfassungswidrigkeit durch den Beschluss des Parlaments, welche die Ministerverantwortlichkeit geltend macht, entstanden sei. Anders sei die Sache aber bei einer Verfassungswidrigkeit eines Landesgesetzes bzw. wenn der Zeitpunkt der Sanktion bestritten werde. Hier sei jedenfalls die Erhebung der Ministeranklage möglich und habe der Staatsgerichtshof die Verfassungsmäßig-

643 *Herrnritt*, Handbuch des österreichischen Verfassungsrechtes, S. 204 und 205.

644 Ah. Kabinettschreiben vom 20. August 1851, RGBl 194 (= *Bernatzik*, Die österreichischen Verfassungsgesetze mit Erläuterungen^2, Nr. 46, S. 207 und 208).

645 *Herrnritt*, Handbuch des österreichischen Verfassungsrechtes, S. 205, FN 7.

646 *Hauke*, Grundriß des Verfassungsrechts, S. 105.

keit des Gesetzes zu prüfen. Von *Seidler*[647] wurde die Ansicht vertreten, dass nach dem Wortlaut der taxativen Aufzählung der Verantwortlichkeitsgründe nach § 3 des Ministerverantwortlichkeitsgesetzes, es hinsichtlich der Verantwortlichkeit des Ministers keinen Unterschied mache, ob ein monarchischer Regierungsakt mit oder ohne Gegenzeichnung erfolge. Die Gegenzeichnung habe nur die Bedeutung eines Beweismittels für die ministerielle Mitwirkung und sei keine Voraussetzung für die eigentliche Haftungsbegründung des Ministers. *Tezner* nimmt zur ministeriellen Gegenzeichnung im Rahmen der Kompetenzabgrenzung des Wirkungsbereiches vom RR und LT Stellung[648] und meint, dass der Minister, der die Ausfertigung eines Gesetzes kontrasigniere, die verfassungsmäßige Zuständigkeit zu wahren habe und sich vom Gedanken leiten lassen müsse, dass die Grenzen der Zuständigkeit des RR und des LT nur im verfassungsmäßigen Weg abgeändert werden können.

5.5. In der heutigen Literatur wird die ministerielle Gegenzeichnung als Korrektiv zur Unverantwortlichkeit des Monarchen bezeichnet[649]. Mit der Gegenzeichnung durch den Minister könne dieser für alle Akte des Monarchen hinsichtlich der Verfassungs- und Gesetzesmäßigkeit verantwortlich gemacht werden. Interessanterweise wird in der Regel nicht auf die von der zeitgenössischen Lehre aufgeworfenen Fragen eingegangen so wie zB *Melichar* in seiner Untersuchung „*Geschichte und Funktion der Gegenzeichnung, insbesondere in der österreichi-*

---

647 *Seidler*, Minister, in: Österreichisches Staatswörterbuch. Handbuch des gesamten österreichischen öffentlichen Rechts², 3 Bd., S. 615.

648 *Tezner*, Die Volksvertretung, S. 408.

649 *Barfuß*, Ressortzuständigkeit und Vollzugsklausel, S. 107; *Berchtold*, Der Bundespräsident, S. 150; *Greve*, Die Ministerverantwortlichkeit im konstitutionellen Staat, S. 45; *Kelsen/Fröhlich/Merkl*, Die Bundesverfassung vom 1. Oktober 1920, S. 126 und 163; *Koja*, Mitwirkung und Mitverantwortung eines Bundesministers bei Vollzugsakten des Bundespräsidenten, JBl. 1964, S. 444; *Korinek*, in: Kommentar zum B-VG, Band II, 1. Halbband: Art. 1-59b, Art. 47 B-VG, Rz 20; *Loebenstein*, Das Gesetz, in: *Schambeck*, Österreichs Parlamentarismus, S. 52; *Raschauer*, in: Kommentar zum B-VG, Band II, 2. Halbband: Art. 60 - 152, Art. 67 B-VG, Rz 27. Mit der Gegenzeichnung im Liechtensteinischen Recht setzte sich *Winkler* näher auseinander und gibt die zum Thema „*Gegenzeichnung*“ ergangene Literatur wieder, welche die im Text dargestellte Rechtsansicht – Ministerverantwortlichkeit als Ausgleich gegenüber der Unverantwortlichkeit des Monarchen - vertritt. *Winkler* ist der Meinung, dass die Gegenzeichnung durch den Regierungschef eine Übernahme einer eigenen Verantwortung für das verfassungsmäßige Zustandekommen und für die ordnungsgemäße Durchführung von Staatsakten des Fürsten darstelle und keine Übernahme der Verantwortung des Fürsten. Anders als nach der Rechtslage der österreichisch-ungarischen Monarchie ist der Fürst nämlich nach dem im Art. 13 der Verfassung des Fürstentum Liechtenstein durchzuführenden Verfahren dem Volk verantwortlich. *Winkler*, Begnadigung und Gegenzeichnung, S. 30f, 37f, 41f, insbesonders S. 42 und S. 91f.

schen Verfassungsentwicklung"[650]. Obwohl er sich sowohl umfassend mit der abstrakten Funktion der Gegenzeichnung, als auch mit der Funktion der Gegenzeichnung im österreichischen Recht auseinander setzt und hierbei die Entwicklung des Gegenzeichnungsrechts in der österreichischen Verfassungsgeschichte darstellt, führt er zum Art. 10 StGG über die Regierungs- und Vollzugsgewalt lediglich aus, dass die Gegenzeichnung der Gesetzessanktion des Monarchen der Gewährleistung für das verfassungsmäßige Zustandekommen von Gesetzen diene. Er meint weiters, dass ein sanktionierter und ministeriell gegengezeichneter publizierter Gesetzesbeschluss als gehörig kundgemacht zu gelten habe und somit der Prüfungsbefugnis des Richters entzogen sei. Ausführungen über von *Weyr* und *Kelsen* aufgeworfene Fragen wie zB die Anwendbarkeit des Gesetzes betreffend die Ministerverantwortlichkeit auf Akte der legislativen Gewalt bzw. Anwendbarkeit des Art. 7 StGG über die richterliche Gewalt für den Staatsgerichtshof lassen sich nicht finden. *Walter* hingegen meint, dass im konstitutionellen Staat die Kontrasignatur die Bedeutung gehabt habe, dass der Minister die politische Verantwortung für die Rechts- und Zweckmäßigkeit des Aktes gegenüber dem Parlament übernommen habe[651]. Während für *Walter* der Minister lediglich politisch verantwortlich ist, vertritt ein Teil der Lehre die Ansicht, dass mit der Gegenzeichnung sowohl die politische als auch die rechtliche Verantwortung begründet wird. So hat nach *Loebenstein* in der konstitutionellen Monarchie die Gegenzeichnung nicht nur einen formellen, sondern auch einen materiellen Charakter, sodass damit die politische und rechtliche Verantwortung des Ministers gesichert werde[652]. Auch für *Raschauer* bedeutet die Kontrasignatur im konstitutionellen Staat die Übernahme der rechtlichen und politischen Verantwortlichkeit[653]. Es zeigt sich, dass weder *Melichar* noch *Loebenstein* noch *Raschauer* explizit die von *Weyr* und *Merkl* aufgeworfene Frage erörtert haben, ob eine rechtliche Verantwortlichkeit – nach dem Gesetz betreffend der Ministerverantwortlichkeit – des Ministers auch hinsichtlich einer Gegenzeichnung im Rahmen des Gesetzgebungsverfahren geltend gemacht werden kann. Ausschließlich *Walter* hat – zwar ohne nähere Begründung – die Verantwortung für die Gegenzeichnung auf die politische eingeschränkt. Es lohnt sich daher einen näheren Blick auf die Rechtslage zu werfen. Zunächst ist die Gegenzeichnung eines jeden Regierungsaktes des Kaisers als verantwortlicher Minister von der Gegenzeichnung nach Art. 10 StGG über die Regierungs- und Vollzugsgewalt im Rahmen des Gesetzgebungsverfahrens zu unterscheiden. In

---

650 *Melichar*, Geschichte und Funktion der Gegenzeichnung, insbesondere in der österreichischen Verfassungsentwicklung, in: Festschrift *Lentze*, S. 397ff. Mit weiteren Literaturangaben zum Gegenzeichnungsrecht.

651 *Walter*, Österreichisches Bundesverfassungsrecht, S. 315.

652 *Loebenstein*, Das Gesetz, in: *Schambeck*, Österreichs Parlamentarismus, S. 52.

653 *Raschauer*, in: Kommentar zum B-VG, Band II, 2. Halbband: Art. 60 - 152, Art. 67 B-VG, Rz 27.

weiterer Folge ist festzuhalten, dass ein Minister grundsätzlich sowohl politisch als auch rechtlich verantwortlich sein kann. Die politische Kontrolle, die sich nicht nur auf die Rechtmäßigkeit eines Regierungsaktes, sondern auch auf dessen Zweckmäßigkeit bezieht, kann ua durch Interpellation[654], durch Prüfung von Verwaltungsakten der Regierung, Auskunftsersuchen über eingehende Petitionen, Errichtung von Kommissionen sowie Äußerung von Kritik durch Adressen oder Resolutionen ausgeübt werden. Darüber hinaus kann jedes Haus die Anwesenheit des Ministers verlangen. Da im Falle einer Rechtswidrigkeit bzw. Unzweckmäßigkeit eines ministeriellen Aktes die politische Ministerverantwortlichkeit keine Rechtsfolgen auslöst, kann man von einer eingeschränkten politischen Verantwortlichkeit sprechen[655]. Die rechtliche Verantwortlichkeit ist mit dem Gesetz vom 25. Juli 1867 über die Verantwortlichkeit des Ministers[656] geregelt und hat anders als bei der politischen Verantwortlichkeit im Falle eines Schuldspruches den Amtsverlust zur Folge[657]. Voraussetzung eines solchen Schuldspruches ist die vorsätzliche bzw. grob fahrlässige Verletzung der Verfassung sowie der Landesordnungen oder eines anderen Gesetzes durch eine Handlung oder eine Unterlassung eines Ministers. Über Anklagen hat ein eigener Staatsgerichtshof zu entscheiden. Die obigen Ausführungen haben gezeigt, dass in der Literatur umstritten war, ob das Ministerverantwortlichkeitsgesetz nur auf die vollziehende oder aber auch auf die gesetzgebende Gewalt Anwendung finden kann. *Weyr* meint eben, dass der Ausdruck *„Regierungsgewalt“* unklar sei und darunter vielleicht wirklich nur Akte der vollziehenden Gewalt zu verstehen seien[658]. Er geht sogar davon aus, dass das Gesetz über die Ministerverantwortlichkeit nachfolgende StGG über die Regierungs- und Vollzugsgewalt diesen Begriff eng auslege, also gleich nur die vollziehende Gewalt erfasse. Wo der Gesetzgeber die tatsächlichen Grenzen des Anwendungsbereiches des Gesetzes über die Ministerverantwortlichkeit setzte, zeigt der Ausschussberichte des RR. Der Bericht des VA des AH[659] führt aus, dass die Minister Verfügungen der vollziehenden Gewalt gegenzuzeichnen haben und diese

---

654 Interpellationen sind Anfragen an einen Minister über Angelegenheiten seines Wirkungskreises.

655 *Brauneder* geht daher davon aus, dass keine eigentliche politische Verantwortlichkeit der Minister bestand bzw. sich darin erschöpfte, auf Verlangen den Kammern Rede und Antwort stehen zu müssen. *Brauneder*, Die Verfassungsentwicklung in Österreich 1848 bis 1918, in: *Rumper/Urbanitsch*, Die Habsburgermonarchie 1848 – 1918, Verfassung und Parlamentarismus, 1. TB, S. 211

656 RGBl 101/1867 (= *Bernatzik*, Die österreichischen Verfassungsgesetze mit Erläuterungen^2, Nr.128, S. 371).

657 Weitere mögliche Rechtsfolgen waren die Entlassung aus dem Staatsdienst, Verlust der politischen Rechte, allenfalls eine strafrechtliche Verurteilung sowie die Verpflichtung zur Ersatzleistung. Siehe § 23 und § 24 Ministerverantwortlichkeitsgesetz.

658 *Weyr*, Rahmengesetze, S. 39

659 StPAH 17. Sitzung der 1. Session am 10. Juli 1867, S. 321.

mit der Gegenzeichnung als Vertreter der obersten Regierungsgewalt erscheinen. Die Verantwortlichkeit des Ministers habe die Funktion des Schutzes der Verfassung und des Gesetzes gegen Ausschreitungen und Missbräuche der vollziehenden Gewalt. Auch der Bericht der Kommission des HH[660] spricht von Handlungen, die der Verantwortung des Ministers zu unterwerfen seien, durch welche der Minister in Ausübung der Exekutivgewalt bestehende Gesetze, auch die Staatsgrundgesetze, verletze. Mag nun der Begriff *„Regierungsgewalt“* mehrdeutig sein, die Gesetzesmaterialien ergeben eindeutig, dass nur Akte der vollziehenden und nicht auch Akte der gesetzgebenden Gewalt vom Gesetz über die Ministerverantwortlichkeit erfasst sein sollen. Es stellt sich aber die Frage, im welchen Umfang das StGG über die Regierungs- und Vollzugsgewalt, das dem Gesetz über die Ministerverantwortlichkeit folgte, die im Art. 10 normierte Verantwortlichkeit des Ministers sieht. Art. 10 StGG über die Ministerverantwortlichkeit spricht ausdrücklich von der Mitfertigung eines verantwortlichen Ministers und es steht daher im Raum, dass der Verfassungsgesetzgeber unter Verantwortlichkeit nicht nur die politische, sondern auch die rechtliche Verantwortlichkeit nach dem Gesetz über die Ministerverantwortlichkeit verstanden haben wollte. Besondere Hinweise hierfür lassen sich zwar nicht in den Gesetzesmaterialien finden, es kann aber nicht davon ausgegangen werden, dass der Verfassungsgesetzgeber einen terminus technicus mit einschlägiger Begriffsbedeutung vollkommen achtlos und ohne jede weitere Überlegung verwendet. In dieser Hinsicht kann man sich der Argumentation von *Weyr* anschließen, der meint, dass es keinen Sinn ergeben würde, den wichtigen Fall der Kontrasignatur von Gesetzen ohne zwingenden Grund von der rechtlichen Ministerverantwortlichkeit auszuschließen. Auch *Kelsen* schließt ja die grundsätzliche Möglichkeit nicht aus, dass sich das Gesetz über die Ministerverantwortlichkeit auf Gesetzgebungsakte beziehen könnte[661]. Auf den ersten Blick scheint jedoch das nachfolgende Argument von *Kelsen* nachvollziehbar, dass aber auch dem Staatsgerichtshof gemäß Art. 7 StGG über die richterliche Gewalt das Recht entzogen sei, die Gültigkeit eines gehörig kundgemachten Gesetzes zu prüfen und sich das Gesetz über die Ministerverantwortlichkeit nicht auf Akte der gesetzgebende Gewalt beziehen könne. Diese Ansicht wird auch von *Tezner* geteilt[662]. Er meint, dass auch der Staatsgerichtshof ein Gericht sei und auf eine Einschränkung des Grundsatzes der Unüberprüfbarkeit gehörig kundgemachter Gesetzes zugunsten des Staatsgerichtshofes vergessen worden sei. *Hauke* widerspricht den beiden. Nach ihm könne der Staatsgerichthof durchaus die Ver-

660 StPHH 8. Sitzung der 4. Session am 18. Juli 1867, S. 104.

661 *Kelsen*, Reichsgesetz und Landesgesetz nach österreichischer Verfassung, AÖR 1914, S. 430 und 431.

662 *Tezner*, Konventionalregeln und Systemzwang, in: Zeitschrift für das Privat- und Öffentliche Recht 1916, S. 593.

fassungsmäßigkeit eines Gesetzes prüfen, was für diesen eine unentbehrliche Befugnis darstelle[663]. *Kelsen* und *Tezner* ist insofern Recht zu geben, dass offenbar der Verfassungsgesetzgeber tatsächlich auf eine Ausnahmeregelung hinsichtlich Art. 7 StGG über die Regierungs- und Vollzugsgewalt zu Gunsten des Staatsgerichtshofes vergessen hat und sohin dem Staatsgerichtshof die Prüfung von Gesetzen im Zusammenhang mit der Verantwortlichkeit des Ministers verwehrt ist. Das Verbot der Prüfung gehörig kundgemachter Gesetze setzt aber voraus - wie dies oben schon ausgeführt wurde -, dass ein Gesetz vorliegt. Liegt zB im konkreten ein Gesetzesbeschluss des RR nicht vor und wird dennoch von einem Minister eine Gegenzeichnung vorgenommen, dann begründet dieses Fehlverhalten die rechtliche Verantwortlichkeit nach dem Gesetz über die Ministerverantwortlichkeit, das vom Staatsgerichtshof über Anklage verfolgt werden muss. Keine rechtliche Verantwortlichkeit kann begründet werden, wenn zB behauptet wird, dass mit dem Reichsgesetz in die Kompetenz des Landesgesetzgebers eingegriffen worden sei, weil eine verfassungsrechtliche Prüfung des Gesetzes den ordentlichen Gerichten gemäß Art. 7 StGG über die Regierungs- und Vollzugsgewalt entzogen ist und auf Grund der bestehenden Rechtslage der Fehler des Verfassungsgesetzgebers im Jahr 1867 mit keiner noch so extensiven Interpretation behoben werden kann. Nur in dieser Hinsicht kann *Kelsen* und *Tezner* Recht gegeben werden. Die Ansicht *Kelsen*, dass sich nach Art. 10 StGG über die Regierungs- und Vollzugsgewalt die ministerielle Gegenzeichnung nur auf die Kundmachung beziehe und die Kundmachung zumindest auch ein Akt der Exekutive sei, ist jedenfalls abzulehnen. Dies schon deshalb, weil einerseits die Kundmachung ein Akt der Gesetzgebung ist, nämlich der letzte Schritt im Gesetzgebungsverfahren[664] und andererseits aus Art. 10 leg.cit. nicht unbedingt abgeleitet werden kann, dass sich die Mitfertigung eines verantwortlichen Ministers lediglich auf die Kundmachung beziehe. Wörtlich heißt es dort: „*Die Kundmachung der Gesetze erfolgt im Namen des Kaisers mit Berufung auf die Zustimmung der verfassungsmäßigen Vertretungskörper und unter Mitfertigung eines verantwortlichen Ministers*". Würde sich die Mitfertigung tatsächlich bloß auf die Kundmachung beziehen, müßte dies dann auch für die Zustimmung des Parlaments gelten. Einen solchen sinnwidrigen Inhalt kann man aber dieser Bestimmung nicht unterstellen, was auch von *Kelsen* selbst nicht vertreten wird[665].

---

663 *Hauke*, Grundriß des Verfassungsrechts, S. 105.

664 *Thienel*, Art. 48, 49 B-VG, Rz 10, in: Kommentar zum B-VG, Band II, 1. Halbband: Art. 1-59b. Schon *Laband* sprach davon, dass die Kundmachung ein Bestandteil des Gesetzgebungsvorganges sei. Vgl. *Laband*, Das Staatsrecht des Deutschen Reiches, S. 23.

665 Nach Art. 102 B-VG dürfen bestimmte Bundesgesetz nur mit Zustimmung der beteiligten Länder kundgemacht werden. Strittig ist in der Lehre, ob diese Zustimmung nur eine Kundmachungsvoraussetzung ist (so *Thienel*, Art. 48, 49 B-VG, Rz 17 in: Kommentar zum B-VG, Band II, 1. Halbband: Art. 1-59b) oder die Zustimmung der Länder eine

Fast scheint es so, dass *Kelsen* mit seiner Argumentation dem oben erwähnten kaiserlichen Handschreiben vom 20. August 1851 aus der absolutistischen Zeit auch im konstitutionellen Regierungssystem zum Durchbruch verhelfen möchte. Tatsächlich ergänzen aber diese Bestimmungen die Voraussetzungen für das Zustandekommen eines Gesetzes. Es ist neben dem übereinstimmenden Beschluss beider Häuser des RR und der Sanktion des Kaisers die Gegenzeichnung durch einen Minister sowie die Kundmachung des Gesetzesbeschlusses erforderlich. Die Gegenzeichnung wird hier als konstitutives Element im Gesetzgebungsprozess genannt und nimmt keinerlei Bezug auf die Kundmachung[666].

5.6. Geht man davon aus, dass mit der Gegenzeichnung durch den Minister eine Verantwortung desselben begründet wird, räumt man der Mitfertigung auch eine bestimmte Funktion zu. *Weyr* schreibt – wie oben schon ausgeführt wurde – der ministeriellen Gegenzeichnung drei mögliche Funktionen zu: Erstens, die Bescheinigung, dass der Minister den Akt der Sanktion zur Kenntnis nehme. Zweitens, die Bescheinigung, dass der Gesetzesbeschluss verfassungskonform zustande gekommen sei und die Beschlüsse mit dem publizierten[667] Gesetzestext überein stimmen. Drittens, die Erklärung, dass der Minister das Gesetz für materiell verfassungskonform ansehe. Für *Melichar* beurkundet die Gegenzeichnung im allgemeinen a.) die Echtheit der Unterschrift des Ausstellers auf dem gegenzuzeichnenden Staatsakt, b.) dass der Akt vom Aussteller herrühre und c.) dass die Urkunde den Willen richtig wiedergebe[668]. Die Gegenzeichnung könne weiters die Bedeutung haben, die Einhaltung des verfassungsmäßigen Zustandekommens des gegenzuzeichnenden Staatsaktes zu bescheinigen. *Meli-*

Voraussetzung für das verfassungskonforme Zustandekommen des Bundesgesetzes ist (*Korinek*, Die Beurkundung der Bundesgesetze durch den Bundespräsidenten, in: FS Kirchschläger, 1990, S. 121; *Jahnel*, Die Mitwirkung des Bundespräsidenten an der Bundesgesetzgebung, JBl. 1987, S. 636; *Mayer*, B-VG4, Art.102, I.5., S. 350) . Herrschend ist letztere Ansicht.

666 Die heutige Lehre unterscheidet zwischen Hauptfunktionen der Gesetzgebung (Gesetzesbeschlüsse durch den NR und BR, hier Beschluss des RR und die Sanktion) und Mitwirkungsfunktionen von Vollzugsorganen (Initiative, Vorlage zur Beurkundung, Beurkundung und Kundmachung, hier auch Initiative, Vorlage zur Sanktion, Gegenzeichnung durch den Minister und die Kundmachung). Jedenfalls kann die ministerielle Gegenzeichnung als Mitwirkung an der Gesetzgebung angesehen werden. Vgl. *Jahnel*, Die Mitwirkung des Bundespräsidenten an der Bundesgesetzgebung, JBl. 1987, S. 633ff; *Koja*, Mitwirkung und Mitverantwortung eines Bundesministers bei Vollzugsakten des Bundespräsidenten, JBl. 1964, S. 440ff; *Korinek*, Art. 47 B-VG, in: Kommentar zum B-VG, Band II, 1. Halbband: Art. 1-59b, Art. 47 B-VG, Rz 4.

667 Richtigerweise müsste es hier heißen *„zu publizierenden Gesetzestext"*, da erst nach der Gegenzeichnung die Publikation zu erfolgen hat.

668 *Melichar*, Geschichte und Funktion der Gegenzeichnung, insbesondere in der österreichischen Verfassungsentwicklung, in: Festschrift Lentze, S. 424ff.

char meint auch, dass die von einer Verfassung geforderte Gegenzeichnung eine für die Gültigkeit des gegenzuzeichnenden Rechtsaktes unerlässliche Erzeugungsbedingung sei, wobei sich die konstitutionelle Lehre stets geweigert hätte, in der Gegenzeichnung einen eigenen Gesamtakt zu sehen[669]. Zuletzt könne die Gegenzeichnung die Bedeutung der Begründung einer Verantwortung haben. Das Wesen der konstitutionellen Verantwortlichkeit liege in der Haftung für die Mitwirkung an der gesetzgebenden Staatsgewalt. *Melichar* schreibt: „... *das gegenzeichnende Organ für die Legalität seiner Akte in der Exekutive der Legislative haftet.*“[670]. Die Gegenzeichnung der Gesetzesbeurkundung könne nicht als Übernahme einer Verantwortung gegenüber dem Gesetzgebungskörper gedeutet werden. *Melichar* führt hierzu weiters aus:

> „Wenn dem Staatsoberhaupt ein echtes Sanktionsrecht zusteht, ist er in dieser Beziehung Gesetzgebungsorgan und als solches ebenso wenig verantwortlich wie das Parlament, eines „Ersatzverantwortlichen“ bedarf es nicht. Steht dem Staatsoberhaupt im Rahmen des Gesetzgebungsverfahrens ein Prüfungsrecht bezüglich des verfassungsmäßigen Zustandekommens des Gesetzes zu, bedarf es auch keines Ersatzverantwortlichen, wenn das Staatsoberhaupt selbst verantwortlich ist; dann hat die Gegenzeichnung eben nur Beurkundungsfunktion. Ist das Staatsoberhaupt in solchen Fällen unverantwortlich, kann die Gegenzeichnung nur dann Übernahme der Verantwortung bedeuten, wenn auch dem gegenzeichnenden Organ ein Prüfungsrecht zusteht. Ist das Staatsoberhaupt überhaupt nur beurkundendes Organ – was an sich verfassungstechnisch überflüssig und nur historisch erklärbar ist, weil die Authentifikation genauso gut durch den Präsidenten des Gesetzgebungskörpers erfolgen könnte – so kann die zu diesem Akt der Beurkundung ergehende Gegenzeichnung nur Echtheitsbeglaubigungsfunktion haben.“[671]

Melichar ist insofern zuzustimmen, dass, wenn man eine Verantwortlichkeit des Ministers für die Gegenzeichnung begründet, ihm auch ein entsprechendes Prüfrecht zu kommen. Meines Erachtens ist daher bei der ministeriellen Gegenzeichnung davon auszugehen, dass die Mitverantwortung des Ministers nicht nur für das verfassungskonforme Zustandekommen des Gesetzes, sondern auch für die Verfassungsmäßigkeit im gesamten sowie die Verantwortung für die ordnungsgemäße Durchführung der Kundmachung begründet wird. Hierbei wird eine Verantwortung des Ministers für dessen eigene Handlungen begründet und

---

669 Nach *Melichar* wäre die konstitutionelle Lehre insofern im Recht, als auch im klassisch konstitutionellen System der Monarch den ausschließlichen bzw. maßgeblichen Einfluss auf die Stellung des gegenzuzeichnenden Organs ausübte. *Melichar*, Geschichte und Funktion der Gegenzeichnung, insbesondere in der österreichischen Verfassungsentwicklung, in: Festschrift Lentze, S. 425.

670 *Melichar*, Geschichte und Funktion der Gegenzeichnung, insbesondere in der österreichischen Verfassungsentwicklung, in: Festschrift Lentze, S. 426.

671 *Melichar*, Geschichte und Funktion der Gegenzeichnung, insbesondere in der österreichischen Verfassungsentwicklung, in: Festschrift Lentze, S. 426.

nicht die Verantwortung für Handlungen des Monarchen übernommen[672]. Hat sich die Verfassung dazu entschlossen, den Monarchen als unverantwortlich zu stellen, dann kann die Verantwortung für die Handlung des Monarchen, zu denen er nicht verpflichtet ist, nicht einem anderen an seiner statt übertragen werden. Es ist rechtsstaatlich bedenklich, jemanden die Verantwortung für die Handlungen eines Dritten zu übertragen, ohne dass dem Verantwortlichen Aufsichts- oder Eingriffsrechte eingeräumt sind. Tatsächlich haftet daher der Minister nicht für Handlungen bzw. Unterlassungen des unverantwortlichen Monarchen, sondern für eigene Handlungen bzw. Unterlassungen im Zusammenhang mit der Gegenzeichnung des sanktionierten Gesetzesbeschlusses. Selbst *Kelsen* geht nicht von einer funktionslosen Gegenzeichnung aus, sondern räumt dem gegenzeichnenden Minister auch ein Prüfungsrecht ein, wenngleich nur derart, dass dieser das Vorliegen einer Sanktion zu prüfen hat und die Verantwortung für die gehörige Kundmachung übernimmt. Der Minister ist daher verpflichtet, den vom Monarchen sanktionierten Gesetzesbeschluss auf das verfassungskonforme Zustandekommen in formeller und materieller Hinsicht zu prüfen. Verletzt er seine Mitwirkungspflicht ist er politisch und rechtlich – dies im oben beschriebenen, eingeschränkten Umfang – verantwortlich. Durch diese ministerielle Mitwirkungsbefugnis im Rahmen der Gegenzeichnung besteht daher die Möglichkeit die anderen am Gesetzgebungsprozess beteiligten Organe zu prüfen, womit eigentlich der Exekutive gegenüber der Legislative ein Kontrollrecht eingeräumt wird. Damit tritt ein weiterer Schutz für die Verfassung 1867 ein, deren großer Mangel ein fehlender Verfassungsgerichtshof war. Richtig vertritt daher *Bernatzik* die Ansicht, dass mit der Ministerverantwortlichkeit Fehler im Gesetzgebungsprozess verhindert werden sollten[673], wobei er auch

---

672 Vgl. hierzu *Greve*, Die Ministerverantwortlichkeit im konstitutionellen Staat, S 47. Er meint, dass die Kontrasignatur wie alle übrigen Anordnungen eigene Handlungen des Ministers darstellen und er hierfür nach allgemeinen Rechtsgrundsätzen wie ein frei Handelnder verantwortlich ist. So auch *Winkler*, der wie folgt meint: „*Die für den jeweiligen Staatsakt verfassungsrechtlich vorgesehene Mitwirkung eines anderen Staatsorgans, wie etwa die Gegenzeichnung von Staatsakten des Staatsoberhauptes durch den Regierungschef oder durch einen Minister, begründet im Allgemeinen keine Übernahme der Verantwortlichkeit des Urhebers des Staatsaktes, sondern eine Befugnis der Mitwirkung entsprechende suppletorische staatsrechtliche und staatspolitische Mitverantwortung. Die Mitwirkungsbefugnis bei der Setzung eines Staatsaktes bedeutet die Begründung einer Mitverantwortung einerseits für das verfassungsmäßige Zustandekommen des Staatsaktes und andererseits für seine verfassungsmäßige Verwirklichung, gegebenenfalls die Begründung einer der eigenen Kompetenz entsprechende Verantwortung gegenüber den anderen obersten Staatsorganen für die sich aus dem Staatsakt ergebenden rechtlichen Folgen, etwa durch die Gegenzeichnung von Staatsakten des Staatsoberhauptes durch den Regierungschef (bzw. durch die Regierung oder durch den Minister).*“ *Winkler*, Begnadigung und Gegenzeichnung, S. 92.

673 *Bernatzik*, Die österreichischen Verfassungsgesetze mit Erläuterungen[2], S. 437 und 514.

zwei Fälle nennt, nach welchen Gesetze nicht auf verfassungskonformer Art und Weise zustande gekommen seien. Beim Gesetz vom 29. März 1887[674] änderte das HH den vom AH gefassten Gesetzesbeschluss inhaltlich ein wenig ab und es wurde dieser Beschluss, ohne dass das HH neuerlich den Beschluss dem AH zugeleitet hat, kundgemacht. Das Hopfenprovenienzgesetz vom 17. März 1907[675] wurde am 29. März 1907 mit mehreren Unrichtigkeiten im Text kundgemacht. Mit diesen beiden Beispielen zeigt sich nun, welche wichtige Funktionen eine ministerielle Gegenzeichnung haben kann – nämlich die Prüfung des sanktionierten Gesetzesbeschlusses auf das verfassungskonforme Zustandekommen, die Prüfung auf die Verfassungsmäßigkeit und die Übernahme der Verantwortung für die verfassungsmäßige Kundmachung. Es ist eben die Verantwortlichkeit des gegenzeichnenden Ministers, die Fehler im Gesetzgebungsverfahren verhindern soll und im Falle einer rechtswidrigen Handlung oder Unterlassung des Ministers dieser zum Schutz der Verfassung in Verantwortung genommen werden soll. Wenn man der ministeriellen Gegenzeichnung eine solche Funktion einräumt, ist es konsequent und richtig festzuhalten, dass die Mitunterfertigung durch einen verantwortlichen Minister eine Gültigkeitsvoraussetzung für das Zustandekommen eines Gesetzes ist und die fehlende Gegenzeichnung zur absoluten Nichtigkeit führt, auch wenn diese nicht als unbedingte Gültigkeitsvoraussetzung explizit in der Verfassung genannt wurde.

6. Kundmachung von Gesetzen

6.1. Allgemeines zur Kundmachung

6.1.1. Ein vom Monarchen sanktionierter und vom Minister gegengezeichneter Gesetzesbeschluss des RR ist nach Art. 10 StGG über die Regierungs- und Vollzugsgewalt kundzumachen. Die Lehre begründete die Notwendigkeit der Kundmachung damit, dass der Einzelne, wenn er sich dem Gesetz entsprechend verhalten soll, auch Kenntnis von diesem haben müsse[676]. Das Gesetz müsse

674 RGBl 29/1887.

675 RGBl 93/1907 und 102/1907.

676 *Hauke*, Grundriß des Verfassungsrechts, S. 102; *Kelsen*, Hauptprobleme der Staatsrechtslehre, S. 419ff; *Lukas*, Über die Gesetzespublikation in Österreich und dem Deutschen Reiche, S. 1ff; *Liebenow*, Die Promulgation, S. 37ff. Für die deutsche Rechtslage vgl. *Laband*, Das Staatsrecht des Deutschen Reiches, S. 22ff. Auch die heutige Lehre sieht in der Kundmachung die rechtsstaatliche Funktion erfüllt, dass der Einzelne Kenntnis von den für ihn maßgeblichen Vorschriften erlangen kann, auch wenn mit dem BGBl bloß die Möglichkeit, Kenntnis von den Rechtsvorschriften zu erlangen, geschaffen wird. Vgl. *Thienel*, Art. 48, 49 B-VG, Rz 10, in: Kommentar zum B-VG, Band II, 1. Halbband: Art. 1-59b. Unklar ist die Meinung von *Herrnritt*. Er spricht davon, dass, damit das Gesetz nach außen verbindlich werde, muss dasselbe gehörig

daher allgemein bekannt gemacht werden. Dies habe in der gesetzlich vorgesehenen Art und Weise zu erfolgen. Es soll der Normunterworfene zuverlässig feststellen können, was Gesetz ist, um sich normgerecht verhalten zu können. Erfolge die Kundmachung eines Gesetzes jedoch willkürlich, dann sei ein normgetreues Handeln nicht möglich. Es zeigt sich sohin, dass schon die zeitgenössische Lehre die Bedeutung der Kundmachung als unbedingte rechtsstaatliche Voraussetzung für das Funktionieren einer effektiven Rechtsordnung erkannt hat.

6.1.2. Hinsichtlich der Art und Weise einer Kundmachung wurde zwischen formeller und materieller Publikation unterschieden[677]. Unter materieller Publikation verstand man die Verbreitung des Gesetzestextes zB durch öffentlichen Anschlag oder durch öffentliches Verlesen. Damit sei die Kenntnis des Gesetzes weitgehend gesichert, wobei aber auch hier nicht ausgeschlossen werden könne, dass trotzdem einzelne Personen vom Gesetz keine Notiz erlangen. Die formelle Publikation sei im Gegensatz zur materiellen Kundmachung nicht die direkte Verbreitung, sondern bloß die Einräumung der Möglichkeit, vom Gesetz Kenntnis zu erlangen. Der formelle Akt bestehe in der Ausgabe und Versendung eines gedruckten Gesetzesblattes. Wie die nachfolgenden Ausführungen zeigen werden, hat sich der österreichische Gesetzgeber für die formelle Publikationsart entschieden.

6.2. Form und Inhalt der Kundmachung

6.2.1. Auf Reichsebene ist die Kundmachung von Gesetzen und Verordnungen mit Gesetz vom 10. Juni 1869[678] geregelt. Nach diesem sind die Gesetze unter fortlaufender Nummer, mit Ende des Jahres jedoch abschließend in das RGBl aufzunehmen[679]. Das RGBl wird in allen landesüblichen Sprachen der

---

kundgemacht werden. Offen ist daher, ob *Herrnritt* gleich wie *Jellinek* die Ansicht vertrat, dass vor Publikation der Staat durch das Gesetz gebunden werde. *Herrnritt*, Handbuch des österreichischen Verfassungsrechtes, S. 205.

677 *Lukas*, Über die Gesetzespublikation in Österreich und dem Deutschen Reiche, S. 7ff.

678 RGBl 113/1869 (= *Bernatzik*, Die österreichischen Verfassungsgesetze mit Erläuterungen^2, Nr. 150, S. 511). Die Einführung des RGBl erfolgte mit dem kaiserlichen Patent vom 4. März 1849, RGBl 153/1849 (= *Bernatzik*, Die österreichischen Verfassungsgesetze mit Erläuterungen^2, Nr. 151, S. 516). Eine Neuregelung bzw. Abänderung erfolgte mit dem kaiserlichen Patent vom 27. Dezember 1852, RGBl 260/1852 (= *Bernatzik*, Die österreichischen Verfassungsgesetze mit Erläuterungen^2, Nr. 152, S. 518) bzw. mit dem kaiserlichen Patent vom 1. Jänner 1860, RGBl 3/1860 (= *Bernatzik*, Die österreichischen Verfassungsgesetze mit Erläuterungen^2, Nr. 152, S. 522). Zuvor erfolgte regelmäßig eine Kundmachung in der JGS bzw. PGS.

679 Diese Art der Kundmachung in Form der durchnummerierten Reihenfolge erfolgt auch heute noch, obzwar der VfGH davon ausgeht, dass das B-VG anders als nach der

österreichischen Länder durch den Minister des Inneren herausgegeben. Nur die deutsche Ausgabe enthält den authentischen Text. Die Ausgaben in den übrigen Sprachen enthalten die amtliche Übersetzung des authentischen Textes. Explizit aufgenommen ist der räumliche Geltungsbereich der kundzumachenden Gesetze. Es wird normiert, dass ein eingeschränkter Geltungsbereich ausdrücklich im kundzumachenden Gesetz aufzunehmen ist, da ansonsten die Geltung des Gesetzes sich auf alle österreichischen Länder bezieht. Weiters ist vorgesehen, dass mit dem Tag der Herausgabe und Versendung des Stücks der deutschen Ausgabe das Gesetz als kundgemacht anzusehen ist. Von der Geltung ist der Beginn der verbindenden Kraft des Gesetzes zu unterscheiden. Diese beginnt mit Anfang des fünfundvierzigsten Tages nach Ablauf des Tages, an welchem die deutsche Ausgabe des RGBl herausgegeben und versendet wurde. Eine andere Regelung kann das jeweilige Gesetz vorsehen. Der Tag der Herausgabe und Versendung hat zusammen zu fallen und ist auf jedem Stück des RGBl anzugeben. Des Weiteren enthält das RGBl ua Regelungen über die Art der Verbreitung des Gesetzblattes wie zB die Verbreitung durch das Auflegen bei den Bezirksbehörden oder in den Gemeinden.

6.2.2. Auf Landesebene ist mit der kaiserlicher Verordnung vom 17. Februar 1863 betreffend die Kundmachung und Beginn der verbindlichen Kraft der Landesgesetze[680] vorgesehen, dass hinsichtlich der Kundmachung von Landesgesetzen und des Beginns der verbindenden Kraft die in den §§ 4 und 5 des kaiserlichen Patents vom 1. Jänner 1860[681] enthaltenen Bestimmungen anzuwenden sind. Das kaiserliche Patent von 1860 normiert ua, dass zur Kundmachung aller Gesetze und Verordnungen nur das in deutscher Sprache erscheinende Reichsgesetzblatt diene und dass die Landesregierungsblätter aufzuhören haben. § 4 leg.cit. sieht vor, dass die Verordnungen der Landesbehörden auf Veranlassung der politischen Landesstelle in den Landessprachen in Druck zu bringen und nach Bedarf an die Behörden und Gemeinden zu verteilen sind. Eine weitere Ministerialverordnung des Justiz-, Innen- und Finanzministers[682] vom 14. März 1860 regelt, dass derart kundgemachte Verordnungen mit dem Tag als gesetzlich kundgemacht anzusehen sind, an welchem sie im Verordnungsblatt erscheinen. Die verbindende Kraft der Verordnung beginnt mit dem Anfang des fünfzehnten Tages nach Ablauf jenes Tages, an welchem die Ver-

---

Rechtslage der Dezemberverfassung 1867 keine Vorschriften über die Form der Kundmachung kenne. Vgl. VfSlg. 6460/1971.

680 RGBl 19/1863 (= *Bernatzik*, Die österreichischen Verfassungsgesetze mit Erläuterungen^2, Nr. 154, S. 523).

681 RGBl 3/1860 (= *Bernatzik*, Die österreichischen Verfassungsgesetze mit Erläuterungen^2, Nr. 153, S. 522).

682 RGBl 65/1860 (= *Bernatzik*, Die österreichischen Verfassungsgesetze mit Erläuterungen^2, Nr. 155, S. 523).

ordnung kundgemacht wird. Die mit der kaiserlichen Verordnung vom 17. Februar 1863 in Aussicht gestellte Revision des kaiserlichen Patents vom 1. Jänner 1860 erfolgte nicht[683].

6.2.3. Die Kundmachung selbst hat nach Art. 10 StGG über die Regierungs- und Vollzugsgewalt im Namen des Kaisers mit Berufung auf die Zustimmung der verfassungsmäßigen Vertretungskörper und unter Mitfertigung eines verantwortlichen Ministers zu erfolgen. Praktisch erfolgte die Kundmachung derart, dass der Titel des Gesetzes angeführt wurde, darauf folgend die Promulgationsklausel für Reichsgesetze *„Mit Zustimmung beider Häuser des Reichsrates finde Ich anzuordnen wie folgt:...“* bzw. für Landesgesetze *„Mit Zustimmung des Landtages ... finde ich anzuordnen wie folgt:...“* und der Gesetzestext, an dessen Schluss die Unterfertigung des Monarchen sowie die Gegenzeichnung der verantwortlichen Minister erfolgte. Im Titel des Gesetzes wurde das Gesetz als solches ausdrücklich bezeichnet und der Tag der kaiserlichen Sanktion angegeben. Eine Bezeichnungspflicht für Staatsgrund- bzw. Grundgesetze normiert die Dezemberverfassung nicht. Mitunter wurde daher ein Staatsgrundgesetz als ein einfaches Gesetz tituliert wie beispielsweise das Gesetz vom 21. Dezember 1867, wodurch das Grundgesetz über die Reichsvertretung vom 26. Februar 1861 abgeändert wurde, das sich zwar selbst im Gesetzestext als Grundgesetz, nicht aber im Gesetzestitel als solches bezeichnet[684]. In diesem Fall erfolgte nach einem Teil der Lehre die Unterscheidung zwischen einem Staatsgrundgesetz und einfachem Gesetz durch die einleitenden Worte und durch den Inhalt des Gesetzes[685]. Der andere Teil der Lehre vertrat die Ansicht, dass eine Unterscheidung zwischen StGG und einfachem Gesetz nicht nach theoretischen bzw. inhaltlichen Gründen erfolgen könne und forderte daher die ausdrückliche Bezeichnung als StGG, bei sonstigem Ausschluss der Eigenschaft als Verfassungsgesetz[686].

---

683 Nach *Bernatzik* war es daher unklar, ob ein LG dann gehörig kundgemacht war, wenn es im Landesgesetzblatt publiziert worden ist oder ob auch andere Publikationsarten möglich gewesen wären. *Bernatzik*, Die österreichischen Verfassungsgesetze mit Erläuterungen^2, S. 524.

684 Gleiches gilt für das Gesetz vom 21. Dezember 1867 betreffend die allen Ländern der österreichischen Monarchie gemeinsamen Angelegenheiten, dass als Ergänzung zum StGG über die Reichsvertretung erlassen wurde.

685 *Scheu*, Über das richterlicher Prüfungsrecht in Ansehung der § 14-Verordnungen, JBl. 1915, S. 580; *Verdroß*, Die Rechtskraft der kaiserlichen Verordnung vom 7. Juli 1915 Nr. 189 RGBl über die zeitweilige Einstellung von Geschworenengerichte, JBl. 1915, S. 426; *Merkl*, Die Verordnungsgewalt im Kriege I, JBl. 1915, S. 375.

686 *Burckhard*, System des österreichischen Privatrechts, 1. Teil, S. 94; *Herrnritt*, Handbuch des österreichischen Verfassungsrechtes, S. 204; *Spiegel*, Die kaiserlichen Verordnungen mit provisorischer Gesetzeskraft, S. 82 mit weiteren Nachweisen; *Tezner*, Über

6.2.4. Zur allgemeinen Bezeichnungspflicht als Gesetz ist festzuhalten, dass meines Erachtens eine solche nicht erforderlich war, weil dies die Verfassung als Formerfordernis nicht vorgesehen hat und aus dem Inhalt des kundgemachten Textes, insbesondere auf Grund der Promulgationsklausel, das Gesetz als solches erkennbar war[687]. Richtig ist jedoch, dass die fehlende Bezeichnungspflicht als StGG zu Schwierigkeiten betreffend die Frage der derogatorischen Kraft von Verfassungsbestimmungen gegenüber einfach gesetzlichen Normen führen kann. Um diese Auslegungsschwierigkeiten zu verhindern, hat zB das heutige Bundes-Verfassungsgesetz im Art. 44 eine ausdrückliche Bezeichnungspflicht als Verfassungsgesetz bzw. Verfassungsbestimmung normiert. Die Folge ist nun aber, dass, wenn ein BG nicht als Verfassungsgesetz bezeichnet wird, es auch keinen Verfassungsrang einnimmt[688]. *Tezner* ist hingegen der Ansicht, dass eine ausdrückliche Bezeichnung als Gesetz erforderlich sei[689]. Er führt hierzu aus:

> „Ein Parlament kann zu Handlungen des Regenten, auch zu solchen, die erst in Zukunft vor sich gehen sollen, in verschiedener Form und mit verschiedener Absicht seine Zustimmung ertheilen, z.B. mittelst Resolutionen, Thronadressen. Aber nur jene Willensbeschlüsse des gesetzgebenden Körpers sind fähig, durch die Sanction des Monarchen zum Gesetze erhoben zu werden, welche ausdrücklich und ausschließlich auf die Herstellung des Tenor eines zu sanctionirenden Gesetzes gerichtet sind."[690]

Tezner meint, dass selbst § 13 StGG über die Reichsvertretung davon spreche, dass Gesetzesvorschläge ua als Regierungsvorlagen an den RR gelangen. Aus dieser Bestimmung sei abzuleiten, dass nur solche Vorlagen der geschäftsordnungsgemäßen Behandlung zu unterziehen seien, die sich ausdrücklich als Gesetzesvorlagen bezeichnen. Die Argumentation von *Tezner*, dass der RR nicht nur Gesetzesbeschlüsse fasse, sondern auch andere Akten wie Adressen zu den Thronreden setze und dass auch § 13 StGG über die Reichsvertretung von Gesetzesvorschlägen spreche, mag schon stimmen, *Tezner* übersieht jedoch, dass dieser Paragraph keine ausdrückliche Pflicht normiert, Gesetzesvorschläge als

---

die gehörige Kundmachung von Gesetzen nach österreichischem Verfassungsrechte, S. 61.

687 Gleicher Ansicht bei ähnlicher Rechtslage zum B-VG *Gottlich*, Zur gerichtlichen Prüfung der Kundmachung von Bundesgesetzen, JBl. 1962, S 27f; *Kelsen/Fröhlich/Merkl*, Die Bundesverfassung vom 1. Oktober 1920, S. 129; *Winkler*, Überleitung und Rezeption des deutschen Elektrizitätsrechts, JBl. 1956, S. 575, FN 12.

688 *Mayer*, B-VG4, Art.44, I.2, S. 223.

689 *Tezner*, Über die gehörige Kundmachung von Gesetzen nach österreichischem Verfassungsrechte, S. 61.

690 *Tezner*, Über die gehörige Kundmachung von Gesetzen nach österreichischem Verfassungsrechte, S. 61.

solche zu bezeichnen. Bei nahezu gleicher Rechtslage hat schon *Gottlich* festgehalten, dass nach Art. 41 B-VG – dieser bestimmt, dass Gesetzesvorschläge ua als Vorlagen der Bundesregierung an den NR gelangen – keine Pflicht normiert werde, Gesetzesvorschläge ausdrücklich als solche zu bezeichnen[691]. Es müsse nur aus dem Inhalt erkenntlich sein, dass mit dem Antrag die Fassung eines Gesetzesbeschluss dieser gewollt sei. Bestehe nun schon für vorbereitende Akte des Gesetzgebungsverfahren keine Bezeichnungspflicht, könne auch für Gesetzesbeschlüsse eine solche Pflicht nicht abgeleitet werden. Diesen richtigen Ausführungen kann beigetreten werden und auf die hier vorliegende Frage unmittelbar angewandt werden. Auch § 13 StGG über die Reichsvertretung normiert keine Bezeichnungspflicht von Gesetzesvorschlägen. Wird keine Bezeichnungspflicht normiert, kann man - wie *Tezner* der Ansicht ist – die Bezeichnung als Gesetz als konstitutives Element für die Entstehung eines solchen nicht fordern. Neben *Tezner* meint auch *Herrnritt*, dass auf Grund des besonderen Charakters als staatlicher Willensakt auch die äußere Bezeichnung als Gesetz zum Vorschein kommen müsse[692]. Auch *Spiegel* und *Burckhard* treten für eine Bezeichnungspflicht ein, wobei ersterer ausführt, dass man ohne ausdrückliche Bezeichnung als Gesetz nicht erkennen könne, ob ein Akt ein Gesetz sei oder ein andere Akt[693].

6.2.5. Die Promulgationsklausel wurde von *Kelsen* als verfassungswidrig bezeichnet[694]. Er meint, dass mit dieser textlichen Gestaltung das Gesetz in der Kundmachung als Befehl des Monarchen erscheine. Dies würde der verfassungsrechtlich normierten Gleichstellung von Parlament und Monarch im Gesetzgebungsrecht widersprechen. Zudem sehe die Verfassung vor, dass gleich wie beim richterlichen Urteil das Gesetz im Namen des Kaisers und nicht als Befehl des Kaisers kundzumachen sei. Die Argumentation von *Kelsen* ist nicht nur stringent, sondern auch richtig. Es ist die Ansicht von *Kelsen* zu teilen, insbesondere auch in der Hinsicht, dass die Art der Promulgationsklausel Ausdruck einer politischen Theorie sei, die dem Monarchen entgegen der Verfassung das alleinige Gesetzgebungsrecht zusprechen wolle. Mitunter wurde im Rahmen der Kundmachung jedoch auf die Promulgationsklausel vergessen. *Bernatzik* nennt als Beispiel das Gesetz über die Erprobung der Handfeuerwaffen vom 23. Juni

---

691 *Gottlich*, Zur gerichtlichen Prüfung der Kundmachung von Bundesgesetzen, JBl. 1962, S. 28.

692 *Herrnritt*, Handbuch des österreichischen Verfassungsrechtes, S. 204.

693 *Burckhard*, System des österreichischen Privatrechts, 1. Teil, S. 94; *Spiegel*, Die kaiserlichen Verordnungen mit provisorischer Gesetzeskraft, S. 52 und 53.

694 *Kelsen/Fröhlich/Merkl*, Die Bundesverfassung vom 1. Oktober 1920, S. 126; *Kelsen*, Österreichisches Staatsrecht, S. 31.

1891[695]. Die Ergänzung erfolgte in diesem Fall in Form einer nachfolgenden Berichtigung ohne jede Unterzeichnung.

6.2.6. Zeitvorgaben betreffend die Kundmachung eines sanktionierten Gesetzesbeschlusses kennt die Verfassung nicht. Es kam aber durchaus vor, dass zwischen Ausfertigung eines Gesetzes und seiner Kundmachung ein halbes Jahr verging. So wurde beispielsweise das Gesetz betreffend die Einrichtung des Verwaltungsgerichtshofes am 22. Oktober 1875 sanktioniert, aber erst am 2. April 1876 kundgemacht. *Jellinek* vertritt hierzu die Meinung, dass die Kundmachung unmittelbar nach der Ausfertigung des Gesetzes zu erfolgen habe, weil

> „die Nichtverkündigung eines bereits durch seine formelle Gesetzeskraft wirkendes Gesetzes eine Verlängerung der durch Gesetz fixierten vacatio legis herbeiführt, was keineswegs im Belieben der Regierung stehend angesehen werden kann".[696]

Im Ergebnis hat *Jellinek* Recht. Wie oben schon im Zusammenhang mit der Frage, wann die Sanktion zu erteilen ist, dargestellt wurde[697], hat *Winkler* nachgewiesen, dass alles Staatshandeln zeitgerecht gesetzt werden soll[698]. Auch im Rahmen der Kundmachung darf das Organ nicht beliebig mit der Publikation zuwarten, sondern hat die Kundmachung unverzüglich anzuordnen. Eine Verhinderung bzw. eine Verzögerung der Herausgabe des Reichsgesetzblattes durch den Minister für Inneres wäre daher verfassungswidrig, weil die sinn- und zweckhaften Regeln des Gesetzgebungsverfahrens eine unmittelbar nach Ausfertigung des Gesetzes folgende Kundmachung vorsehen. Würde man die Frage des Zeitpunktes der Kundmachung in das Belieben des Ministers für Inneres stellen, würde man diesem eine Stellung im Gesetzgebungsverfahren einräumen, die ihm nach der Verfassung nicht zu kommt. Nach der Verfassung ist das Gesetzgebungsverfahren in sich zeitlich geschlossen. Die jeweiligen Schritte haben entsprechend ihrer Dauer zeitlich unmittelbar auf einander zu folgen. Ein Zuwarten der Kundmachung, um diese zu verhindern oder zu verzögern, ist dementsprechend verfassungsrechtlich nicht zulässig.

6.3. Die Kundmachung als Endpunkt des Gesetzgebungsverfahrens und Beginn des zeitlichen Geltungsbereiches eines Gesetzes

6.3.1. Hinsichtlich der Frage, wann das Gesetzgebungsverfahren beendet wird, war die Auffassung herrschend, dass mit der Kundmachung des sanktionierten

695 RGBl 89/1891.
696 *Jellinek*, Gesetz und Verordnung, S. 333.
697 Vgl. Punkt 4.7.8.
698 *Winkler*, Zeit und Recht, S. 161.

Gesetzesbeschlusses der letzte Schritt des Gesetzgebungsverfahrens gesetzt wird und mit der Publikation das Gesetz entsteht. *Jellinek* meint zunächst noch, dass nicht die Sanktion, sondern die Ausfertigung und die Publikation dem Gesetz verbindliche Kraft verleihe und zitiert hierbei *Schulze*, der konstatiert, dass die Kundmachung ein notwendiger Bestandteil der Entstehung des Gesetzes sei[699]. Wenig später verwickelt sich *Jellinek* mit seiner bisherigen Argumentation in einen Widerspruch, als er ausführt, dass im Publikationsbefehl der juristische Geburtsmoment des Gesetzes liege[700]. Dies sei jener Augenblick, in welchem die formelle Gesetzeskraft zu wirken beginne, die darin bestehe, dass der Monarch nicht mehr einseitig vom Gesetz zurücktreten könne. Der Satz, dass von der Existenz der Gesetze niemand außer die Regierung erfahre, sei jedoch nur eine lex imperfectissima. In seinem Werk „*Staatenverbindung*“ führt *Jellinek* konkret aus, dass es im Leben eines Gesetzes einen Zeitraum gebe, wo zwar noch nicht die Untertanen verpflichtet wären, trotzdem der Wille des Gesetzgebers gebunden sei[701]. Dieser Zeitraum liege zwischen der Sanktion und der Publikation. In dieser Zeit sei das Gesetz Bestandteil der Rechtsordnung, wobei nur der Gesetzgeber verpflichtet sei. *Kelsen* widerspricht *Jellinek*. Er meint, dass das, was publiziert werde, kein Gesetz sei, sondern ein sanktionierter Parlamentsbeschluss und erst durch die Publikation ein Gesetz entstehe[702]. Er hält *Jellinek* zudem vor, dass es unmöglich sei, an einen Staatswillen zu denken, der einseitig nur den Staat binde und für die Untertanen nicht vorhanden wäre. Es sei ein und derselbe Rechtssatz der sowohl den Staat als auch den Normunterworfenen verpflichte und es sei daher eine einseitige Bindung nicht denkbar. Wenn nun der Staat verpflichtet wäre, ein Gesetz anzuwenden, sind auch die Adressaten des Gesetzes verpflichtet, es zu befolgen, da beide Arten von Rechtspflichten nur verschiedene Seiten des Rechtssatzes seien. Ein nicht publizierter Gesetzesbeschluss sei daher eben bloß ein rechtliches Nichts. Die mit der Sanktion des Parlamentsbeschlusses statuierte Pflicht könne sich daher nur auf die Kundmachung des sanktionierten Gesetzesbeschlusses beziehen. Diese Rechtspflicht ergebe sich nun aber nicht aus dem Gesetzesentwurf, sondern selbst wiederum aus einem publizierten Gesetz. Den Publikationsakt fasst *Kelsen* im Verhältnis zum Publikationsgesetz und dem zu perfektuierenden Gesetz als einen Akt mit Doppelnatur auf. Einerseits sei die Publikation die Ausführung von Staatswillen, andererseits die Erzeugung von Staatswillen. Interessant sind die folgenden Ausführungen von Kelsen, dass die Voraussetzung für die Existenz eines Gesetzes die Publikation und der Ablauf der vacatio legis sei. Der Ablauf der vacatio legis nehme die gleiche Stellung ein wie die Beschlussfassung des Parlaments, die

699 *Jellinek*, Gesetz und Verordnung, S. 319 und 321.

700 *Jellinek*, Gesetz und Verordnung, S. 327f.

701 *Jellinek*, Staatenverbindung, S. 35.

702 *Kelsen*, Hauptprobleme der Staatsrechtslehre, S. 419ff.

Sanktion der Krone und die Publikation des Inhaltes der sanktionierten Beschlüsse[703].

6.3.2. Auch andere Autoren wie *Lukas* oder *Liebenow* gehen davon aus, dass erst mit Kundmachung das Gesetzgebungsverfahren abgeschlossen ist. *Lukas* bestimmt die rechtliche Relevanz der Gesetzespublikation damit, dass sie Voraussetzung für das Inkrafttreten des Gesetzes sei und ohne diese rechtlich relevante Publikation kein Gesetz entstehe[704]. Nach *Liebenow* stellt die Publikation den Geburtsmoment des Gesetzes dar[705]. Vor der Publikation stelle der Gesetzesbefehl nur einen Wille dar, der gegenüber Dritten geäußert werden müsse. Werde ein Gesetz sanktioniert, müsse dieses auch publiziert werden. Es sei denn, der Monarch nehme die Sanktion zurück. Dort, wo dem Staatsoberhaupt kein Sanktionsrecht zukomme, sei die Publikation zu befehlen. Dies erfolge durch die Unterzeichnung der Gesetzesurkunde, namentlich durch die Ausfertigung. In beiden Fällen sei eine Ausfertigung im Hinblick auf die Publikation erforderlich, da ohne Gesetzesausfertigung das Gesetz nicht gedruckt werden könne. Die Ausfertigung sei sohin Teil der Publikation. In der Literatur lassen sich auch Stimmen gegen diese herrschende Meinung finden. Nach *Tezner* ist das Reichsgesetzblatt dazu bestimmt, ein schon zustande gekommenes Gesetz kundzumachen. Jene Willenserklärungen, die durch das Gesetzblatt veröffentlicht werden, müssen schon vor der Kundmachung in einer bestimmten Form existieren. Auch *Bernatzik* geht offenbar davon aus, dass vor der Kundmachung ein Gesetz vorliegt, da er der Ansicht ist, dass Art. 10 StGG über die Regierungs- und Vollzugsgewalt von der Kundmachung der Gesetze spreche, die Kundmachung im Bereich der Vollziehung liege und die Kundmachung schon das erste Stück der Gesetzesvollziehung sei[706]. *Spiegel* stellt sich im Rahmen seiner Monographie „*Die kaiserliche Verordnungen mit provisorischer Gesetzeskraft*" die Frage, wann der Gesetzesentwurf zum Gesetz werde und entscheidet, dass dies nicht der Moment der Kundmachung sei, denn die Kundmachung sei erst dann erfolgt, wenn das Gesetz im Gesetzblatt abgedruckt sei[707]. Er meint, dass ein Gesetz schon mit der kaiserlichen Sanktion vorliege und führt aber zugleich aus, dass das Gesetz mit dem formlosen Akt der Sanktion nicht erlassen sei. Hier dränge sich ein besonderer Akt auf. Ob man diesen dann Pro-

---

703 *Kelsen*, Hauptprobleme der Staatsrechtslehre, S. 477f. Harsche Kritik erntet *Kelsen* von *Thienel*, der diesem vorhält, dass Kelsen seine Ansicht weder begründet, noch auf die von der Lehre vertretenen gegenteiligen Positionen eingeht. *Thienel*, Art. 49 B-VG und die Bestimmung des zeitlichen Geltungsbereiches von Bundesgesetzen, ÖJZ 1990, S. 166, FN 37.

704 *Lukas*, Über die Gesetzespublikation in Österreich und dem Deutschen Reiche, S. 1f.

705 *Liebenow*, Die Promulgation, S. 37ff.

706 *Bernatzik*, Die österreichischen Verfassungsgesetze mit Erläuterungen^2, S. 436 FN 7.

707 *Spiegel*, Die kaiserlichen Verordnung mit provisorischer Gesetzeskraft, S. 44f.

mulgation, Ausfertigung oder Kundmachung im weiteren Sinn nenne, sei von geringer Bedeutung. Für seine Begründung schafft nun *Spiegel* den Begriff des „*virtuellen Gesetzes*“ im offenbaren Gegensatz zum „*realen Gesetz*“. Der Unterschied liegt nach *Spiegel* darin, dass nach der Sanktion des Kaisers das virtuelle Gesetz mit der Erlassung real werden müsse. Hinsichtlich der Kundmachung differenziert *Spiegel* abermals zwischen einer Kundmachung im weiteren und im engeren Sinn. Die Kundmachung im weiteren Sinn erfolge durch die Gegenzeichnung eines verantwortlichen Ministers. Die Publikation durch das Gesetzblatt ist nach *Spiegel* die Kundmachung im engeren Sinn.

6.3.3. Der herrschenden Ansicht, dass erst mit Kundmachung ein fertiges Gesetz vorliegt, ist zu folgen. Nicht nur deshalb, weil auch die heutige Lehre bei nahezu gleicher Rechtslage[708] überwiegend davon ausgeht, dass die Publikation der letzte Schritt im Gesetzgebungsverfahren ist und mit der Kundmachung das Gesetz zum Bestandteil der Rechtsordnung wird[709] und die Lehre mitunter für die Begründung auf die Meinung der konstitutionellen Verfassungslehre zurück greift[710], sondern auch, weil zudem den Ausführungen von *Kelsen*, nach welchen

---

708 Art. 49 B-VG lautet: „Die Bundesgesetze und die im Art. 50 bezeichneten Staatsverträge sind vom Bundeskanzler im Bundesgesetzblatt kundzumachen. Ihre verbindende Kraft beginnt, wenn nicht ausdrücklich anderes bestimmt ist, nach Ablauf des Tages, an dem die Nummer des Bundesgesetzblattes, das die Kundmachung enthält, herausgegeben und versendet wird, und erstreckt sich, wenn nicht ausdrücklich anderes bestimmt ist, auf das gesamte Bundesgebiet; dies gilt jedoch nicht für Staatsverträge, die durch Erlassung von Gesetzen zu erfüllen sind.“

709 Die heutige Lehre begründet ihre Ansicht ua damit, dass die Verfassung zwar selbst fälschlicherweise von Kundmachung von Gesetzen bzw. Prüfung gehörig kundgemachter Gesetze spreche (Art. 47 B-VG, Art. 89 Abs. 1 B-VG), aber dennoch auch Bestimmungen aufweise, die von Beurkundung und Kundmachung von bloßen Gesetzesbeschlüsse ausgehen (Art. 42 Abs. 2 B-VG, Art. 97 Abs. 1 B-VG). Also vor Kundmachung nur ein Gesetzesbeschluss besteht und nach Kundmachung das Gesetz rechtlich existent wird. Vgl. *Antoniolli/Koja*, Allgemeines Verwaltungsrecht[3], S. 211; *Haller*, Die Prüfung von Gesetzen, S. 115; *Kelsen/Fröhlich/Merkl*, Die Bundesverfassung vom 1. Oktober 1920, S. 129; *Novak*, Die Fehlerhaftigkeit von Gesetzen und Verordnungen, S. 70f; *Öhlinger*, Der völkerrechtliche Vertrag im staatlichen Recht, S. 112 und 315; *Thienel*, Art. 48, 49 B-VG, Rz 10, in: Kommentar zum B-VG, Band II, 1. Halbband: Art. 1-59b; *Walter*, Bundesverfassungsrecht, S. 322f; *Walter*, Verfassung und Gerichtsbarkeit, 122; *Walter/Mayer/Kucsko-Stadlmayer*, Grundriß des österreichischen Bundesverfassungsrechts[10], Rz 488. AA *Rauschauer*, Allgemeines Verwaltungsrecht, Rz 520 und 540;*Thaler*, Mehrdeutigkeit und juristische Auslegung, S. 77f; *Winkler*, Zeit und Recht, S. 195f;. Diese gehen davon aus, ein Gesetz erst mit Beginn der verbindenden Kraft zum Bestandteil der Rechtsordnung werde.

710 *Thienel* greift für die Begründung seiner Ansicht ua auch auf die herrschende Ansicht der konstitutionellen Verfassungsrechtslehre zurück. *Thienel*, Art. 48, 49 B-VG, Rz 10, in: Kommentar zum B-VG, Band II, 1. Halbband: Art. 1-59b.

die Richtigkeit der Auffassung, ein Gesetz sei schon vor Kundmachung Bestandteil der Rechtsordnung und binde den Gesetzgeber, in Frage zu stellen sei, gefolgt werden kann[711]. Wird die Mindermeinung konsequent zu Ende gedacht, müsste der Staat nämlich das Gesetz auch dann vollziehen und unter Umständen den Normunterworfenen bei normwidrigen Verhalten strafen, wenn der Rechtsunterworfene auf Grund einer fehlenden Kundmachung vom Gesetz keine Kenntnis haben konnte. Geht man von der rechtlichen Existenz eines Gesetzes vor Kundmachung aus, ist nicht nur der Staat verpflichtet, das Gesetz zu vollziehen, sondern ebenfalls der Rechtsunterworfene, das ihm nicht zur Kenntnis gebrachte Gesetz zu befolgen. Ein Paradoxon, womit auch schon die Unvertretbarkeit einer solchen Ansicht erwiesen ist. *Kelsen* hat zudem zu Recht nachgewiesen, dass eine an die Allgemeinheit adressierte Norm bei Beginn der rechtlichen Existenz vor Kundmachung nicht allein den Staat binde, sondern auch die Rechtsunterworfenen sowie dass eine allfällige Pflicht eines sanktionierten Gesetzesbeschlusses nur in der Pflicht der Kundmachung liegen könnte[712]. Eine solche Pflicht ergebe sich aber aus dem einen Grundbestandteil der Verfassung bildenden Gesetz über die Publikation und nicht aus dem Gesetz selbst. Darüber hinaus leitet sich die Richtigkeit der herrschenden Ansicht schon auch aus dem auch in der Verfassung 1867 teilweise verwirklichten rechtsstaatlichen Prinzip ab, das ein Mindestmaß an Zugänglichkeit von Normen fordert. Sinn und Zweck der Kundmachung ist es eben, dass der Normadressat Kenntnis von der Norm erlangt und sich normkonform verhalten kann. Das ist aber dann unmöglich, wenn ein Gesetzesbeschluss schon vor Kundmachung mit der Sanktion zum Gesetz wird. Mit der Sanktion allein wird dem Normunterworfenen der Inhalt der Norm nicht zur Kenntnis gebracht. Er kann sich daher auch beim besten Willen nicht normtreu verhalten. Die Kundmachung in der verfassungs- und einfachgesetzlich vorgeschriebenen Form ist daher eine essentiale Erzeugungsbedingung im Gesetzgebungsverfahren. Es kann vor Kundmachung kein Gesetz vorliegen, sondern nur ein kundzumachender sanktionierter Gesetzesbeschluss. Das gilt auch dann, wenn die Verfassung 1867 stets vom „*Gesetz*" spricht wie beispielsweise Art. 10 StGG über die Regierungs- und Vollzugsgewalt oder Art. 7 StGG über die richterliche Gewalt und nicht richtigerweise vom „*Gesetzesbeschluss*". Die Begriffswahl des Verfassungsgesetzgebers ist nicht nur verwirrend, sondern auch falsch, da bei richtiger Auffassung ein Gesetz erst mit Kundmachung rechtlich existent wird. Diese Ansicht kann zuletzt auch aus dem Gesetz vom 10. Juni 1869 über die Kundmachung von Gesetzen und Verordnungen durch das Reichsgesetzblatt abgeleitet werden. § 6 leg.cit. normiert:

711 *Kelsen*, Hauptprobleme der Staatsrechtslehre, S. 426.
712 *Kelsen*, Hauptprobleme der Staatsrechtslehre, S. 426 und 427.

„Die verbindende Kraft der im Reichsgesetzblatt enthaltenen Kundmachungen beginnt, wenn in denselben selbst nicht ausdrücklich eine andere Bestimmung getroffen wird, mit dem Anfange des fünfundvierzigsten Tages nach Ablauf des Tages, an welchem die deutsche Ausgabe jenes Stückes des Reichsgesetzblattes, in welchem die Kundmachung enthalten ist, herausgegeben und versendet wurde.“

Nach § 5 leg.cit. sind die in das Reichsgesetzblatt aufgenommenen Gesetze und Verordnungen mit dem Tag der Herausgabe und Versendung jenes Stückes der deutschen Ausgabe des Reichsgesetzblattes, in welchem sie enthalten sind, als gesetzlich kundgemacht anzusehen. Es zeigt sich sohin, dass schon das Kundmachungsgesetz ausdrücklich den Geltungsbeginn (§ 5 leg.cit.) und die Beginn des zeitlichen Geltungsbereiches (§ 6 leg.cit.) normiert[713]. Der Geltungsbeginn wird mit dem Tag der Herausgabe und der Versendung der deutschen Ausgabe des Reichsgesetzblattes bestimmt. Dabei ist wesentlich, dass die Herausgabe und die Versendung am gleichen Tag erfolgen. Ist dies nämlich nicht der Fall, dann ist die Kundmachung nicht beendet und tritt ein Gesetz erst in rechtliche Existenz, wenn der letzte Akt gesetzt wurde[714]. Der zeitliche Geltungsbereich beginnt hingegen mit dem Anfang des fünfundvierzigsten Tages nach Ablauf des Tages, an welchem die deutsche Ausgabe jenes Stückes des Reichsgesetzblattes herausgegeben und versendet wird. Eine andere Deutung als, dass mit der Kundmachung als letzter Akt des Gesetzgebungsprozesses der Geltungsbeginn eines Gesetzes eintritt und der Tag der Herausgabe und Versendung der Endzeitpunkt der Erlassung der Kundmachung ist, würde dem eindeutigen Wortlaut des Gesetzes widersprechen. Die Ansicht von *Kelsen*, dass erst mit Ablauf der vacatio legis ein Gesetz entsteht, muss daher als unrichtig, weil gesetzwidrig, verworfen werden.

6.3.4. Von der Kundmachung eines Gesetzes als Voraussetzung für den Eintritt der rechtlichen Existenz wurde in der Lehre der Beginn der Wirksamkeit unterschieden[715]. Oben wurde schon ausgeführt[716], dass die verbindende Kraft der kundgemachten Gesetze, erst mit dem Anfang des fünfundvierzigsten Tages nach Ablauf des Tages, an welchem die deutsche Ausgabe jenes Stückes des RGBl, in welchem die Kundmachung enthalten ist, herausgegeben und versen-

---

713 Im Ergebnis so auch *Thienel*, Art. 49 B-VG und die Bestimmung des zeitlichen Geltungsbereiches von Bundesgesetzen, ÖJZ 1990, S. 165 und 166.

714 Vgl. *Thienel*, Art. 48, 49 B-VG, Rz 61, in: Kommentar zum B-VG, Band II, 1. Halbband: Art. 1-59b.

715 Vgl. *Gumplowicz*, Das Österreichische Staatsrecht^3, S. 18; *Hauke*, Grundriß des Verfassungsrechts, S. 102; *Herrnritt*, Handbuch des österreichischen Verfassungsrecht, S. 205 und 206; *Jellinek*, Gesetz und Verordnung, S. 329; *Lustkandl*: Gesetz, in: Österreichisches Staatswörterbuch. Handbuch des gesamten österreichischen öffentlichen Rechts^2, 2 Bd., S. 439.

716 Vgl. Punkt 6.2.1.

det wurde, wenn das kundgemachte Gesetz selbst nichts anderes bestimmt[717]. Obwohl die heutige Lehre bei ähnlicher Rechtslage von der Möglichkeit einer Rückwirkung von Gesetzen unter der Einhaltung der durch den Art. 7 MRK eingeführten Schranke ausgeht[718], vertrat die damalige Lehre die Auffassung, dass entsprechend § 5 ABGB Gesetze nicht zurück wirken, die Vergangenheit daher von der zeitlichen Wirksamkeit der Gesetze unberührt bleibe[719]. Der Zeitraum zwischen Kundmachung und Beginn der verbindenden Kraft wurde von der Lehre als „*vacatio legis*" bezeichnet. Nach *Jellinek* entfaltet innerhalb dieses Zeitraumes das Gesetz nur eine formelle und keine materielle Wirkung[720]. Das Gesetz selbst könne die vacatio legis verkürzen oder verlängern. Den Eintritt der materiellen Gesetzeskraft könne auch vom Zustandekommen eines anderen Gesetzes abhängig gemacht werden[721] oder in das Ermessen der Regierung gestellt werden. Und es sei auch möglich, dass das Gesetz aufgehoben wird, ohne dass es jemals materielle Wirkung entfalten konnte. Gleicher Ansicht ist *Herrnritt*. Er ist der Auffassung, dass während der vacatio legis das Gesetz formell zu Recht bestehe und daher nur im Gesetzweg abgeändert werden könne, materiell das Gesetz seine Wirkung aber nicht entfalten könne[722]. Konkreter führt *Lustkandl* aus, dass sich vom Tag der Kundmachung bis zum Tag der beginnenden Wirksamkeit eines Gesetzes eine Zwischenzeit ergeben könne, in welcher das Gesetz formell rechtskräftig sei, aber effektiv noch keine wirksame materielle Rechtskraft habe[723]. Der Beginn der verbindenden Kraft eines Gesetzes könne mit dem Tag der Kundmachung, mit einem bestimmten Tag der Kundmachung, mit einem relativ bestimmten, von gewissen Vorkehrungen abhängigen Tag oder mit einem unbestimmten, in das Ermessen der Regierung gestellten Tag bestimmt werden. Der Beginn der Wirksamkeit könne auch an das gleichzeitige Wirksamwerden eines anderen Gesetzes gebunden werden. *Lustkandl* spricht in diesem Zusammenhang von konnexen Gesetzen. Davon unterscheidet *Lustkandl* die Junktimgesetze, die nach seiner Ansicht nicht ganz identisch mit konnexen

---

717 § 6 RGBl 113/1869

718 Aus der Formulierung „*ausdrücklich anderes bestimmt*" leitet die Lehre ab, dass keine allgemeine Begrenzung des Gesetzgebers bezüglich der Erlassung rückwirkender Gesetze besteht. Vgl. *Walter*, ABGB und Verfassung, ÖJZ 1966, S. 4; *Thienel*, Art. 48, 49 B-VG, Rz 66, in: Kommentar zum B-VG, Band II, 1. Halbband: Art. 1-59b.

719 *Gumplowicz*, Das Österreichische Staatsrecht³, S. 18; *Pfaff-Hofmann*, Commentar zum österreichisch allgemeinen bürgerlichen Gesetzbuche, Bd. 1, S. 157.

720 *Jellinek*, Gesetz und Verordnung, S. 329.

721 Vgl. hierzu beispielsweise das Reichswassergesetz vom 30. Mai 1869, RGBl 93/1869. § 28 sieht ua vor, dass der Abschnitt über die zwangsweise Gründung der Wassergenossenschaften erst mit dem Zeitpunkt in Wirksamkeit trete, mit welchem die der Landesgesetzgebung zu deren Ausführungen vorbehaltenen Regelungen erlassen sein werden.

722 *Herrnritt*, Handbuch des österreichischen Verfassungsrechtes, S. 206.

723 *Lustkandl*, Gesetz, in: Österreichisches Staatswörterbuch. Handbuch des gesamten österreichischen öffentlichen Rechts², 2 Bd., S. 399ff.

Gesetzen seien. Unter Junktimgesetzen versteht er Gesetzesvorlagen, die aufeinander folgend behandelt werden, aber wegen ihres inneren Zusammenhanges nur gemeinsam und unter der Bedingung behandelt werden, dass sie zugleich gelten. Ein Unterschied zwischen Junktimgesetzen und konnexen Gesetzen bestehe darin, dass konnexe Gesetze nicht immer junktim behandelt werden müssten. Die von *Lustkandl* getroffene Unterscheidung zwischen formeller und materieller Gesetzeskraft geht auf *Laband* zurück[724]. Als formelle Gesetzeskraft bezeichnet dieser den Rechtssatz, dass ein in Form des Gesetzes ergangener Willensakt nur im Wege der Gesetzgebung aufgehoben oder abgeänderte werden könne und seinerseits alle mit ihm in Widerspruch stehenden, älteren Bestimmungen derogiert. Die formelle Gesetzeskraft trete mit Ende des Gesetzgebungsverfahrens ein – also mit der Kundmachung – und bestehe unabhängig davon, ob das Gesetz materiell in Kraft getreten sei. Die formelle Gesetzeskraft trete im gesamten ein, die materielle hingegen könne für verschiedene Anordnung zu verschiedenen Zeitpunkten beginnen. Die materielle Gesetzeskraft bestimme sich nach dem Inhalt des Gesetzes und könne ebenso verschieden sein wie das Gesetz selbst.

6.3.5. Zusammenfassend kann daher festgehalten werden, dass die herrschende Lehre zwischen Geltung einer Norm als Eintritt der rechtlichen Existenz und zeitlichen Geltungsbereich als Zeitraum des Wirkungsbereiches einer Norm unterschieden hat. Eine weitere Unterscheidung zwischen Bezugsbereich als Zeitraum, auf den sich der Gebotsteil bezieht, – wird auch Bedingungsbereich genannt – und Vollzugsbereich als Zeitraum, auf den sich der Rechtsfolgenteil bezieht, – wird auch Rechtsfolgenbereich genannt – wurde nicht getroffen[725]. Die herrschende Lehre ging zudem zu Recht davon aus, dass mit der Kundmachung als letzter Schritt des Gesetzgebungsverfahren das Gesetz Bestandteil der Rechtsordnung wird, wobei die Geltung der Norm als Bestandteil der Rechtsordnung mit dem Tag der Kundmachung als Ausfluss der formellen Gesetzeskraft angesehen wurde.

6.4. Das Ende des zeitlichen Geltungsbereiches eines Gesetzes und die Frage der Unveränderlichkeit von Gesetzen

6.4.1. Dem Beginn des zeitlichen Geltungsbereiches steht das Ende desselben gegenüber. Nach der zeitgenössischen Lehre ist die Aufhebung eines Gesetz durch ein neues Gesetz, welches ausdrücklich das Gesetz ganz oder teilweise

---

724 *Laband*, Das Staatsrecht des Deutschen Reiches, S. 68ff und 73f.

725 Vgl. hierzu *Antoniolli/Koja*, Allgemeines Verwaltungsrecht[3], S. 208; *Walter/Mayer/Kucsko-Stadlmayer*, Grundriß des österreichischen Bundesverfassungsrechts[10], Rz 488.

aufhebt, oder durch ein Gesetz, welches mit dem früher erlassenen Gesetz unvereinbar ist, sowie durch Gründe, welche sich selbst aus dem Gesetz ergeben wie beispielsweise Zeitablauf, Wegfall des Regelungsgegenstandes bzw. eines Folgesatzes oder Bestimmung für einen bestimmten Übergang möglich[726]. Demzufolge unterschied man zwischen kontinuierlichen Gesetzen, die nach ihrem Inhalt zeitlich unbestimmt waren, und terminierten Gesetzen, die nach ihrem Inhalt befristet waren sowie transitorischen Gesetzen, die für einen Übergang bestimmt waren[727]. Den Umstand, dass ein Gesetz nur durch ein anderes Gesetz und nicht auch beispielsweise durch eine Verordnung aufgehoben werden konnte, charakterisierte die Lehre als Ausfluss der Gesetzeskraft bzw. als der nur dem Gesetz zukommende gesetzesändernde Kraft[728].

6.4.2. Im Zusammenhang mit der Frage der Aufhebung bzw. Abänderung eines Gesetzes bzw. einer Rechtsnorm entwickelte sich eine Grundsatzdebatte zwischen *Verdroß*, *Weyr* und *Merkl* über der Abänderbarkeit bzw. Unabänderbarkeit von Rechtsnormen. In der Arbeit „*Die Neuordnung der gemeinsamen Wappen und Fahnen in ihrer Bedeutung für die rechtliche Gestalt der österreichisch-ungarischen Monarchie*" stellt *Verdroß* die These auf, dass ein Gesetz auch bestimmen könne, dass seine Abänderung nur unter den Bedingungen erfolgen könne, die nicht für das Zustandekommen erforderlich waren. So könne das Gesetz auch vorsehen, dass die eigene Abänderung von der Zustimmung eines anderen Staates abhängig gemacht werde[729]. *Weyr* nimmt diese Feststellung von *Verdroß* zum Anlass, über die Frage der Unabänderlichkeit von Rechtssätzen eigene, über den speziellen Untersuchungsgegenstand von *Verdroß* hinausgehende allgemeine Überlegungen anzustellen[730]. *Weyr* meint, dass, wenn ein Gesetz bestimmen könne, dass eine Abänderung nur unter anderen Bedingungen

---

726 Vgl. *Hauke*, Grundriß des Verfassungsrechts, S. 103; *Jellinek*, Gesetz und Verordnung, S. 336; *Lustkandl*, Gesetz, in: Österreichisches Staatswörterbuch. Handbuch des gesamten österreichischen öffentlichen Rechts^2, 2 Bd., S. 401f. Die heutige Lehre spricht im ersten Fall von einer formellen Derogation und im zweiten Fall von einer materiellen Derogation. Vgl. *Antoniolli/Koja*, Allgemeines Verwaltungsrecht^3, S. 213; *Thienel*, Art. 48, 49 B-VG, Rz 69, in: Kommentar zum B-VG, Band II, 1. Halbband: Art. 1-59b; *Walter/MayerKucsko-Stadlmayer/*, Grundriß des österreichischen Bundesverfassungsrechts^{10}, Rz 495. Anzumerken ist auch, dass die Lehre eine Aufhebung eines Gesetzes durch ein Erkenntnis eines öffentlichen Gerichtshofes wie beispielsweise nach Art. 140 B-VG in Ermangelung eines solchen naturgemäß nicht in Betracht ziehen konnte.

727 *Lustkandl*, Gesetz, in: Österreichisches Staatswörterbuch. Handbuch des gesamten österreichischen öffentlichen Rechts^2, 2 Bd., S. 402.

728 *Jellinek*, Gesetz und Verordnung, S. 336; *Spiegel*, Die kaiserlichen Verordnungen mit provisorischer Gesetzeskraft, S. 123

729 *Verdroß*, Die Neuordnung der gemeinsamen Wappen und Fahnen in ihrer Bedeutung für die rechtliche Gestalt der österreichisch-ungarischen Monarchie, JBl. 1916, S. 136.

730 *Weyr*, Zur Frage der Unabänderlichkeit von Gesetzen, JBl. 1916, S. 387f.

erfolgen könne, die für das Zustandekommen nicht notwendig gewesen wären, dann könne das Gesetz auch vorsehen, dass es unabänderlich sei. Die von *Verdroß* genannte Selbstbindung der Legislative hält *Weyr* jedoch für rechtslogisch nicht haltbar. Dies begründet er damit, dass wenn ein Gesetz vorsehe, dass eine Abänderung nur durch die Zustimmung eines anderen Staates möglich sei, dann betreffe dies nur den materiellen Inhalt des Gesetzes und nicht die formalen Voraussetzungen für das Zustandekommen des Gesetzes. Gelte das Prinzip der Zustimmung durch einen anderen Gesetzgeber, könne das Gesetz nur auf diesem Weg inhaltlich abgeändert werden. Der Gesetzgeber als Souverän könne allerdings jederzeit vom formalen Prinzip des Zustandekommens abweichen, ohne dabei an die Voraussetzungen gebunden zu sein, die für die materielle Abänderung notwendigerweise zu erfüllen sind. Das Gesetz könne auf demselben Weg, wie es zustande gekommen ist, wieder abgeändert bzw. aufgehoben werden, ohne an die Zustimmung eines anderen Gesetzgebers gebunden zu sein. Mit diesen Überlegungen verlässt jedoch *Weyr* den Boden des positiven Rechts. Denn wenn das eine Mal, nämlich für das Zustandekommen eines Gesetzes, die Erzeugungsbedingungen beachtlich sein sollen und das andere Mal, nämlich für den Fall der Abänderung, die Erzeugungsbedingungen nicht beachtlich sein sollen, dann kann das Abweichen vom Normenbestand der Rechtsordnung im letzteren Fall nicht einfach mit der Souveränität des *„normsetzenden Subjektes“*[731] begründet werden, sondern muss und ist eine solche Vorgehensweise als Bruch mit dem positiven Recht zu werten. Ist nach der Verfassung die Zustimmung eines anderen Gesetzgeber ein konstitutives Element für das Zustandekommen eines Gesetzes – auch für jenes, dass die eigentlichen Erzeugungsbedingungen abändern möchte –, dann kommt ein Gesetz ohne Zustimmung des anderen Gesetzgebers nicht zustande, ebenso wie ohne kaiserliche Sanktion und ohne parlamentarischen Beschluss kein Gesetz nach der Dezemberverfassung 1867 gültig entstehen kann. Am Ende seiner Analyse der These von *Verdroß* kommt *Weyr* zum folgenden Ergebnis:

> „Infolge dieses Bestrebens ergeben sich zwei Rechtssatzsysteme: Die eigentliche Rechtsordnung (als Summe der Pflichten und Rechte statuierenden Rechtssätze) und einer Art „Verfassung“, der gegenüber der Gesetzgeber selbst – da er sich in ihr „selbst gebunden“ hat – als „Pflichtsubjekt“ erscheint.“ [732]

6.4.3. Die Überlegungen von *Weyr* blieben nicht unbeantwortet und haben *Verdroß* seinerseits mit seinem Aufsatz *„Zum Problem der Rechtsunterworfenheit des Gesetzgebers“* im gleichen Jahr – einige Monate später – Anlass zu einer Erwiderung gegeben. *Verdroß* unterzieht die von *Weyr* vertretene *„Souverä-*

---

731 *Weyr*, Zur Frage der Unabänderlichkeit von Gesetzen, JBl. 1916, S. 389.

732 *Weyr*, Zur Frage der Unabänderlichkeit von Gesetzen, JBl. 1916, S. 389.

nitätslehre" scharfer Kritik[733] und bezeichnet diese als mit einem wissenschaftlichen Verfahren, welches sich ausschließlich an das positive Recht und nicht an außerpositivrechtlichen Quellen zu halten hat, als unvereinbar. Aus der Reichsgeschichte der Einzelstaaten ergebe sich nämlich, dass die Staaten zuletzt ihre rechtliche Ordnung nicht mehr auf die Reichsordnung, sondern auf ihre eigene Verfassungsordnung gestützt haben. Die Verfassung der Einzelstaaten sei als rechtliche Grundlage allen Rechtes angesehen worden. Davon ausgehend bezeichnet *Verdroß* die Verfassung als eine rechtliche Grundordnung, die nicht weiter ableitbar sei und aus welcher der Gesetzgeber seine Kompetenzen ableiten könne und mit welcher seine Grenzen bestimmt werden. Die Verfassung könne nun sowohl die Unabänderlichkeit als auch die Abänderbarkeit von Gesetzen vorsehen. Die Verfassung könne sogar soweit gehen, dem Gesetzgeber selbst die Entscheidung dieser Frage in die Hand zu geben. Jedenfalls sei aber nur das positive Recht – hier in Form der Verfassung – die einzige Grundlage für die Entscheidung der Frage, ob Gesetze abgeändert oder aufgehoben werden dürfen und nicht „*rechtslogische*" Überlegungen[734]. *Verdroß* führt weiters aus, dass die Verfassung an der Spitze der staatlichen Ordnung stehe und von der Verfassung alle Rechte und Pflichten ausgehen sowie die unter der Verfassung auftretenden Rechtserscheinungen ihre Kraft „*von unten hinaufblickend*" auf die Verfassung stützen können. Damit skizziert Verdroß einen zweigliedrigen rechtlichen Stufenbau, da nach diesem sich alles Recht als die untergeordnete Stufe in der Verfassung als die übergeordnete Stufe wie „*in einem Brennpunkt*" sammle. Für *Verdroß* sei sohin der Beweis erbracht, dass seine Konstruktion nicht zwei unterschiedliche Rechtsordnungen schaffe wie es *Weyr* behauptet.

6.4.4. Die Argumentation von *Verdroß* in dieser letzten Untersuchung wird von *Merkl* in seinem Aufsatz „*Die Unveränderlichkeit von Gesetzen – ein normlogisches Prinzip*" kaum berücksichtigt[735]. *Merkl* wirft in seinen Hauptausführungen nämlich *Verdroß* vor, dass dieser nicht zwischen Gesetz und Verfassung differenziere. Erst auf der letzten Seite seiner Untersuchung geht *Merkl* auf den letztgenannten Aufsatz von *Verdroß* ein und arbeitet klar heraus, dass dieser mit seiner Konstruktion zwischen der Bedingtheit des Gesetzes und der bedingenden

---

733 *Verdroß*, Zum Problem der Rechtsunterworfenheit des Gesetzgebers, JBl. 1916, S. 471ff.

734 *Verdroß* hierzu konkret: „*Die Beantwortung der Frage, ob der Gesetzgeber den Staat und in ihm der Gesetzgeber dauernd zu binden in der Lage sei, ist daher niemals mit rechtslogischen Mitteln, sondern stets rein positiv rechtlich zu beantworten.*" *Verdroß*, Zum Problem der Rechtsunterworfenheit des Gesetzgebers, JBl. S. 484.

735 *Merkl*, Die Unveränderlichkeit von Gesetzen – ein normlogisches Prinzip, JBl. 1917, S. 97ff.

Verfassung unterscheidet[736]. Im Jahr 1923 hält *Merkl* zu diesem Verdienst fest, dass die Ausführungen von *Verdroß* für seine Entwicklung seiner Stufentheorie eine wichtige Anregung waren und führt wie folgt aus:

> „Desgleichen hat Alfred V e r d r o ß kurz nach meiner ersten Stellungnahme zu diesem Problem[737] ein Teilproblem desselben Problemkreises, nämlich die Frage des Verhältnisses zwischen Gesetz und Verfassung unter dem Titel ‚Die Rechtsunterworfenheit des Gesetzesgebers' in grundsätzlich gleichartiger, meine einschlägigen späteren Untersuchungen aus diesem Problemkreis jedenfalls sehr anregender Weise behandelt."[738]

In der Sache selbst geht *Merkl* gleich wie *Verdroß* davon aus, dass der Gesetzgeber durch die Verfassung gebunden sei. Würde man nämlich von einer Souveränität des Gesetzgebers ausgehen, dann würde man auch auf die Erkenntnis der Verfassungsmäßigkeit und der Verfassungswidrigkeit verzichten. Daher sei nur die Verfassung und nicht die Gesetzgebung, die auch die Verfassungsgesetzgebung mit einschließe, souverän. Da die Verfassung die Gesetzgebung binde, sei die Verfassung selbst ungebunden. Eine Bindung der Verfassung sei nämlich insofern denklogisch ausgeschlossen, weil eine Bindung einen bindenden Faktor voraussetze und ein solcher Faktor nicht angenommen werden könne, wenn man die Verfassung als obersten Ursprung allen Rechtes ansehe. Da die Verfassung die Kompetenz des Gesetzgebers bestimme, brauche die Verfassung auch nicht ausdrücklich die Möglichkeit einer Verfassungsänderung vorsehen. Ist eine Verfassungsänderung nach den Bestimmungen der Verfassung nicht ausdrücklich vorgesehen, sei sie für den Verfassungsgesetzgeber auch nicht möglich. Nach *Merkl* ergibt sich daher die Kompetenz der Verfassungsabänderung ausdrücklich aus der Verfassung. Für *Merkl* ist es nämlich nicht nachvollziehbar, dass eine Verfassung als Inhaberin der Kompetenzhoheit eine solche weitgehende Kompetenz – nämlich die Möglichkeit der Verfassungsänderung – nicht regeln würde. Das Prinzip der Unabänderlichkeit gelte nun aber nicht nur für die Verfassung, sondern auch für das Gesetz. Im Zweifel sei mit einem Gesetzgebungsakt auf einem bestimmten Gebiet die Gesetzgebungsbefugnis erschöpft. *Merkl* vertritt hier die Ansicht, dass dadurch dem Gesetzgeber sein Handlungsspielraum nicht eingeengt werde. Er meint, dass das von der Legislative unbeackerte Feld größer sei, als das von der Gesetzgebung schon in Beschlag genommene. *Merkl* schreibt nun aber dem Gesetzgeber durchaus die Fähigkeit zu, den Endtermin seiner eigenen Geltung selbst zu bestimmen, um damit Platz für ein neues Gesetz zu schaffen. Sehe nun die Verfassung ihre eigene Abänderbar-

---

736 *Merkl*, Die Unveränderlichkeit von Gesetzen – ein normlogisches Prinzip, JBl. 1917, S. 111.

737 Gemeint ist hier sein Aufsatz *„Die Verordnungsgewalt im Krieg"*, JBl. 1916, S. 397ff.

738 *Merkl*, Lehre von der Rechtskraft, S. 207.

keit vor, dann sei jede Verfassungsänderung, auch eine solche hin zur Unabänderlichkeit, möglich. Aus dem Grundsatz a maiori ad minus zieht nun *Merkl* den Schluss, dass, wenn die Verfassung selbst ihre Abänderbarkeit ermögliche, könne man auch dem später erlassenen Gesetz eine abändernde Kraft zu schreiben.

6.4.5. Als Zwischenergebnis kann festgehalten werden, dass die drei hier zitierten Autoren unterschiedlicher Auffassungen sind. *Weyr* geht davon aus, dass selbst wenn die Unabänderlichkeit von Gesetzen normiert sei, eine Abänderung auf Grund der Souveränität des Gesetzgebers möglich sei. *Verdroß* ist der Ansicht, dass die Frage der Abänderlichkeit oder Unabänderlichkeit nur mit Hilfe des positiven Rechts, nämlich auf Grund der Verfassung als rechtliche Grundordnung, zu beantworten ist und die Verfassung sowohl Abänderlichkeit als auch die Unabänderlichkeit normieren könne. *Merkl* hingegen vertritt die Meinung, dass die Unabänderlichkeit ein normlogisches Prinzip sei und die Abänderlichkeit ausdrücklich vorgeschrieben sein müsse. Ausgehend von dieser Prämisse führt *Merkl* in seinem Aufsatz „*Die Rechtseinheit des österreichischen Staates*" aus, dass das Prinzip der „*lex posterior derogat priori*" nur Ausdruck jenes Rechtssatzes sei, der eine Rechtsabänderung vorsehe[739]. Nicht richtig sei die Ansicht der herrschenden Lehre, dass dieses Prinzip die Abänderung von Gesetzen ermögliche. Erst die in der Rechtsordnung niedergelegte Abänderungsmöglichkeit führe zum Satz der lex posterior. Die herrschende Lehre gehe offenbar davon aus, dass man einen Widerspruch des Gesetzgebers nur derart auflösen könne, dass man dem jüngeren vor dem älteren Gesetz den Vorrang einräume. *Merkl* meint nun aber, dass der Gesetzgeber nicht beliebig ein neues Gesetz schaffen könne, sondern nur ein solches, das nicht im Widerspruch mit bestehenden Gesetzen stehe. Erlässt er dennoch ein Widerspruch auslösendes Gesetz, sei die Handlung unwirksam. Dem älteren Gesetz sei daher nicht auf Grund eines Satzes der lex prior – ein solches Prinzip sei nach *Merkl* ebenso aus der Luft gegriffen wie das Prinzip der lex posterior - der Vorrang einzuräumen, sondern das ältere Gesetz gelte gegenüber dem jüngeren, weil es verfassungskonform zustande gekommen sei. Sehe die Verfassung nicht die Möglichkeit einer Abänderung vor, dann könne das jüngere nicht das ältere Gesetz aufheben. Werde dennoch ein dem bisherigen Rechtsbestand widersprechendes Gesetz erlassen, dann schaffe der Gesetzgeber ein rechtliches Nichts. *Merkl* spricht auch davon, dass der Gesetzgeber in der bisher durch Gesetz geregelten Angelegenheit nicht mehr ein Gesetzgeber sei. Konkret führt *Merkl* aus:

---

739 *Merkl*, Die Rechtseinheit des österreichischen Staates, AÖR, 37. Band, 1918, S. 56ff (= Wiener rechtstheoretische Schule: Schriften von Hans Kelsen, Adolf August Merkl, Alfred Verdroß, Hrsg. von Klecatsky, Marcic, Schambeck, S. 1115ff).

„Die Voraussetzungen des einheitlichen Rechtssystems schließt die Anwendung eines nicht im Recht begründeten, als rechtslogisches Prinzip gedachten, d.h. im Grunde voraussetzungslosen Satzes lex posterior derogat priori aus – aus dem Grunde aus, weil man mit diesem Satze – wiederum in seiner Bedeutung als rechtslogisches Prinzip – jedes beliebige und auch ein von dem vorausgesetzten abweichende Rechtssystem konstruieren kann. Und hat man das einheitliche Rechtssystem im Ausgangspunkte, als Voraussetzung, wozu bedarf man überhaupt eines Prinzipes, um es erst zu konstruieren? Der Satz von der lex posterior als denklogisches Prinzip ist bei solcher Voraussetzung undenkbar und unbrauchbar."[740]

Nach *Merkl* ist daher zwar der Grundsatz der lex posterior kein normlogisches Prinzip, wohl aber der Grundsatz der Unveränderlichkeit von Rechtsnormen, sofern ihre Abänderung nicht in der Verfassung vorgesehen sei. In Folge konstatiert *Merkl*, dass sehr oft die Festlegung der Abänderbarkeit von Gesetzen in der Verfassung zufällig erfolge. Dies deshalb, weil die Kodifikatoren unrichtigerweise von der grundsätzlichen Abänderung der von ihnen geschaffenen Verfassung ausgingen. Ungleich seltener komme es vor, dass die Verfassung ausdrücklich ihre Abänderbarkeit normiere. Die österreichische Verfassung gehe zwar auch von ihrer Abänderbarkeit aus, spreche dies aber nur derart aus, dass die Abänderung der Staatsgrundgesetze eine qualifizierte Majorität erfordere. Könne nun daher die Verfassung abgeändert werden, ergebe sich aus dem argumentum a maiori ad minus, dass auch einfache Gesetze abänderbar seien, und zwar mit bloßer Stimmenmehrheit.

6.4.6. Während nun *Merkl* davon aus geht, dass der Satz der lex posterior kein rechtslogisches Prinzip sei, vertritt *Kelsen* eine gegenteilige Ansicht. Für diesen gelte nämlich die Interpretationsregel *„lex posterior derogat priori"* als rechtslogisches Prinzip nur in einem einheitlichen Normensystem. Nur mit dieser Regel könne die Geschlossenheit eines Normensystems garantiert werden. Nicht zur Anwendung komme die Regel bei zwei verschiedenen Normensystemen. Ein jüngerer Rechtssatz der französischen Rechtsordnung verdränge keinen älteren Rechtssatz der österreichischen Rechtsordnung. In gänzlicher Abweichung zu *Merkl* meint *Kelsen*, dass der Satz des lex posterior deshalb als normlogisches Prinzip gelte, weil die normsetzende Autorität eine von ihr erstellte Norm jeder Zeit wieder aufheben könne. Da nun die Geltung der Norm in der Zeit verlaufe, könne auch nur die zeitlich folgende Norm eine ältere Norm aufheben. Voraussetzung für die Regel ist weiters, dass die normsetzende Autorität die oberste sei. Wenn *Kelsen* weiters meint, dass die Normen einer Rechtfertigung

---

740 *Merkl*, Die Rechtseinheit des österreichischen Staates, in: Wiener rechtstheoretische Schule: Schriften von Hans Kelsen, Adolf August Merkl, Alfred Verdroß, Hrsg. von Klecatsky, Marcic, Schambeck, S. 1134.

durch höhere Normen bis hin zur obersten Autorität bedürfen, dann zeigt sich auch hier wiederum der Gedanke eines rechtlichen Stufenbaues der Unter- und Überordnung wie ihn *Merkl* später konkretisierend zu Ende gedacht hat. Zwei unterschiedliche Normensysteme wären auch das Gesetzesrecht und das Gewohnheitsrecht; unter der Voraussetzung, dass das Gewohnheitsrecht weder durch das Gesetz anerkannt worden sei noch dass das Gesetz durch den Geltungsgrund der Gewohnheit gerechtfertigt werde. Die Lösung des sich aus der Verschiedenheit zweier Normensysteme ergebenden Konfliktes könne nur faktisch und unter Verletzung der Norm eines der Autoritäten erfolgen. Hierbei wurde man die eine Autorität negieren und die zweite an dessen Stelle setzen. In seinen späteren Arbeiten hat *Kelsen* unterschiedliche Positionen zur seiner mit der von *Merkl* in Widerspruch stehenden Ansicht eingenommen und sich erst im Jahre 1962 mit seinem Aufsatz „*Derogation*" und mit dem Werk „*Allgemeine Theorie der Normen*" der Meinung von *Merkl* angeschlossen[741].

6.4.7. Die Frage, ob die Abänderbarkeit von Gesetzen oder die Unveränderlichkeit von Gesetzen ein normlogisches Prinzip sei, ist auch heute noch Gegenstand theoretischer Diskussionen. Nach Ansicht von *Thienel* überwiege die Meinung, dass der Satz lex posterior derogat priori nur dann gelte, wenn er positivrechtlich angeordnet wurde[742] und es dürfte sich in letzter Zeit diese auch verfestigt haben. So spricht *Winkler* beispielsweise davon, dass der Grundsatz lex posterior für das positive Recht unverzichtbar sei[743]. Er sei ein positivrechtliches und in diesem Sinn ein rechtslogisches Prinzip. Auch *Wiederin*, der im Zusammenhang mit seiner Untersuchung von Bundesrecht und Landesrecht, eine Begriffsbestimmung der Derogation setzt, geht basierend auf den Ergebnissen von *Merkl* davon aus, dass das Recht sowohl seine Erzeugung als auch seine Vernichtung regle[744]. Das zur Normsetzung berufene Organ könne Normen im Umfang der durch die Rechtsordnung erteilten Ermächtigung „*vernichten*". Einigkeit besteht darin, dass der Begriff „*Derogation*" als Begriff die Aufhebung der Geltung einer einmal erlassenen Norm bezeichnet. Das war aber nicht immer so. So unterschied die ältere Zivilistik zwischen Abrogation und Derogation[745]. Die reine Aufhebung wurde als Abrogation und die Abänderung einer Norm als Derogation bezeichnet. Nach dem Kommentar von *Pfaff-Hoffmann* wurde zusätzlich zwischen Abrogation, Derogation, Subrogation und Obrogation als vollständige

741 *Thienel*, Derogation, in: Untersuchungen zur Reinen Rechtslehre II, S. 11, FN 2.

742 *Thienel*, Derogation, in: Untersuchungen zur Reinen Rechtslehre II, S. 11. Vgl. die angeführte Literatur in der FN 2.

743 *Winkler*, Zeit und Recht, S. 219.

744 *Wiederin*, Bundesrecht und Landesrecht, S. 51f.

745 *Schima*, Der Derogationsbegriff und seine Bedeutung für die verfassungsgerichtliche Normenkontrolle, JBl. 1961, S. 561; *Thienel*, Derogation, in: Untersuchungen zur Reinen Rechtslehre II, S. 11 FN 1.

Aufhebung, teilweise Aufhebung, Hinzufügen und Änderung unterschieden[746]. Diese Unterscheidungen stehen jedoch heute nicht mehr in Verwendung. Von der Derogation wurde die Suspension und die Dispensation unterschieden[747]. Unter einer Suspension verstand man die vorübergehende *„Unterbrechung"* der Wirksamkeit eines Gesetzes oder gewisser Bestimmungen eines Gesetzes für einen bestimmten Zeitraum kraft gesetzlicher Bestimmung. Das Gesetz gilt nicht aufgehoben, sondern ist für den Zeitraum der Suspension nicht anwendbar. So sieht beispielsweise Art. 20 StGG über die allgemeinen Rechte der Staatsbürger für die im Reichsrate vertretenen Königreiche und Länder[748] die Möglichkeit der zeitlichen und örtlichen Suspension der in diesem Gesetz enthaltenen Artikeln 8, 9, 10, 12 und 13 vor. Von einer Dispensation sprach man, wenn das Gesetz für die Behörde in einem Einzelfall nicht anzuwenden war. Der von *Walter* geprägte Begriff *„Invalidation"* war der Lehre naturgemäß nicht bekannt, wohl aber die hinter dem Begriff bestehende Konstellation der Divergenz zwischen einem früher erlassenen Gesetz und einem später erlassenen Verfassungsgesetz. Hier hat schon *Gumplowicz* ausgeführt, dass das bestehende Gesetz nicht aufgehoben werde und die neue Verfassung durch neue Gesetze ausgeführt werden müsse[749]. Diese Ansicht deckt sich mit der heutigen Meinung der Lehre und Rechtsprechung, dass das gegenständliche Gesetz nicht außer Kraft tritt, sondern verfassungswidrig in Geltung steht sowie verbindlich ist und entweder vom Gesetzgeber oder vom VfGH aufgehoben werden könne[750].

Exkurs III: Derogatorische Kraft von Gewohnheitsrecht und vom Gewohnheitsrecht überhaupt

III.1. Die obigen Ausführungen von *Kelsen* in seinem Aufsatz *„Reichsrecht und Landesrecht"* zeigen, dass dieser dem Gewohnheitsrecht nur dann eine derogatorische Kraft zusprach, wenn Gewohnheitsrecht durch das Gesetz anerkannt

---

746 *Pfaff-Hoffmann*, Commentar zum österreichischen allgemeinen bürgerlichen Gesetzbuch I/1, S. 216; *Thienel*, Derogation, in: Untersuchungen zur Reinen Rechtslehre II, S. 11 FN 1.

747 *Hauke*, Grundriß des Verfassungsrechts, S. 103; *Lustkandl*, Gesetz, in: Österreichisches Staatswörterbuch. Handbuch des gesamten österreichischen öffentlichen Rechts², 2 Bd., S. 403; *Jellinek*, Gesetz und Verordnung, S. 338ff; *Pfaff-Hoffmann*, Commentar zum österreichischen allgemeinen bürgerlichen Gesetzbuch I/1, S. 297ff. Interessant ist, dass die genannten Autoren nur den Begriff Suspension und nicht den Begriff Sistierung verwendet haben.

748 RGBl 142/1867 (= *Bernatzik*, Die österreichischen Verfassungsgesetze mit Erläuterungen², Nr. 134, S. 422ff). Das dazu erlassene Ausführungsgesetz ist das Gesetz vom 5. Mai 1869, RGBl 66/1869 (= *Bernatzik*, Die österreichischen Verfassungsgesetze mit Erläuterungen², Nr.149, S. 503ff).

749 *Gumplowicz*, Das Österreichische Staatsrecht³, S. 29.

750 *Antoniolli/Koja*, Allgemeines Verwaltungsrecht³, S. 203.

wurde oder der Geltungsgrund des Gesetzes durch Gewohnheit begründet wurde. Letzteres wurde von *Gumplowicz* vertreten[751]. Er ist der Ansicht, dass Quelle allen Rechts das Gewohnheitsrecht sei und geht davon aus, dass das Gesetz nur das zum Ausdruck bringe, was wirkliches, sich im sozialen Leben ausgebildetes Recht sei. Ein der Realität widersprechendes Gesetz habe keinen Bestand. Die Einteilung des Rechts zwischen Gesetzes- und Gewohnheitsrecht habe jedoch im Bereich des Privatrechts Bedeutung. Dort werde ausdrücklich bloß dem im Gesetz festgehaltenen Recht Geltung zugesprochen und dem Gewohnheitsrecht abgesprochen. Für das Gebiet des Staatsrechtes unterscheidet *Gumplowicz* zwischen öffentlichem und politischem Recht. Für das politische Recht sei das Gewohnheitsrecht die wichtigste Rechtsquelle. Für das öffentliche Recht sei dem Gesetzesrecht gegenüber dem Gewohnheitsrecht der Vorzug zu geben. Dies insbesondere auch deshalb, weil das durch die Judikatur des Verwaltungsgerichtshofes gebildete Juristenrecht eine ähnliche Bedeutung habe wie im Privatrecht. Erweise sich ein Gesetz für nicht opportun, sei es durch ein passenderes Gesetz zu ersetzen. Obzwar für *Gumplowicz* das Gewohnheitsrecht der Geltungsgrund für das Recht ist, räumt er dem Gewohnheitsrecht nur im Bereich des politischen Rechts derogatorische Kraft ein. Dass mit einer solchen Differenzierung das Gewohnheitsrecht nicht mehr Rechtsquelle im Sinne der Ausführungen von *Gumplowicz* sein kann, ist selbstredend. *Gumplowicz* bringt sich in einen nicht mehr auflösbaren Widerspruch, wenn er im Rahmen seiner allgemeinen Ausführungen meint, dass Quelle des Rechts das Gewohnheitsrecht sei, dass das dem Leben widersprechende Gesetz kein Bestand habe, aber das unpassende Gesetz solange „*wirke*“ bis es beseitigt oder verändert werde. Ist nämlich das Gewohnheitsrecht tatsächlich Quelle des Rechts, dann beruht auch das Gesetz hinsichtlich seiner Geltung auf dem Gewohnheitsrecht, die Geltung wird, wie es *Kelsen* ausgeführt hat, durch das Gewohnheitsrecht begründet, es wird daher einem der Gewohnheit widersprechenden Gesetz eben durch die Gewohnheit derogiert. Andernfalls kann das Gewohnheitsrecht nicht als Quelle allen Rechts konstruiert werden.

III.2. Keine Einschränkung hinsichtlich der derogatorischen Kraft erhielt das Gewohnheitsrecht durch *Jellinek*[752]. Zwar gesteht auch *Jellinek* ein, dass die Bedeutung des Gewohnheitsrechtes im Hinblick auf die Kodifikationen des Rechts gesunken sei, dennoch müsse man dem Gewohnheitsrecht nicht nur rechtserzeugende, sondern auch derogatorische Kraft zusprechen. Die derogatorische Kraft selbst dann, wenn der Gesetzgeber dies ausdrücklich ausgeschlossen habe. Ein solches Gesetz hätte keinen verbindlichen Inhalt. Um aber eine solche derogatorische Kraft bekommen zu können, muss das Gewohnheitsrecht einen langen

---

751 *Gumplowicz*, Das Österreichische Staatsrecht[3], S. 3ff.

752 *Jellinek*, Gesetz und Verordnung, S. 334ff.

Zeitraum in Übung sein. Die „*zerstörerische*" Kraft trete dann nach Art einer Naturkraft ein. Als Beispiel für die Richtigkeit seiner Argumentation nennt *Jellinek* die kurzlebigen Lokalpolizeiverordnungen. Dass das Gewohnheitsrecht überhaupt eine Rolle im Rechtssystem spiele, versucht *Jellinek* an Hand der parlamentarischen Praxis, die Genehmigung des Staatsrechnungsabschlusses durch Beschluss und nicht durch Gesetz zu erteilen, darzustellen. Nach der staatsgrundgesetzlichen Bestimmung über den Kompetenzbereich des Reichsrates müsse dieser Akt unzweifelhaft in Form eines Gesetzes erfolgen. Die von der Praxis gewählte Form sei jedoch durch das Gewohnheitsrecht eingeführt worden. Die Ansicht von *Laband*, dass die Normunterworfenen einen bestehenden Rechtssatz nicht unbeachtet lassen und durch Nichtbefolgung nicht aufheben können, widerspricht *Jellinek*. Er meint hierzu, dass *Laband* nur in der theoretischen Begründung die derogatorische Kraft des Gewohnheitsrechts verneine, nicht aber im praktischen Resultat seiner Ausführungen. *Jellinek* übersieht aber, dass *Laband* zwischen Aufhebung einer Norm und Unanwendbarkeit – weil die Tatbestände, die eine Norm regeln möchten, nicht mehr existieren – unterscheidet. Ist aber eine Norm in diesem Sinn unanwendbar, dann gilt sie noch lange nicht als aufgehoben. Der Vorwurf, dass *Laband* zwar theoretisch die derogatorische Kraft von Gewohnheitsrecht ablehnt, faktisch diese anerkennt, kann daher nicht greifen.

III.3. *Ulbrich* spricht dem Gewohnheitsrecht, wenn man nach dessen Ansicht diesem im Staatsrecht überhaupt Rechtsquellencharakter zuerkenne, nur im Hinblick „*auf eine Usualinterpretation bestehender Gesetze und auf gewisse Observanzen der Volksvertretung, der Behörden und der Selbstverwaltungsorgane*"[753] zu. *Hauke* wiederum lässt die gewohnheitsrechtliche Rechtsbildung neben dem Gesetzesrecht zu, meint aber, dass auf dem Gebiet der Verwaltung die Sphäre des freien Ermessens gewohnheitsrechtliche Entwicklung hindernd im Wege stehen werde[754]. Inwieweit *Hauke* dem Gewohnheitsrecht derogatorische Kraft zu spricht, wird in seinem Lehrbuch nicht konkret ausgeführt. Er meint aber, dass vom Gewohnheitsrecht bloße Gewohnheiten zu unterscheiden sind und diesen nicht die Eigenschaft zukomme, Gesetze zu derogieren[755]. In Anwendung eines Umkehrschlusses sowie im Hinblick darauf, dass *Hauke* dem Gewohnheitsrecht Rechtsfortbildungseigenschaft zu schreibt, kann man aber davon ausgehen, dass auch *Hauke* dem Gewohnheitsrecht derogatorische Kraft zu spricht. Für *Tezner* steht fest, dass die Rechtspraxis teils in richterlicher Gesetzesauslegung, teils in Form von verfassungswidriger Gesetzgebung originäres

753 *Ulbrich*, Das österreichische Staatsrecht[3], S. 5.
754 *Hauke*, Grundriß des Verfassungsrechts, S. 4.
755 *Hauke*, Grundriß des Verfassungsrechts, S. 4.

Recht schaffe[756]. Er meint, dass seine Untersuchung sogar gezeigt habe, dass die Praxis auch nicht *„vor der Wegdeutung von Gesetzen"*[757] zurückscheut.

III.4. In einer eigenen Studie über das Gewohnheitsrecht gesteht *Seidler* zwar ein, dass dem Gewohnheitsrecht neben dem Gesetz nur sekundäre Bedeutung zukomme, meint aber zugleich der Gefahr des Verlustes der Eigenschaft als Rechtsquelle durch die Rechtsprechung des VwGH und durch die deutsche Verwaltungsrechtslehre entgegen wirken zu müssen[758]. Als bedenklich bezeichnet *Seidler* zunächst die Rechtsprechung des VwGH. Der VwGH judiziere in ständiger Rechtsprechung, dass die Bestimmung des § 10 ABGB, nach welcher auf Gewohnheiten nur in den Fällen Bedacht zu nehmen ist, in welchen sich das Gesetz darauf beruft, auch auf das Verwaltungsrecht Anwendung finde[759]. Nicht nur, dass nach der Überschrift der Einleitung zum ABGB, wo es heißt *„von den bürgerlichen Gesetzen überhaupt"*, auszuschließen sei, dass diese Bestimmung auf das gesamte Recht anzuwenden sei, ergebe sich aus den Beratungsprotokollen zum ABGB, dass sich das Gesetz und diese Überschrift nur auf das Privatrecht beziehe. Daraus sei eindeutig ableitbar, dass die Bestimmung des § 10 ABGB nicht über das Privatrecht hinaus angewendet werden dürfe und daher die Unterscheidung zwischen Privatrecht und öffentlichem Recht große Bedeutung zukomme. Zur Bedeutung des Gewohnheitsrechts selbst führt *Seidler* aus, dass sich die Gewohnheit in ihrer Subsidiarstellung zum Gesetz *„regelmäßig nur zu dem Zwecke der Ausfüllung von Lücken der Gesetzgebung, als parallel fliessende Rechtsquelle bethätigen"*[760] werde. Den Geltungsgrund des Gewohnheitsrechts sieht *Seidler* nicht im Gesetz, sondern im Gewohnheitsrecht selbst; jedoch unter der Voraussetzung, dass die Gewohnheit vom Staat als rechtmäßig anerkannt worden sei. Auch spricht *Seidler* dem Gewohnheitsrecht derogatorische Kraft zu. Dies sei nicht nur dann möglich, wenn die Voraussetzungen, die konstitutiv für die Errichtung des Gesetzes waren, sich geändert hätten und der Gesetzgeber das Außerkrafttreten des dem Gewohnheitsrecht widersprechenden Gesetzes gewollt hat. Derogatorische Kraft komme dem Gewohnheitsrecht auch dann zu, wenn auf Grund eines Rechtsirrtums davon ausgegangen worden ist,

---

756 *Tezner*, Konventionalregeln und Systemzwang, in: Zeitschrift für das Privat- und Öffentliche Recht, Bd. 42, 1916, S. 624.

757 *Tezner*, Konventionalregeln und Systemzwang, in: Zeitschrift für das Privat- und Öffentliche Recht, Bd. 42, 1916, S. 624.

758 *Seidler*, Zur Lehre vom Gewohnheitsrecht auf dem Gebiete des österreichischen Staats- und Verwaltungsrechts, Neuabdruck in: Forschungen aus Staat und Recht 118, *Gustav Seidler*, Theorie und Methode im Staatsrecht, S. 97ff.

759 *Budwinski*, Erkenntnisse des Verwaltungsgerichtshofes, Nr. 838, 1316, 2146, 4987.

760 *Seidler*, Zur Lehre vom Gewohnheitsrecht auf dem Gebiete des österreichischen Staats- und Verwaltungsrechts, Neuabdruck in: Forschungen aus Staat und Recht 118, *Gustav Seidler*, Theorie und Methode im Staatsrecht, S. 110.

dass dem Gesetz keine Geltung mehr zu komme, oder wenn das Gesetz in Vergessenheit geraten sei oder wenn auf Grund des Inhaltes des Gesetzes anzunehmen sei, dass der Gesetzgeber das Gesetz selbst nicht ernstlich wollte und in all diesen Fällen ein entgegengesetztes Gewohnheitsrechts sich gebildet habe, weil die Gesetze keine Wirksamkeit mehr hatten und Raum für die Bildung von Gewohnheitsrecht geschaffen wurde. Davon unterscheidet *Seidler* die Fälle, nach welchen das Gesetz direkt vom Gewohnheitsrecht beseitigt wird. Nämlich dann, wenn die Normunterworfenen konstant ein vom Gesetz abweichendes Verhalten setzen. Diesfalls trete ein Rechtsbruch mit nachfolgender Bildung von Gewohnheitsrecht ein. Die Bildung von Gewohnheitsrecht könne zudem auch nicht gesetzlich ausgeschlossen werden, weil die *„Bildung von Gewohnheiten ein der Gesetzgebung entrückter, psychologischer Process*“[761] sei. Obzwar nun *Winkler* meint, dass die Argumente von *Seidler* zum Gewohnheitsrecht nach wie vor von Bedeutung seien und zum Nachdenken einladen[762], muss dennoch auf Fehlerhaftigkeit seiner Überlegungen hingewiesen werden. Seine Ausführungen zeigen, dass er nicht zwischen Geltung als Existenz einer Norm und zeitlichen Geltungsbereich als Zeitraum des Wirkungsbereiches einer Norm unterscheidet. *Seidler* geht ua nämlich davon aus, dass ein Gesetz auch ohne ausdrückliche Anordnung des Gesetzgebers außer Kraft treten könne. So verliere das Gesetz seine verbindende Kraft, wenn auf Grund eines Rechtsirrtums von dessen Nichtgeltung ausgegangen werde, wenn ein Gesetz vergessen wurde oder wenn ersichtlich sei, dass der Inhalt eines Gesetzes vom Gesetzgeber nicht gewollt ist. *Seidler* setzt daher den Verlust der verbindlichen Kraft bzw. der Wirksamkeit eines Gesetzes mit dem Verlust der Geltung einer Norm gleich. Es ist aber auf Grund der Argumentation von *Seidler* davon auszugehen, dass mit der Begrifflichkeit *„bindende Kraft verlieren*“ der Verlust der Geltung gemeint worden ist. Dass aber eine Norm ihre Geltung nicht verliert, weil sie vergessen wurde, oder weil der Inhalt vom Gesetzgeber nicht gewollt war oder weil von der Nichtgeltung irrtümlich ausgegangen wurde, ist selbstverständlich. In all diesen drei Fällen kann der Verlust der Geltung nicht eintreten, weil die Normen weiterhin Bestandteil der Rechtsordnung mangels formeller oder materieller Derogation durch ein Gesetz bzw. mangels Derogation durch Gewohnheitsrecht, wenn man diesem derogatorische Kraft zuspricht, sind. In all diesen drei Fällen spricht *Seidler* nicht davon, dass das Gesetz auf Grund einer derogatorischen Kraft außer Kraft getreten sei, sondern dass erst dadurch Raum für die Bildung eines

---

761 *Seidler*, Zur Lehre vom Gewohnheitsrecht auf dem Gebiete des österreichischen Staats- und Verwaltungsrechts, Neuabdruck in: Forschungen aus Staat und Recht 118, *Gustav Seidler*, Theorie und Methode im Staatsrecht, S. 116.

762 *Winkler*, Geleitwort, in: Forschungen aus Staat und Recht 118, *Gustav Seidler*, Theorie und Methode im Staatsrecht, S. XIII.

entgegengesetzten Gewohnheitsrechts geschaffen werde. Dass auch diese Argumentation widersprüchlich ist, zeigt sich darin, dass, wenn ein Gesetz außer Kraft getreten ist – wie dies *Seidel* behauptet - und sohin nicht mehr Bestandteil der Rechtsordnung ist, das Gewohnheitsrecht nicht mehr *„entgegengesetzt"* wirken kann, weil eine dem Gewohnheitsrecht widersprechende Norm nicht mehr existiert. Nicht verworfen werden können seine grundsätzlichen Überlegungen, dass das Gewohnheitsrecht im konstitutionellen Regierungssystem als Rechtsquelle ausgeschlossen werden könne, und seine Überlegungen, dass § 10 ABGB nicht auch auf das Staatsrecht Anwendung findet. Zum letzteren ergibt sich tatsächlich aus den Beratungsprotokollen zum ABGB, dass eine Trennung zwischen bürgerlichen und dem übrigen Staatsrecht gezogen wurde und man daher berechtigterweise davon auszugehen hat, dass § 10 ABGB nur für das Privatrecht und nicht auch für das öffentliche Recht Anwendung finden kann. In den Protokollen heißt es ua:

> „Der Vizepräs. bemerkt, es komme darauf an, was man nicht nur allein diesem Hauptstück, sondern diesem ganzen Werke überhaupt für einen Titel geben solle. Nun sei es bekannt, daß seit Jahrhunderten das jus civile durch ‚bürgerliches Recht', ‚bürgerliche Gesetze' verdollmetsch und darunter auch keine anderen Rechtszweige verstanden werden, als welche das bürgerliche Privatrecht betreffen. Wozu also eine neue Benennung, welche zur Verständlichkeit der alten nichts beiträgt, und selbst an dem Begriffe der Sache nichts ändert, (während die alte) ja durch die Länge des Sprachgebrauchs vollkommen adoptirt ist; zudem zeigen die verschiedenen andern Rechte, welche von der Gesetzgebung abgesondert behandelt werden, die Gränzlinien der bürgerlichen Rechte genau an, und die Bedeutung, was bürgerliche Rechte seien, sei auch dadurch außer Zweifel gesetzt."[763]

Inwieweit nun das Gewohnheitsrecht als Rechtsquelle in einer Rechtsordnung, die keine Vorschrift über das Gewohnheitsrecht als gleichrangige bzw. über- oder untergeordnete Norm zum positiven Recht kennt, möglich ist, ist auch heute noch strittig. Die Meinungen hierzu können unterschiedlicher nicht sein und bisweilen prallen zwei Welten mit hoher Kampfes- und Streitlust aufeinander. Vertreter der Reinen Rechtslehre gehen davon aus, dass das Verfassungsrecht keine Vorschrift über das Gewohnheitsrecht enthalte, daher das Rechtssystem in sich geschlossen sei und verneinen das Gewohnheitsrecht als Rechtsquelle in der Verfassung, schließen aber die Möglichkeit nicht aus, dass es Gewohnheitsrecht geben könne[764]. Auch der VfGH geht von einem geschlossenen Rechtssystem aus und verneint die Möglichkeit gewohnheitsrechtlicher Nor-

---

763 *Ofner*, Der Ur-Entwurf und die Berathungs-Protokolle des Österreichischen Allgemeinen bürgerlichen Gesetzbuches, S. 330 und 331.

764 *Walter/Mayer/Kucsko-Stadlmayer*, Grundriß des österreichischen Bundesverfassungsrechts[10], Rz 105.

men[765]. Ein Teil der Lehre weist auf die rechtlichen Verhaltensregeln hin, die nicht ihre Grundlage im positiven Recht haben. *Winkler* spricht von der Existenz eines verfassungsrechtlichen Gewohnheitsrechts und meint, dass dieses gegenüber dem gesatzten Recht akzessorisch und subsidiär sei[766]. *Adamovich/Funk/Holzinger* meinen, dass Richterrecht und Verfassungspraxis vom Gewohnheitsrecht zu unterscheiden seien, weil es diesen an der für echtes Gewohnheitsrecht derogatorischen Kraft fehle, führen aber zugleich aus, dass das gesatzte Recht die Entstehung von Gewohnheitsrecht niemals ausschließen könne[767]. Gewohnheitsrecht könne nur durch Gewohnheitsrecht ausgeschlossen werden. Es könne daher die ausschließliche Geltung des gesatzten Rechts nur durch die gewohnheitsrechtliche Norm garantiert werden, die die Geltung von Gewohnheitsrecht ausschließe. Es ist nun hier nicht Gegenstand der Untersuchung eine Theorie für das Gewohnheitsrecht als Rechtsquelle zu erstellen, es muss aber darauf hingewiesen werden, dass sich tatsächlich Verhaltensregeln in der Praxis herausgebildet haben, die sich nicht auf das gesatzte Recht zurück führen lassen können. Als Beispiel hierfür wird regelmäßig das Einstimmigkeitsprinzip im Ministerrat herangezogen. Ua wird diese Verhaltensregel auf historische Gründe zurückgeführt. *Walter* ist der Ansicht, dass die in der Monarchie herrschende Lehre in die entsprechende Bestimmung des B-VG stillschweigend aufgenommen worden sei[768]. *Mayer* meint hingegen, dass eine Begründung für die herrschende Ansicht schwierig sei[769]. Auch in der konstitutionellen Monarchie Cisleithanien war die Frage der Beschlussvoraussetzungen im Ministerrat nicht positivrechtlich normiert. Die zeitgenössische Lehre ging ebenfalls vom Einstimmigkeitsprinzip aus. Dies wurde mit der Ministerverantwortlichkeit begründet. Obzwar der Minister verfassungsrechtlich selbständig gestellt sei und sich dieser nicht einem Beschluss des Ministerrats unterwerfen müsse, könne er sich nicht darauf berufen, dass ein Regierungsakt gegen sei Votum gesetzt worden sei und er daher für diesen Akt nicht verantwortlich sei. Der Minister hätte dann nur die Wahl, sich entweder dem Beschluss zu fügen oder sein Demissionsgesuch einzureichen. Demzufolge sei daher von einem Einstimmigkeitsprinzip auszugehen[770]. Ident ist die Begründung für das Bundesverfassungsgesetz 1920. *Kelsen/Fröhlich/Merkl* führen aus, dass Beschlüsse des Ministerrates einstimmig zu fassen seien, da ein Überstimmen eines Regierungsmitgliedes mit dem Prinzip der Ministerverantwortlichkeit nicht gut vereinbar gewesen sei. Hätte die Verfassung etwas anderes beabsichti-

---

765 VfSlg 8012/1977.

766 *Winkler*, Zeit und Recht, S. 164, FN 10 und S. 281f.

767 *Adamovich/Funk/Holzinger*, Österreichisches Staatsrecht I, S. 49.

768 *Walter*, Bundesverfassungsrecht, S. 486.

769 *Mayer*, B-VG^4, Art.69, III., S 280.

770 *Seidler*, Minister, A. Rechtstellung, in: Österreichisches Staatswörterbuch. Handbuch des gesamten österreichischen öffentlichen Rechts^2, 3 Bd., S. 611 und 612.

gen wollen, hätte sie es normieren müssen[771]. Dass mit der Jahrzehnte bzw. Jahrhundert langen Übung die allseits anerkannte Voraussetzung für das Entstehen von Gewohnheitsrecht[772] erfüllt ist, braucht wohl nicht mehr erwähnt werden[773]. Die Vertreter der Reinen Rechtslehre als Vertreter eines strengen Wortpositivismus werden tatsächlich – wie es *Mayer* selbst festgehalten hat – Schwierigkeiten haben, diese verfassungsergänzende Organpraxis als ein dem Gesetz inneliegendes, historisch gebildetes Prinzip anzusehen, wenn nämlich dieses Prinzip nicht auf Grund des Wortlautes der Verfassung, sondern nur auf Grund der tatsächlich geübten Praxis ersichtlich ist und die Reine Rechtslehre streng das Sein vom Sollen trennt, nach der selbst auferlegten These, dass aus einem Sollen kein Sein und aus einem Sein kein Sollen folgt. Denn schiebt man die bisherige Übung von Höchstorganen einer verfassungsrechtlichen Bestimmung, die keine Regel für ein Einstimmigkeitsprinzip bei der Beschlussfassung normiert, unter Hinweis auf die zeitgenössische Lehre unter, dann ist die Folge dieser Ansicht, dass sehr wohl aus dem Sein ein Sollen wird.

6.5. Der örtliche Geltungsbereich eines Gesetzes

6.5.1. Neben dem zeitlichen Geltungsbereich wurde von der Lehre der räumliche Geltungsbereich unterschieden[774]. Der räumliche Geltungsbereich wurde durch § 3 des Gesetzes vom 10. Juni 1869[775] geregelt. Nach dieser Bestimmung gelten Gesetze, die mit Zustimmung des Reichsrates erlassen wurden, für sämtliche im Reichsrat vertretenen Königreiche und Länder. Das waren folgende österreichische Länder: Böhmen, Dalmatien, Galizien und Lodomerien, Krakau, Österreich unter und ob der Enns, Salzburg, Steiermark, Kärnten, Krain, Bukowina, Mähren, Ober- und Niederschlesien, Tirol, Vorarlberg, Istrien, Görz, Gradiska und Triest. Es musste im Unterschied zum kaiserlichen Patent vom 27. Dezember 1852[776], nach welchem der räumliche Geltungsbereich ausdrücklich anzugeben war, nicht mehr angezeigt werden, im welchen Gebiet das Gesetz Geltung erlangt. Sollte der räumliche Geltungsbereich sich jedoch nicht auf alle

---

771 *Kelsen/Fröhlich/Merkl*, Die Bundesverfassung vom 1. Oktober 1920, S. 166.

772 Nämlich die langdauernde Übung der Rechtsunterworfenen in Rechtsüberzeugung.

773 So auch *Winkler*, Zeit und Recht, S. 279.

774 *Gumplowicz*, Das Österreichische Staatsrecht³, S. 18; *Hauke*, Grundriß des Verfassungsrecht, S. 101; *Herrnritt*, Handbuch des österreichischen Verfassungsrechts, S. 201f; *Lustkandl*, Gesetz, in: Österreichisches Staatswörterbuch. Handbuch des gesamten österreichischen öffentlichen Rechts², 2 Bd., S. 399; *Ulbrich*, Österreichisches Staatsrecht³, S. 241.

775 RGBl 113/1869 (= *Bernatzik*, Die österreichischen Verfassungsgesetze mit Erläuterungen², Nr. 150, S. 511).

776 RGBl 260/1852 (= *Bernatzik*, Die österreichischen Verfassungsgesetze mit Erläuterungen², Nr. 152, S. 518)

österreichischen Länder beziehen, muss dies im Text der Kundmachung angeführt werden.

6.6. Kundmachungsfehler

6.6.1. Es ist ein allgemein bekannter und ein sich immer wieder bestätigender Grundsatz, dass dort, wo gehobelt wird, auch Späne fallen. Umso weniger verwunderlich ist es daher, dass im Rahmen der Kundmachung von Seiten der verantwortlichen Organe Fehler gesetzt worden sind und die zeitgenössische Lehre diesbezüglich zwischen Publikationsfehler und Redaktionsfehler unterschied. *Lukas* definiert den Publikationsfehler als einen Fehler der Gesetzgebung, welcher *„in dem auf die Ausfertigung der Original-Gesetzesurkunde folgenden Stadium der Gesetzespublikation"* gesetzt wird und den Redaktionsfehler als einen Fehler, welcher *„mit dem Akte der Gesetzesausfertigung abschließenden Stadium der Redaktion des Original-Gesetzestextes"* zusammen fällt[777]. Als einen Redaktionsfehler sieht er daher an, wenn der vom Parlament angenommene Text des Parlaments nicht mit dem vom Monarchen sanktionierten Text übereinstimmt. Ein Redaktionsfehler liege nach Ansicht von *Lukas* auch dann vor, wenn etwas als Gesetz publiziert werde, ohne dass ein Parlamentsbeschluss vorliege. Hierbei übersieht nun aber *Lukas*, dass der Gesetzesbeschluss des Monarchen eine unbedingte Voraussetzung für das Zustande kommen eines Gesetzes ist und mit der Publikation eines Gesetzestextes, dem weder ein parlamentarischer Beschluss noch eine Sanktion des Monarchen zugrunde liegt, kein Gesetz geschaffen wird, sondern ein rechtliches Nichts. Als keinen Redaktionsfehler – und dies zu Recht – sieht *Lukas* Sinnwidrigkeiten innerhalb des vom Parlament beschlossenen und vom Monarchen sanktionierten Gesetzestextes[778]. Als Trennpunkt zwischen den beiden Fehlern wurde der Moment der Gesetzesausfertigung gesetzt, der auch für die Ministerverantwortlichkeit eine Rolle spielt. Man ging davon aus, dass für Redaktionsfehler derjenige Minister verantwortlich ist, der die Gesetzesurkunde gegenzeichnet, und für Publikationsfehler der Minister, der für die Redaktion des Gesetzesblattes genannt ist[779]. Auch in der heutigen Lehre wird zwischen Kundmachungsfehler und Redaktionsfehler unterschieden, wobei sich die Unterscheidungskriterien einander decken. So sind Kundmachungsfehler all jene Mängel, die bei der Verlautbarung des Gesetzestextes ent-

777 *Lukas*, Über die Gesetzespublikation in Österreich und dem Deutschen Reiche, S. 233.
778 So aber *Sontag*, Die Redaktionsversehen des Gesetzgebers, S. 9, 14ff.
779 *Lukas*, Über die Gesetzespublikation in Österreich und dem Deutschen Reiche, S. 234; *Zolger*, Österreichisches Verordnungsrecht, S. 289.

stehen und Redaktionsfehler, die bei der Erstellung des Gesetzestextes entstehen[780].

6.6.2. Die Berichtigung von Druckfehlern und sonstigen Verstößen, die bei der Einschaltung des authentischen Textes von Gesetzen, Verordnungen und sonstigen Bekanntmachungen unterlaufen sind, wurde erst mit der Kundmachung[781] des Ministers des Inneren vom 23. September 1907[782] geregelt. Die Berichtigung dieser ist vom Minister des Inneren mit dem jeweiligen Vollzugsminister im RGBl kundzumachen. Verstöße, die sich auf die „*innere Einrichtung des Blattes*" beziehen[783], sind vom Minister des Inneren allein kundzumachen. Nachträgliche Vervielfältigung des bereits kundgemachten Stückes sind als solche zu bezeichnen, allfällige Berichtigungen sind im Text aufzunehmen und es ist durch Fußnote auf die Berichtigung hinzuweisen. Inwieweit mit dieser Verordnung die Ermächtigung erteilt worden ist, dass auch Abänderungen, die den materiellen Gesetzestext erfassen, zulässig sind, ist gleich wie nach der heutigen Rechtslage unklar. So hält beispielsweise *Bernatzik* den Begriff „*sonstige Verstöße*" für recht unbestimmt und er stellt sich hier die Frage, ob denn auch Redaktionsfehler darunterfallen könnten[784]. Tatsächlich stellt sich nach dieser Art der Formulierung die Frage nach der Reichweite der Ermächtigung zur Berichtigung von Druckfehlern. Können auch die Druckfehler, die den materiellen Gesetzesinhalt berühren, berichtigt werden oder nur jene, die den materiellen Gesetzesinhalt nicht abändern, wie beispielsweise unrichtig gesetzte Buchstaben, Zeilen, fehlerhafte Wiedergabe von Namen usw. Geht man aber vom Moment der Gesetzesausfertigung für die Unterscheidung von Publikationsfehler und Redaktionsfehler aus, dann kann von der Berichtigungsermächtigung der Redaktionsfehler nicht erfasst sein. Die gegenständliche Verordnung spricht nämlich konkret von der Berichtigung von Fehlern, die bei der Einschaltung des authentischen Textes und nicht bei der Erstellung des Gesetzestextes entstehen. So unklar der Wortlaut der Ermächtigung ist, stand jedoch für die Lehre fest, dass

---

780 *Thienel*, Art. 48, 49 B-VG, Rz 75, in: Kommentar zum B-VG, Band II, 1. Halbband: Art. 1-59b.

781 Nach *Bernatzik* ist die Bezeichnung „*Kundmachung*" verfassungsrechtlich verfehlt. Er ist der Ansicht, dass eine Verordnung vorliegt. *Bernatzik*, Die österreichischen Verfassungsgesetze mit Erläuterungen², S. 534 FN 1.

782 RGBl 225/1907 (= *Bernatzik*, Die österreichischen Verfassungsgesetze mit Erläuterungen², Nr. 155a, S. 525).

783 Die Verstöße betreffen ua die Nummerierung der Kundmachung und Stücke des RGBl, Paginierung desselben, Angabe des Ausgabe- und Versendungstages.

784 *Bernatzik*, Die österreichischen Verfassungsgesetze mit Erläuterungen², Nr. 133, S.524.

die Berichtigung von Publikationsfehlern, die auch eine Änderung des geltenden Rechts darstellten, zulässig war[785].

Unter Berücksichtigung der einleitenden Worte ist es nun nicht verwunderlich, dass damals wie heute den Organen eine Vielzahl an Publikationsfehler unterlaufen ist. *Lukas* meint:

> „Bekanntlich sind Berichtigungen von Publikationsfehlern eine sehr häufige Erscheinung. Fast jeder Jahrgang eines Gesetzesblattes weist eine größere oder kleinere Zahl auf." [786]

6.6.3. Aus dieser Vielzahl hat *Bernatzik* zwei Kundmachungsfehler herausgenommen, wo der Tag der Herausgabe nicht mit dem Tag der Versendung entgegen der Bestimmung § 6 des Reichsgesetzblattgesetzes zusammen trafen[787]. Der eine Fall betraf das Gemeindegesetz vom 24. April 1859, von dem ein Teil des Exemplars als am 27. April 1859, der andere als am 4. Mai 1859 als ausgegeben bezeichnet wurde[788]. Der andere Fall betraf das Hopfenprovenienzgesetz vom 17. März 1907[789]. Dieses wurde am 29. März 1907 herausgegeben, mit einigen textlichen Unrichtigkeiten. Darauf hin wurde das Gesetz am 14. April 1907 neuerlich, diesmal mit dem richtigen Text, publiziert. Diese neuerliche Publikation ist im RGBl insofern ersichtlich, als in diesem folgende Aufforderung enthalten ist: *„Es wird ersucht, das am 29. März 1907 zur Ausgabe gelangte XLII. Stück des Reichsgesetzblattes zu vernichten und an dessen Stelle die mitfolgende Neuauflage zu setzen"*. Der Publikationsvermerk bezeichnet als Ausgabe- und Versendetag den 29. März 1907. Die Kundmachung des Innenministers vom 13. April 1907 hielt in weiterer Folge fest: *„Da das Gesetz vom 17. März 1907 im*

---

785 *Lukas*, Über die Gesetzespublikation in Österreich und dem Deutschen Reiche, S. 238. Diese Rechtsansicht wird nun herangezogen, um als Versteinerungsmaterial für die Argumentation zu dienen, dass auch Berichtigungen von Kundmachungsfehlern, die den materiellen Inhalt eines Gesetzes abändern, zulässig sind. Dies deshalb, da nach Rechtsprechung des VfGH eine Druckfehlerberichtigung nur insoweit erlaubt ist, als die Druckfehler, den materiellen Gesetzesinhalt unberührt lassen. Vgl. *Thienel*, Art. 48, 49 B-VG, Rz 79, in: Kommentar zum B-VG, Band II, 1. Halbband: Art. 1-59b.

786 *Lukas*, Über die Gesetzespublikation in Österreich und dem Deutschen Reiche, S. 236.

787 Für *Spiegel* liegt keine gehörige Kundmachung vor, wenn der Herausgabe- und Versendetag nicht übereinstimmen. Nicht ist aber die gehörige Kundmachung beeinträchtigt, wenn entgegen der Bestimmung des § 6 leg.cit. nicht der Herausgabe- und Versendetag angeben wird, da auch in diesem Fall das RGBl herausgegeben und versendet wurde. Wann dies tatsächlich der Fall war, muss nach *Spiegel* der Normunterworfene selbst feststellen. *Spiegel*, Die kaiserlichen Verordnungen mit provisorischer Gesetzeskraft, S. 61.

788 *Bernatzik*, Die österreichischen Verfassungsgesetze mit Erläuterungen[2], S.514

789 RGBl 93/1907.

XLII. Stück des Reichsgesetzblattes unter der Nr. 93 zunächst in unrichtiger Fassung und darauf unter Richtigstellung derselben in einer den Vorschriften des Gesetzes vom 10. Juni 1869, RGBl. Nr. 113, nicht entsprechenden Weise publiziert wurde, erfolgt hiemit die verbindene Kundmachung des Gesetzes vom 17. März 1907, betreffend die Bezeichnung der örtlichen Herkunft des Hopfens, unter Nr. 102 des Reichsgesetzblattes"[790]. Der Publikationsvermerk für das RGBl Nr. 102 datiert den Ausgabe- und Versendetag mit 14. April 1907. Der Weg der Berichtigung von Druckfehlern wurde daraufhin mit der oben schon dargestellten Verordnung des Innenministers vom 23. September 1907 geregelt, die eben ua vorsah, dass jede Berichtigung im RGBl kundzumachen ist. Davor erfolgten Berichtigungen formlos[791]. Entweder wie hier am zuletzt gezeigten Beispiel durch Neudruck und Einfügung an Stelle des fehlerhaft kundgemachten Gesetzestextes oder indem am Schluss des Jahres die Berichtigungen dem Inhaltsverzeichnis beigegeben hat[792].

---

790 RGBl 101/1907.

791 *Bernatzik*, Die österreichischen Verfassungsgesetze mit Erläuterungen[2], Nr. 133, S. 524; *Lukas*, Über die Gesetzespublikation in Österreich und dem Deutschen Reiche, S. 236; *Spiegel*, Die kaiserlichen Verordnungen mit provisorischer Gesetzeskraft, S. 60.

792 Vgl. hierzu *Lukas*, Über die Gesetzespublikation in Österreich und dem Deutschen Reiche, S. 241.

C. Das Notverordnungsrecht des Monarchen

1. Allgemeines

1.1. Die Bedeutung des monarchischen Notverordnungsrechtes als *„ein außerordentliches Gesetzgebungsrecht“* steht in einem Zusammenhang mit zwei parlamentarischen Krisen. Die erste *„Hochblüte“* des Notverordnungsrechtes datiert *Hasiba* während der parlamentarischen Krise von 1897 bis 1904[793]. Durch die Obstruktion des Parlaments wurde dasselbe nahezu lahm gelegt. Drastische Worte hierfür fand *Winter*:

> „Das österreichische Parlament steht deshalb vor dem Zusammenbruch. Weder eine nationale Verständigung, noch eine Aenderung des Wahlrechtes hat es den Muth zu versuchen. Deshalb lebt das Parlament in dem Sumpfe fort, in den es gerathen ist, bald von den Fieberstürmen der Obstruction geschüttelt, bald in theilnahmslose Ruhe versunken.“[794]

Die zweite *„Hochblüte“* wird mit dem Zeitraum 1914 - 1917 bestimmt, wo das Notverordnungsrecht als Regierungsinstrument vor dem und im Ersten Weltkrieg eingesetzt worden ist[795]. Nicht Gegenstand der vorliegenden Untersuchung ist es, wann und wie oft der Monarch von seinem Notverordnungsrecht Gebrauch gemacht hat. Diesbezüglich kann auf die hervorragende Arbeit von *Hasiba „Das Notverordnungsrecht in Österreich (1848-1917)“* verwiesen werden. Hier soll dargestellt werden, mit welchen rechtstheoretischen Fragen sich die Lehre in Bezug auf das Notverordnungsrecht beschäftigte. Es wurden zB unterschiedliche Auffassungen zu den beiden Voraussetzungen *„dringende Notwendigkeit“* und *„nicht versammelt sein“*, zur Frage der Rechtsnatur der

---

793 *Hasiba*, Das Notverordnungsrecht in Österreich (1848-1917), S. 96ff; derselbe, Das Kriegswirtschaftliche Ermächtigungsgesetz (KWEG) von 1917, in: Aus Österreichs Rechtsleben in Geschichte und Gegenwart. Festschrift für Ernst C. Hellbling zum 80. Geburtstag, S. 546. *Spiegel* spricht vom Notverordnungsrecht als *„Begleit- und Komplementärerscheinung der Obstruction“*. *Spiegel*, Notverordnungen, in: Österreichisches Staatswörterbuch. Handbuch des gesamten österreichischen öffentlichen Rechts², 3 Bd., S. 727.

794 *Winter*, Das österreichische Parlament, S. 18. Vgl. auch *Tezner*, Konventionalregeln und Systemzwang, in: Zeitschrift für das Privat- und Öffentliche Recht, Bd. 42, 1916, S. 608: *„ So haben wir in Österreich die Notverordnung infolge des Niederganges des Parlamentarismus als Form der Subsidiargesetzgebung für den Fall seines Versagens entstehen sehen.“*

795 *Hasiba*, Das Notverordnungsrecht in Österreich (1848-1917), S. 150ff; derselbe, Das Kriegswirtschaftliche Ermächtigungsgesetz (KWEG) von 1917, in: Aus Österreichs Rechtsleben in Geschichte und Gegenwart. Festschrift für Ernst C. Hellbling zum 80. Geburtstag, S.546.

Notverordnung und daran anschließend zum richterlichen Prüfungsrecht und zu Fragen des Rechtfertigungsverfahrens vertreten. Voran gestellt seien einige Ausführungen allgemeiner Natur wie zur Begrifflichkeit, zur Abgrenzung Reichs- und Landesebene sowie zur Unterscheidung zwischen Ausnahmeverordnung und Kriegswirtschaftlichen Ermächtigungsgesetz.

1.2. Um keine kaiserliche Notverordnung handelt es sich bei einer Ausnahmeverfügung nach dem Gesetz vom 5. Mai 1869[796] und bei einer Verordnungen nach der kaiserlichen Verordnung vom 10. Oktober 1914[797] bzw. nach dem Kriegswirtschaftlichen Ermächtigungsgesetz aus dem Jahr 1917[798]. Im Rahmen der Ausnahmeverfügung kann nämlich das Gesamtministerium nach Genehmigung durch den Kaiser unter bestimmten Voraussetzungen die Art. 8, 9, 10, 12 und 13 StGG über die allgemeinen Rechte der Staatsbürger ganz oder teilweise suspendieren. Mit der Verordnung vom 10. Oktober 1914 bzw. mit dem Kriegswirtschaftlichen Ermächtigungsgesetz ist die Regierung ermächtigt unter bestimmten Voraussetzungen Verfügungen zur Förderung des wirtschaftlichen Lebens zu treffen.

1.3. Das StGG über die Reichsvertretung spricht im Zusammenhang mit dem außerordentlichen Gesetzgebungsrecht des Monarchen von einer kaiserlichen Verordnung bzw. von einer Verordnung mit provisorischer Gesetzeskraft. In der Literatur wurden indes Ausdrücke wie *„provisorisches Gesetz"*, *„Notgesetz"*, *„einstweiliges, außerordentliches, oktroyiertes Gesetz"*, *„Rechtsakte mit provisorischer Gesetzeskraft"*, *„Notverordnung"* oder aber auch *„Notstandsverordnung"* verwendet. Wie *Spiegel* jedoch richtig festhält, entspricht die Bezeichnung *„kaiserliche Verordnung mit provisorischer Gesetzeskraft"* am ehesten der verfassungsrechtlichen Textierung[799].

1.4. Die Frage, ob das außerordentliche Gesetzgebungsrecht des Monarchen auch auf Landesebene zur Anwendung kommen kann, nahm in der Literatur einen mehr oder weniger breiten Raum ein. *Spiegel* bejaht dies in Anwendung eines Analogieschlusses zunächst[800]. Er meint hierzu, dass die Notwendigkeit für ein Landesnotverordnungsrechts bestehe und fordert auf Grund dessen, dass

796 RGBl 66/1869 (= *Bernatzik*, Die österreichischen Verfassungsgesetze mit Erläuterungen², Nr. 149, S. 503).

797 RGBl 274/1917.

798 RGBl 307/1917.

799 *Hauke*, Grundriß des Verfassungsrechts, S. 105; *Herrnritt*, Handbuch des österreichischen Verfassungsrechtes, S. 215; *Spiegel*, Notverordnungen, in: Österreichisches Staatswörterbuch. Handbuch des gesamten österreichischen öffentlichen Rechts², 3 Bd., S. 719 mwN; *Ulbrich*, Österreichisches Staatsrecht³, S 244.

800 *Spiegel*, Die kaiserlichen Verordnungen mit provisorischer Gesetzeskraft, S. 19f.

auch auf dem Gebiet der Landesgesetzgebung der Regierung das Instrument des Notverordnungsrechts zur Verwendung gestellt werden müsse. Diese Ansicht wird Jahre später von *Spiegel* aufgegeben. Er führt in seinem Artikel „*Notverordnungen*" im Österreichischen Staatswörterbuch nämlich konkret aus, dass zwar auch im Bereich der Landesgesetzgebung Notstände auftreten, diese aber mit anderen Mitteln als mit einem Notverordnungsrecht behandelt werden können[801]. Auch für *Ulbrich* ist es fraglich, ob im Bereich der Landesgesetzgebung „*Notgesetze*" erlassen werden können[802]. Er vertritt die Meinung, dass in diesem Bereich dringende Anordnungen notwendig sein könnten, wenn der Landtag nicht versammelt sei und begründet das Notverordnungsrecht auf Landesebene mit der „*Macht des Herrschers zur Wahrung von Staatsinteressen durch außerordentliche Anordnungen*"[803]. *Ulbrich* konstatiert zugleich, dass die auf Reichsebene eingeführten Grenzen auf Landesebene nicht bestehen, hält aber die Abänderung von Landesgrundgesetzen dennoch nicht für möglich, weil die „Notgesetze" nur einfache Gesetze seien, ohne qualifizierte Gesetze abändern zu können. *Tezner* spricht sich hingegen gegen die analoge Anwendung des Notverordnungsrechtes auf dem Gebiet der Landesgesetzgebung aus, da es keine Analogie contra legem gebe[804]. Contra legem würde deshalb die Analogie erfolgen, weil verfassungsrechtlich vorgesehen sei, dass es zu jedem Landesgesetz die Zustimmung des Landestages und die Sanktion des Kaisers bedürfe, zudem, weil es unzulässig wäre, die in der Verfassung bestimmten Machverhältnisse, die durch mühsame Verhandlung festgelegt wurden, durch die Analogie abzuändern. Einen Mitstreiter findet *Tezner* in *Hauke*, der auch gegen eine analoge Anwendung infolge fehlender Voraussetzungen ist[805].

Der Meinung von *Tezner* und *Hauke* kann zugestimmt werden. Eine analoge Anwendung des Notverordnungsrechts muss allein schon deshalb ausgeschlossen werden, weil keine planwidrige Lücke als Voraussetzung eines Analogieschlusses vorliegt. Der Verfassungsgesetzgeber hat ausdrücklich nur für den Bereich der Reichsgesetzgebung ein Notverordnungsrecht vorgesehen. Hätte er auch für den Bereich der Landesgesetzgebung ein Notverordnungsrecht einrichten wollen, hätte er dies - wie in der Märzverfassung 1849 - ausdrücklich normiert bzw. normieren müssen. In der Märzverfassung 1849 hieß es im Art. 87:

---

801 *Spiegel*, Notverordnungen, in: Österreichisches Staatswörterbuch. Handbuch des gesamten österreichischen öffentlichen Rechts², 3 Bd., S. 718.

802 Ebenso strittig beurteilte *Zolger* diese Frage, ohne nähere Ausführungen. *Zolger*, Österreichische Verordnungsrecht, S. 388.

803 *Ulbrich*, Österreichisches Staatsrecht³, S 246.

804 *Tezner*, Buchbesprechung zu *Spiegel*, Die kaiserlichen Verordnungen mit provisorischer Gesetzeskraft, in. Jurist. Vierteljahresschrift, 1894, S. 172 und 173.

805 *Hauke*, Grundriß des Verfassungsrechts, S. 107 und 108.

> „Wenn der Reichstag oder der Landtag nicht versammelt ist, und dringende, in den Gesetzen nicht vorgesehenen Maßregeln mit Gefahr auf dem Verzuge für das Reich oder für ein Kronland erforderlich sind; so ist der Kaiser berechtigt, die nötigen Verfügungen unter Verantwortlichkeit des Ministeriums, mit provisorischer Gesetzeskraft zu treffen, jedoch mit der Verpflichtung, darüber dem Reichs- oder beziehungsweise Landtage die Gründe und Erfolge darzulegen".[806]

Eine solche Regelung hat nun aber der Verfassungsgesetzgeber 1867 nicht normiert und somit klar zum Ausdruck gebracht, dass kein Notverordnungsrecht für den Bereich der Landesgesetzgebung gewollt ist. Die Frage, ob auch Fälle der dringenden Notwendigkeit für eine Notverordnung auf Landesebene entstehen können, ist eine rechtspolitische Frage, die man stellen darf. Der mögliche Bedarf einer solchen Regelung kann aber nicht dazu führen, ein Notverordnungsrecht auf Landesebene gegen den Wortlaut der Verfassung – wie schon *Tezner* dies ausführt - und gegen der eindeutigen Absicht des Verfassungsgebers zu konstruieren.

2. Voraussetzungen für die Anwendung des Notverordnungsrechts

2.1. Voraussetzung für die Erlassung einer Notverordnung ist die dringende Notwendigkeit einer Maßnahme, für die die Zustimmung des RR notwendig ist, zu einer Zeit, wo dieser nicht versammelt ist. *Spiegel* spricht in diesem Zusammenhang davon, dass das Nichtversammeltsein des RR die *„causa remota"* des Notverordnungsrechts ist, und die dringliche Notwendigkeit die *„causa proxima"*[807]. Diese Unterscheidung diente *Spiegel* nach seinen eigenen Worten in erster Linie dazu um einen Übergang von einem Kapitel zum nächsten zu schaffen, was in der folgenden Literatur jedoch Kontroversen ausgelöst hat[808]. Ebenso umstritten und von größerer Bedeutung war die Frage, wann eine dringliche Notwendigkeit vorliegt und ob sich diese nach objektiven oder subjektiven Kriterien bestimmen lässt. Mehrheitlich wurde die Ansicht vertreten, dass sich die Frage der Dringlichkeit unterschiedlich beantworten lasse und daher die Bestimmung der dringlichen Notwendigkeit subjektiver Natur sei. Für *Spiegel* ist die Frage nach der Dringlichkeit einer Maßnahme eine Ermessensfrage, über welche verschiedene Personen unterschiedlicher Meinung sein können[809]. Er lobt

---

806 RGBl 150/1849 (= *Bernatzik*, Die österreichischen Verfassungsgesetze mit Erläuterungen^2, Nr. 40a, S. 150).

807 *Spiegel*, Die kaiserlichen Verordnungen mit provisorischer Gesetzeskraft, S. 32.

808 *Spiegel*, Notverordnungen, in: Österreichisches Staatswörterbuch. Handbuch des gesamten österreichischen öffentlichen Rechts^2, 3 Bd., S. 720.; *Hasiba*, Das Notverordnungsrecht in Österreich (1848-1917), S. 91 mwN.

809 *Spiegel*, Die kaiserlichen Verordnungen mit provisorischer Gesetzeskraft, S. 34ff; *Spiegel*, Notverordnungen, in: Österreichisches Staatswörterbuch. Handbuch des gesamten österreichischen öffentlichen Rechts^2, 3 Bd., S. 720.

die verfassungsrechtliche Bestimmung, da sich diese weder in eine nutzlose Kasuistik verliere noch auf einzelne Merkmale abstelle. Auch *Merkl* ist der Ansicht, dass es über die Dringlichkeit verschiedene – verschiedene richtige – Meinungen geben könne. Die Neutralität des Begriffes Notwendigkeit liege in der subjektiven Natur begründet. Es gebe nur eine subjektive-relativ und keine objektive-absolute Notwendigkeit[810]. Gegenteiliger Meinung ist *Hauke*, er geht davon aus, dass die Frage der dringlichen Notwendigkeit im Rahmen der Prüfung durch das Parlament sich *„als Akt der Rechtsprechung"* der parteipolitischen Beurteilung entziehe. Sie unterliege nicht der subjektiven Ermessensentscheidung der Regierung, sondern müsse nach objektiven Kriterien bestimmt werden. Die dringende Notwendigkeit sei jedenfalls von der bloßen Nützlichkeit zu unterscheiden[811], im Rechtfertigungsverfahren sei zudem die Zweckmäßigkeit der kaiserlichen Verordnung zu prüfen[812]. Gleicher Ansicht wie *Hauke* ist *Tezner*[813]. Auch er geht davon aus, dass die Voraussetzung der dringenden Notwendigkeit objektiver Tatbestand des Notverordnungsrechts ist und bestreitet, dass die Überprüfung dieser Voraussetzung ausgeschlossen sei und dass sich die Untersuchung der gegenständlichen Frage bloß auf die subjektive Überzeugung des Handelnden beschränke. *Gumplowicz* versucht den Begriff der dringenden Notwendigkeit inhaltlich zu bestimmen. Für ihn würde eine solche Notwendigkeit dann vorliegen, wenn Elementarereignisse große Schäden verursacht haben und sich die Notwendigkeit ergebe, eine staatliche Hilfeleistung und Unterstützung für die Not leidende Bevölkerung einzuführen[814]. Diese Formulierung erinnert an das Notverordnungsrecht des Bundespräsidenten nach Art. 18 Abs. 3 B-VG, der von einer Abwehr eines offenkundigen, nicht wieder gut zu machenden Schadens für die Allgemeinheit spricht und zu der die Lehre meint, dass die Frage, wann ein Schaden für die Allgemeinheit eintreten werde, einer subjektiven Beurteilung unterliege[815].

2.2. In gegenständlicher Angelegenheit kann man durchaus die Auffassung vertreten, dass der Verordnungsgeber die Frage der Dringlichkeit nach subjektiver Beurteilung bestimmt. Die Subjektivität ist aber durch die äußersten Grenzen der Anwendbarkeit einer Notverordnung – nämlich die restriktive Anwendung des Notverordnungsrechts einerseits und die Abwehr eines schweren Schadens

---

810 *Merkl*, Theoretisches zur Praxis der § 14-Notverordnungen, JBl. 1916, S. 160. Geteilt wird diese Ansicht von *Zolger*, Österreichisches Verordnungsrecht, S. 390;

811 So auch *Ulbrich*, Österreichisches Staatsrecht[3], S. 245.

812 *Hauke*, Grundriß des Verfassungsrechts, S. 196f.

813 *Tezner*, Buchbesprechung zu *Spiegel*, Die kaiserlichen Verordnungen mit provisorischer Gesetzeskraft, in. Jurist. Vierteljahresschrift, 1894, S. 176.

814 *Gumplowicz*, Das Österreichische Staatsrecht[3], S. 17, FN 21.

815 Vgl. *Raschauer*, Art. 18 Abs. 3 – 5, Rz 4, in: Kommentar zum B-VG, Band II, 1. Halbband: Art. 1-59b; *Berchtold*, Der Bundespräsident, S. 257.

für das Gemeinwohl andererseits – eingeschränkt. Subjektiv bleibt die Beurteilung, weil die Frage, wann ein Schaden für das Gemeinwohl schwer ist, bzw. ob ein Schaden für das Gemeinwohl eintreten wird und sohin wann eine dringende Notwendigkeit besteht, solange unterschiedlich richtig – wie dies *Merkl* treffend formuliert hat – beantwortet werden kann, bis der Gesetzgeber die Voraussetzungen der Dringlichkeit konkret normiert, auf die Gefahr hin, dass ein Notfall, der nicht im Gesetz aufscheint, nicht als Fall des Notverordnungsrechts aufgefasst werden und daher das allenfalls staatsstabilisierende Instrument Notverordnung nicht greifen kann. Die Subjektivität der Entscheidung hat sohin ihre Ursache im unbestimmten Begriff *„dringende Notwendigkeit“*, der von seinem Begriffsinhalt naturgemäß sehr allgemein gehalten ist. Gleich wie bei unbestimmten Gesetzesbegriffen die Rechtsmittelbehörde zu einem anderen Ergebnis kommen kann als die erstinstanzlichen Behörde, kann auch hier der Verordnungsgeber zu einem unterschiedlichen Ergebnis kommen als das Parlament im Rechtfertigungsverfahren. Zudem hat schon *Berchtold* darauf hingewiesen, dass die Beurteilung, ob ein Schaden für das Gemeinwohl eintreten werde, überhaupt einer objektiven Beurteilung entzogen sei, weil niemand in die Zukunft sehen kann[816].

2.3. In der Literatur wurde aber nicht nur die Frage der Bestimmung der dringenden Notwendigkeit umfassend erörtert, sondern auch, ob diese überraschend auftreten muss oder ob auch eine Notverordnung erlassen werden darf, wenn die dringende Notwendigkeit vorhersehbar ist wie zB bei Finanzgesetzen. *Tezner* meint hierzu in seinem Artikel *„Die österreichische Nothverordnung und die nach gleichen Grundsätzen zu behandelnden Angelegenheiten“*[817], dass die dringende Notwendigkeit überraschend auftreten müsse. Dies eben zu einer Zeit, in der der RR nicht versammelt sei bzw. nicht rechtzeitig versammelt werden könne. Sei aber diese dringende Notwendigkeit vorhersehbar, dann sei es Aufgabe der Regierung, für eine rechtzeitige Gesetzesvorlage an den RR Sorge zu tragen, der selbst wiederum entsprechend rasch über die Angelegenheit zu beraten habe. *Tezner* steht auch nicht an anzumerken, dass der Erlass der Notverordnung nicht mit der Überwindung von parlamentarischen Krisen gerechtfertigt werden könne. Neben der Überbrückung des durch die Obstruktion lahm gelegten Parlaments dürfe die Regierung desgleichen ein von ihr gewolltes Gesetzes, von dem zu erwarten sei, dass das Parlament nicht die Zustimmung erteilen werde bzw. das vom Parlament abgelehnt worden sei, nicht über den Weg der Notverordnung erlassen. In die gleiche Richtung wie *Tezner* argumen-

816 *Berchtold*, Der Bundespräsident, S. 236.

817 *Tezner*, Die österreichische Nothverordnung und die nach gleichen Grundsätzen zu behandelnden Angelegenheiten, JBl. 1897, S. 361ff.

tiert *Herrnritt*[818]. Er meint, dass sich die dringende Notwendigkeit heraus stellen muss, in der Zeit, in der der RR nicht versammelt sei. Es sei daher die Anwendung des Notverordnungsrechts mit regelmäßig wiederkehrenden Bedürfnissen des Staates wie beispielsweise dem jährlichen Staatsvoranschlag oder der Rekrutenbewilligung schwer zu vereinbaren. Anderer Ansicht ist jedoch *Spiegel*[819]. Er geht davon aus, dass die Vorhersehbarkeit eines Notstands nichts mit der Frage der Dringlichkeit zu tun habe. So wisse man, dass mit dem 1. Januar eines jeden Jahres ein Finanzgesetz notwendig sei, dringend notwendig werde die Erlassung eines Finanzgesetzes jedoch erst in den letzten Tagen des Dezembers. Man dürfe nach *Spiegel* das Wort „*herausstellen*" nicht zu sehr beanspruchen, da im gegenteiligen Fall die „*wertvolle Beschränkung des Nothverordnungsrechtes auf die Zeit der Parlamentsferien verloren*" gehen würde. Es komme daher nicht auf den Zeitpunkt an, in dem man gewusst habe, dass eine Regelung notwendig werde, sondern darauf, wann die Dringlichkeit gegeben sei. Sie könne vorhersehbar sein, ausschlaggebend sei aber, dass sie zum Entscheidungszeitpunkt unaufschiebbar sei. Für nicht verfassungswidrig hält *Spiegel* es, wenn die Regierung selbst die Voraussetzungen für die Erlassung einer Notverordnung schaffe. Der parlamentarische Schutz liege im anschließenden Rechtfertigungsverfahren[820].

2.4. Der Ansicht von *Spiegel* kann im gesamten nicht beigetreten werden. Zunächst ist anzumerken, dass der Bericht des Verfassungsausschusses zum Gesetzesentwurf betreffend Abänderung des § 13 des Grundgesetzes über die Reichsvertretung ausdrücklich festhält, dass ein gültiges Gesetz nur dann vorliege, wenn die Zustimmung des RR erteilt und der Gesetzesbeschluss vom Kaiser sanktioniert worden sei[821]. Neben dieser ordentlichen Gesetzgebung müsse aber die Regierung die Möglichkeit haben, auf einen staatlichen Notstand zu reagieren. Dies müsse aber die Ausnahme neben dem ordentlichen Gesetzgebungsrecht sein. Deshalb erhalte eine kaiserliche Verordnung nur eine provisorische Gesetzeskraft, bis zur Entscheidung durch den RR. Damit zeigt sich, dass das Notverordnungsrecht nicht ein Instrumentarium des Kaisers sein kann, um missliebige Entscheidungen des Parlaments zu umgehen, sondern ausschließlich ein Notbehelf zur Wahrung der staatlichen Ordnung und zur Sicherung des Gemeinwohls. Das heißt aber nun auch, dass der Kaiser nicht die Möglichkeit hatte, ein Parlament zu vertagen oder aufzulösen, um ein von ihm gewolltes Ge-

---

818 *Herrnritt*, Handbuch des österreichischen Verfassungsrechts, S. 217

819 *Spiegel*, Die kaiserlichen Verordnungen mit provisorischer Gesetzeskraft, S. 42f; *Spiegel*, Notverordnungen, in: Österreichisches Staatswörterbuch. Handbuch des gesamten österreichischen öffentlichen Rechts[2], 3 Bd., S. 721.

820 Gleicher Ansicht ist *Zolger*, Österreichisches Verordnungsrecht, S. 390.

821 StPAH, 14. Sitzung der 1. Session am 27. Juni 1867, S. 252

setz über den Weg des Notverordnungsrechtes zu erlassen. Diesfalls würde der Kaiser das Rechtsinstitut des Notverordnungsrechts missbräuchlich und verfassungswidrig verwenden. Dass dies dann in der Praxis auch tatsächlich der Fall war, hat schon *Hasiba* aufgezeigt und er spricht von einer „*latenten Neigung zum Missbrauch*“[822]. Des Weiteren kann der Verfasser auch den Ausführungen von *Spiegel* hinsichtlich der Vorhersehbarkeit der dringenden Notwendigkeit nicht folgen. Sieht man das kaiserliche Verordnungsrecht nach § 14 StGG über die Reichsvertretung als Notbehelf an, dann muss man auch wie *Tezner* und *Herrnritt* zur Auffassung gelangen, dass, wenn die dringliche Notwendigkeit wie zB beim Finanzgesetz oder beim Rekrutengesetz vorhersehbar ist, der Gesetzgeber aufgefordert ist, eine entsprechende Regelung rasch zu treffen. Eine gegenteilige Ansicht würde der Absicht des Verfassungsgesetzgebers, Ausnahmen zum ordentlichen Gesetzgebungsverfahren streng auszulegen und nicht weit auszudehnen, widersprechen. Gleicher Ansicht ist *Hauke*, wenn er meint, dass das Abwarten der Regierung auf die Einstellung der parlamentarischen Tätigkeit, um bloß den Weg für die Erlassung einer Notverordnung zu schaffen, dem Wesen der Verfassung widersprechen würde[823]. Es zeigt sich in dieser richtigen Argumentation, dass all jene Handlungen der Regierung, die darauf abzielen, den ordentlichen Gesetzgebungsweg zu umgehen und durch das Rechtsinstitut des Notverordnungsrechtes nicht konstitutionell, sondern nahezu absolutistisch zu regieren, verfassungswidrig sind.

2.5. Eine weitere Voraussetzung ist, dass das Notverordnungsrecht zu einer Zeit erlassen wird, in welcher der Reichsrat nicht versammelt ist. Nach der Lehre ist dies dann der Fall, wenn der RR aufgelöst wurde, wenn dessen Wahlperiode abgelaufen ist, wenn die Session des RR geschlossen wurde oder wenn der RR vertagt wurde[824]. Kritisiert wird diese enge Auslegung von *Tezner* und *Kafka*. *Tezner* meint, dass der RR auch dann nicht versammelt ist, wenn sich die Mitglieder aus bestimmten Gründen nicht versammeln können oder wollen[825]. So könne es sein, dass der RR auf Grund von Elementarereignissen oder infolge eines Krieges nicht zusammen treten könne oder durch Niederlegung der Mandate einer großen Partei das Zusammentreten in beschlussfähiger Zahl verhindert werden könne. Auch *Kafka* ist dieser Ansicht und meint zudem, dass der

822 *Hasiba*, Das Notverordnungsrecht in Österreich (1848-1917), S. 92.

823 *Hauke*, Grundriß des Verfassungsrechts, S. 106

824 *Herrnritt*, Handbuch des österreichischen Verfassungsrechtes, S. 216; *Spiegel*, Die kaiserlichen Verordnungen mit provisorischer Gesetzeskraft, S. 24f; *Spiegel*, Notverordnungen, in: Österreichisches Staatswörterbuch. Handbuch des gesamten österreichischen öffentlichen Rechts^2, 3 Bd., S. 721; *Ulbrich*, Österreichisches Staatsrecht^3, S 244 und 245; *Zolger*, Österreichisches Verordnungsrecht, S. 390.

825 *Tezner*, Buchbesprechung zu *Spiegel*, Die kaiserlichen Verordnungen mit provisorischer Gesetzeskraft, in. Jurist. Vierteljahresschrift 1894, S. 174 und 175.

RR auch dann nicht versammelt sei, wenn eines der beiden Häuser des RR nicht tagt[826]. *Spiegel* hält die Ansicht beider Autoren nicht für praktikabel, da sie „*zur Beseitigung aller vernünftigen Grenzen des Notverordnungsrechtes führen*"[827] würde. Obzwar nun *Spiegel* zu *Kafka* richtig ausführt, dass das Nichtversammeltsein des RR bedeute, dass weder das eine noch das andere Haus versammelt ist, überzeugen die restlichen Argumente von *Spiegel* nicht. § 14 StGG über die Reichsvertretung spricht bloß davon, dass der RR nicht versammelt ist. Aus dieser Formulierung können nicht wirklich die Fälle der faktischen Verhinderung des Zusammentritts des RR ausgeschlossen werden. Auch der Bericht des Verfassungsausschusses deutet darauf hin, dass die Möglichkeit des Nichtversammeltsein aus faktischen Gründen vom Notverordnungsrecht erfasst sein sollte. Dort wird nämlich von Fällen dringender Notwendigkeit gesprochen, bei welchen die Zustimmung des RR nicht eingeholt werden könne[828]. Zumindest lässt sich hier keine Einschränkung auf das Nichtversammeltsein infolge der Auflösung oder Schließung des RR durch den Kaiser ableiten. Diese Auslegung würde auch dem Sinn des Notverordnungsrechtes entsprechen, der darin liegt, eine bestehende oder drohende Gefahr abzuwenden. Denn eine Gefährdung des Gemeinwohls kann auch dann eintreten, wenn auf Grund einer Naturkatastrophe und des daraus resultierenden Zusammenbruches des gesamten Verkehrsnetzes der RR faktisch nicht zusammen treten kann, obwohl dieser nicht vertagt worden ist. Nach der Argumentation von *Spiegel* würde man weder durch die ordentliche Gesetzgebung noch durch das Notverordnungsrecht die Gefährdung abwenden können und man müsste den Schaden entgegen dem Gemeinwohl eintreten lassen. Ein solches Argumentationsergebnis kann meines Erachtens dem Normzweck des § 14 StGG über die Reichsvertretung nicht entsprechen.

3. Gegenstand und Grenzen des Notverordnungsrechts

3.1. Gegenstand einer Notverordnung ist eine kaiserliche Anordnung, zu welcher die Zustimmung des RR erforderlich ist. Alle jene Angelegenheiten, die nicht durch ein Reichsgesetz geregelt werden können, können auch nicht Gegenstand einer Notverordnung sein[829]. Daraus folgt ua, dass mittels einer Notver-

---

826 *Kafka*, Notverordnungsrecht und Staatsverträge, Jurist. Vierteljahresschrift 1905, S. 80ff.

827 *Spiegel*, Notverordnungen, in: Österreichisches Staatswörterbuch. Handbuch des gesamten österreichischen öffentlichen Rechts², 3 Bd., S. 720.

828 StPAH, 14. Sitzung der 1. Session am 27. Juni 1867, S. 252.

829 *Herrnritt*, Handbuch des österreichischen Verfassungsrechtes, S. 216; *Merkl*, Die Verordnungsgewalt im Kriege. IV. Kaiserliche Verordnung und Landesverfassung, JBl. 1916, S. 493; *Spiegel*, Die kaiserlichen Verordnungen mit provisorischer Gesetzeskraft, S. 24f; *Spiegel*, Notverordnungen, in: Österreichisches Staatswörterbuch. Handbuch des

ordnung nicht in die Kompetenz der Landtage eingegriffen werden kann[830]. Strittig war darüber hinaus, ob auch die Genehmigung von Staatsverträgen Gegenstand einer Notverordnung sein können. *Herrnritt* schließt hierfür die Anwendung des Notverordnungsrechts nicht aus. Die Genehmigung sei die Voraussetzung der bindenden Wirksamkeit des Staatsvertrags gegenüber den Staatsbürgern und es habe die Kundmachung unter Berufung auf die Zustimmung des RR daher eine analoge Bedeutung wie die Erlassung eines Gesetzes[831]. Anderer Ansicht ist jedoch *Spiegel*. Er differenziert bei der parlamentarischen Mitwirkung an der Gesetzgebung zwischen Genehmigung und Zustimmung[832]. Der grundsätzliche Unterschied liege darin, dass bei einer Genehmigung die gegenständliche Anordnung schon rechtlich existent sei und das Staatsorgan nur die Möglichkeit habe, die Anordnung zur Gänze zu genehmigen oder zur Gänze zu verwerfen. Die Verfassung kenne nun zwei Fälle der Genehmigung: die Genehmigung von Staatsverträgen und Notverordnungen. Betreffend der Staatsverträge führt *Spiegel* aus, dass diese schon vor der Genehmigung durch den RR rechtlich existent geworden seien und mit der Genehmigung der Vertrag unbedingt gegenüber den Normunterworfenen wirksam werde. § 14 StGG über die Reichsverfassung erfasse nun aber nur solche Anordnungen, die der Zustimmung durch den RR bedürfen und es könne daher das Inkraftsetzen eines Staatsvertrages nicht mittels einer Notverordnung erfolgen. Gleicher Ansicht sind *Tezner*[833], *Hauke*[834] und *Grabmayr*[835], die auch davon ausgehen, dass die Genehmigung von Staatsverträgen nicht Gegenstand einer Notverordnung sein kann. Die Stellungnahme von *Grabmayer* wird von Seiten *Korwin-Dzbanski* einer heftigen Kritik unterzogen. So sei es falsch, dass der Begriff „*Anordnung*" des § 14 StGG über die Reichsvertretung Staatsverträge ausschließe, da der Vertrag nichts anderes sei als „*ein nur für die Kompaziszenten allein giltiges Gesetz, in der Form einer, durch die wechselseitige Annahme zum beiderseits verbindlichen Gesetze gewordenen, einseitigen Anordnung.*"[836] Weiters führt *Korwin-Dzbanski* aus, dass der erste Absatz des Art. 6 StGG über die Regierungs- und Vollzugsgewalt den Akt der Regierungsgewalt des Kaisers und der

---

gesamten österreichischen öffentlichen Rechts², 3 Bd., S. 722; *Zolger*, Österreichisches Verordnungsrecht, S. 387f.

830 Vgl. hierzu aber *Tezner*, Der Kaiser, S. 100, FN 3.

831 *Herrnritt*, Handbuch des österreichischen Verfassungsrechtes, S. 216.

832 *Spiegel*, Die kaiserlichen Verordnungen mit provisorischer Gesetzeskraft, S. 64f; *Spiegel*, Notverordnungen, in: Österreichisches Staatswörterbuch. Handbuch des gesamten österreichischen öffentlichen Rechts², 3 Bd., S. 722.

833 *Tezner*, Die Volksvertretung, S. 345.

834 *Hauke*, Staatsverträge, in: Österreichisches Staatswörterbuch. Handbuch des gesamten österreichischen öffentlichen Rechts², 4 Bd., S. 447.

835 *Grabmayr*, Verfassungsfragen III, Neue Freie Presse vom 13. Oktober 1907, S. 4f.

836 *Korwin-Dzbanski*, Zu § 14 Staatsgrundgesetz, JBl. 1907, S. 530.

zweite Absatz die Vollzugsgewalt der Minister beinhalte. Mit der Unterschrift des Kaisers werde der Staatsvertrag völkerrechtlich verbindlich, die staatsrechtliche Gültigkeit von Staatsverträgen sei im Gegensatz dazu durch die Verfassung bedingt, um diesen innerstaatlich vollziehen zu können. Die Voraussetzungen hierfür lassen sich im § 13 bzw. § 14 StGG über die Reichsvertretung finden. Es sei daher kein Grund ersichtlich, weshalb die ausnahmsweise Regelung des § 14 durch eine Notverordnung bezüglich Staatsverträge ausgeschlossen sein sollte. Gleicher Ansicht ist *Kafka*, der dem durch den RR genehmigten Staatsvertrag den Charakter eines formellen Gesetzes zuspricht und aus dem Umstand, dass überall dort, wo die Form des Gesetzes erforderlich ist, auch die Form der Notverordnung angewendet werden könne, die Möglichkeit einer § 14 Regelung ableitet[837]. *Pitamic* stimmt der Ansicht *Kafkas*, wonach die Unterscheidung zwischen Genehmigung und Zustimmung durch nichts erwiesen sei und dass das Verfassungsgesetz diese beiden Begriffe unterschiedslos verwendet, zu, meint aber, dass es sich bei der Genehmigung des Staatsvertrages nicht um ein formelles Gesetz handelt, da dort, wo nicht die Form für das Zustandekommen eines Gesetzes eingehalten werde, auch kein formelles Gesetz vorhanden sei[838]. Deshalb gebe es tiefgehende formale Unterschiede zwischen einem Gesetz und einem Staatsvertrag. Für *Pitamic* ist aber die Anwendung des § 14 StGG über die Reichsvertretung damit noch nicht ausgeschlossen. Im § 14 leg.cit. werde nämlich nur von Anordnungen gesprochen, die der Zustimmung des RR bedürfen. Zu diesen gehören nun auch Staatsverträge, da die Verfassung eben nicht ausschließlich auf formelle Gesetze abstellt.

3.2. Die Problematik des wissenschaftlichen Streites hinsichtlich der Unterscheidung zwischen Genehmigung und Zustimmung liegt in der sprachlich verfehlten Verfassungsterminologie, wenn man bedenkt, dass § 14 StGG über die Reichsvertretung ausdrücklich von der Zustimmung und nicht von der Genehmigung einer Anordnung durch den RR spricht und die übrigen verfassungsrechtlichen Bestimmungen bewusst oder unbewusst zwischen Zustimmung und Genehmigung unterscheiden. Konkret spricht § 11 lit. a StGG über die Reichsvertretung von der Genehmigung von Staatsverträgen, die das Reich oder Teile desselben belasten, oder Bürger belasten oder eine Gebietsänderung zur Folge haben. Art. 6 StGG über die Regierungs- und Vollzugsgewalt normiert, dass der Kaiser die Staatsverträge abschließt und sieht gleichzeitig vor, dass zur Gültigkeit der Staatsverträge, die das Reich oder Teile davon belasten bzw. einzelne Bürger, die Zustimmung des RR erforderlich ist. Auf Grund dieser unterschiedlichen Begrifflichkeiten hat ein Teil der Lehre vertretbarerweise zwischen Genehmigung und Zustimmung unterschieden und von einer Genehmigung dann

---

837 *Kafka*, Notverordnungsrecht und Staatsverträge, Jurist. Vierteljahresschrift 1905, S. 70.

838 *Pitamic*, Die parlamentarische Mitwirkung bei Staatsverträgen in Österreich, S. 123f

gesprochen hat, wenn ein Akt real vorliegt, wie zB ein unterzeichneter Staatsvertrag, der vom Parlament im Nachhinein zu genehmigen ist, von einer Zustimmung, wenn ein Akt erst zu setzen war. Dass aber tatsächlich eine nachträgliche Genehmigung eines Staatsvertrages durch den RR, wie die gesetzlichen Verfassungsbestimmungen eigentlich den Anschein erwecken, vom Verfassungsgesetzgeber nicht gemeint war, ergibt sich aus dem Ausschussbericht des AH zum StGG über die Regierungs- und Vollzugsgewalt. Dort heißt es:

> „Die Vertretung des Staates nach Außen und Innen, sohin das Recht, Krieg und Frieden zu schließen, sowie das Recht zur Unterhandlung und Abschließung der Staatsverträge, welche jedoch zur Giltigkeit, insoferne sie Handelsverträge oder solche Staatsverträge sind, die den Staat belasten oder einzelne Bürger verpflichten, der Zustimmung des Reichsrathes bedürfen.“[839]

Nach dem Willen des Verfassungsgesetzgebers bezieht sich daher die parlamentarische Zustimmung auf das Recht der Unterhandlung sowie der Abschließung von Staatsverträgen durch den Kaiser. Die Zustimmung durch den RR hatte der kaiserlichen Unterzeichnung des Staatsvertrags voran zu gehen[840]. Der Wortlaut des § 11 lit. a StGG über die Reichsvertretung sowie des Art. 6 StGG über die Regierungs- und Vollzugsgewalt steht jedoch dem gesetzgeberischen Willen entgegen. Die bloße Wortinterpretation ergibt nämlich, dass die Verfassung von einer nachträglichen Genehmigung durch den RR ausgeht. Dies insbesondere auch deshalb, da Art. 6 StGG über die Regierungs- und Vollzugsgewalt davon spricht, dass dem Kaiser das Recht zu kommt, Staatsverträge abzuschließen und im folgenden bestimmt wird, dass für deren Gültigkeit dessen noch die Zustimmung des RR erforderlich ist; also die zeitliche Abfolge so normiert ist, dass zuerst der Monarch den Staatsvertrag abschließt und erst dann die Zustimmung des RR eingeholt wird.

Etymologisch wird zwischen Genehmigung und Zustimmung derart unterschieden, dass die Genehmigung nachträglich zu einem rechtlich schon existenten Akt und die Zustimmung zu einem rechtlich abzuschließenden Akt erfolgen[841]. Unter Berücksichtigung einer solchen Deutung würde die im Art. 6 StGG über die Regierungs- und Vollzugsgewalt normierte Zustimmung entgegen der gesetzgeberischen Absicht eine Genehmigung bedeuten, weil ja nach der verfassungsrechtlichen Formulierung die Äußerung des RR erst nach Abschluss des Staatsvertrags durch den Kaiser erfolgt. Der Wortlaut widerspricht daher einer-

---

839 StPAH, 32. Sitzung der 1. Session am 8. Oktober 1867, S. 767 und 768.

840 In diesem Sinn kann daher der Ansicht *Pitamic* zugestimmt werden, dass eine Unterscheidung zwischen Genehmigung und Zustimmung vom historischen Verfassungsgeber nicht angedacht war.

841 http://www.koeblergerhard.de/derwbhin.html

seits dem historischen Willen des Verfassungsgesetzgebers und andererseits der eigentlichen etymologischen Begrifflichkeit. Dieser Widerspruch kann nun nicht ohne Bruch mit einer der beiden Verfassungsbestimmungen aufgelöst werden. Geht man vom Willen der Verfassungsgebers aus, der von einer vorhergehenden Zustimmung zur Verhandlung und Abschluss von Staatsverträgen ausging, liegt eine Zustimmung iSd Art. 14 StGG über die Reichsvertretung vor und wäre diesfalls der Erlass einer Notverordnung möglich. Das nun aber damit über die Wortlautgrenze des Art. 11 lit. a StGG über die Reichsvertretung gegangen wird, versteht sich von selbst und kann nur mit der schwachen und unscharfen Verfassungstextierung begründet werden. In Anbetracht dieser verfassungsrechtlichen Situation hat *Pitamic* wohl den besten Lösungsansatz, der empfiehlt, dass eine Notverordnung nur dann zu erlassen wäre, wenn die Genehmigung durch den RR mit Sicherheit erwartet werden dürfte[842].

3.3. Eine Grenze des Notverordnungsrechts inhaltlicher Natur findet sich darin, dass mit diesem Rechtsinstitut keine Abänderung des Staatsgrundgesetzes, keine dauernde Belastung des Staatsschatzes und keine Veräußerung von Staatsgut erfolgen darf. § 14 StGG über die Reichsvertretung spricht ausdrücklich von der Abänderung des Staatsgrundgesetzes über die Reichsvertretung. *Neisser* hat nun aber nachgewiesen, dass der im Text aufscheinende Singular ein Redaktionsversehen und durch den Plural zu ersetzen ist[843]. Erfasst waren daher die StGG über die Reichsvertretung, über die allgemeinen Rechte der Staatsbürger, über die Einsetzung eines Reichsgerichtes, über die richterliche Gewalt, über die Ausübung der Regierungs- und Vollzugsgewalt, das Gesetz zum Schutz der persönlichen Freiheit und das Hausrecht. Nach *Spiegel* ist das Gesetz vom 21. Dezember 1867 betreffend allen Ländern der österreichischen Monarchie gemeinsamen Angelegenheiten und die Art ihrer Behandlung kein Staatsgrundgesetz. Diese Gesetz solle ergänzend zum StGG über die Reichsvertretung treten, aber selbst kein Staatsgrundgesetz sein. Daher könne auf diesem Gebiet anstelle eines Gesetzes auch eine Notverordnung treten[844]. Die von *Lustkandl* vertretene Ansicht, dass das obgenannte Gesetz in Ergänzung des StGG über die Reichsvertretung erlassen wurde, daher auch ein StGG sei und sohin kein Raum für eine Notverordnung bestehe[845], lehnt *Spiegel* mit einer genau gegenteiligen Argumentation ab. Das Gesetz soll nur zum StGG über die Reichsvertretung hinzutreten, selbst aber kein StGG sein. *Tezner* meint hingegen, dass eine dahingehende Auslegung

842 *Pitamic*, Die parlamentarische Mitwirkung bei Staatsverträgen in Österreich, S. 129.

843 *Neisser*, Zur Geschichte des § 14 des Grundgesetzes über die Reichsvertretung vom 21. December 1867, S. 183ff.

844 *Spiegel*, Notverordnungen, in: Österreichisches Staatswörterbuch. Handbuch des gesamten österreichischen öffentlichen Rechts², 3 Bd., S. 723.

845 *Lustkandl*, Notverordnungen, in: Österreichisches Staatswörterbuch. Handbuch des gesamten österreichischen öffentlichen Rechts1, 2 Bd., S. 1710.

der Ausgleichgesetze, die eine zwischen beiden Staaten vereinbarte Notverordnung ausschließe, päpstlicher als der Papst sei und eine solche Auslegung den Formalismus über die statthaften Grenzen treibe[846].

3.4. Aus der Bestimmung, dass eine Notverordnung keine dauernde Belastung des Staatsschatzes und keine Veräußerung von Staatsgut betreffen dürfe, leitet *Spiegel* aus einem Umkehrschluss, die Möglichkeit ab, die übrigen finanzrechtlichen Angelegenheiten mittels Notverordnung regeln zu können. Die Notverordnung könne daher auch das Budgetgesetz ersetzen[847]. *Hauke* gesteht zwar ein, dass dieses Auslegungsergebnis nicht direkt dem Wortlaut des § 14 StGG über die Reichsvertretung widerspreche, so müsse dennoch das durch diese Bestimmung gewährte Ausnahmerecht strikt ausgelegt werden. Vorausgesetzt sei eben die dringende Notwendigkeit, wobei bei einem Finanzgesetz die Regierung niemals über die Notwendigkeit im Zweifel sein könne[848]. Damit spricht *Hauke* die schon oben dargestellte Frage der dringenden Notwendigkeit an und verneint im Grunde die Möglichkeit des Erlasses einer Notverordnung bei einem Finanzgesetz, weil eine Notwendigkeit stets vorhersehbar sei. Als dauernde Belastung wurde jede dingliche Belastung von Grundstücken, Aufnahme von fundierten Staatsschulden, die Umwandlung von fundierten Schulden in andere fundierte Schulden und die Umwandlung schwebender Schulden in fundierte Schulden sowie fundierte Schulden in schwebende angesehen[849]. *Spiegel* vertritt zudem die Ansicht, dass die im § 14 gewählte Formulierung ausschließlich die Interessen des Staatsschatzes und nicht die Interessen der Bevölkerung wahre und daher mittels Notverordnung neue Steuern eingehoben bzw. bestehende Steuern erhöht werden können[850]. Dieser Argumentation kann gefolgt werden, da § 14 StGG über die Reichsvertretung tatsächlich keine Bestimmung enthält, welche die Einführung finanzieller Verpflichtungen der Staatsbürger ausschließt wie beispielsweise Art. 18 Abs. 5 B-VG. Unzulässig ist eben nur die Belastung des Staatsschatzes bzw. die Veräußerung von Staatsgütern und nicht auch die Belastung der Staatsbürger durch Einführung von Steuern.

---

846 *Tezner*, Die österreichische Nothverordnung und die nach gleichen Grundsätzen zu behandelnden Angelegenheiten, JBl. 1897, S. 375.

847 *Spiegel*, Die kaiserlichen Verordnungen mit provisorischer Gesetzeskraft, S. 106f; *Spiegel*, Notverordnungen, in: Österreichisches Staatswörterbuch. Handbuch des gesamten österreichischen öffentlichen Rechts[2], 3 Bd., S. 723f.

848 *Hauke*, Grundriß des Verfassungsrechts, S. 112.

849 *Zolger*, Österreichisches Verordnungsrecht, S. 389; *Spiegel*, Die kaiserlichen Verordnungen mit provisorischer Gesetzeskraft, S. 97ff, insbesondere S. 108f.

850 *Spiegel*, Notverordnungen, in: Österreichisches Staatswörterbuch. Handbuch des gesamten österreichischen öffentlichen Rechts[2], 3 Bd., S. 723.

4. Verfahren bei der Erlassung des Notverordnungsrechts

4.1. Die Notverordnung hat der Kaiser unter der Verantwortung des Gesamtministeriums zu erlassen. Die Notverordnung haben alle Minister zu unterzeichnen und diese ist mit ausdrücklicher Bezeichnung auf die Bestimmung des § 14 StGG über die Reichsvertretung kundzumachen. Fehlt einer dieser Voraussetzungen erlangt, die kaiserliche Verordnung keine provisorische Gesetzeskraft. Die kundgemachte Notverordnung ist in weiterer Folge von der Regierung binnen 4 Wochen nach Zusammentritt des RR, diesem zur Genehmigung vorzulegen. Das Genehmigungsverfahren wird von der Lehre als Rechtfertigungsverfahren bezeichnet. Die Vorlagefrist beginnt mit dem Tag nach dem Zusammentrittes des RR zu laufen und gilt als gehemmt, wenn der RR nicht versammelt ist[851]. Nach der Bestimmung des § 14 StGG über die Reichsvertretung ist die Notverordnung zuerst dem AH vorzulegen. *Spiegel* meint diesbezüglich, dass die gleichzeitige Vorlage an beide Häuser des RR nicht ungesetzlich sei[852]. Eine spätere Vorlage an das AH wäre jedenfalls unzulässig. Die Vorlagefrist von 4 Wochen ist unerstreckbar. Die Nichteinhaltung der Frist hat den Verlust der provisorischen Gesetzeskraft zur Folge. Die Lehre ging von einem Erlöschen der Notverordnung ispo jure aus, ohne dass es einer Kundmachung bedürfe[853]. Dessen ungeachtet sieht § 14 StGG über die Reichsvertretung vor, dass das Gesamtministerium verantwortlich ist, dass solche Verordnungen, die ihre provisorische Gesetzeskraft verloren haben, sofort außer Wirksamkeit gesetzt werden. In diesem Zusammenhang stand die im Jahr 1907 auftauchende und heftig umstrittene Frage, was mit jenen 67 Notverordnungen aus der Obstruktionsperiode 1897 bis 1904 zu geschehen habe, zu welchen der RR noch keinen Beschluss gefasst hatte. *Grabmayr*, der mit seinem Artikel in der Neuen Freien Presse im September 1907 die Diskussion auslöste, vertrat die Ansicht, dass die Regierung diese neuerlich dem RR vorzulegen und auf deren verfassungsmäßige Erledigung zu drängen habe[854]. Dem RR selbst gesteht er das Recht und die Pflicht zu, diese Erledigung aus eigener Initiative vorzunehmen. *Korwin-Dzbanski* meint,

---

851 *Spiegel*, Die kaiserlichen Verordnungen mit provisorischer Gesetzeskraft, S. 171; *Spiegel*, Notverordnungen, in: Österreichisches Staatswörterbuch. Handbuch des gesamten österreichischen öffentlichen Rechts², 3 Bd., S. 725; *Zolger*, Österreichisches Verordnungsrecht, S. 398.

852 Spiegel, Die kaiserlichen Verordnungen mit provisorischer Gesetzeskraft, S. 173.

853 *Hauke*, Grundriß des Verfassungsrechts, 106; *Ulbrich*, Das österreichische Staatsrecht³, S. 245; Herrnritt, Handbuch des österreichischen Verfassungsrechtes, S. 217 und 218; *Spiegel*, Die kaiserlichen Verordnungen mit provisorischer Gesetzeskraft, S. 175; *Spiegel*, Notverordnungen, in: Österreichisches Staatswörterbuch. Handbuch des gesamten österreichischen öffentlichen Rechts², 3 Bd., S. 725; *Zolger*, Österreichisches Verordnungsrecht, S. 399.

854 *Grabmayr*, Verfassungsfragen, in: Neue Freie Presse vom 22. September 1907, S. 3.

dass eine rechtzeitig vorgelegte Notverordnung erlösche, wenn der RR vor seiner Auflösung eine Genehmigung nicht erteilt habe[855]. Diese Lösung ergebe sich aus dem klaren Wortlaut der Verfassungsbestimmung. Wenn dort von einer Genehmigung gesprochen werde, sei eine solche auch dann nicht erteilt, wenn der RR überhaupt keinen Beschluss gefasst habe. Auch *Bernatzik* vertritt die Ansicht, dass „*sämtliche nicht wieder vorgelegten Notverordnungen durch diese Unterlassung ihre provisorische Gesetzeskraft*" verloren haben[856]. Gleich wie *Korwin-Dzbanski* und *Bernatzik* argumentiert *Burckhard*. Er spricht davon, dass die Genehmigung vom nächsten und nicht irgendeinem RR erwirkt werden müsse. Werde kein solcher Beschluss gefasst, sei die Notverordnung mit der Schließung des RR erloschen[857]. Als einen skurrilen Beitrag zur Fachdiskussion bezeichnet *Hasiba* den Aufsatz „*Das Recht zur Notverordnung*" von *Esser*, der nach dessen Ansicht „*von der Fachwelt nicht ernstgenommen worden sei*", weil „*kein weiteres Echo darauf folgte.*"[858] *Esser* geht davon aus, dass sämtliche gegenständlichen kaiserlichen Verordnungen nicht im § 14 StGG über die Reichsvertretung ihren Bestand haben[859]. All die kaiserlichen Verordnungen, die auf Grund der Verfassungsbestimmung ihre Gesetzeskraft verloren haben, bestehen als gewöhnliche Verordnungen nach Art. 11 StGG über die Ausübung der Regierungs- und Vollzugsgewalt fort. Diese Argumentation ist insofern „*skurril*" als sie sich gegen den Wortlaut der Verfassung stellt. § 14 StGG über die Reichsvertretung spricht vom Außerkrafttreten durch die Kundmachung im RGBl. Mit der Kundmachung ist die Verordnung nicht mehr Bestandteil der Rechtsordnung und kann daher schon aus diesem Grund nicht mehr als Verordnung nach Art. 11 StGG über die Ausübung der Regierungs- und Vollzugsgewalt weiter bestehen. Weniger „*skurril*" sind jedoch die Ausführungen von *Esser*, dass den gesetzgeberischen Willen nur der Monarch bilde und dieser Wille Ausdruck in der kaiserlichen Sanktion findet. Stellt doch diese Ansicht die herrschende Lehre dar. Der Artikel von *Korwin-Dzbanski* wurde wiederum von *Menzel* einer heftigen Kritik unterzogen. So meint er:

> „Wenn hingegen in einer Fachschrift ein staatsrechtliches Thema zur Erörterung gelangt, so dürfte es nicht unbillig erscheinen, wenn hier ein etwas strengerer Maßstab angelegt wird, wenn insbesondere verlangt wird, daß neben der gewiß sehr beachtenswerten Verbalinterpretation auch die übrigen bekannten Hilfsmittel rechtswissenschaftlicher Untersuchung Berücksichtigung finden. Solche sind bekanntlich: die Entstehungsgeschichte der betreffenden Rechtsnorm, die Verglei-

855 *Korwin-Dzbanski*, Zu § 14 Staatsgrundgesetz, JBl. 1907, S. 529.

856 *Bernatzik*, Eine Lücke im Ausgleich, in: Neue Freie Presse vom 29. Oktober 1907, S. 1.

857 *Burckhard*, Das Erlöschen der Notverordnung, in: Neue Freie Presse vom 1. November 1907, 2f.

858 *Hasiba*, Das Notverordnungsrecht in Österreich (1848 – 1917), S. 139.

859 *Esser*, Das Recht der Notverordnung, Gerichtshalle 1908, S. 237.

> chung mit der Gesetzgebung anderer Staaten, die Berücksichtigung der bisherigen Literatur und der praktischen Konsequenzen einer bestimmten Auffassung. In all diesen Richtungen versagt der Aufsatz vollständig, der in Nr. 45 der ‚Juristischen Blätter' d. J. unter dem Titel ‚Zu § 14 StGG', aus der Feder von Dr. v. Korwin-Dzbanski erschienen ist."[860]

Aus den Reden der Berichterstatter des AH und HH sowie aus einem Gesetzesvorschlag zum kaiserlichen Notverordnungsrechte aus dem Jahre 1865 leitet *Menzel* ab, dass zwar nach dem Willen des Verfassungsgesetzgebers die Notverordnung dem nächsten RR vorgelegt werden müsse, aber nicht von diesem auch genehmigt werden müsse. Diese Ansicht versucht *Menzel* auch durch die Widersprüchlichkeiten der gegnerischen Autoren in Bezug auf die Erlöschung der Notverordnung zu untermauern. So spreche zB *Burckhard* vom Schluss der Session, *Korwin-Dzbanski* von der Auflösung des RR. Allein aus den unterschiedlichen Bestimmungen des Beendigungszeitpunktes im Hinblick auf die Tätigkeit des RR ergebe sich schon die Unrichtigkeit von deren Auffassung, da die Rechtssicherheit keinen Zweifel über den Zeitpunkt der Erlöschung zulassen dürfe. Auch sei die Notverordnung nicht mit einer Gesetzesvorlage zu vergleichen, die *„aus der Welt geschafft sei*"[861], wenn das Parlament nicht innerhalb der Session einen Beschluss gefasst habe. Selbst wenn man nun die herrschende Rechtsansicht, dass die Notverordnung mit der Schließung des RR erlischt, teile, sei nach Meinung von *Menzel* dennoch die Regierung iSd Rechtssicherheit verpflichtet, die Notverordnung außer Kraft zu setzen. Die Regierung habe im RGBl zu publizieren, dass die kaiserliche Verordnung außer Wirksamkeit gesetzt worden sei, könne aber zugleich, wenn sie weiterhin von der Dringlichkeit einer Regelung ausgehe, neuerlich eine Notverordnung in dieser Angelegenheit erlassen. *Menzel* stellt in Folge auch die Bedeutung der Verfassungsbestimmung, dass die Gesetzeskraft bei Nichtgenehmigung erlösche, in Diskussion. In scharfsinniger Weise legt er nämlich den im § 14 StGG über die Reichsvertretung zu Tage tretenden Widerspruch einwandfrei offen:

> „Wenn eine Anordnung ihre Gesetzeskraft von selbst verliert, dann ist sie eben nicht mehr wirksam. Und umgekehrt: Wenn eine Anordnung erst außer Wirksamkeit gesetzt werden muß, dann erscheint der Schluß zwingend, daß sie bis dahin in Wirksamkeit gewesen ist."[862]

---

860 *Menzel*, Die Fortdauer der Notverordnungen, Allgemeine österreichische Gerichtszeitung, 1907, S. 385.

861 *Menzel*, Die Fortdauer der Notverordnungen, Allgemeine österreichische Gerichtszeitung, 1907, S. 386.

862 *Menzel*, Die Fortdauer der Notverordnungen, Allgemeine österreichische Gerichtszeitung, 1907, S. 388.

4.2. Tatsächlich geht die Lehre davon aus, dass mit einem Verwerfungsbeschluss die Notverordnung ispo jure erlischt und eine Kundmachung nicht erforderlich ist. Sie setzt sich nicht mit der Widersprüchlichkeit zwischen dem zweiten und dritten Absatz des § 14 StGG über die Reichsvertretung auseinander[863]. Zuweilen wird die Kundmachung mit dem Interesse der Rechtssicherheit begründet, um jeden Zweifel über die Wirksamkeit einer Aufhebung zu beseitigen[864]. *Menzel* kann man insofern zustimmen, als die Textierung des § 14 nicht als besonders gelungen angesehen werden kann, nicht aber darin, dass eine unlösbare „Antinomie" vorliege. Die tatsächlich bestehenden Widersprüchlichkeiten sind nämlich verfassungskonform auszulegen und können auch so interpretiert werden, dass diese aufgelöst werden. Aus dem rechtsstaatlichen Prinzip ist abzuleiten, dass nicht nur Verordnungen, sondern auch Notverordnungen kundgemacht werden müssen, damit sie Bestandteil der Rechtsordnung werden. So wie ein Gesetz erst mit der Kundmachung Bestandteil der Rechtsordnung wird, so erlangt auch die Notverordnung mit der Kundmachung als Abschluss des Erzeugungsverfahrens rechtliche Geltung. Ist die kaiserliche Verordnung nicht kundgemacht worden, dann ist sie auch nicht entstanden. Dementsprechend sieht auch § 14 StGG über die Reichsvertretung vor, dass die kaiserliche Verordnung kundzumachen ist. Verwirrung schafft die Terminologie des zweiten und dritten Absatzes. Der zweite Absatz spricht einerseits davon, dass die Gesetzeskraft erlischt, wenn ua der RR keine Genehmigung erteilt, der dritte Absatz aber andererseits, dass die Verordnungen, die ihre Gesetzeskraft verloren haben, außer Wirksamkeit gesetzt werden müssen. Ist aber eine Notverordnung von selbst erloschen, weil keine Genehmigung erteilt worden ist, dann erübrigt sich – wie *Menzel* es richtig erkannt hat – die Kundmachung hiervon. Richtigerweise wird man aber in Anbetracht dieser Verfassungsbestimmung davon ausgehen müssen, dass die Notverordnung zunächst mit Nichterteilung der Genehmigung ihren zeitlichen, sachlichen, räumlichen und persönlichen Geltungsbereich als Folge des Erlöschens der Gesetzeskraft[865] und erst mit der Kundmachung ihre eigentliche Geltung verliert. Die Verfassung sieht ausdrücklich vor, dass bei Nichtgenehmigung die Notverordnung durch Kundmachung im RGBl außer Wirksamkeit gesetzt wird, wobei die Form dieser von der Verfassung

---

863 *Hauke*, Grundriß des Verfassungsrechts, S. 106; *Herrnritt*, Handbuch des österreichischen Verfassungsrechts, S. 217 und 218; *Spiegel*, Die kaiserlichen Verordnungen mit provisorischer Gesetzeskraft, S. 201; *Spiegel*, Notverordnungen, in: Österreichisches Staatswörterbuch. Handbuch des gesamten österreichischen öffentlichen Rechts², 3 Bd., S. 726; *Ulbrich*, Österreichisches Staatsrecht³; S. 245; *Gumplowicz*, Das Österreichische Staatsrecht³, S. 17; *Zolger*, Österreichisches Verordnungsrecht, S. 401.

864 So *Zolger*, Österreichisches Verordnungsrecht, S. 401; *Spiegel*, Die kaiserlichen Verordnungen mit provisorischer Gesetzeskraft, S. 176.

865 Der Zeitpunkt hierfür bestimmt sich entweder nach dem Datum des Verwerfungsbeschlusses bzw. nach dem Datum der Schließung der Session.

nicht geregelt wurde. Die Aufhebung der Notverordnung erfolgt daher rechtswirksam erst mit Kundmachung und nicht schon im Zeitpunkt der Fassung des Verwerfungsbeschlusses. Auch nach heutiger Lehre wird ein Gesetz bzw. eine Verordnung durch einen konstitutiven Akt wie durch ein Erkenntnis des VfGH oder durch einen actus contrarius aufgehoben. In beiden Fällen tritt die Aufhebung jedoch erst am Tag der Kundmachung in Kraft. Daraus kann abgeleitet werden, dass nach dem rechtsstaatlichen Prinzip[866] stets die Kundmachung einer rechtswirksamen Aufhebung eines Rechtsaktes erforderlich ist. Die Bestimmung, dass mit der Nichtgenehmigung die Gesetzeskraft noch vor der Kundmachung als erloschen gilt, muss daher im Sinne des rechtsstaatlichen Prinzips dahin gehend ausgelegt werden, dass im Hinblick auf die fehlende Genehmigung durch den RR und dem Ausnahmecharakter des Notverordnungsrechtes die Notverordnung bis zum Außerkrafttreten nicht mehr angewendet werden darf. Mit einer solchen Auslegung können die in der Textierung auftretenden Widersprüchlichkeiten zwischen „*Verlust des Gesetzeskraft*" und „*außer Wirksamkeit setzen*" aufgehoben werden und mit dem tatsächlich nicht gelungenen § 14 in einen sinnhaften Einklang gebracht werden.

4.3. Offen ist nunmehr die Frage, ob die Nichtgenehmigung der Notverordnung durch den RR ausdrücklich erfolgen muss. Neben den obgenannten Autoren gehen auch *Spiegel*[867], *Hauke*[868], *Zolger*[869], *Ulbrich*[870] und der VwGH in seiner Entscheidung vom 15. Mai 1901[871] davon aus, dass eine Notverordnung nicht stillschweigend verworfen werden könne. Die Beantwortung dieser Frage ist schwierig, weil sowohl gute Gründe dafür und dagegen sprechen, und diese von Seiten der Verfassung in keiner Weise beantwortet wird. Die Befürworter der ausdrücklichen Beschlussfassung gestehen ein, dass sich aus dem Wortlaut des § 14 StGG über die Reichsvertretung auch eine stillschweigende Nichtgenehmi-

866 Der Ausdruck Rechtsstaat ist nach *Winkler* vieldeutig. Vgl. *Winkler*, Die Prüfung von Verordnungen und Gesetzen durch den Verfassungsgerichtshof von Amts wegen, S. 170. Hier wird er im Sinne von *Öhlinger* verstanden, dass das rechtsstaatliche Prinzip an Mindestmaß an Zugänglichkeit und Verständlichkeit fordert. Regelungen sind einer breiten Öffentlichkeit zur Kenntnis zu bringen, damit sich der Adressat normgetreu verhalten kann. Vgl. *Öhlinger*, Verfassungsrecht[6], Rz 81. Dazu zählt nun meines Erachtens nun auch, dass der Normadressat über die Aufhebung einer solchen Regelung informiert wird, um sich rechtskonform verhalten zu können.

867 *Spiegel*, Die kaiserlichen Verordnungen mit provisorischer Gesetzeskraft, S. 179; *Spiegel*, Notverordnungen, in: Österreichisches Staatswörterbuch. Handbuch des gesamten österreichischen öffentlichen Rechts[2] , 3 Bd., S. 726.

868 *Hauke*, Grundriß des Verfassungsrechts, S. 106.

869 So beispielsweise *Zolger*, Österreichisches Verordnungsrecht, S. 400.

870 *Ulbrich*, Österreichisches Staatsrecht[3], S. 246.

871 *Budwinski*, Erkenntnisse des Verwaltungsgerichtshofes, Nr. 321.

gung ableiten lassen könne[872]. Der Einwand von *Zolger* oder von *Hasiba*, dass der Zeitpunkt des Erlöschens der Gesetzeskraft nicht bestimmt werden könne[873], kann jedoch verworfen werden und mag eine gegenteilige Auffassung nicht zu erschüttern. Es ist nämlich der konkrete Zeitpunkt mit der förmlichen Schließung der Session eindeutig feststellbar. Etwas „*verräterisch*" sind die Ausführungen von *Zolger*, dass die Kundmachung nur deklaratorische Funktion habe, es aber zweckmäßig wäre, den Tag des Außerkrafttretens anzugeben. Die Kundmachung habe die Bedeutung der Erleichterung des Beweises des Erlöschens der Verordnung, da der genaue der Tag nicht so offenkundig sei[874]. Es entsteht der Eindruck, dass nach Ansicht *Zolger* die Bestimmung des Tages, an dem die Notverordnung ihre Gesetzeskraft verloren hat, bei einem ausdrücklichen Verwerfungsbeschluss genauso schwierig ist wie angeblich bei einer stillschweigenden Nichtgenehmigung. Fest steht aber jedenfalls, dass § 14 leg.cit nicht ausdrücklich vorsieht, dass der RR, wenn er keine Genehmigung erteilen möchte, durch Beschluss das Verlangen an die Regierung zu stellen hat, dass die Verordnung von der Regierung außer Kraft gesetzt wird, mit anderen Worten: dass ein Verwerfungsbeschluss gefasst wird.[875]. Meines Erachtens spricht dieser Umstand wohl eher dafür, dass eine Genehmigung auch dann nicht erteilt worden ist, wenn der RR keinen Beschluss innerhalb einer Session gefasst hat. Hätte der Verfassungsgesetzgeber einen ausdrücklichen Verwerfungsbeschluss gewollt, hätte er dies entsprechend in der verfassungsrechtlichen Textierung aufnehmen müssen. Gleicher Ansicht ist *Merkl*, der davon ausgeht, dass die Notverordnung auch dann die Genehmigung nicht erhalten habe, wenn der RR diese nicht in Behandlung nehme. Die kaiserliche Verordnung erlösche dann spätestens mit Sessionsschluss, „*denn in diesem Augenblick steht das Urteil eindeutig fest, daß die Verordnung die Genehmigung des Reichsrates ‚nicht gefunden' hat.*"[876]

4.4. Die Beschlussfassung des RR bezieht sich auf die Annahme bzw. Ablehnung der gesamten Notverordnung und nicht auf Teile von dieser. Auch eine Abänderung ist nicht zulässig. In diesem Fall hat der RR die Möglichkeit die

---

872 So beispielsweise Zolger, Österreichisches Verordnungsrecht, S. 399.

873 *Zolger*, Österreichisches Verordnungsrecht, S. 400; *Hasiba*, Das Notverordnungsrecht in Österreich (1848 – 1917), S. 95 und 96.

874 *Zolger*, Österreichisches Verordnungsrecht, S. 402.

875 Vgl. aber beispielsweise Art. 18 Abs. 4 B-VG. Nach dieser Bestimmung hat der NR binnen vier Wochen nach der Vorlage entweder an Stelle der Notverordnung ein entsprechendes Bundesgesetz zu beschließen oder durch Beschluss das Verlangen zu stellen, dass die Verordnung von der Bundesregierung sofort außer Kraft gesetzt wird. Hier wird ausdrücklich verlangt, dass der NR einen Verwerfungsbeschluss fasst.

876 *Merkl*, Die Verordnungsgewalt im Kriege. III. Kaiserliche und behördliche Verordnung, JBl. 1916, S. 411.

Genehmigung der Notverordnung zu verweigern und an Stelle der Notverordnung ein Gesetz zu erlassen. In der Praxis wurden auch genehmigte Notverordnung vom RR derart abgeändert, dass ein von der Notverordnung abweichendes Gesetz erlassen wurde[877]. Die Lehre geht davon aus, dass dieses Gesetz gegenüber der Notverordnung als lex posterior galt[878]. Der Beschluss ist mit einfacher Mehrheit zu fassen und das Parlament ist in der Beschlussfassung rechtlich frei. Nach der herrschenden Lehre kann der RR daher die Genehmigung verweigern, weil er die Notverordnung nicht für verfassungskonform hält, weil er eine Regelung durch die Notverordnung nicht für dringend notwendig erachtet, weil es die Notverordnung nicht für zweckmäßig hält oder weil er die Notverordnung aus anderen Gründen, die nicht angegeben werden müssen, nicht für erforderlich betrachtet[879]. Nach *Hauke* jedoch ist das Ministerium seiner rechtlichen Verantwortung enthoben, wenn die Voraussetzung der dringenden Notwendigkeit erwiesen worden sei. Die Prüfung dieser Frage sei kein Akt parteipolitischer Beurteilung, sondern müsse nach objektiven Kriterien geprüft werden. Neben der rechtlichen Prüfung der Notverordnung hat *Hauke* auch die Prüfung der Zweckmäßigkeit der Notverordnung im Auge[880]. Wird die Notverordnung nicht genehmigt, sieht die Verfassung vor, dass diese durch Kundmachung außer Wirksamkeit zu setzen war. Wird die Notverordnung genehmigt, erhält die Notverordnung nach Ansicht der Lehre eine unbedingte Gesetzeskraft[881]. Eine Kundmachung der Genehmigung ist nach der Verfassung nicht vorgesehen, es wurde aber diese in der Praxis vom Gesamtministerium im RGBl veröffentlicht.

---

877 *Spiegel*, Notverordnungen, in: Österreichisches Staatswörterbuch. Handbuch des gesamten österreichischen öffentlichen Rechts^2, 3 Bd., S. 725.

878 *Spiegel*, Notverordnungen, in: Österreichisches Staatswörterbuch. Handbuch des gesamten österreichischen öffentlichen Rechts^2, 3 Bd., S. 725; *Ulbrich*, Österreichisches Staatsrecht^3, S. 245.

879 *Merkl*, Theoretisches zur Praxis der § 14 – Notverordnungen, JBl. 1916, S. 159; *Scheu*, Über das richterliche Prüfungsrecht in Ansehung der § 14 – Verordnungen, JBl. 1915, S. 580; *Spiegel*, Die kaiserlichen Verordnungen mit provisorischer Gesetzeskraft, S. 193; *Spiegel*, Notverordnungen, in: Österreichisches Staatswörterbuch. Handbuch des gesamten österreichischen öffentlichen Rechts^2, 3 Bd., S. 726; *Zolger*, Österreichisches Verordnungsrecht, S. 399.

880 *Hauke*, Grundriß des Verfassungsrechts, S. 107.

881 *Hauke*, Grundriß des Verfassungsrechts, S. 106; *Herrnritt*, Handbuch des österreichischen Verfassungsrechts, S. 218; *Spiegel*, Notverordnungen, in: Österreichisches Staatswörterbuch. Handbuch des gesamten österreichischen öffentlichen Rechts^2, 3 Bd., S. 726; *Ulbrich*, Österreichisches Staatsrecht^3; S. 245; *Zolger*, Österreichisches Verordnungsrecht, S. 397.

5. Rechtsnatur der Notverordnung

5.1. Höchst umstritten war die Frage nach der Rechtsnatur der Notverordnung. *Hauke*, *Ulbrich* und *Gumplowicz* sprechen der Notverordnung einen gesetzlichen Charakter zu. *Hauke* führt aus, dass die Tatsache beachtet werden müsse, dass das Recht der kaiserlichen Verordnung in jenem Verfassungsgesetz behandelt werde, welches der Gesetzgebung gewidmet sei, und daher davon auszugehen sei, dass das Notverordnungsrecht des Kaisers als mit zeitlicher begrenzter Gesetzeskraft ausgestatteter Gesetzesakt als Ausnahmefall zur normalen Gesetzgebung anzusehen sei[882]. *Ulbrich* spricht bei Notverordnungen von außerordentlichen Gesetzen als Anordnungen des Kaisers, die ohne vorausgehende parlamentarische Zustimmung erlassen werden, denen aber die gleiche formelle Gesetzeskraft wie ordentlichen Gesetzen zukomme[883]. Für *Gumplowicz* sind Notverordnungen Gesetze, die auf Grund einer dringenden Notwendigkeit zu einer Zeit erlassen werden müssen, in welcher der RR nicht versammelt sei bzw. nicht versammelt werden könne[884]. Eine Reihe von Autoren nimmt eine gegenteilige Ansicht ein. Nach *Zolger* unterscheiden sich Notverordnungen nicht wesentlich von jenen Verordnungen, die von der Verwaltung kraft gesetzlicher Ermächtigung an Stelle der Gesetzgebung erlassen werden und er führt weiters aus:

> „Was sie unterscheidet ist nur die A r t d e r D e l e g a t i o n, welche die Voraussetzungen, Formen, Wirkungen und den materiellen Umfang der Vdg. in besonderer Weise bestimmt, und welche dadurch, dass sie die G e g e n s t ä n d e d e r Vdg. nach einem abstracten, alle Angelegenheiten der Gesetzgebung umfassenden Gesichtspunkte bezeichnet, als ständiges und nach allen Richtungen durchgebildetes Rechtsinstitut erscheint.“[885]

Auch *Herrnritt* spricht von einem außerordentlichen Verordnungsrecht – also nicht von einem außerordentlichen Gesetzgebungsrecht -, welches in die gesetzgebende Gewalt eingreife[886]. Klare Worte findet *Spiegel* indem er ausführt, dass die kaiserliche Verordnung mit Gesetzeskraft kein Gesetz sei. Im Zeitpunkt der Erlassung sei sie schon deshalb kein Gesetz, weil der RR keine Zustimmung erteilt habe. Mit der Genehmigung werde die Notverordnung auch kein Gesetz, weil die Willensakte des Kaisers und des Parlamentes neben einander stehen und nicht zu einem gesamten Ganzen wie bei einem Gesetz verschmelzen. Die Notverordnung sei aber dem Gesetz wesensgleich und der Verordnung wegen

---

882 *Hauke*, Grundriß des Verfassungsrechts, S. 107.
883 *Ulbrich*, Österreichisches Staatsrecht^3, S. 244.
884 *Gumplowicz*, Das Österreichische Staatsrecht^3, S. 16.
885 *Zolger*, Österreichisches Verordnungsrecht, S. 385.
886 *Herrnritt*, Handbuch des österreichischen Verfassungsrechts, S. 215.

ihrer Form und ihrer Gesetzeskraft wesensfremd. Der Unterschied zum Gesetz und zur Verordnung empfehle es, die Notverordnung als Norm sui generis zwischen Gesetz und Verordnung zu stellen[887]. Auch *Merkl* vertritt die Ansicht, dass die Notverordnung einen Platz zwischen Gesetz und Verordnung einnimmt[888].

5.2. Meines Erachtens ist die Meinung, dass den Notverordnungen der Charakter eines Gesetzes zukommt, richtig. Der Monarch erlässt die Notverordnung im Ausnahmefall des nicht versammelten RR bei Gegenzeichnung durch das Gesamtministerium, sowie durch Kundmachung im RGBl. Der Monarch agiert diesfalls in seiner Eigenschaft als Gesetzgebungsorgan in einem „*abgekürzten Verfahren*" für den Notfall in Folge der Dringlichkeit einer Maßnahme anstelle des Regelfalles, nach welchem für das Zustandekommen eines Gesetzes ein Beschluss des Parlaments, die Sanktion des Kaisers, die ministerielle Gegenzeichnung und die Kundmachung im RGBl erforderlich ist. Dass hier der Monarch als Gesetzgebungsorgan und nicht als Verwaltungsorgan handelt, ergibt sich aus der Stellung des § 14 StGG über die Reichsvertretung, welcher Bestimmungen über die gesetzgebende und nicht vollziehende Gewalt wie das StGG über die Regierungs- und Vollzugsgewalt beinhaltet, womit der Verfassungsgesetzgeber zum Ausdruck gebracht hat, dass er den Notverordnungen Gesetzescharakter zuschreibt, weil der Monarch, wenn er eine Notverordnung erlässt, als außerordentliches Gesetzgebungsorgan agiert.

5.3. Die Frage der Rechtsnatur einer Notverordnung steht in einem engen Zusammenhang mit der Frage, ob diese dem richterlichen Prüfungsrecht unterliegt oder nicht. Vollkommen richtig hält hier *Hauke* fest, dass mit der Annahme des gesetzlichen Charakters einer Notverordnung das richterliche Prüfungsrecht verneint werden müsse, mit der Annahme des Verordnungscharakters jedoch bejaht werden müsse[889]. *Hauke* selbst lehnt ein richterliches Prüfungsrecht ab, weil damit trotz parlamentarischer Genehmigung die Notverordnung sich als überprüfbar erweise. Auch verwirft er die Meinung, dass die Notverordnung deshalb überprüfbar sei, weil sie die Voraussetzung des Art. 10 StGG über die Regierungs- und Vollzugsgewalt nicht erfülle und deshalb als nicht gehörig kundgemacht angesehen werden könne. Er begründet dies damit, dass sich die im Art. 10 leg.cit. genannten Kundmachungsvorschriften ausschließlich auf formelle Gesetze beziehe. Gleicher Ansicht betreffend die Verneinung des

887 *Spiegel*, Notverordnungen, in: Österreichisches Staatswörterbuch. Handbuch des gesamten österreichischen öffentlichen Rechts^2, 3 Bd., S. 718; *Spiegel*, Die kaiserlichen Verordnungen mit provisorischer Gesetzeskraft, S. 12ff.

888 *Merkl*, Die Verordnungsgewalt im Kriege. III. Kaiserliche und behördliche Verordnungen, JBl. 1916, S. 398.

889 *Hauke*, Grundriß des Verfassungsrechts, S. 107

richterlichen Prüfungsrechtes bei Notverordnungen sind *Herrnritt*[890] und *Ulbrich*[891]. Für *Zolger* hingegen kommt es beim richterlichen Überprüfungsrecht nach Art. 7 StGG über die richterliche Gewalt allein auf die Form iSd Art. 10 StGG über die Regierungs- und Vollzugsgewalt an[892]. Da nun die Notverordnung nicht die Form eines Gesetzes aufweise, könne die Ausnahmebestimmung der Unüberprüfbarkeit für die Notverordnung nicht herangezogen werden. Art. 7 StGG über die richterliche Gewalt schließe die Überprüfbarkeit nur bei Gesetzen und nicht auch bei Verordnungen mit Gesetzeskraft aus. Während nun für *Zolger* die Vernichtungskraft der Notverordnung gegenüber Gesetzen die einzige *„Äußerung der Gesetzeskraft"*[893] ist und eine Überprüfbarkeit der Notverordnungen durch Gerichte nicht ausschließt, liegt für *Spiegel* hingegen gerade in der Unüberprüfbarkeit durch den Richter eine *„Äußerung der Gesetzeskraft"*[894]. Die Notverordnung, die mit Gesetzeskraft ausgestattet sei, könne materiell nicht vom Richter geprüft werden. Der Richter könne nur prüfen, ob die Notverordnung iSd § 14 StGG über die Reichsvertretung kundgemacht worden sei. Gleich wie *Zolger* lehnt aber auch *Tezner* die Möglichkeit der richterlichen Überprüfung ab. Er bestreitet die von *Spiegel* vertretene Ansicht, dass mit der Erfüllung der formalen Erfordernissen des § 14 StGG über die Reichsvertretung die formale Gesetzeskraft eintrete und die Notverordnung daher nicht dem richterlichen Prüfungsrecht nach Art. 7 StGG über die richterliche Gewalt unterliege. Er schreibt:

> „Hätte man wirklich daran gedacht, den Eintritt der Gesetzeskraft lediglich an formale Erfordernisse zu knüpfen, dann hätte der zweite Satz lauten müssen: ‚Kaiserliche Verordnungen haben provisorische Gesetzeskraft, wenn sie von sämmtlichen Ministern unterzeichnet und mit ausdrücklicher Beziehung auf diese Bestimmung des Staatsgrundgesetzes kundgemacht werden." Nur eine s o l c h e Fassung hätte die Prüfung der Bedingungen des ersten Satzes der richterlichen Competenz zu entziehen vermocht. Nun aber wird durch das Demonstrativpronomen ‚solche' Verordnungen der ganze Inhalt des ersten Satzes mit in den zweiten hinübergenommen. ‚Solche' Verordnungen sind dann Verordnungen, welche unter solchen Umständen, wie sie der erste Satz anführt, und mit einem solchen Inhalt erlassen werden, der durch den ersten Satz von der Regelung durch Nothverordnung nicht ausgenommen wird."[895]

---

890 *Herrnritt*, Handbuch des österreichischen Verfassungsrechts, S. 217.

891 *Ulbrich*, Österreichisches Staatsrecht^3, S. 246.

892 *Zolger*, Österreichisches Verordnungsrecht, S. 394f.

893 *Zolger*, Österreichisches Verordnungsrecht, S. 393.

894 *Spiegel*, Notverordnungen, in: Österreichisches Staatswörterbuch. Handbuch des gesamten österreichischen öffentlichen Rechts^2, 3 Bd., S. 724; *Spiegel*, Die kaiserlichen Verordnungen mit provisorischer Gesetzeskraft, S. 129ff.

895 *Tezner*, Buchbesprechung zu Ludwig Spiegel: Die kaiserliche Verordnung, in Jurist. Vierteljahresschrift, 1894, S. 179.

In den Jahren 1915 und 1916 nehmen *Merkl*, *Verdroß* und *Scheu* ein letztes Mal Stellung zur Frage des richterlichen Prüfungsrechts. Ausgelöst wurde die Diskussion auf Grund der Stellungnahme von *Merkl* zur Einstellung der Geschworenengerichte, die dahin geht, dass die *„verschleiernde Form einer Verordnung mit provisorischer Gesetzeskraft“* gewählt worden sei, weil die Unüberprüfbarkeit derselben von den Gerichten vielfach präjudiziert worden sei, wobei *„das entgegengesetzte Judizium (...) – selbst im Geiste der Verfassung – noch immer offen“* stehe[896]. *Verdroß* muss diesen Ausführungen von *Merkl*, der im Grunde genommen den Notverordnungen für die Gerichte bindende Kraft absprache, widersprechen, da den Notverordnungen tatsächlich Gesetzeskraft zu komme und daher gleich wie Gesetze jedenfalls für die Richter bindend seien[897]. Das Gericht dürfe daher nicht prüfen, ob eine Notverordnung die Verfassung abändere, ebenso wie das Gericht nicht zu prüfen habe, ob ein die Verfassung modifizierendes Gesetz mit einer Zweidrittelmehrheit beschlossen wurde. Die Form der kaiserlichen Verordnung sei der Form des Gesetzes gleichgestellt und es gilt daher die Notverordnung auf Grund der ihr zukommenden Gesetzeskraft bei Erfüllung der Voraussetzungen des § 14 StGG über die richterliche Gewalt gegenüber den Gerichten bindend als gesollt. Auf den Artikel von *Verdroß* repliziert nun *Scheu*, dass die Voraussetzungen der dringenden Notwendigkeit und des nicht versammelten RR politische seien und ausschließlich vom Parlament geprüft werden können[898]. Dem Gericht obliege die Prüfung, dass die Notverordnung kein StGG abändere, den Staatsschatz nicht dauernd belaste und kein Staatsgut veräußert werde. Dieses Prüfungsrecht sei aber nicht mit dem richterlichen Prüfungsrecht identisch und ergebe sich aus dem Gesetz selbst. Es haben eben nur solche Verordnungen provisorische Gesetzeskraft, die die Voraussetzungen des § 14 StGG über die Reichsvertretung erfüllen. Es müsse daher zuerst als Vorfrage vom Gericht geprüft werden können, ob es sich um eine Verordnung mit provisorischer Gesetzeskraft handelt. Zur Frage des richterlichen Prüfungsrecht führt *Scheu* aus, dass eine Notverordnung nicht dem Gesetz gleich gestellt werden könne[899]. Ein Gesetz zeichne sich dadurch aus, dass es im Namen des Kaisers unter Berufung auf die Zustimmung durch den RR und unter Mitfertigung eines verantwortlichen Ministers kundgemacht werde. Die Notverordnung sei dadurch gekennzeichnet, dass diese ohne Mitwirkung das Parlaments zustande komme. Außerdem werde die Notverordnung

896 *Merkl*, Die Verordnungsgewalt im Krieg. Zur Suspension der Geschworenengerichte, JBl. 1915, S. 376.

897 *Verdroß*, Die Rechtskraft der kaiserlichen Verordnung vom 7. Juli 1915 Nr. 189 RGBl über die zeitweilige Einstellung der Geschworenengerichte, JBl. 1915, S. 427.

898 *Scheu*, Über das richterliche Prüfungsrecht in Ansehung der § 14 – Verordnungen, JBl. 1915, S. 578.

899 *Scheu*, Über das richterliche Prüfungsrecht in Ansehung der § 14 – Verordnungen, JBl. 1915, S. 580.

auch nicht als provisorisches Gesetz bezeichnet und es bestehe ein Unterschied zum Gesetz schon rein vom äußeren. Ein Unterschied ergebe sich aber auch aus der inneren Natur, da „*das Volk*" Gesetze und die Regierung Verordnungen erlasse. Deshalb sei die Ansicht von *Verdroß*, die Notverordnung sei dem richterlichen Prüfungsrecht entzogen, unzutreffend. Nur das, was tatsächlich in Form eines Gesetzes erscheine, sei diesem entzogen. Die Notverordnung sei daher nur eine Verordnung, nicht zuletzt auch deshalb, weil sie auf Grund eines Gesetzes, hier auf Grund des § 14 StGG über die Reichsvertretung, wie eine Verordnung nach Art. 11 StGG über die Regierungs- und Vollzugsgewalt erlassen werde. Zu den Ausführungen von *Scheu* nimmt nun abermals *Merkl* Stellung[900]. *Merkl* bezeichnet die von Scheu vorgeschlagenen Lösung als einen Mittelweg zwischen den beiden Meinungen, nach welchen von den einen das richterliche Prüfungsrecht als gegeben und von den anderen als nicht gegeben angesehen werde, und kritisiert sogleich die von *Scheu* getroffene Unterscheidung zwischen politischen und rechtlichen Voraussetzungen, die von unterschiedlichen Organen zu prüfen seien. Er ist der Ansicht, dass alle in der Verfassung aufgezählten Voraussetzungen für eine Notverordnung rechtliche seien und nach dieser Rechtslage kein Raum für die Unterscheidung zwischen rechtlichen und politischen Voraussetzungen bestehe. Man würde die verfassungsrechtliche Kompetenz des RR schmälern, würde man diesem verwehren zu prüfen, ob ua die Notverordnung ein StGG abändere. Zum richterlichen Prüfungsrecht führt *Merkl* aus, dass er dessen Ablehnung genauso für richtig halte wie dessen Bejahung. Die logische Interpretation biete hier zwei Lösungsmöglichkeiten. Die Bejahung des richterlichen Prüfungsrechts habe er zwar nicht gefordert, sondern bloß für möglich und juristisch korrekt gehalten, *Merkl* weiters: „

> „Es fällt mir nicht ein, dem Reichsrat diese Kompetenz zu bestreiten, aber ebenso wenig, mit Scheu aus dieser gesetzlichen Bestimmung zu folgern, daß dem Gerichte eine ähnliche Kompetenz, insbesondere also das mit einer solchen Kompetenz einhergehenden Prüfungsrecht nicht zukomme."[901]

Merkl hält daher ein richterliches Prüfungsrecht nicht nur für juristisch korrekt, sondern hat sich offenbar für die Prüfungskompetenz durch die Gerichte entschieden. Dies ergibt sich nicht nur aus dem obigen Zitat, sondern auch aus seinen sonstigen Ausführungen in seinem Aufsatz, insbesondere aus der dargelegten Ansicht von *Merkl*, dass das Gericht bei der Frage der dringenden Notwendigkeit jede denkbare, in der Erlassung der Notverordnung zum Ausdruck kommende Regierungsanschauung anzuerkennen habe, da die Regierung das Subjekt sei, welches die Entscheidung zu treffen habe, und die Frage der

900 *Merkl*, Theoretisches zur Praxis der § 14 – Notverordnungen, JBl. 1916, S. 157ff.
901 *Merkl*, Theoretisches zur Praxis der § 14 – Notverordnungen, JBl. 1916, S.159.

Dringlichkeit einer Maßnahme auf Grund des subjektiven-relativen Charakters des Begriffes unterschiedlich richtig beantwortet werden könne.

Wie oben schon dargestellt, hat *Hauke* darauf hingewiesen, dass mit der Annahme des gesetzlichen Charakters der Notverordnung das richterliche Prüfungsrecht auszuschließen ist. Dieser Meinung ist zu folgen und daher ein richterliches Prüfungsrecht einer gehörig kundgemachten, vom Gesamtministerium gegengezeichneten Notverordnung in Folge der hier vom Verfasser vertretenen Ansicht des außerordentlichen Gesetzgebungsrechtes des Monarchen zu verneinen. Nicht zuletzt folgte dieser Auslegung beispielsweise auch der Reichsgerichtshof[902]. In seinem Erkenntnis vom 21. Oktober 1904 hielt er fest, dass er ua nicht die Voraussetzung der dringenden Notwendigkeit prüfen dürfe, sondern ausschließlich dem RR diese Kompetenz zukomme. Es ergebe sich einerseits aus dem Ausschussbericht, dass Verordnungen nach § 14 StGG über die Reichsvertretung nicht ident seien mit jenen Verordnungen, von der Artikel 7 StGG über die richterliche Gewalt spreche und deren Prüfung den Gerichten zugesprochen worden ist. Der Regierung sei ausdrücklich die Kompetenz zum Erlass eines provisorischen Gesetzes eingeräumt worden. Andererseits ergebe sich aus dem Wort „*Gesetzeskraft*“ eindeutig die Eigenschaft, den Richter unbedingt zu binden. Konkret führt das Reichsgericht vollkommen zu Recht aus:

> „Daher bilden die Begriffe „Gesetz“ und „Verordnung“ nach österreichischem Recht keineswegs einander ausschließende Gegensätze: die Normen, welche gemäß § 14 erlassen wurden, sind formell keine Gesetze im Sinne des Artikel 10 des Staatsgrundgesetzes über die Ausübung der Regierungs- und der Vollzugsgewalt und haben auch nicht die Rechtskraft von solchen, weil sie infolge der N i c h t g e n e h m i g u n g auch nur eines der beiden Häuser des Reichsrates außer Kraft gesetzt werden; sie sind aber auch keine Verordnungen im Sinne des Artikel 11 des gedachten Staatsgrundgesetzes, weil sie eben b i s d a h i n „Gesetzeskraft“ haben und dieser Ausdruck nichts anderes bedeuten kann, als daß hiermit den Gerichten die Prüfung entzogen ist, ob die Bedingungen eingehalten sind, welche der § 14 vorschreibt.“[903]

902 Sammlung der Erkenntnisse des k.k. Reichsgerichtes, Nr. 1288 – Erkenntnis vom 21. Oktober 1904, Z. 441.

903 Sammlung der Erkenntnisse des k.k. Reichsgerichtes, Nr. 1288 – Erkenntnis vom 21. Oktober 1904, Z. 441, S. 498 und 499.

IV. Zusammenfassung

Im Folgenden werden lediglich die wichtigsten Ergebnisse der hier vorliegenden Untersuchung wie folgt zusammengefasst:

1.1. Die zeitgenössische österreichische herrschende Lehre unterschied in Anlehnung an die deutsche Staatsrechtslehre, insbesondere an die *Laband-Jellinek-Anschütz* Theorie, zwischen formellem und materiellem Gesetz. Als Gesetz im formellen Sinn wurde jeder Staatsakt, der auf die für die Gesetzgebung durch die vorgeschriebene Weise zustande kommt, als Gesetz im materiellen Sinn jeder Rechtssatz unabhängig von der Form des Zustandekommens. Hinter dieser wissenschaftlichen Diskussion betreffend Unterscheidung zwischen formellen und materiellen Gesetz stand die herrschende Ansicht, dass dem Monarchen neben dem verfassungsrechtlich normierten Gesetzgebungsrecht zwischen diesem und dem Parlament ein weiteres materielles Gesetzgebungsrecht in Form eines selbständigen Verordnungsrechts zukomme. Überwiegend wurde diese Ansicht damit begründet, dass aus § 11 StGG über die Reichsvertretung nicht abgeleitet werden könne, dass Verordnung nur auf Grund gesetzlicher Ermächtigung erlassen werden dürfen.

1.2. Die Lehre unterschied weiters zwischen Reichs- und Landesgesetzen sowie zwischen StGG/Landesordnungen und einfachen Gesetzen auf Grund unterschiedlich vorgesehener Präsens- und Konsensquoren. Partikulargesetze waren im räumlichen Geltungsgebiet beschränkte Gesetze. Unter paktierte Gesetze verstand die Lehre die Möglichkeit, dass zwei unterschiedliche Gesetzgebungsorgane miteinander jeweils für ihren eigenen Geltungsbereich gleiches Recht festsetzen.

2. Die Gesetzgebungskompetenz des RR und der Landtage war im § 11 und § 12 StGG über die Reichsvertretung bzw. im § 18 (§ 19 für Triest) Landesordnungen geregelt worden. Von der Lehre wurde die Aufzählung der Gesetzgebungskompetenzen im § 11 StGG über die Reichsvertretung sowohl als taxativ als auch als demonstrativ angesehen. Obzwar nun die Regelung des § 11 StGG über die Reichsvertretung unklar und mehrdeutig ist, ergibt sich schon aus den historischen Materialien, dass der historische Gesetzgeber ausschließlich eine taxative Aufzählung gewollt hat. Jede andere Interpretation als die einer taxativen ist daher ausgeschlossen.

3.1. Die Verfassungspraxis zeigt, dass der Reichsgesetzgeber wiederholt Materien geregelt hat, die in den Wirkungsbereich des Landesgesetzgebers fielen. In Ermangelung eines Normprüfungsverfahrens vor einem Verfassungsgerichthof blieb diese Verfassungspraxis ohne Konsequenzen. Die zeitgenössische Lehre hat sich weitgehend mit diesem Umstand auseinander gesetzt und festgehalten, dass der Reichsgesetzgeber versuchte seinen im § 11 StGG über die Reichsvertretung umschriebenen Wirkungsbereich auszudehnen.

3.2. Die Frage, wer zur Abänderung von Landesordnungen ermächtigt war, wurde von der zeitgenössischen Lehre unterschiedlich beantwortet. Herrschend war aber die Ansicht, dass dieses Recht allein dem Reichsgesetzgeber zukomme. Richtigerweise hätte jedoch eine Kompetenzerweiterung des einen gesetzgebenden Organs und eine damit einhergehende Kompetenzeinschränkung des anderen gesetzgebenden Organs nach der Verfassung 1867 ausschließlich in Form einer paktierten Gesetzgebung erfolgen dürfen. Eine Kompetenz-Kompetenz des Reichsverfassungsgesetzgebers war nicht vorgesehen.

3.3. Auftretende Konflikte zwischen Reichs- und Landesgesetze wurden nach der herrschenden zeitgenössischen Lehre nach dem Grundsatz *„lex posterior derogat priori“* gelöst. Diese Rechtsmeinung ist mE auf die ebenso herrschende Ansicht, dass der Monarch allein und nicht gemeinsam mit dem Parlament Gesetzgeber ist, zurück zu führen. Sowohl aus dem Normenbestand als auch aus den historischen Materialien lässt sich diese Rechtsansicht nicht ableiten. Vielmehr sah zuerst der historische Gesetzgeber keinen Raum für Kompetenzkonflikte, später gestand er sich diese Möglichkeit ein und wollte einen eigenen Kompetenzgerichtshof errichten. Ein solcher Gerichtshof wurde jedoch nicht geschaffen, sodass die Lösung der Frage nach Kompetenzkonflikten bewusst offen gelassen wurde.

3.4. *Merkl* gilt unstrittig als Begründer der Stufenbaulehre, die er im konstitutionellen Regierungssystem Cisleithaniens in mehreren Aufsätzen begründet und fortentwickelt hat. Hierbei wirft *Merkl* der zeitgenössischen Lehre zu Recht vor, dass sie die Höhen- und Tiefendimension des Rechts nicht erkannt habe. Tatsächlich wird von einem Teil der Lehre zB behauptet, dass der Verfassung und den Gesetzen gleiche verbindliche Kraft zukomme und daher gleichwertig seien.

4. Die herrschende zeitgenössische Lehre vertrat die Rechtsansicht, dass das Parlament durch Vereinbarung des Gesetzesinhaltes nur an der Gesetzgebung des Monarchen mitwirke und der Monarch durch die Erteilung des Gesetzesbefehls alleiniger Gesetzgeber ist. Diese Rechtsmeinung findet jedoch keine Deckung in der Verfassung 1867. Die verfassungsrechtlichen Vorgaben bedingen eine Gleichstellung von Parlament und Monarch. Die Beschlussfassung durch das Parlament und die Sanktion durch den Monarchen sind notwendige, zu erfüllende Voraussetzungen eines rechtmäßig zustande gekommenen Gesetzes. Mit der Erteilung der Sanktion wird im Zusammenwirkung mit dem Parlament der gesetzgeberische Wille gebildet. Die Sanktion ist daher nicht auf die Ver-

hinderung bzw. auf die Vernichtung, sondern auf die Bildung eines gemeinsamen gesetzgeberischen Willens gerichtet und ist daher begrifflich vom Vetorecht im engeren Sinn zu unterscheiden. Mit der Sanktion wird die formelle und materielle Verfassungskonformität eines Gesetzesentwurfes beurkundet. Der Monarch gilt daher als einer der Hüter der Verfassung, in einem Rechtssystem, wo ein eigener Verfassungsgerichtshof fehlt und den Zivilgerichten nur ein beschränktes Prüfungsrecht zukommt.

5. Die Bedeutung der ministeriellen Gegenzeichnung war im Schrifttum strittig. Es wurde sowohl die Ansicht vertreten, dass mit der Gegenzeichnung die formelle und materielle Rechtmäßigkeit eines Gesetzesentwurfes bestätigt werde als auch dass der Minister mit der Gegenzeichnung die Verantwortung dafür übernehme, dass vom Monarchen ein Publikationsbefehl erlassen worden sei und dass die Publikation gehörig erfolgt sei. Tatsächlich wird mit der ministeriellen Gegenzeichnung die Verantwortung des Ministers für das verfassungskonforme Zustandekommen des sanktionierten Gesetzesbeschlusses, für die Prüfung auf die Verfassungskonformität und die Übernahme für die verfassungsmäßige Kundmachung begründet.

6.1. Ein vom Monarchen sanktionierter Gesetzesbeschluss war im Namen des Monarchen mit Berufung auf die Zustimmung durch das Parlament und unter Mitfertigung eines Ministers kundzumachen. Eine Bezeichnungspflicht für StGG war nicht vorgesehen. Herrschend war die Auffassung, dass mit der Kundmachung des sanktionierten Gesetzesbeschlusses der letzte Schritt des Gesetzgebungsverfahrens gesetzt wird. Teilweise wurde die Rechtsmeinung vertreten, dass schon vor Kundmachung ein Gesetz entsteht. Richtig wurde in der zeitgenössischen Lehre zwischen Geltung einer Norm als Eintritt der rechtlichen Existenz und zeitlichen Geltungsbereich als Zeitraum des Wirkungsbereichs einer Norm unterschieden.

6.2. Im Zusammenhang mit der Frage der Aufhebung bzw. Abänderung einer Norm hat sich zwischen *Verdroß*, *Weyr* und *Merkl* eine Grundsatzdebatte über Abänderbarkeit bzw. Unabänderbarkeit von Normen entwickelt. *Weyr* ging davon aus, dass selbst wenn die Unabänderlichkeit von Gesetzen normiert sei, eine Abänderung auf Grund der Souveränität des Gesetzgebers möglich sei. *Verdroß* war der Ansicht, dass die Frage der Abänderlichkeit oder Unabänderlichkeit nur mit Hilfe des positiven Rechts, nämlich auf Grund der Verfassung als rechtliche Grundordnung, zu beantworten ist und die Verfassung sowohl Abänderlichkeit als auch die Unabänderlichkeit normieren könne. *Merkl* hingegen vertrat die Meinung, dass die Unabänderlichkeit ein normlogisches Prinzip sei und die Abänderlichkeit ausdrücklich vorgeschrieben sein müsse.

6.3. Ebenso strittig war die Frage, ob dem Gewohnheitsrecht derogatorische Kraft zukommt oder nicht. Ein Teil der Lehre meinte, dass im Privatrecht ausdrücklich dem positiven Recht und dem Gewohnheitsrecht die Geltung zu- bzw. abgesprochen worden ist und daher für einen bestimmten Bereich des öffentlichen Rechts derogatorische Kraft zukommt. Ein Teil der Lehre vertrat die Ansicht, dass dem Gewohnheitsrecht auch dann derogatorische Kraft zuzusprechen ist, wenn dies der Gesetzgeber ausdrücklich ausgeschlossen habe. Der VwGH war der Meinung, dass in den Fällen auf das Gewohnheitsrecht Bedacht zu nehmen ist, in denen sich das Gesetz ausdrücklich darauf beruft. Auch heute ist es strittig inwieweit das Gewohnheitsrecht Rechtsquelle in einer Rechtsordnung sein kann, die keine Vorschrift über das Gewohnheitsrecht als gleichrangige bzw. über- oder untergeordnete Norm zum positiven Recht kennt.

7. Neben dem zwischen Monarchen und Parlament geteilten Gesetzgebungsrecht kannte die Verfassung 1867 ein dem Monarchen allein zugesprochenes außerordentliches Gesetzgebungsrecht in Form einer kaiserlichen Verordnung mit provisorischer Gesetzeskraft. Eine solche Verordnung konnte unter der Verantwortung des Gesamtministeriums erlassen werden, wenn sich die dringende Notwendigkeit einer Anordnung, zu der die Zustimmung des RR erforderlich war, herausstellte, wo dieser nicht versammelt war. Diese kaiserliche Verordnung erlangte nur eine provisorische Gesetzeskraft und war binnen 4 Wochen nach Zusammentritt des RR diesem vorzulegen. Die provisorische Gesetzeskraft erlosch, wenn die Frist von 4 Wochen nicht eingehalten wurde bzw. wenn die Genehmigung durch den RR versagt wurde. Die kaiserliche Verordnung, deren provisorische Gesetzeskraft erloschen war, war vom Gesamtministerium sofort außer Wirksamkeit zu setzen. In der Lehre wurden zu den Voraussetzungen wie zB *„dringende Notwendigkeit“*, *„nicht versammelt sein“*, zur Frage der Rechtsnatur und zu Fragen des Rechtfertigungsverfahren unterschiedliche Ansichten vertreten. Herrschend war die Ansicht, dass auf Landesebene dem Monarchen kein außerordentliches Gesetzgebungsrecht zukam.

www.ingramcontent.com/pod-product-compliance
Ingram Content Group UK Ltd.
Pitfield, Milton Keynes, MK11 3LW, UK
UKHW021931290926
8980IPUK00016B/1568

9 783631 584675